政治经济学新连线·学术研究系列

# 马克思主义经济学的定量分析
## （第二卷）
## 全劳动生产率与经济增长

孟 捷　马梦挺 / 主编

社会科学文献出版社
SOCIAL SCIENCES ACADEMIC PRESS (CHINA)

# 政治经济学新连线丛书

**丛 书 主 编** 孟　捷（复旦大学）

**丛 书 顾 问** 史正富（复旦大学）
　　　　　　　白暴力（北京师范大学）
　　　　　　　张晖明（复旦大学）
　　　　　　　吴　栋（清华大学）

**丛书支持单位** 中国政治经济学年会秘书处

# 出版说明

"政治经济学新连线丛书"现由中国政治经济学年会秘书处策划出版。丛书在秉持古典经济学和马克思以降的分析传统的同时,力图展现当代政治经济学研究与时俱进的品格与风貌。2014年,丛书的第一批书目出版,赢得了学界的好评。2016年以后,新书目持续推出,敬请垂注。

# 序　言

本卷主要收录了 2020 年以来国内学者在马克思主义经济学定量分析上所取得的代表性成果。从这些成果中，我们可以看到这样一个明显的趋势，那就是把马克思主义经济学的定量分析方法与中国特色社会主义政治经济学的研究紧密地结合起来。本卷特别关注了"全劳动生产率"这一主题，这是近年来国内学者比较聚焦的问题之一。此外，本卷收录的文章还覆盖经济增长的区域和结构平衡、流通时间等重要议题。相信本卷收录的文章很好地反映了近年来国内马克思主义经济学定量分析在方法和问题意识上的取向，可以为学术同行提供有益的参考。尤其是对于有志于今后投身马克思主义经济学定量研究的研究生来说，本卷不啻为一本很好的学习手册。

党的十八大以来，中国特色社会主义进入了新时代，我国经济发展由高速增长阶段转向高质量发展阶段。全劳动生产率（total labor productivity，TLP）是以劳动价值论为基础测度全要素生产率的方法，是马克思主义经济学把握经济发展质量的重要指标，因此关于全劳动生产率的测量和应用实乃中国特色社会主义政治经济学中具有中心地位的研究议题之一。安徽大学荣兆梓教授在 1992 年发表的文章《总要素生产率还是总劳动生产率》标志着国内研究全劳动生产率问题的起点。全劳动生产率的"全"是相对于直接劳动生产率或活劳动生产率而言的。如荣兆梓在文章中提到的："劳动生产率的提高也不单纯是活劳动耗费的减少，而是作为活劳动和物化劳动总和的总量劳动耗费的减少。"全劳动生产率就是以活劳动和物化劳动的总和为分母的劳动生产率，是相比活劳动生产率更能全面反映社会劳动生产力水平的指标。在马克思主义经济学中，单位商品的全劳动生产率就是其社会必要劳动时间的倒数。

从测算方法来说，从活劳动到全劳动就是投入产出分析中从所谓直接消耗到完全消耗的过程，这决定了在有关全劳动生产率的测算中，投入产出表数据和模型成为最主要的工具。进一步的问题是，全劳动生产率的测算考虑到不同商品在使用价值上的异质性，这就引出了全劳动生产率的加总问题。本卷收录的几篇文章对全劳动生产率的加总问题进行了深入的探讨，并提出了若干解决方案。值得一提的是，这些方案都把全劳动生产率的加总与马克思的相对剩余价值生产理论结合在一起，这使得全劳动生产率的加总不仅仅是一个纯粹测量的技术问题，更是有着丰富的理论内涵。

马克思主义经济学的全劳动生产率概念是对新古典经济学全要素生产率的替代。正如大量文献已经指出的，全要素生产率的测算依赖于总量生产函数的预设，而总量生产函数本身存在诸如资本加总悖论、与国民经济核算收入恒等式的隐秘关系等逻辑问题。但更深层次的问题是，全劳动生产率和全要素生产率的差异源自两种根本不同的生产力理论，在新古典经济学中，劳动生产率不过是一种要素生产率，而在马克思主义经济学中，各种生产率指标都是社会劳动生产力的表现形式。

在从社会劳动过程的角度来把握马克思主义经济学中的生产力概念中，平心占据着一个重要的位置。他在1959年就指出，在马克思那里，生产力是社会劳动的生产力，而不只是个别要素的生产力；生产力体现的不仅是人与自然的关系，也包含生产者之间的社会联系，因而生产力既有物质技术属性，也有社会属性。[1] 平心所阐发的这些观点虽然没有

---

[1] 平心1959年发表在《学术月刊》上的《论生产力性质》一文，是他最早论述生产力的文章，此后他又先后写了10篇相关论文来阐述其思想。对平心生产力理论的一个详尽评述，可参见：孟捷、张雪琴《从生产力两重性到生产关系两重性——平心和张闻天对历史唯物主义研究的贡献》，《教学与研究》2022年第11期。

直接涉及全劳动生产率，但实际上为这个概念奠定了初步的理论基础。

全劳动生产率在马克思主义经济学研究中有着广泛的应用前景，这一点从本卷所收录文章对全劳动生产率的应用中就可见一斑。不过，从历史唯物主义的视角来看，对全劳动生产率的测算还应该和制度分析相结合，即进一步探究全劳动生产率与社会主义初级阶段各种制度因素的相互联系。正如列宁在十月革命胜利后深刻指出的："劳动生产率，归根到底是使新社会制度取得胜利的最重要最主要的东西。"① 将全劳动生产率的研究与社会主义初级阶段的制度形式相联系，阐明制度因素对全劳动生产率的促进作用，是当前摆在中国特色社会主义政治经济学面前的重大理论课题。

---

① 《列宁全集》（第三十七卷），人民出版社，2017，第 20 页。

# 目 录

## 第一篇 全劳动生产率

总要素生产率还是总劳动生产率 …………………………… 荣兆梓 / 3
马克思-斯拉法框架下的全劳动生产率增速测算
　　……………………………………………… 冯志轩　刘凤义 / 18
全劳动生产率与马克思主义增长方程 ………… 荣兆梓　李亚平 / 53
经济增长的政治经济学
　　——净产出价值增长的决定因素 ………… 肖　磊　骆　桢 / 79
从全要素生产率到全劳动生产率
　　——中国全劳动生产率及其增长的贡献率测算
　　……………………………………………… 李帮喜　赵文睿 / 100
金融深化与全劳动生产率
　　——基于30个省区市投入产出表的研究 …… 刘　刚　张文茜 / 126
社会劳动过程视角下生产力增速的测算
　　——对全劳动生产率的一个批判性拓展 ………… 马梦挺 / 151

## 第二篇 不平衡增长与经济循环

价值生产、价值转移与积累过程
　　——中国地区间不平衡发展的政治经济学分析
　　………………………… 冯志轩　李帮喜　龙治铭　张　晨 / 181

中国的不平衡增长周期
　　——基于马克思再生产理论的分析
　　………………………………… 齐　昊　潘忆眉　王小军／214
区际贸易、价值转移与区域平衡发展
　　——一个政治经济学的视角 ……… 乔晓楠　李　欣　郝嘉鹏／247
马克思流通时间的理论、模型和测算方法初探
　　——一个资本循环视角 ………………………… 裴　宏　王诗桪／280

## 第一篇

# 全劳动生产率

# 总要素生产率还是总劳动生产率[*]

荣兆梓[**]

**摘　要**：劳动生产率是包含产品生产中耗费的全部活劳动和物化劳动的总量劳动的生产率。而传统的理解则认为劳动生产率只是表征活劳动效率，这不仅不符合马克思的原意，而且造成理论上和实践中的种种矛盾和缺憾。同时，总劳动生产率的实际计算过程中存在困难也是导致人们用活劳动生产率代替劳动生产率的原因之一，解决此问题的途径是运用活劳动系数和物化劳动系数。值得强调的是，建立在劳动价值论基础上的增长方程与新古典增长方程虽然在形式上颇为相似，在实质上却存在较大的差别。

**关键词**：总要素生产率　总劳动生产率　活劳动　物化劳动

《资本论》理论乳汁哺育下成长的一代经济学者，在使用总要素生产率（total factor productivity）之类范畴做实证经济分析时，难免存在疑虑。作为分析工具，总要素生产率的实用性和有效性是显而易见的。这是否证明劳动价值论乃至马克思的全部经济科学已经过时，因而我们长期的理论探索都是沙滩上的游戏，注定要毁于一旦？

---

[*] 原文发表于《财贸研究》1992年第3期。
[**] 荣兆梓，安徽大学经济与社会发展高等研究院教授，博士研究生导师。

笔者认为西方经济学所谓总要素生产率概念的输入和日益广泛的运用，的确是对我国经济理论界的一大挑战，但它同时又是一个积极的推动力，推动我们去重新审视对一些基本理论范畴的传统理解，使我们有可能纠正长期存在的误解。总要素生产率的变动幅度其实不过是劳动生产率变动幅度的近似，而我们对马克思的劳动生产率范畴长期存在的误解却妨碍我们认清这一点。马克思的经济科学并没有过时，但是，对其基本范畴的误解足以削弱乃至全部破坏它的分析力度和逻辑魅力。

# 一 劳动生产力是含有活劳动和物化劳动的总量劳动的生产率

劳动生产率作为劳动生产力的基本数量指标，被表述为产品实物量与产品生产中劳动耗费量的比率，其基本表达式为 $\alpha = \dfrac{W}{A}$。根据定义，分子与分母的取值必须严格遵循相互对应匹配的原则：产品量 $W$ 恰好是劳动时间 $A$ 所产生的全部产品量，劳动时间 $A$ 恰好是生产产品量 $W$ 所耗费的全部劳动量。因此，劳动生产率应当是包含产品生产中耗费的全部活劳动和物化劳动的总量劳动的生产率。

马克思生前出版的，由马克思本人反复修改定稿的《资本论》第一卷明确指出："商品的价值量与体现在商品中的劳动的量成正比，与这一劳动的生产力成反比。"[①] 如果承认这是马克思对商品价值量、劳动量和劳动生产力三者数量关系的科学表征，那么我们就有如下数学表达式：$G = \lambda \cdot A$，$G = \eta / \alpha$（$G$ 表示商品价值量，$\lambda$ 和 $\eta$ 是常数，分别为商品价值量与劳动量的比值，以及商品价值量与劳动生产率之倒数的比值）。由此还可推出另一表达式：$\alpha = \dfrac{\eta / \lambda}{A}$。很显然，体现在商品价值量

---

[①] 马克思：《资本论》（第一卷），人民出版社，1975，第53~54页。

和劳动生产率中的劳动量是同一个东西,如果商品价值量取决于生产中耗费的活劳动量 $L$ 和物化劳动量 $C$,那么,劳动生产率的提高也不单纯是活劳动耗费的减少,而是作为活劳动和物化劳动总和的总量劳动耗费的减少。马克思本人肯定了这样的理解,他说:"劳动生产率的提高正是在于:活劳动的份额减少,过去劳动的份额增加,但结果是商品中包含的劳动总量减少;因而,所减少的活劳动要大于所增加的过去劳动……一种新的生产方法要证明自己实际上提高了生产率,就必须使固定资本由于损耗而转移到单个商品中的追加价值部分小于因活劳动的减少而节约下来的价值部分,总之,它必须减少商品的价值。"[①] 马克思的劳动生产率概念包含物化劳动(或者说过去劳动)因素,这是毫无疑问的。

传统的理解认为,劳动生产率只是表征活劳动效率。这种理解只有在舍象了劳动的空间与时间界限时,才是合理的。在此前提下,现时劳动与过去劳动的差别消失了,因此包括物化劳动在内的全部生产劳动都只是活的人类机体的运动。这恰好说明物化劳动与活劳动之间的区别本来就只有相对意义。在一场合以物化劳动形式出现的生产资料,在另一场合则是活劳动的产物,今天的物化劳动总可以归结为以往某一时间的活劳动。因此,二者在本质上具有同一性,其区别与诸如机械加工与食品加工、纺织劳动与印染劳动的区别没有什么根本不同。那种以为劳动生产率,只能是活劳动生产率,引进物化劳动因素便与劳动价值论相冲突,便大逆不道的观点,是毫无根据的。

问题在于:对于任一特定的考察范围,物化劳动与活劳动的界限又总是存在的。任何生产过程都必须以使用生产资料的形式消耗一部分物化劳动,除非把考察的起点推延到人类刚刚学会使用工具,并且从自然界直接摄取生活资料的蛮荒时代。[②] 举例说,在社会年产品生产中,当年投入的活劳动与以往积累的物化劳动就有明确界限。产品价值中的不

---

[①] 马克思:《资本论》(第三卷),人民出版社,1975,第290页。
[②] 参见:马克思《资本论》(第三卷),人民出版社,1975,第952~958页。

变资本部分是物化劳动的体现，它在实物形态上表现为一年中被消耗的生产资料的物质补偿，只要社会生产年复一年不停顿地进行，年产品的这一部分就是必不可少的。因此，一定量产品生产中耗费的劳动量，总可以区分为物化劳动量 $C$ 和活劳动量 $L$ 两个部分。传统的理解将劳动生产率定义为 $\alpha_L = \dfrac{W}{L}$，而不是 $\alpha_G = \dfrac{W}{C+L}$。不仅不符合马克思的原意，而且造成理论上和实践中的种种矛盾与缺憾。

从理论上说，只要单位产品生产中耗费的劳动量分为物化劳动量和活劳动量两个部分，不包含物化劳动耗费的活劳动生产率公式 $\alpha_L = \dfrac{W}{L}$ 就不能满足分子和分母对应取值的原则。分子 $W$ 中包含若干由过去提供的，无法从总使用价值量中扣除的使用价值量，作为分母的活劳动量 $L$ 无法与之相匹配，这是活劳动生产率概念的基本缺陷。由于使用价值没有也不可能有统一的计量尺度，即没有可通约性①，这个缺陷靠在产出物品的准确计量方面做文章是克服不了的。

由于物化劳动与活劳动界限的相对性，同一单位产品生产中耗费的活劳动，会随着考察范围的推移而反映出不同的量，上述缺陷在实际统计中会导致活劳动生产率数值的不确定性。例如，一个单位色布生产的社会分工链如图1所示（这里舍象了生产过程中除原材料之外其他生产资料的投入，但对结论不会有任何影响）。

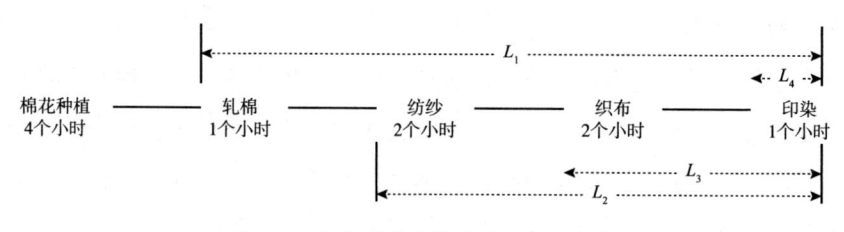

**图1　一个单位色布生产的社会分工链**

① 参见：马克思：《资本论》（第一卷），人民出版社，1975，第74页。

如果考察包括轧棉、纺纱、织布、印染四道工序在内的生产过程，色布生产的活劳动生产率是 1/6；考察纺、织、染三道工序，活劳动生产率是 1/5；考察织布与印染两道工序的活劳动生产率是 1/3；而只考察最后一道工序印染的活劳动生产率为 1。可见，按照 $\alpha_L = \dfrac{W}{L}$ 的公式，所考察的社会分工链越长，活劳动生产率越低。如果这里考察的对象是企业，上述结论也就可表述为：企业的垂直一体化程度越高，企业的活劳动生产率越低。

结论显然是不合理的。其实，上述四种情况下的活劳动生产率，只是在表面上具有可比性。劳动生产力始终是具体有用劳动的生产力。① 只有在劳动的具体有用性恰好相同的场合，它们生产的使用价值才有相同的性质，因而在量上可以通约，这时的劳动生产率才能相互比较。前述 $L_1$ 包含从轧棉到印染四种不同的有用劳动，$L_2$、$L_3$ 中包含的劳动种类递减，$L_4$ 只包含单纯的坯布印染一种劳动，因此四个场合劳动的具体有用性质只有部分重合（都包含一定量的印染劳动），而在总体组合上不同。表面上看，四个场合的劳动产品恰好相同，实际上，$L_1$ 在籽棉使用价值的基础上生产一个单位色布，它新生产的使用价值，应当比在棉纱基础上生产同量色布的 $L_3$，或在坯布基础上生产同量色布的 $L_4$ 所生产的使用价值多得多。可惜这些不同的使用价值没有统一的计量标准，不能通过在最终产出的使用价值中扣除所耗生产资料的使用价值，而取得特定生产过程产出的准确数量。因此，四个场合的活劳动生产率无法相互比较。

包含活劳动与物化劳动在内的总劳动生产率公式能克服这一缺陷。公式 $\alpha_G = \dfrac{W}{C+L}$ 在分母上增加了物化劳动量 $C$，它恰好与分子中本来多余

---

① 参见：马克思《资本论》（第一卷），人民出版社，1975，第 59 页。我们不否认不同使用价值生产中劳动生产率的变动幅度是可比的，参见：《马克思恩格斯全集》（第二十六卷·第二册），人民出版社，1973，第 87 页。

又无法扣除的部分相对应，分母 $C+L$ 包含一个单位产品中的全部劳动投入。由于这种对应性，特定产品的总劳动生产率，不会因所考察社会分工链的延伸或收缩而变化。在前述例子中，色布的总劳动生产率在所有场合都等于 $\frac{1}{10}$。

  活劳动生产率指标的缺陷还表现在对实际生产效率考察的片面性上。活劳动生产率只是全面反映生产效率的总劳动生产率的一个局部因素，与之相对应的另一局部因素可称作"物化劳动生产率"，即 $\alpha_C = \frac{W}{C}$，它表征商品生产中所耗费全部物化劳动的经济效率。劳动一经物化当然不再生产。但是它在物化过程中是生产的，正是物化劳动的这种曾经有过的生产性，使得物化劳动生产率取得了与活劳动生产率同等程度的重要性。总劳动生产率的提高取决于这两个局部因素的相互作用，而且一般来说，二者对总劳动生产率的影响力是相同的。公式 $\alpha_G = \frac{\alpha_L \cdot \alpha_C}{\alpha_C + \alpha_L}$ 表明了局部与整体之间的数量关系，显然，$\alpha_C$ 与 $\alpha_L$ 在公式中的作用是完全相同的。单独考察活劳动生产率只能了解总劳动生产率的一个片面。一方面，它将生产各种生产资料的劳动生产率完全排斥在视野之外，不要求以更便宜的生产资料去替代较昂贵的生产资料；另一方面，它也不考虑节约生产资料的实物量，不考虑提高各种原材料、燃料和劳动资料的使用效率。总之，它把提高物化劳动生产率的任务完全忽略了。这种对劳动生产率的片面理解很容易导致现实生产中物质的浪费和低效率。

  有必要特别指出的是：在经济发展水平较低的阶段，活劳动在社会年产品生产所耗全部劳动中占的份额较大，活劳动生产率对总劳动生产率的影响较大。相反，物化劳动在全部劳动耗费中的比重较小，物化劳动生产率对总劳动生产率的影响也小。在此阶段，活劳动生产率的变动趋势大致与总劳动生产率的变动趋势一致。因此，忽略物化劳动而单独强调活劳动生产率虽然在理论上有片面性,实践中还不至造成太大的偏差。近现代工业的发展越来越倚重机器系统,物化劳动在总劳动中的比重逐步提高。[①] 活劳动生产率的变动幅度与总劳动生产率的变动幅度产生越来越大的差距,物化劳动生产率的重要性明显增强,它已经成为活劳动生产率名副其实的平等伙伴,二者共同对总劳动生产率的提高发挥作用。考察当代生产力,而忽视物化劳动耗费问题,其片面性就更加突出。

## 二 计算总劳动生产率有困难以及解决困难的途径

除了理论上的误解之外,实际计算中的困难也是人们用活劳动生产率代替劳动生产率的原因之一。为了纠正这一长期存在的错误,有必要弄清这些计算困难的实质,并且找出解决问题的途径。

抽象地看,劳动生产率的计算不存在不同种劳动相互换算的困难。劳动生产力始终是具体有用劳动的生产力,它不需要也不可能在不同种劳动之间做横向的比较。因此,在确定的考察范围内,总是假定被考察对象的劳动有用性质是相同的,或者其有用劳动的构成是相同的。这就决定了计算劳动生产率,只需要将生产中耗费的实际劳动量简单加总,而不需要像在确定商品价值时那样,对不同强度、熟练程度和复杂程度的劳动进行换算。这里似乎不存在商品价值量计算中不同种劳动相互换算的难题。

这一结论是不现实的。既然单位商品的全部劳动耗费分为物化劳动与活劳动两个部分,既然劳动生产率的计算应当包括物化劳动,困难便无论如何也无法避免。任何一个现代企业都是通过市场进入社会分工体系的,它与上游产业的分工联系,通过购买上游产业提供的生产资料来实现。这些体现在生产资料价值中的上游产业的劳动,便是该企业产品

---

① 参见:马克思《资本论》(第一卷),人民出版社,1975,第682页;马克思《资本论》(第三卷),人民出版社,1975,第236~237页。

生产中耗费的物化劳动。企业不能通过生产资料的价值量确切了解物化劳动的数量，既不知道其生产中的社会必要劳动量，也不知道其生产中实际耗费的个别劳动量。这个个别劳动量已经通过市场价值的实现转化为社会劳动量，生产资料一经出售，其个别价值的差别便在社会价值中消融，"复原"它既没有可能，也毫无意义。因此，特定生产过程所耗费的物化劳动量只能以生产资料的价值形式表示。公式$\alpha_C = \dfrac{W}{C+L}$的实用性受到了挑战。不同种劳动的通约问题，转化为物化劳动与活劳动的通约问题。

能否在商品交换价值形式上，将物化劳动与活劳动的计量单位统一起来，进而实现公式的计算呢？我们知道，包含在商品中的社会必要劳动量虽然不能直接计算，却能通过商品之间的交换比例间接地表现出来，如1吨小麦＝50米布，50吨原煤＝1盎司金，等等。商品价值取得交换价值的外在形式，不改变商品价值的实质，更不妨碍价值规律在经济生活中发挥调节作用。但是，如果用商品交换价值取代劳动生产率公式的分母部分，公式的性质便发生根本变化。现在分数线上下是两种质上完全不同的使用价值，在量上不能通约。它们之所以被置于同一分式，是因为生产上耗费的劳动时间相同，但这个劳动时间是以无差别人类劳动的形式存在的，劳动生产率概念所体现的具体有用劳动的特殊性质及其效率的差别，都被"约分"。因此，以商品交换价值为分母的所谓劳动生产率公式，无论是在形式上，还是在内容上，都是无意义的。劳动生产率的计算，不仅不能避免不同种劳动通约的难题，而且在商品价值形式上用以绕开这一难题的途径也走不通。

困难真的无法克服了吗？不是。前面已提到活劳动耗费在全部劳动耗费中的份额，我们把它称作活劳动系数，用公式$\beta = \dfrac{L}{C+L}$表示。总劳动生产率可以用活劳动生产率与活劳动系数相乘的方法求得：$\alpha_C = \beta \cdot \alpha_L$。

相应地，我们把物化劳动耗费在总劳动耗费中的份额称作物化劳动系数，用公式 $1-\beta = \dfrac{C}{C+L}$ 表示。因此，有计算总劳动生产率的另一公式：$\alpha_G = (1-\beta) \cdot \alpha_C$。

前一个公式较接近实际运用。第一，公式的一个因式 $\alpha_L$ 很容易取得，这一点不需要做更多说明。第二，公式的另一个因式 $\beta$，可通过商品交换价值中新增价值部分的比重近似地求得。例如，某煤矿年总产值为 1000 万元，其中净产值为 400 万元，则该矿产品生产中的活劳动系数可近似地确定为 0.4。如果企业活劳动生产率为 1 吨煤/工，按照公式，其总劳动生产率 $\alpha_G = \beta \cdot \alpha_L = 1 \times 0.4 = 0.4$ 吨煤/工。我们把按这种方法计算的总劳动生产率称作总劳动生产率Ⅰ。

这里强调计算的近似性。因为：第一，价格（包括投入品和产出品价格）只能近似地反映价值，由于供求不平衡，由于比价体系不合理，由于商品间接税的差别，等等，净产值在总产值中的比重与商品生产中的活劳动系数，总是有差距的；第二，按商品价值构成推算活劳动系数，假定生产中耗费的活劳动与物化劳动都是同质的社会必要劳动，因此与劳动生产率概念直接按个别劳动量计算劳动耗费的要求也不相同。但我们更强调这种近似计算的有效性。第一，计算活劳动系数与计算劳动生产率不同，这里以商品价值形式间接反映劳动量，尽管量上不够精确，但质上是等价的；第二，当我们用已知的活劳动生产率去乘活劳动系数时，活劳动的具体有用性质不仅没有被"约分"，而且被延伸到产品生产的全过程。由于在商品价值形式上计算的活劳动系数假定全部劳动耗费的同质性，它与活劳动生产率相乘的结果，使得全部劳动耗费都取得了这种活劳动的个性。

总劳动生产率计算中的另一个困难与不同种使用价值在数量上不可比相关。一方面，生产不同使用价值的经济单位的总劳动生产率不能做横向比较；另一方面，生产多种产品的单个经济单位的劳动生产率也不能从总体上衡量。但是这一困难在活劳动生产率计算中同样存在。人们用按不变价格计算的产值指标代替产量指标的变通办法克服困难。用企业总产值除以全部活劳动耗费，就有所谓企业全员劳动生产率指标，推而广之又有全民所有制企业全员劳动生产率，轻工企业全员劳动生产率，食品工业企业全员劳动生产率，等等。所有这些场合，指标之间的可比程度都取决于所谓"一种商品"的理论假定与实际情况的符合程度，或者说，取决于样本间产品结构的一致程度，产品结构的差异越小，全员劳动生产率的可比性就越大。这一变通计算办法同样适用于总劳动生产率的计算，也就是说，我们可以直接用现有指标体系中的全员劳动生产率去乘相应的活劳动系数，而取得总劳动生产率。我们把按这种方法计算的总劳动生产率称作总劳动生产率Ⅱ。① 表1所示只是一个简单实例，说明传统的全员劳动生产率指标何以造成判断的误差，以及总劳动生产率Ⅱ能在多大幅度内对它做出修正，这足以表明：用总劳动生产率概念去纠正对劳动生产率概念的传统误解是何等的必要。

表1　1985~1986年全国全民所有制独立核算工业企业总劳动生产率

| 年份 | 全员劳动生产率 数值（元/人年） | 全员劳动生产率 比上年增长（%） | 净产值在总产值（现价）中的比重（%） | 总劳动生产率 数值（元/人年） | 总劳动生产率 比上年增长（%） |
|---|---|---|---|---|---|
| 1985 | 15198 | — | 33.65 | 5114 | — |
| 1986 | 15451 | 1.7 | 32.22 | 4979 | -2.6 |

数据来源：《中国工业经济统计年鉴（1987）》。

---

① 总劳动生产率Ⅱ似乎就是人均净产值。总劳动生产率Ⅱ = $\frac{净产值}{总产值} \times \frac{总产值}{劳动人数}$ = $\frac{净产值}{劳动人数}$ = 人均净产值。其实，这个等式只有在两个总产值都以不变价格计算，进而净产值也按不变价格计算时才能成立。而根据前面的论述，活劳动系数应该用按现价计算的净产值比重表示。因此，上述等式不能成立。当然，人均净产值（不变价）可以看作总劳动生产率的近似值，它与总劳动生产率Ⅱ之间的误差率，可用下式表示：$\frac{人均净产值 - 总劳动生产率}{总劳动生产率} = \frac{净产值（不变价）}{总产值（不变价）} \Big/ \frac{净产值（现价）}{总产值（现价）} - 1$。

## 三 建立在劳动价值论基础上的增长方程及其与新古典增长方程的区别

将社会总产品看作有特定使用价值结构的"一种商品",其总产值(按不变价格计算)的变动反映这一产品实物量的变动。社会总劳动生产率 $\alpha$ 可用社会总产值 $W$ 与这一种产品生产中耗费的全部劳动量 ($C+L$) 的比值表示:

$$\alpha = \frac{W}{C+L}$$

由此,导出基本的生产函数:

$$W = \alpha(C+L)$$

式中所有变量都是时间 $t$ 的函数,因此有:

$$W_t = \alpha_t(C_t + L_t)$$

将等式两边对时间 $t$ 求导,得:

$$\dot{W} = \dot{\alpha}(C+L) + \alpha\dot{C} + \alpha\dot{L}$$

两边同除以 $W$,得:

$$\frac{\dot{W}}{W} = \frac{\dot{\alpha}}{\alpha} + \frac{\dot{C}}{C+L} + \frac{\dot{L}}{C+L}$$

再代入 $\beta = \frac{L}{C+L}$,整理,得:

$$G_W = G_\alpha + (1-\beta)G_C + \beta G_L \tag{1}$$

其中, $G_W$、$G_\alpha$、$G_C$ 和 $G_L$ 分别为总产值、社会总劳动生产率、物化劳动量和活劳动量的增长率。这就是我们根据劳动价值论提出的基本增长方程。式中活劳动系数 $\beta$ 可由国民收入占社会总产值(现价)的比重表示，物化劳动的增长率可由所费不变资本①价格的增长率扣除物价水平变动因素而求得。

方程（1）与新古典增长方程在形式上极为相似。② 实质上，二者存在四点重大差别。第一，我们使用社会总产值作为核算经济增长的指标，而不像西方经济学那样以最终产品产值（或曰附加价值）考核经济增长。式中 $W$ 不仅不同于国民生产净值（NNP），甚至也有别于国民生产总值（GNP），因为它不仅包括全部厂房、设备等固定资产的折旧，而且包括生产中耗费的全部物质形态的流动资产。总之，$W$ 是马克思定义的社会年产品价值的价格表现，而不是他称作社会年价值产品的价格表现。③ 西方经济学认为，这样计算社会产品，包括对许多中间产品的重复计算，因此不足以为宏观经济分析的凭据。我们不否认国民生产净值在宏观经济分析中的重大意义，也不否认加入中间产品容易造成重复计算，但认为这不应成为否定以下事实的理由：社会年产品中包含一个确定数量的"中间产品"，它是生产中耗费的全部生产资料的物质补偿。如果承认，当年生产中实物形态的生产资料确实被（生产地）消费，并且物化在其中的劳动量构成当年劳动耗费的组成部分，那么合乎逻辑的推论是，作为物质补偿的生产资料是当年新生产的，物化在其中的劳动将为下年生产所消耗。既然方程的右边包含物化劳动耗费量。方程的左边就没有理由排除生产资料产品量，否则，理论的逻辑一惯性何在。至于重复计算问题，也不是不能解决的。重复主要产生于同一物质要素在不同生产环节上被重复计算。专业化分工越细，生产环节越多，重复的程度就越深。假如统计特定时点停留在生产过程中的全部流动资产，如有年初存货，重复计算就不会发生。并且，无论专业化分工

---

① 本节使用的资本概念沿袭西方经济学的用法，仅指生产资料的价值形式，即马克思所称的不变资本。

② 新古典经济学的基本增长方程可表述为 $G_V = G_A + \beta G_K + (1-\beta) G_L$，其中 $G_V$、$G_A$、$G_K$ 和 $G_L$ 分别为附加价值、总要素生产率、资本投入和劳动投入的增长率，$\beta$ 和 $1-\beta$ 是资本投入和劳动投入的产出弹性。

③ 参见：马克思《资本论》（第二卷），人民出版社，1975，第418页。

发展到什么程度，只要生产、流通稳定地持续地进行，维持简单再生产所需要的各种形式的存货量就都是基本相同的。以这个存货量去乘以流动资产年周转次数，就有了它的年消耗量，也即年补偿量。把它加在国民生产总值上，就得到本文使用的、不包含任何重复计算的社会总产值$W$。只有以这一指标与社会总劳动生产率匹配，才不违背本文一开始提出的劳动生产率计算中分子与分母对应取值的原则。

第二，方程中的$G_C$表示物化劳动耗费的增长率，与新古典增长方程中的$G_K$表示资本投入增长率不同。原则上说，物化劳动耗费的增长，应与所费资本的增长相等（就其价值量而言），所谓资本投入的增长是包括所用资本在内的资本存量的增长，两者的差额，主要取决于流动资本的周转速度和固定资本在资本总量中的比重。

第三，系数$\beta$和$1-\beta$分别表示活劳动与物化劳动在总劳动中的比重，而新古典增长方程中的同样符号，则表示要素产出弹性，其含义完全不同。因此，方程（1）既不像新古典增长方程那样，以竞争均衡作为前提条件，也不像新古典增长方程那样，依赖于国民收入的分配状况。一方面，它有更大的适用范围，不仅适合于自由市场经济，而且适合于集中计划体制；另一方面，它有更纯粹的内涵，是一个单纯与生产力增长相关的方程，由生产自身的规律决定，要素价格以及各种要素收入在国民收入中的份额，对方程没有直接影响。

第四，由于以上这些特点，我们有理由将方程（1）中的$G_\alpha$明确定义为社会总劳动生产率增长率。这与新古典增长方程中的$G_A$，即所谓的总要素生产率增长率有重大差别。总劳动生产率与总要素生产率的理论含义完全不同：前者反映单位劳动时间的产出量，后者反映单位价格生产要素的"产出量"。由于分子分母同样使用货币单位计量，总要素生产率采取指数形式。与同类型的指标，如资本利润率、资本系数等一样，总要素生产率是生产以利润为目的，以价值自行增殖为形式的历史阶段的特有现象。它重复"金生金蛋"的古老寓言，具有掩盖生产关系本质的功能。它的真实内容不过是商品价值组成部分之间的数量比

(新增价值与成本价值的比率),因此从概念上说,与社会生产力的变动没有直接关系。但是在统计实践中,总要素生产率是按照不变价格计算的,同量价格大体反映相同的实物量,因此能反映单位产品生产中耗费的生产资料实物量和活劳动量(假设工资单价不变)逐步下降的趋势。在这个意义上,我们认为总要素生产率增长率具有总劳动生产率增长率近似值的意义。

根据以上说明可知,方程(1)中的 $G_W$ 和 $G_C$ 与新古典增长方程中的 $G_V$ 和 $G_K$ 有以下数量关系:

$$G_W = \frac{\dot{W}}{W} = \frac{(\frac{1}{\beta}Q)'}{\frac{1}{\beta}Q} = \frac{\dot{Q}}{Q} - \frac{\dot{\beta}}{\beta} = G_V - G_\beta$$

$$G_C = \frac{\dot{C}}{C} = \frac{(\sigma K)'}{\sigma K} = \frac{\dot{K}}{K} + \frac{\dot{\sigma}}{\sigma} = G_K + G_\sigma$$

其中,$Q$ 为最终产品产值;$\sigma$ 为所费资本与所用资本换算率($\sigma = e - eu + \frac{u}{n}$,其中 $e$ 为流动资产年周转次数,$u$ 为固定资本在资本总量中的份额,$n$ 为固定资本使用年限),$G_V$、$G_\beta$、$G_K$ 和 $G_\sigma$ 分别表示最终产品(产值)增长率、活劳动系数变动率、资本存量增长率和资本换算率变动率。因此有:

$$G_V = G_\alpha + \beta G_L + (1 - \beta)(G_K + G_\sigma) + G_\beta \tag{2}$$

从方程(2)中可见,影响最终产品增长的因素可分为四项,除了两种劳动耗费量的增长率和总劳动生产率的增长率之外,最终产品(国民收入)在总产品中份额的变动对增长也有影响。同时,资本存量增长对最终产品的影响,受到所费资本与所用资本换算率变动的制约。由于经济发展中 $\sigma$ 和 $\beta$ 都呈下降趋势,在多数年份,$G_\beta$ 和 $G_\sigma$ 为负值,$G_K$ 的值大于 $G_C$,$G_V$ 的值小于 $G_W$。由于相对于经济增长,$\beta$ 和 $\sigma$ 的变动幅度较小,当考察期间足够短时,可以假设 $G_\sigma$ 和 $G_\beta$ 趋近于零。这就是

技术进步的中性假定。在此情况下,方程(2)可以简化为:

$$G_V = G_\alpha + G_F \tag{3}$$

其中,$G_F = G_L = G_K$。只是在如此简化的层次,总劳动生产率与总要素生产率的增长率才恰好相等。

但不应该忘记,二者的理论基础和前提性假设是完全不同的。

# 马克思-斯拉法框架下的全劳动生产率增速测算*

冯志轩　刘凤义**

**摘　要**：本文旨在构建一个基于政治经济学理论的衡量经济效率的方法。为此，文章引入全劳动生产率的概念，并利用罗默定理及其推论，在马克思-斯拉法框架内构建了一个衡量全劳动生产率增速的方法。在此基础上，本文使用欧盟委员会资助建立的世界投入产出数据库的数据，计算了世界40个经济体1996~2009年的全劳动生产率增速。文章发现，在样本期间，中国的全劳动生产率增速处于40个经济体中的最高水平。由此可以推论，中国过去的高速增长是高效率的。这一结论反驳了中国经济发展属于粗放型发展模式的观点。

**关键词**：全劳动生产率　经济效率　罗默定理　马克思-斯拉法框架

## 一　引言

如何测度经济增长中效率的提升，是经济学研究一直关注的焦点。

---

* 原文发表于《世界经济》2020年第3期。
** 冯志轩，武汉大学经济与管理学院教授；刘凤义，南开大学马克思主义学院教授。

尤其是对于中国这种经历了长期快速发展的经济体来说，经济增长的源泉是效率的提升还是投入的增加，关乎这种发展的质量及可持续性。因此，测度中国经济增长中效率的提高就成为学者研究的重点。在对经济效率的测量方法当中，全要素生产率（TFP）是应用最为广泛的一个方法。经过50年的发展，这一方法已经发展出包括索洛余值、随机前沿分析、数据包络分析等在内的一系列计算手段，并在许多研究领域得到了广泛的应用（田友春等，2017）。但是，如果回顾利用全要素生产率考察中国经济增长效率的文献，会发现众多的研究并没有得出一致性的结论：一些文献认为中国的经济增长更多的来自投入的增加，TFP增长速度很慢（张军，2002；郭庆旺和贾俊雪，2005；徐瑛等，2006）；而另一些研究则得出了相反的结论，认为中国的TFP增长速度很快（涂正革和肖耿，2007；李宾和曾志雄，2009）。

同样路径下对同一问题的研究何以产生这种相反的结论？如果我们跳出新古典经济学的框架，站在更一般的角度去审视这一问题，就会发现全要素生产率其实是一个存有问题的测算方法。从最直观的方面来看，TFP的计算方法复杂，不同的方法乃至同一方法内部都存在不同的可供选择的假设，这些互不相同的技术处理难免带来不同的结果。更何况这些方法可能会依赖包括资本存量、人力资本等投入量的测量，而这些测量也同样有很多方法和很多结果（段文斌和尹向飞，2009）。实际上，这些技术细节问题是有其理论根源的。全要素生产率是建立在新古典生产理论基础上的，其核心工具生产函数很难回避剑桥资本争论的批评，尤其是资本加总悖论的批评（Robinson，1953；Harcourt，1969，1972；柳欣，2012）。只要生产函数中要用到任何形式的异质资本品加总，就必然需要利用产量和价格将这些存量加总起来。技术的变动会带来产量和相对价格的变化，这会反映在资本存量的测算上。而这些资本存量和由此得到的生产函数本身却是得到相对价格的基础。那么，在理论上这会带来新古典生产理论循环论证的问题，从经验研究来说，则使得尽管测量全要素生产率是为了计算技术效率，但是实际的计算结果包含技术效率变化、相对价格变化和相对产量变化三个效果。从而使得全要素生产率难以真正地计算生产效率的变动。

本文的目的正在于寻找一种合适的方法，来回避新古典框架下生产效率度量所带来的问题，并由此对中国生产效率的变动给予一个相对有效和稳定的度量。如果我们将目光转向马克思主义政治经济学，会发现在这一理论传统内，生产效率具有直接和准确的定义，即劳动生产率。劳动生产率在政治经济学的框架内被定义为单位时间内生产的使用价值的数量，也即单位产品价值量的倒数。而价值量本身是凝结在商品内的社会必要劳动时间。这一劳动时间既包含生产商品所必需的直接劳动投入量，也包含物化在商品中的劳动量。也就是说，这里生产资料并不是作为独立的物来计量，而是被分解为历史上的劳动。因此，也就是将商品生产全过程中所耗费的总劳动时间作为计量效率的标尺。这一定义效率的方法通过将所有异质投入还原为同质的劳动投入，避免了资本加总悖论。而且就其内涵而言，将效率和无差别的人类劳动联系在一起，利用总劳动量与使用价值量之间的关系来度量生产效率，也就在最一般的意义上度量了人类改造自然、创造财富的能力。

值得指出的是，这种政治经济学理论意义上的劳动生产率与目前新古典经济学中的劳动生产率并不相同。因为一方面，新古典经济学的劳动生产率在多数情况下表达为人均增加值或者每个小时劳动的增加值，这种劳动生产率的产出是用货币量度量的，本质上是一个价值量比另一个价值量，而政治经济学意义上的劳动生产率是单位时间内生产的产品数量，因此应该是使用价值量比价值量或者时间量。另一方面，新古典经济学中的劳动生产率只考虑直接生产过程中所包含的劳动，因而忽略了在生产资料中的劳动。由于这样的不同，政治经济学文献一般将自身逻辑框架下的劳动生产率称为全劳动生产率或 TLP（total labor productivity），以此与新古典框架下的劳动生产率相区别（置盐信雄，1977；荣兆梓，1992）。

关于全劳动生产率的计算方法，目前已经有很多研究。主要的思路基本上是沿着置盐（Okishio，1959）和森岛（Morishima，1977）等人开创的道路，用投入产出方法，在马克思-斯拉法的线性生产框架下测量不同部门的价值，并以此来度量全劳动生产率。这些研究在很大程度上为我们理解和测度效率提供了全新的路径（李洁和泉弘志，1998；Nakajima，2008；戴艳娟和泉弘志，2014）。但是这些方法也存在一些难以回避的问题。主要在于这一思路是测度不同部门的价值量和劳动生产率，理论上这些劳动生产率由于对应的使用价值量不同，因此量纲不同，并不能直接加总。这会导致这一方法在衡量一个经济体总体的效率增长水平，以及反映某一技术变化对整个经济的效率影响时存在一些问题。

为了解决全劳动生产率测量方面目前可能存在的问题，本文将根据Hahnel（2017a，2017b）的研究，引入线性生产体系下有关技术进步的罗默定理。根据这一定理的推论，理论上可以利用一类特殊的一般利润率去度量经济中全劳动生产率的增长速度。本文根据这一理论上的构想构建了现实可能的测量方法，利用世界投入产出数据库的数据，计算了包括中国在内的世界40个经济体1996~2009年的全劳动生产率增速。本文发现在样本期间，中国的全劳动生产率增速处于全球最高水平。从而说明了中国的高速经济增长是伴随着经济效率的快速提高的。

## 二 理论基础

### （一）全劳动生产率的传统测算方法

如前所述，目前比较常用的测算全劳动生产率及其增速的方法主要是在线性生产框架下测度商品的价值（Okishio，1959；Morishima，1977；李洁和泉弘志，1998；Nakajima，2008；戴艳娟和泉弘志，2014）。其基本的逻辑是，假定目前经济当中有$n$个部门，每个部门都有一个现实的技术，第$i$个部门的技术可以表达为$\{\mathbf{A}_i, l_i\} \rightarrow 1$。$\mathbf{A}_i$是

一个 $n$ 维的中间投入行向量，其中第 $j$ 个元素 $a_{ij}$ 是生产 1 个单位 $i$ 部门产品所需要的 $j$ 部门产品的数量。$l_i$ 是生产 1 个单位 $i$ 部门产品所需要的直接劳动投入。而将所有 $n$ 个部门的技术合并在一起，可以表达为 $\{\mathbf{A}, \mathbf{l}\} \to \mathbf{1}$，$\mathbf{A}$、$\mathbf{l}$ 和 $\mathbf{1}$ 分别为 $n \times n$ 维的中间投入矩阵、$n \times 1$ 维的直接劳动投入向量、$n \times 1$ 维的全 1 向量。

根据上述技术，设存在价值列向量 $\boldsymbol{\lambda}$，其第 $i$ 个元素 $\lambda_i$ 是第 $i$ 部门 1 个单位产品所包含的价值，也即生产 1 个单位产品所需总的社会必要劳动时间的量。因此有：

$$\mathbf{A}\boldsymbol{\lambda} + \mathbf{l} = \boldsymbol{\lambda} \tag{1}$$

也即生产 1 个单位产品所需的生产资料的价值，加上生产 1 个单位产品所需的直接劳动投入，等于 1 个单位产品的价值或生产 1 个单位产品所需的总劳动量。若 $\mathbf{A}$ 和 $\mathbf{l}$ 已知，则由此可以解得价值列向量：

$$\boldsymbol{\lambda} = (\mathbf{I} - \mathbf{A})^{-1}\mathbf{l}$$

每个部门的劳动生产率即价值的倒数 $1/\lambda_i$。而劳动生产率的增速[①]即两期价值量倒数的比值 $g_i = \dfrac{1}{\lambda_i^{t+1}} \Big/ \dfrac{1}{\lambda_i^t}$，其中 $\lambda_i^t$ 和 $\lambda_i^{t+1}$ 分别为第 $t$ 期和第 $t+1$ 期 $i$ 部门 1 个单位产品的价值量。

然而，在实际使用投入产出表进行具体的计算时，我们无法获得真实的技术系数 $a_{ij}$ 和 $l_i$，投入产出表中的直接投入系数是利用以货币量衡量的中间投入总量除以这一部门的总产出求得的，也即 $a_{ij}\dfrac{m_j x_i}{m_i x_i} = a_{ij}\dfrac{m_j}{m_i}$，其中 $m_i$ 是 $i$ 部门产品的市场价格、$x_i$ 是 $i$ 部门生产产品的数量。就是说，投入产出表中的直接投入系数是被市场价格扭曲过的中间投入系数。而劳动投入方面，我们也仅仅能够获得一个部门总的劳动小时数，根据这一总量数据除以总产量，有 $\dfrac{l_i x_i}{m_i x_i} = \dfrac{l_i}{m_i}$。因此，我们无法直接根据实际数

---

[①] 实际上，增速为 $g_i - 1$；为了简化表述，将比值 $g_i$ 视作增速。后文类似处理。

据测得价值量 $\lambda_i$。但是，根据可以在现实中获得的系数 $a_{ij}\dfrac{m_j}{m_i}$ 和 $\dfrac{l_i}{m_i}$，我们可以将 $\mathbf{A}\boldsymbol{\lambda}+\mathbf{l}=\boldsymbol{\lambda}$ 或者其每一行的关系式 $\Sigma_j a_{ij}\lambda_j+l_i=\lambda_i$ 改写为：

$$\Sigma_j a_{ij}\dfrac{m_j}{m_i}\times\dfrac{\lambda_j}{m_j}+\dfrac{l_i}{m_i}=\dfrac{\lambda_i}{m_i}$$

也即我们可以根据现实数据无偏差地测量出 $\dfrac{\lambda_i}{m_i}$，由此要计算一个部门的劳动生产率增长率，根据 $g_i=\dfrac{\lambda_i^t}{m_i^t}\Big/\Big(\dfrac{\lambda_i^{t+1}}{m_i^{t+1}}\times\dfrac{m_i^{t+1}}{m_i^t}\Big)=\dfrac{1}{\lambda_i^{t+1}}\Big/\dfrac{1}{\lambda_i^t}$，可以通过将 $\dfrac{\lambda_i^t}{m_i^t}$ 和 $\dfrac{\lambda_i^{t+1}}{m_i^{t+1}}$ 之比除以这一行业的产品价格指数 $\dfrac{m_i^{t+1}}{m_i^t}$ 获得。

这一关于全劳动生产率的测算方法是简单而有效的，但是这一方法在应用的过程中仍然存在几个问题。首先，每个部门所测算的价值量和劳动生产率的绝对量是无法互相比较的。表面上这一方法主要是测算作为劳动时间的价值量，而价值量是同质的，但实际上并非如此。这一方法中的 $\lambda_i$ 实际上是 1 个单位产品所包含的总劳动时间，因此其单位并不是简单的时间单位，而是时间单位比产品单位。这在其倒数劳动生产率上体现得就更为明显，劳动生产率作为价值的倒数是单位时间内生产使用价值的数量，这里就必然包含使用价值的单位，比如每个小时生产 10 吨钢铁或者每个小时生产 10 米棉布。显然，使用价值是异质的，不能直接互相比较，比如我们没有办法说明每个小时生产 10 吨钢铁和生产 10 米棉布谁的效率更高。因此，通过这种方式测算的劳动生产率是不能直接比较的，也就更不能将其加总起来。其次，尽管如前面所述，劳动生产率的增长率消除了自身的单位，从而可以进行部门间的比较，但是仍然无法直接加总起来，因为我们无法将每个部门的增长率直接视为等同的。

在很多情况下，加总上的困难并不会影响这种方法的应用，尤其是在我们仅仅关心每个部门自身的劳动生产率及其增长率的情况下。但是一旦我们关心的是整个经济体的效率，从而将不同部门视为互相联系的整体，其不可加总性所带来的短板就明显地表现出来。这不仅意味着由于不同部门的劳动生产率不能直接加总，我们无法简单直接地得到一个经济体整体的劳动生产率增长率。而且在我们关心一个部门的技术变化所带来的整个经济的生产效率变化时，也会受到加总问题的影响。由于一个部门的产品也可能是其他部门的中间投入或固定资本，因此一个部门的技术变化给整个经济带来的劳动生产率提高可能不仅体现在本部门单位产品价值量的下降上，也可以通过减少其他部门物化劳动的形式降低其他部门的单位产品价值量。因而，要衡量不同部门劳动生产率变化的总效应，需要将不同部门的价值量或者劳动生产率的变化率加总起来。

理论上曾经有文献试图解决这些问题，应用较多的是戴艳娟和泉弘志（2014）的方法。这一方法试图将每个部门的总价值量占全社会总价值量的比重作为权重赋予各个部门，由此得到一个经济的总的劳动生产率增长率。用数学形式来表达，也即：

$$g^G = 1/(\sum_i \frac{1}{g_i} \tau_i^t) = 1/(\sum_i \frac{\lambda_i^{t+1}}{\lambda_i^t} \frac{\lambda_i^t x_i^t}{\sum_i \lambda_i^t x_i^t}) = \frac{\sum_i \lambda_i^t x_i^t}{\sum_i \lambda_i^{t+1} x_i^t}$$

其中，$g^G$ 是经济整体的劳动生产率增长率；$g_i$ 是 $i$ 部门的劳动生产率增长率，也即 $\frac{\lambda_i^t}{\lambda_i^{t+1}}$；而 $\tau_i^t$ 是 $i$ 部门 $t$ 时期生产的价值量占总价值量的比重，也即 $\frac{\lambda_i^t x_i^t}{\sum_i \lambda_i^t x_i^t}$。可以看到，这一方法所表达的全社会劳动生产率增速实际上就是 $\frac{\sum_i \lambda_i^t x_i^t}{\sum_i \lambda_i^{t+1} x_i^t}$，也即给定第 $t$ 期各个部门生产的总产量 $x_i^t$，按第 $t$ 期的技术生产这些 $x_i^t$ 所需要的总劳动时间与按第 $t+1$ 期的技术生产 $x_i^t$ 所需要的总劳动时间之比。

因此我们可以看到，这个加总方法尽管名义上依赖的是总价值量，但是实际上依赖的是不同部门的总产量。这种加总方式就意义来看是较为合理的一种，给定某一年的产量比较不同技术条件下生产这些产量的总劳动量的变化，是一种直观的衡量劳动生产率变动的方式。

但是这种方式依赖产量的绝对量，而不同部门产量的绝对量和相对比例都会随着时间的推移发生越来越大的变化。如果我们使用每年不同的权重，那么对于根据这种加总方式测算的不同年份的劳动生产率增长率，时间间隔越远，就越不能够相互比较。如果使用固定的权重，则随着时间的推移，全劳动生产率增速这个测度本身就会由于产量权重越来越不符合实际而变得越来越没有意义。而且尽管使用产量绝对量进行加总是"直观"的，但是这些产量不包含分配结构、需求结构等更具有经济学意义的信息，其背后也没有太多的经济学含义，因而就较难引入更为深入的分析。我们固定了产量作为权重，却并不知道这个权重本身代表了什么，权重自身的变化到底意味着什么也不甚了了。

价值型投入产出数据并不会为我们提供有关产量的信息。对于这种加权方法而言，加权的权重并不是直接可以获得的，而是通过使用总价值量变相得到的。在目前的投入产出体系下，我们只能看到总价值量的变化，而无法将这种变化分解为更为具体的单位产品价值量和总产量的变化。因此，我们实际上无从知晓我们的权重是如何变化的。也就意味着，除非在所有估计当中统一使用一个固定不变的总价值量权重，从而剔除所有权重变化的影响，否则只要使用变化的权重，我们就无法分析权重变化对全劳动生产率增长产生的真实影响。这就严重限制了这一方法的分析范围。

因此，本文试图根据罗默（Roemer，1981）和 Hahnel（2017a，2017b）提供的框架，在目前常用的全劳动生产率测算框架之外寻找一种新的测算全劳动生产率增长率的方法。这种新的方法能够避免目前方法存在的加总问题，更好地在整个经济体层面测量全劳动生产率的增长速度，衡量一个部门技术进步的全局影响。并且这一新方法将更多有经济意义的信息引入全劳动生产率增速的测算，从而丰富了对这一测算结果的分析。

## (二) 罗默定理的阐述

由于我们的新框架主要建立在罗默（Roemer，1981）关于技术选择的理论之上，因此在详细地分析新的理论框架之前，我们需要简要地介绍一下罗默相关的工作，在 Hahnel 及其后续的文献当中往往将这些工作统称为"罗默定理"。

罗默定理的原意是试图说明在完全竞争条件下，追求利润率的技术选择和追求效率的技术选择二者本质上是不相等的，提高利润率的行为并不一定带来效率的提升。为了说明这一点，罗默在线性生产框架下给出了一些简单的定义。

在不考虑固定资本的情况下，如果经济中有 $n$ 个部门，假定经济当中现存的技术是 $\{\mathbf{A}, \mathbf{l}\} \to 1$，我们可以将均衡定义为：

$$(\mathbf{Ap} + w\mathbf{l})(1 + r) = \mathbf{p} \quad (2)$$

其中，$\mathbf{A}$ 为中间投入系数的 $n$ 阶方阵，$\mathbf{l}$ 为劳动投入系数的 $n$ 维列向量，二者元素的意义与前文相同；$\mathbf{p}$ 是生产价格列向量，$r$ 是标量的一般利润率；$w$ 是标量的工资率，即每个小时劳动所获得的货币工资量，可以进一步表示为 $w = \mathbf{c}'\mathbf{p}$，其中 $\mathbf{c}'$ 是实际工资行向量，其元素 $c_i$ 表示工人付出 1 个单位劳动所消耗或购买的 $i$ 部门消费品的数量。根据式（2），我们可以唯一地确定一组相对价格和均衡利润率，因而经济在式（2）所示状态下处于均衡。为了方便起见，由于式（2）仅确定了生产价格的相对比例而没有确定绝对值，我们可以选取适当的 $\mathbf{p}$ 将 $w = \mathbf{c}'\mathbf{p}$ 标准化为 1，从而式（2）可以简化为：

$$(\mathbf{Ap} + \mathbf{l})(1 + r) = \mathbf{p} \quad (3)$$

用上标 * 表示相对于原有技术的新技术，对于任意的技术变化，也即存在新的技术 $\{\mathbf{A}^*, \mathbf{l}^*\} \to 1$ 替代 $\{\mathbf{A}, \mathbf{l}\} \to 1$，我们可以将这种技术变化定义为两种技术中投入系数的差别，用行向量 $\boldsymbol{\delta}'_i = (l_i^* - l_i, a_{i1}^* - a_{i1}, a_{i2}^* - a_{i2}, \cdots, a_{in}^* - a_{in})$ 来表示 $i$ 部门的技术变化。同

时，为了方便起见，我们可以定义增广的生产价格列向量 $\hat{\mathbf{p}}=$ (1, $p_1$, $p_2$, $\cdots$, $p_n$)' 和增广的价值列向量 $\hat{\boldsymbol{\lambda}}=$ (1, $\lambda_1$, $\lambda_2$, $\cdots$, $\lambda_n$)'。

根据上述定义，可以将一个特定的技术变化按照三种标准进行分类。

首先，罗默将 $\boldsymbol{\delta}'_i \hat{\mathbf{p}} < 0$ 的技术称为可行的技术。因为这类技术降低了资本家的成本，从而在其他条件不变的情况下提高了资本家的利润率，是会被资本家所采用的；而与此相对，将 $\boldsymbol{\delta}'_i \hat{\mathbf{p}} \geq 0$ 的技术称为不可行的技术，因为这类技术不会提高资本家的利润率，从而不会被资本家所采用。

其次，罗默将 $\boldsymbol{\delta}'_i \hat{\boldsymbol{\lambda}} < 0$ 的技术称为进步的技术。因为这种技术减少了生产使用价值所需要的总劳动量，从而提高了全劳动生产率。与此相对，将 $\boldsymbol{\delta}'_i \hat{\boldsymbol{\lambda}} > 0$ 的技术称为退步的技术。（罗默还将 $\boldsymbol{\delta}'_i \hat{\boldsymbol{\lambda}} = 0$ 的技术变化称为中性技术变化，但是同时证明了这类技术变化永远不是可行的，因此不予讨论，下面我们的讨论也将忽略这种类型的技术变化。）

最后，根据中间投入和劳动投入的变化方向，可以区分出四类不同的技术变化。我们将 $a_{ij}^* - a_{ij} < 0$, $l_i^* - l_i > 0$, $\forall j$ 的技术变化称为 CS-LU 技术变化，也即资本节约劳动使用型技术变化；将 $a_{ij}^* - a_{ij} > 0$, $l_i^* - l_i < 0$, $\forall j$ 的技术变化称为 CU-LS 技术变化，也即资本使用劳动节约型技术变化；称 $a_{ij}^* - a_{ij} \leq 0$, $l_i^* - l_i \leq 0$, $\forall j$ 的技术变化为 CS-LS 技术变化，也即资本和劳动都节约的技术变化；而称 $a_{ij}^* - a_{ij} \geq 0$, $l_i^* - l_i \geq 0$, $\forall j$ 的技术变化为 CU-LU 的技术变化，也即资本和劳动都增加使用的技术变化。显然，CU-LU 技术既不能提高劳动生产率也不会提高利润率，因而不会被采用；而 CS-LS 技术则既能提高利润率也能提高劳动生产率。CU-LS 和 CS-LU 两种技术变化涉及不变资本和可变资本的替代，它们对劳动生产率和利润率的影响不是一目了然的，因此，需要引入罗默定理。

（1）所有可行的 CU-LS 技术都是进步的，但是存在进步但不可行的 CU-LS 技术。

（2）所有进步的 CS-LU 技术都是可行的，但是存在可行但退步的

CS-LU 技术。

（3）对于任意的 CU-LS 技术，都存在一个足够大的实际工资行向量 $c'$ 使之可行。

（4）对于任意的 CS-LU 技术，都存在一个足够小的实际工资行向量 $c'$ 使之可行。

罗默定理的前两个命题说明了基于利润率的技术变化原则和基于劳动生产率的技术变化原则的偏离，而后两个命题则说明了这种偏离的影响因素。对于 CU-LS 技术而言，基于利润率最大化原则的所有可行技术都能够提高劳动生产率，但是也会存在一些能够提高劳动生产率的 CU-LS 技术由于无法提高利润率而不会被资本家所采用。有多少这样不被采用的进步 CU-LS 技术取决于实际工资向量的大小。随着实际工资向量变大，会有越来越多原来不可行的进步 CU-LS 技术变为可行。对于 CS-LU 技术而言，则是所有进步的技术变化都会提高利润率从而被资本家采用。但是也会存在一些提高利润率的技术实际上是降低劳动生产率的，随着实际工资向量的变大，这种可行但退步的技术进步会越来越少。

简而言之，会有一些进步的 CU-LS 技术不会被资本家选择，会有一些退步的 CS-LU 技术被资本家选择，这二者意味着进步与可行技术的偏离。而二者的偏离会随着实际工资向量的提高而变小。

### （三）罗默定理的推论与全劳动生产率增速的测量

罗默定理的本意是说明技术选择的资本主义原则或者说利润率原则与效率原则的偏离。但是这一定理除了这一理论含义还可以有更多的推论。Hahnel（2017a，2017b）根据这一理论进一步推论，当实际工资行向量 $c'$ 足够大，大到恰好使得经济体中的一般利润率等于 0 时，如果存在假设统一的剩余价值率，那么部门之间的相对生产价格就和相对价值量相等。此时进步的技术变化和可行的技术变化就是重合的，衡量劳动生产率的价值量和利润平均化带来的生产价格量是相等的。所有可行的技术变化都是进步的，所有进步的技术变化也都是可行的。任何一般利润率的提高都是由于劳动生产率的提高而带来的,因此一个技术变化带来的一般利润率的增长率就是这个技术所带来的全劳动生产率增长率的有效衡量。①

用更为形式化的方式来说明就是:对于任意一组现存的技术 $\{\mathbf{A}, \mathbf{l}\} \rightarrow 1$ 和与之相对应可能的新技术 $\{\mathbf{A}^*, \mathbf{l}^*\} \rightarrow 1$,可以用如下方法找到新技术相对于旧技术所带来的全劳动生产率的变化。

首先,在现有技术 $\{\mathbf{A}, \mathbf{l}\} \rightarrow 1$ 的情况下,根据式(2),令 $w = \mathbf{c}'\mathbf{p}$ 我们有生产价格和一般利润率的决定式:

$$(\mathbf{A} + \mathbf{l}\mathbf{c}')\mathbf{p}(1 + r) = \mathbf{p} \qquad (4)$$

其中,内生变量生产价格列向量 $\mathbf{p}$ 和作为标量的一般利润率 $r$,取决于外生变量 $\mathbf{A}$、$\mathbf{c}'$ 和 $\mathbf{l}$。我们可以找到一组特殊的实际工资行向量 $\bar{\mathbf{c}}'$ 使得式(2)和式(3)中的一般利润率等于0,也即:

$$(\mathbf{A} + \mathbf{l}\bar{\mathbf{c}}')\mathbf{p} = \mathbf{p} \qquad (5)$$

其次,利用这个特殊的实际工资行向量 $\bar{\mathbf{c}}'$ 和新技术 $\{\mathbf{A}^*, \mathbf{l}^*\} \rightarrow 1$ 求解出新的一组生产价格列向量 $\mathbf{p}^*$ 和新的一般利润率 $r^*$:

$$(\mathbf{A}^* + \mathbf{l}^*\bar{\mathbf{c}}')\mathbf{p}^*(1 + r^*) = \mathbf{p}^* \qquad (6)$$

此时,$r^*$ 就是新技术所带来的全劳动生产率的增长率的合适度量。若 $r^* > 0$ 则说明新技术带来了全劳动生产率的提升,若 $r^* < 0$ 则意味着新技术降低了经济体的全劳动生产率。

显然,与传统的基于价值的全劳动生产率测量相比,这一方法有几个比较重要的优势。

首先,这一方法使用了一种特殊的一般利润率作为全劳动生产率增速的度量。由于利润率作为一个比率本身是没有单位的,在任何部门之

---

① Hahnel 的推论考虑了 CU-LS 和 CS-LU 两种有机构成变化的技术进步,而由于 CS-LS 和 CU-LU 两种技术变化本身意味着利润率的变化和全劳动生产率的变化是一致的,所以也可以直接应用这一思路分析它们。

间都是可以比较的，所以它避免了传统方法由于不同部门全劳动生产率带有单位而产生的问题。

其次，由于这一方法使用了一般利润率，所以它直接包含一种技术变化对经济整体的影响。如前文所述，一个行业的技术变化不仅可能影响本行业的劳动生产率，还可能通过改变其他行业的中间投入品的价值来改变其他行业的劳动生产率。这一方法不仅反映了本部门劳动生产率变化所带来的利润率变化，同时也反映了其他部门利润率的变化。因为这一方法最终将所有部门利润率的变化综合为均衡的一般利润率，所以反映了所有部门的总的利润率变化和劳动生产率变化。

最后，这一方法解决了传统全劳动生产率增速测算依赖一种特殊的权重且这种权重不仅无法改变还无法观测的弊端。基于罗默定理的方法当中，没有直接将各个部门的劳动生产率增长率通过某种方式进行加权，因此其实严格意义上并没有一种"权重"。不过这种方法对增长率的计算，实际上依赖于在旧的技术体系下使得均衡利润率为 0 的特殊实际工资行向量 $\bar{\mathbf{c}}'$。通过这个向量可以将不同部门的生产价格加总为统一的工资率 $w = \bar{\mathbf{c}}'\mathbf{p}$。而且，这个变量是测算方法中唯一不是由技术因素决定的外生变量。根据不同的 $\bar{\mathbf{c}}'$，我们可以得到不同的全劳动生产率增长率，因此在某种意义上它可以理解为一种"权重"。而比之于传统方法，这一权重仅仅需要给定一个相对量，也即劳动者消费不同部门产品的比例，而其绝对值是需要根据一般利润率等于 0 的条件解出的。这一点第三部分还会详细提到。不再使用绝对的产量作为权重，而代之以消费比例不变的假设，主要的优势在于以下几点。

第一，避免了使用绝对量，绝对量会随着经济发展不断地发生变化；而比例在更多情况下变化得缓慢，从而减轻了不同年份之间权重剧烈变化所带来的不可比问题。第二，给定劳动者的消费比例比给定产量绝对值更有经济意义。给定消费比例不变计算全劳动生产率增速，实际上就是在给定旧的技术体系下劳动者的消费比例，新的技术体系满足劳动者这种消费比例的基础上，计算劳动生产率在多大程度上提高了。而给定产量绝对值则是给定了旧技术体系本身的产量,此时需要计算新的技术体系重新生产这些产品在时间上的节省。由于所有生产体系的目的都是满足一定的消费,因此前者显然说明了满足消费能力的增强,而后者则并没有这层含义。第三,消费比例是可以通过实际数据观测到的,而且是直接以外生变量的形式进入模型的。这意味着我们可以直接观察到$c'$的变化对增长率产生的影响,而且可以通过设定具有不同经济意义的$c'$来得到有不同意义的结论,这是传统方法做不到的。

### (四) 全劳动生产率增速测算方法的理论含义

在前面两个部分,我们已经利用罗默定理在数学上说明了:要比较一个经济体两组技术的劳动生产率差异,可以构造一个特殊的工人消费向量,使得原技术条件下经济的平均利润率为0。将这个特殊的工人消费向量带入新技术当中,新技术所产生的平均利润率就是整个经济体采用新技术所带来的劳动生产率增长。这种方法是有其理论内涵的。

马克思就相对剩余价值生产理论非常集中地讨论了劳动生产率增长对剩余价值率的影响。劳动生产率的增长可以在不改变工人实际工资的情况下,提高资本家占有的剩余价值和剩余产品的数量,提高资本家的剩余价值率和利润率。这种剩余价值率和利润率的提高也就体现了劳动生产率增长的结果。将这个逻辑扩展到整个经济体当中,在其他条件不变的前提下,平均利润率表征了某一特定技术下生产剩余价值和剩余产品的能力,在马克思-斯拉法体系下,平均利润率同时也是技术条件不变的前提下,经济所能达到的最大增长率。

但是劳动生产率增长与利润率提高之间并不是一一对应的关系。马克思自己就曾经在关于机器使用界限的论述中指出,机器提高劳动生产率的条件是凝结在机器中的物化劳动少于它所替代的活劳动量。但是对于追求利润的资本家而言,机器使用的条件是机器中所包含的物化劳动要少于它所替代的劳动力的价值量,从而意味着一部分提高劳动生产率的资本替代劳动型的技术不会被采用①，这也正是罗默定理中关于 CU-LS 技术的结论的主要含义。而且罗默定理还将这种情况对称地推广到 CS-LU 技术，也即不是所有提高利润率的劳动替代资本技术都是提高劳动生产率的。关于两种技术的结论共同决定了并不是在所有情况下利润率的变化本身都是劳动生产率增长的合理表示。

我们所采用的方法，正是一方面试图依据相对剩余价值生产理论中劳动生产率和利润率之间的关系，利用平均利润率表征整个经济体的剩余生产能力。另一方面又需要避免利润率变化与劳动生产率变化在一些情况下存在的偏离。所以，我们也就选择了找到一个消费向量，将利润率降低为 0，直观来说，也就是先利用一个特殊的消费向量将整个经济的剩余全部消费掉，从而根据罗默定理的推论这就保证了进一步的利润率变化和劳动生产率变化不存在偏离。固定住这个向量，新技术下的平均利润率也就准确地衡量了新技术带来的整个经济劳动生产率和剩余生产能力的增长。一言以蔽之，我们是利用了古典经济学的剩余概念和马克思相对剩余价值生产的思想来构建度量整个经济体生产效率提高的方法。

## 三 全劳动生产率增速的计算方法

根据罗默（Roemer，1981）和 Hahnel（2017a，2017b）的思路，我们可以得到一种改进的全劳动生产率增速的计算方法。这一方法避免了不同部门的价值和劳动生产率的加总难题，可以更直接地计算一个经济体整体劳动生产率的增长速度。但是罗默和 Hahnel 的工作仅仅给出了在理论上使用罗默定理计算全劳动生产率增速的可行性，与这种方法的现实应用还有一定的距离。这种距离体现在两个方面。一是如何计算得到 $\bar{\mathbf{c}}'$，Hahnel 的推论是建立在找到使得利润率为 0 的 $\bar{\mathbf{c}}'$ 的基础上的。

---

① 马克思：《资本论》（第一卷），人民出版社，2004，第 451 页。

但是在线性生产体系下找到这个向量的方法并不是显而易见的。二是理论模型与现实可用的投入产出数据是有一定差距的。与传统全劳动生产率计算遇到的问题类似，理论模型使用的都是实物型的投入产出关系，而现实中我们在多数情况下仅能获取价值型投入产出表。如何利用现实的价值型投入产出数据进行有效的计算，同时尽量避免可能存在的偏误，是方法上必须解决的问题。对这两点问题的解决也正是本文最重要的创新。在这个部分，我们将分别讨论如何解决这两个问题，并由此给出一个关于全劳动生产率增速的现实可行的计算方法。

### （一）实际工资行向量 $\bar{\mathbf{c}}'$ 的确定

根据罗默定理来计算全劳动生产率增速遇到的第一个问题就是 $\bar{\mathbf{c}}'$ 应该如何确定。Hahnel（2017a，2017b）的方法仅仅说明如果存在一个实际工资行向量 $\bar{\mathbf{c}}'$ 使得利润率为 0，那么我们可以根据这个实际工资行向量计算全劳动生产率的增速。但是理论上，给定一组技术 $\{\mathbf{A}, \mathbf{l}\} \to 1$，能够使得利润率等于 0 的实际工资向量有无穷多组。而且，将两组不同的实际工资向量 $\bar{\mathbf{c}}'$ 带入新技术 $\{\mathbf{A}^*, \mathbf{l}^*\} \to 1$ 当中得到的新均衡利润率也即全劳动生产率增长率是有可能不同的。因此，理论上并不存在一种唯一的计算全劳动生产率增速的方法。而且，既然有无穷多个 $\bar{\mathbf{c}}'$，那么实际去计算这个向量就会面临很大的困难。

但是如果把这个问题放在整个线性生产理论体系下去考察，就会发现：线性生产是对经济某一时间段技术和经济关系的考察，在这段时间内技术 $\{\mathbf{A}, \mathbf{l}\} \to 1$ 是唯一确定的。理论上，此时的工资率标量 $w$ 和真实的实际工资行向量 $\mathbf{c}'$ 也是确定的。因为 $\mathbf{c}'$ 反映的是工人的实际消费量，理论上可以看成一种外生的实物关系，所以也是在这个时间段内唯一确定的。而有了 $\mathbf{A}$、$\mathbf{l}$ 和 $\mathbf{c}'$，均衡的生产价格和利润率也就可以据此解出，从而工资率 $w = \mathbf{c}'\mathbf{p}$ 也就唯一确定了。这里的 $\mathbf{c}'$ 一般而言和我们所需要的 $\bar{\mathbf{c}}'$ 是必然不相等的。因为对于一个正常的经济体而言，在 $\mathbf{c}'$ 的条件下利润率应当是正的，而 $\bar{\mathbf{c}}'$ 则是依据利润率等于 0 的条件内生解得的。因为$\bar{\mathbf{c}}'$需要偏离$\mathbf{c}'$，以使得经济体中的一般利润率为0，所以二者才会产生差距。理论上$\mathbf{c}'$代表了现实中工人消费的比例关系和绝对量，现在要计算的$\bar{\mathbf{c}}'$是给定特殊条件的理论值，所以绝对量上是必然会与$\mathbf{c}'$不同的。但是这个理论值如果没有其他特殊的理论目的，那么应当更多地反映经济的现实情况，携带现实的工人消费信息。因此，即便无法反映$\mathbf{c}'$的绝对量，也应该与它所反映的消费比例关系一致。也就是说，$\bar{\mathbf{c}}'$应当是在不改变工人现实的消费比例的情况下，通过改变消费的绝对量来求得的。这样，我们实际上就保持了外生的实物关系在测量中不变。由此，我们可以将$\bar{\mathbf{c}}'$表达为$\bar{\mathbf{c}}' = \beta \mathbf{b}'$，也即将$\bar{\mathbf{c}}'$分为两个部分：外生的消费比例行向量$\mathbf{b}'$和需要内生解出的实际工资的绝对水平标量$\beta$。由此，我们可以将一般利润率的表达式即式（4）重新表达为：

$$(\mathbf{A} + \beta\, \mathbf{l}\mathbf{b}')\mathbf{p}(1 + r) = \mathbf{p} \tag{7}$$

因此，计算全劳动生产率增速的方法也就转变为找到唯一使得利润率为0的实际工资绝对水平标量$\beta$，并由此得到$\bar{\mathbf{c}}'$。

首先，根据Perron-Frobenius特征值定理的推论，对于两个非负不可分解矩阵$\mathbf{Z}$和$\mathbf{Z}^*$，和它们的最大正特征值$v$和$v^*$，若$\mathbf{Z}^* \geqslant \mathbf{Z}$，则必有$v^* \geqslant v$。同样由Perron-Frobenius特征值定理可知，唯一有经济意义的利润率正是在$\dfrac{1}{1+r}$是矩阵$\mathbf{A}+\beta\,\mathbf{l}\mathbf{b}'$的最大正特征值时存在，因此在$\beta \geqslant 0$的时候必有$\beta$和$r$存在连续的单调递减关系。

其次，根据马克思基本定理（Okishio，1959），无酬劳动是利润为正的充分必要条件，因此必然存在一个$\beta$使得无酬劳动等于0，从而均衡利润率为0。

又由于$\beta=0$时只要中间投入矩阵$\mathbf{A}$满足霍金斯-西蒙条件，则必有$r>0$，可知有且仅有一个大于0的$\beta$使得经济的均衡利润率等于0，且$\beta$与均衡利润率之间是单调递减的关系。所以，在算法上我们可以通过让$\beta$从0开始不断增大，最终找到一个可以使得利润率等于0的值。

## （二）价值型投入产出表下的计算

接下来，我们讨论马克思-斯拉法框架下计算全劳动生产率增速可能遇到的第二个问题：价值型投入产出表产生的偏误。我们之前的所有模型中，中间投入矩阵、劳动投入向量乃至消费比例向量里面的元素都是实物之间的比例，反映的是经济当中的实物关系。但是现实中反映部门间投入产出关系的数据只有投入产出表一类，而目前主要的投入产出表几乎都是价值型投入产出表，而非实物型投入产出表。价值型投入产出表反映的是投入产出之间的货币关系而非实物关系，因此利用价值型投入产出表直接计算实物关系会产生明显的偏误。

以中间投入系数为例，在我们的理论模型中，中间投入矩阵中的元素是 $a_{ij}$，也即每生产 1 个单位 $i$ 部门产品，所需要的 $j$ 部门产品的数量。而利用价值型投入产出表，我们只有 $i$ 部门生产中使用 $j$ 部门产品总量的货币表示，也即 $a_{ij}x_i m_j$，其中 $x_i$ 是 $i$ 部门产品的总产量，$m_j$ 是 1 个单位 $j$ 部门产品的市场价格；以及 $i$ 部门的总产值，也即 $x_i m_i$。在计算中间投入系数时是用中间投入的货币量除以这个部门的总产值，也即 $\frac{a_{ij}x_i m_j}{x_i m_i} = a_{ij}\frac{m_j}{m_i}$[①]。因此，用价值型投入产出表计算得到的中间投入系数实际上是被价格之比扭曲过的中间投入系数。对于这种扭曲更直观的说明是：一个部门自身的产出和这个部门所需要的中间投入品是不同的部门生产的不同商品，因此需要以不同的价格加以标记。二者以货币量进行比较

---

① 值得指出的是，本文对中间投入的表述和经典的投入产出分析中的表述略有不同。在传统的投入产出分析中，中间投入系数 $a_{ij}$ 代表的是 $j$ 部门使用 $i$ 部门中间投入的量，$a_{ji}$ 才代表 $i$ 部门使用 $j$ 部门中间投入的量。本文为了数学表达上的方便，实际上对中间投入矩阵做了转置。如果按照经典的投入产出分析的表述，价值型投入产出表中 $i$ 部门生产中使用 $j$ 部门产品总量的货币表示是 $a_{ji}x_i m_j$，实际可得的 $i$ 部门使用 $j$ 部门的中间投入系数 $\frac{a_{ji}x_i m_j}{x_i m_i} = a_{ji}\frac{m_j}{m_i}$。

时，只要两个部门的市场价格不相同，那么价格因素产生的偏差就无法消除。劳动投入系数也是类似的，我们一般能够获得一个部门的劳动投入总量$l_ix_i$，除以总产值$x_im_i$之后可以得到一个类似于劳动投入系数的单位产品劳动投入与单位产品价格之比$\frac{l_i}{m_i}$。工人的消费比例向量也是类似的，理论上行向量$\mathbf{b}'$的元素$b_j$应当是一个实物量，但是现实当中我们只有消费量的货币表示，因此消费比例实际上表示为$\frac{b_jm_j}{\sum_jb_jm_j}$。理论上说，由于这些系数都不是马克思-斯拉法框架中的实物型系数，所以无法直接使用这些系数来计算我们所需要的结果。

但幸运的是，我们的模型中主要考虑的是均衡利润率的计算。这种价值型投入产出表所带来的偏误对利润率的计算影响不大，因为通过简单的变换我们就可以得到均衡利润率的正确计算。

首先，我们可以将式（7）中的未被价格扭曲的实物关系中的任意一行$i$表达为：

$$\sum_j(a_{ij}+\beta l_ib_j)p_j(1+r)=p_i \qquad (8)$$

显然，将$a_{ij}$替换为$a_{ij}\frac{m_j}{m_i}$、$l_i$替换为$\frac{l_i}{m_i}$、$b_j$替换为$\frac{b_jm_j}{\sum_jb_jm_j}$，则式（8）两端并不相等。因此，我们无法直接用这些价值型投入产出表中可得的技术求出生产价格和均衡利润率。但是如果我们进一步将$p_j$替换为$\frac{p_j}{m_j}$，并设$\theta=\beta\sum_jb_jm_j$，代入式（8）则有：

$$\sum_j\left(a_{ij}\frac{m_j}{m_i}+\theta\frac{b_jm_j}{\sum_jb_jm_j}\frac{l_i}{m_i}\right)\frac{p_j}{m_j}(1+r)=\frac{p_i}{m_i} \qquad (9)$$

可以看到，对式（9）进行化简即可得到式（8）。因此我们可以发现，当我们将生产价格替换为生产价格与市场价格的比值，并将原来的实际工资绝对水平$\beta$替换为$\beta$与$\sum_jb_jm_j$的乘积，即可获得实物关系下的均衡利润率的估计值。这意味着，我们可以通过使得$\theta$从0开始逐步变大，来求得零利润时的 $\theta = \bar{\theta}$，并由此得到一个估计的实际工资向量 $\hat{\mathbf{c}} = [\bar{\theta} \frac{b_i m_i}{\sum_i b_i m_i}]$。

其次，根据 Hahnel（2017a，2017b）的设想，需要将 $\hat{\mathbf{c}}$ 带入下一期的技术当中，并求出均衡利润率，从而求得全劳动生产率的增长率。同样，我们在新的一期也只能使用价值型投入产出表中获得的系数，我们将新一期的系数以星号 * 表示。带入 $\hat{\mathbf{c}}$ 我们可以得到：

$$\Sigma_j \left( a_{ij}^* \frac{m_j^*}{m_i^*} + \theta \frac{b_j m_j}{\sum_j b_j m_j} \frac{l_i^*}{m_i^*} \right) \frac{p_j^*}{m_j^*} (1 + r^*) = \frac{p_i^*}{m_i^*} \tag{10}$$

化简后可得：

$$\Sigma_j \left( a_{ij}^* + \beta b_j \frac{m_j}{m_j^*} l_i^* \right) p_j^* (1 + r^*) = p_i^* \tag{11}$$

显然，当我们将估计的实际工资向量 $\hat{\mathbf{c}}$ 带入之后，由于 $\hat{\mathbf{c}}$ 含有上一期的价格信息，在两期价格不同的情况下式（10）无法像式（9）那样直接约简成式（8），因此直接将 $\hat{\mathbf{c}}$ 带入新一期估计会带来两期价格不一致所引起的偏误。当然，对于任意一个部门的产品而言，$\frac{m_j}{m_j^*}$ 就是其产品价格指数的倒数，这个值可以直接从统计数据中获得。在实际计算中，我们在根据上一期的数据计算出 $\hat{\mathbf{c}}$ 之后，需要进一步根据每个部门的价格指数进行调整，将调整后的向量 $\hat{\mathbf{c}}^*$ 带入新一期的技术当中，求得均衡利润率 $r^*$，即这一期全劳动生产率的增长率。

## 四 数据来源与计算结果

在第三部分当中，我们详细讨论了找到实际工资向量以及计算全劳动生产率增长率的可能路径，并给出了在价值型投入产出表下全劳动生产率增长率的计算方法。在此基础上，本部分将根据上述方法计算出包括中国在内的40个经济体1996~2009年的全劳动生产率增长率，通过横向比较，来考察中国经济高速增长背后的效率基础。

### （一）数据来源

本文使用了欧盟委员会资助建立的世界投入产出数据库（WIOD）2013版进行计算。这一数据库是目前应用较多、数据质量相对较高的国际投入产出数据库，不仅给出了40个经济体1995~2009年35个行业的区域间投入产出表（MRIO），也给出了这些经济体在对应年份单独的投入产出表，并附有每个经济体每个行业的劳动投入总量，后两者满足了我们的计算方法对数据的基本要求。更重要的是，这一数据库提供的投入产出表在年份上是连续的。因此相比多数间隔时间较长的投入产出表，在计算全劳动生产率增长率方面更具优势（Timmer et al., 2015）。

在具体参数的计算上，中间投入系数和劳动投入系数均按照第三部分给出的方法进行计算。消费比例则根据各经济体投入产出表中不同行业居民消费占总消费的比重来计算。

在具体计算方法上，有三点需要特别指出。第一，我们在实际计算中还需要考察固定资本折旧的因素。在传统文献和我们的理论模型当中，为了讨论的方便，均没有考虑固定资本折旧。然而，在实际计算过程中，是不能舍象这一因素的。因为固定资本折旧是产品价值中物化劳动的一部分，也即价值应当表达为：

$$(A + D)\lambda + l = \lambda \tag{12}$$

其中 $D$ 是固定资本折旧矩阵，其元素 $d_{ij}$ 表示 $i$ 部门生产1个单位产品所需要的 $j$ 部门生产的固定资本的折旧量。因此，如果我们不在生产价格和均衡利润率的计算时考虑固定资本折旧，则在均衡利润率为0时相对生产价格不会等于相对价值，Hahnel（2017a，2017b）对罗默定理的推论就不会成立。不过加入固定资本折旧并不会带来新的复杂性，因为它与中间投入系数实际上是类似的。我们只需要在计算出中间投入系数之后，再加上固定资本折旧系数即可。唯一的问题来自投入产出表中一般不提供固定资本折旧系数，仅有固定资本折旧总量。因此，我们根据投资比例将每个部门的固定资本折旧进行分解，从而获得每个部门在生产过程中所需其他部门固定资本折旧量的货币表示。再将这些货币表示的折旧量除以部门的总产量，得到近似的固定资本折旧系数。

第二，在 WIOD 中，一些经济体的投入产出表中存在投入和产出均为 0 的行业，对于这些行业，我们采取的方法是将这些部门的中间投入系数、固定资本折旧系数和直接劳动投入系数均设为 0。从而这些部门的价值和生产价格为 0，对于经济体的全劳动生产率没有影响。在本质上这一方法与假设这些部门在这个经济体中不存在或被合并至其他部门，从而将这一部门删去的做法是一样的。

第三，WIOD 中每个经济体单独的投入产出表是非竞争型的投入产出表，因而包含进口的中间投入数据。对于这些进口商品，我们假设它们与本地区相对应的部门生产的商品是相同的，将进口的中间投入矩阵与本地区的中间投入矩阵对应相加，从而将开放的非竞争型投入产出表转化为封闭的竞争型投入产出表。这种做法隐含两个假设：进口和本地区的同一部门的产品完全可替代；进口产品的（单位）价值量与本地区产品的（单位）价值量相等。

对于前者，理论上一个国家或地区进口的产品，既存在不完全分工条件下相互替代的情况，也存在完全分工下没有替代性的情况，而这在 WIOD 中 35 个部门的口径下，是无法将二者进行细致区分的。之所以采用了完全可替代的假设，原因主要在于，WIOD 的部门口径划分较宽，也即对不同的行业进行了加总，而加总程度越高则表明不同经济体的同一行业异质性越弱。对于第二个假设，它并不完全是第一个假设的直接结果，因为在商品没有替代性、不同经济体的同一部门异质的情况下，商品价值量显然极有可能是不同的，但是即便商品是同质的，不同国家或地区生产同一产品的技术不同，所包含的总劳动时间也即商品的国别价值也就不同。我们采取这一假设的原因在于，在理论上，国际市场上同一商品的价值量应当是唯一的，也即国际价值。而不同经济体差异化的国别价值是个别劳动时间。因此，一个经济体进口一种商品与购买本地区的商品用于生产，无论其生产过程存在怎样的差异，它们对应的社会必要劳动时间应当都是相同的。在一个经济体的投入产出表中，我们没有办法计算产品的国际价值，因此假设进口产品的价值量与本地区同部门产品的价值量相同是较为可行的选择。

当然，现实当中一个经济体进口的商品与本地区同部门生产的商品必然不是完全同质的。在这种情况下，如果我们将它们假设为同质的，且具有相同的价值量，那么也可能对劳动生产率增速的计算产生影响。不过幸运的是，我们能够知道这种偏误的方向。对于经济发展水平较高，全劳动生产率较高的国家或地区，本地区产品所包含的劳动量相比其进口品较少，如果将进口品劳动量视作与本地区劳动量相等，则会低估本地区商品中所包含的物化劳动的量，从而高估全劳动生产率。反之，对于经济发展水平较低，全劳动生产率较低的国家或地区，本地区产品所包含的劳动量则相比进口品较多，将进口商品劳动量与本地区商品劳动量视作相等则会高估本地区商品中所包含的物化劳动量，从而低估全劳动生产率。因此，一般而言，我们的假设会倾向于高估发达经济体全劳动生产率，低估发展中经济体全劳动生产率。另外，我们倾向于认为这种偏误是相对较小的。因为，这种假设与现实的偏离影响的是全劳动生产率绝对水平的测量，而我们的方法重点在于测量全劳动生产率的增速，只有计算偏误相对于全劳动生产率绝对水平发生变化才可能影响到我们的计算，而这又隐含贸易结构的变化。因此，如果贸易结构相对稳定，从而偏误相对于全劳动生产率绝对水平的变化较小，则对全劳动生产率增长率计算的影响是比较轻微的。

### （二）计算结果

表1给出了我们根据WIOD 1995~2009年数据计算的1996~2009

年40个经济体的全劳动生产率增长率。为了更清楚地看到各经济体的全劳动生产率增长情况，我们计算了每个经济体在样本期间的全劳动生产率平均增长率，并按照数值从高到低进行排列，结果展示在图1中。

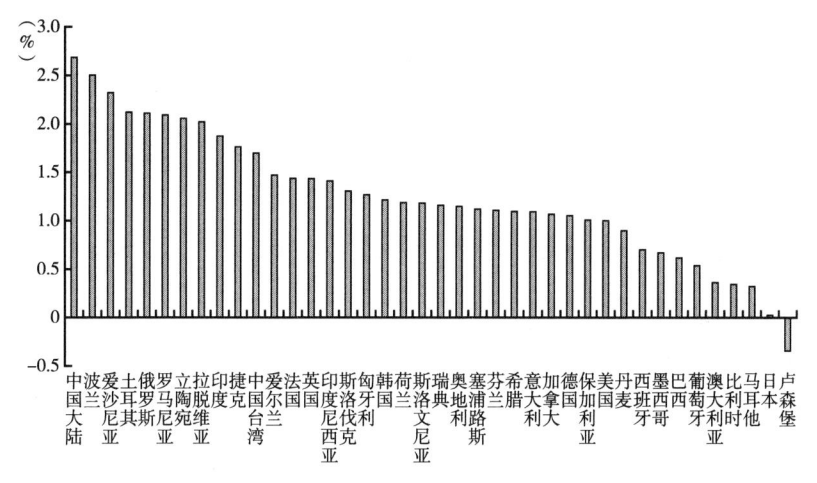

**图1　40个经济体全劳动生产率平均增长率：1996~2009年**

从表1和图1中我们可以看到，中国大陆是样本期间内全劳动生产率增长速度最快的经济体。平均的全劳动生产率增长率达到2.69%，多数年份的全劳动生产率增长率保持在2%以上。而且所有年份的全劳动生产率增长率均为正数，未出现生产率下降的情况，这在全部样本中仅有4个经济体做到了。而且观察各个国家或地区的全劳动生产率增速我们会发现，许多国家或地区在2008年和（或）2009年全劳动生产率增长率是负值，这体现了金融危机对经济产生的负面影响。然而，与这些国家或地区相反中国大陆在金融危机中全劳动生产率仍然保持了2%以上的增长速度，技术进步表现出较强的稳定性。

关于中国生产效率的高增长，一个可能的疑虑是这种进步仅仅是由于它是发展中经济体。因为从理论上来说，发展中经济体的技术较为落后，距离技术前沿比较远，所以更容易获取提高效率的技术以改进生产，

表1　40个经济体全劳动生产率增长率:1996~2009年

单位:%

| 经济体 | 1996年 | 1997年 | 1998年 | 1999年 | 2000年 | 2001年 | 2002年 | 2003年 | 2004年 | 2005年 | 2006年 | 2007年 | 2008年 | 2009年 |
|---|---|---|---|---|---|---|---|---|---|---|---|---|---|---|
| 爱尔兰 | 1.89 | 2.32 | -1.61 | 0.41 | 2.35 | 1.13 | 0.86 | 3.60 | 1.61 | 1.18 | 2.52 | 1.16 | 0.31 | 2.95 |
| 爱沙尼亚 | 3.67 | 3.19 | 7.02 | 2.98 | 4.28 | 2.62 | 2.33 | 3.22 | 1.80 | 1.15 | 3.57 | 2.59 | -3.44 | -2.05 |
| 奥地利 | -0.10 | 0.50 | 1.18 | 1.54 | 0.96 | -0.22 | 1.27 | 0.13 | 1.39 | 0.95 | 1.27 | 1.22 | 4.76 | 1.33 |
| 澳大利亚 | 1.51 | 1.58 | 1.02 | 0.88 | -0.22 | 1.35 | 0.86 | 1.93 | -0.84 | 0.55 | 0.16 | 0.15 | -2.74 | -1.04 |
| 巴西 | 2.15 | 0.91 | 0.45 | -1.26 | 0.10 | 0.56 | -0.42 | -0.62 | 1.14 | 0.86 | 0.99 | 1.99 | 1.78 | 0.10 |
| 保加利亚 | -1.20 | 1.49 | 0.13 | 2.44 | 2.85 | 2.21 | 1.10 | 1.75 | -0.08 | 1.71 | 3.03 | -0.40 | 2.26 | -3.00 |
| 比利时 | 0.05 | 1.15 | 1.13 | 0.29 | -0.73 | 0.03 | 0.65 | 0.48 | 0.96 | 0.13 | 0.59 | 0.14 | -0.68 | 0.63 |
| 波兰 | 2.43 | 1.78 | 2.19 | 3.34 | 1.66 | 7.42 | 2.56 | 2.54 | 1.71 | 1.68 | 2.20 | 0.92 | 3.75 | 1.02 |
| 丹麦 | 1.14 | 0.25 | -0.12 | 0.67 | 0.57 | -0.18 | 0.50 | 1.24 | 1.27 | 0.85 | 0.58 | -0.38 | 7.20 | -0.78 |
| 德国 | 1.09 | 0.90 | 0.68 | 1.00 | 0.02 | 0.75 | 0.75 | 0.71 | 0.63 | 0.09 | 1.36 | 0.68 | 7.42 | -1.10 |
| 俄罗斯 | -0.58 | -3.09 | 2.46 | 5.73 | 5.15 | 1.35 | 3.75 | 2.77 | 4.05 | 3.52 | 4.95 | 2.95 | 2.88 | -5.65 |
| 法国 | 1.54 | 1.86 | 1.62 | 1.09 | 1.77 | 0.59 | 1.08 | 0.67 | 0.51 | 0.94 | 1.93 | 0.32 | 5.91 | 0.40 |
| 芬兰 | 0.20 | 1.47 | 1.91 | 0.71 | 1.06 | 2.02 | 0.91 | 0.14 | 1.32 | 0.31 | 0.48 | 2.08 | 4.72 | -1.70 |
| 韩国 | 1.60 | 1.41 | -2.92 | 3.87 | 2.09 | 1.27 | 2.87 | 1.23 | -1.06 | 3.00 | 1.06 | 3.22 | -0.40 | -0.01 |
| 荷兰 | 0.64 | 1.51 | 1.60 | 1.38 | 1.13 | 0.72 | 0.91 | 0.76 | 1.21 | 1.32 | 1.13 | 1.01 | 5.46 | -2.02 |
| 加拿大 | -0.14 | 1.77 | 0.76 | 1.41 | 1.84 | 0.38 | 0.58 | 0.71 | 0.80 | 1.53 | 1.27 | 1.15 | -0.63 | 3.57 |
| 捷克 | 1.94 | 0.64 | 1.96 | 1.30 | 0.76 | 2.60 | 1.36 | 1.67 | 1.66 | 1.62 | 1.44 | 1.73 | 5.46 | 0.60 |
| 拉脱维亚 | 3.38 | 2.62 | -1.52 | 2.74 | 2.41 | 4.13 | 2.41 | 0.56 | 0.24 | 0.29 | 5.39 | 4.63 | 1.06 | 0.22 |
| 立陶宛 | 2.67 | 3.42 | 2.28 | 0.73 | 0.04 | 5.50 | 1.50 | 3.33 | 3.15 | 1.56 | 3.35 | 5.02 | 0.51 | -3.90 |

42

续表

| 经济体 | 1996年 | 1997年 | 1998年 | 1999年 | 2000年 | 2001年 | 2002年 | 2003年 | 2004年 | 2005年 | 2006年 | 2007年 | 2008年 | 2009年 |
|---|---|---|---|---|---|---|---|---|---|---|---|---|---|---|
| 卢森堡 | -0.28 | -0.15 | 1.72 | -0.72 | 0.18 | -0.37 | 0.66 | -0.47 | 1.28 | 1.15 | -0.65 | 0.60 | -3.17 | -4.38 |
| 罗马尼亚 | 0.38 | 4.25 | 2.37 | -9.27 | -0.01 | 7.68 | 8.16 | 3.68 | 6.07 | 0.88 | 3.47 | 0.39 | 3.56 | -1.07 |
| 马耳他 | 0.55 | 1.65 | 1.67 | -0.54 | 1.73 | 3.00 | -5.11 | 1.28 | -3.14 | 5.81 | -4.98 | 1.57 | 3.67 | -2.00 |
| 美国 | 1.08 | 0.94 | 1.03 | 1.22 | 0.86 | 1.20 | 1.94 | 1.46 | 1.47 | 0.97 | 0.40 | 0.56 | -0.23 | 1.13 |
| 墨西哥 | 3.05 | 4.68 | 2.41 | 0.54 | 2.08 | -0.95 | 0.23 | -1.19 | 0.22 | 1.97 | 2.55 | 1.81 | -4.05 | -3.55 |
| 葡萄牙 | 0.39 | 1.43 | -0.24 | -0.39 | -0.06 | -0.58 | -0.02 | -0.07 | -0.39 | -0.15 | 0.47 | 1.69 | 0.54 | 5.08 |
| 日本 | 0.57 | 0.37 | -0.33 | 0.48 | 0.65 | -0.60 | 0.36 | -0.04 | 0.24 | 0.66 | -0.67 | -0.20 | -1.55 | 0.17 |
| 瑞典 | 0.45 | 1.55 | 1.49 | 0.49 | 1.17 | 0.03 | 1.62 | 1.88 | 1.38 | 0.72 | 1.91 | 0.20 | 4.96 | -1.49 |
| 塞浦路斯 | 0.13 | 0.49 | 2.24 | 1.27 | 1.38 | 0.86 | 1.17 | -1.78 | 1.48 | 1.63 | 0.61 | 2.06 | 0.43 | 3.80 |
| 斯洛伐克 | 0.01 | 3.05 | 2.09 | 1.31 | -2.19 | 1.64 | 3.76 | 3.01 | 1.80 | 1.63 | 2.43 | 2.99 | 0.10 | -3.08 |
| 斯洛文尼亚 | 2.83 | 2.54 | 1.09 | 1.33 | 0.86 | 1.04 | 2.56 | 0.58 | 1.89 | 1.13 | 1.52 | 1.57 | -1.18 | -1.14 |
| 土耳其 | 3.76 | 2.39 | 4.38 | -3.24 | 6.06 | -3.82 | 4.45 | 2.25 | 3.14 | 5.44 | 5.03 | 3.95 | 0.04 | -3.37 |
| 西班牙 | 0.43 | 0.30 | -0.10 | 0.25 | -0.08 | 0.59 | 0.43 | 0.44 | 0.29 | 0.63 | 0.91 | 0.91 | 4.32 | 0.59 |
| 希腊 | 2.02 | 2.49 | 1.17 | 0.01 | 1.78 | 1.83 | 3.42 | 2.69 | 1.14 | -0.50 | -0.18 | 0.70 | 0.87 | -1.97 |
| 匈牙利 | 3.20 | 1.12 | 1.44 | 0.39 | 0.43 | 1.02 | 0.79 | 2.60 | 1.89 | 0.81 | 1.81 | 0.31 | 4.84 | -2.72 |
| 意大利 | 0.81 | 1.13 | 0.34 | 0.40 | 0.95 | 0.39 | 0.14 | -0.49 | 0.76 | -0.04 | -0.10 | 0.25 | 11.77 | -0.41 |
| 印度 | 3.19 | 0.16 | 2.51 | 3.46 | -0.45 | 1.06 | 1.51 | -0.07 | 0.99 | 2.59 | 3.66 | 5.43 | 2.02 | 0.34 |
| 印度尼西亚 | 3.63 | 2.40 | -8.16 | -2.23 | 3.81 | 2.02 | -0.91 | 1.13 | -0.91 | 10.83 | 7.61 | 0.08 | 1.21 | 0.48 |
| 英国 | 1.53 | 0.91 | 1.52 | 1.61 | 1.57 | 0.36 | 1.54 | 1.93 | 2.83 | 0.30 | 1.21 | 1.17 | 5.38 | -1.66 |
| 中国大陆 | 3.84 | 2.94 | 2.09 | 2.63 | 2.70 | 0.44 | 1.16 | 1.62 | 2.88 | 4.19 | 4.69 | 3.65 | 2.82 | 2.04 |
| 中国台湾 | 3.26 | 2.02 | 2.81 | 2.68 | 1.08 | 1.59 | 0.59 | 0.80 | 2.51 | 1.36 | 2.80 | 2.69 | 0.62 | -0.98 |

从而拥有更高的全劳动生产率增长率。但是与其他发展中经济体的平均增长速度做一对比我们就可以发现，中国全劳动生产率的高速增长绝不仅仅来自其发展中经济体的身份，样本当中很多发展中经济体或者发展程度稍低的发达经济体的全劳动生产率增长率的表现并不好。因此，我们不能将中国全劳动生产率的高增长简单归因于其发展中经济体的身份，这一增长速度更能够反映出中国经济发展的高质量和独特性。

如果考虑到投入产出表的编制本身工作量很大，对一个经济体的国民经济统计体系要求很高，那么中小经济体的投入产出表质量相对来说可能更差，较大的经济体可能数据更为准确。如图2所示，我们可以将目光更多地聚焦在WIOD中所包含的世界前20大经济体中的18个：美国、中国、日本、德国、英国、法国、印度、意大利、巴西、加拿大、俄罗斯、韩国、西班牙、澳大利亚、墨西哥、印度尼西亚、荷兰、土耳其（沙特阿拉伯和瑞士的数据未包括在数据库内）。我们可以发现：中国的全劳动生产率增长率相对于其他经济体的优势更加明显。同时，在18个经济体当中包含7个发展中经济体，与前面一样，墨西哥和巴西两国排名靠后，印度尼西亚处在中间位置，而中国、土耳其、俄罗斯和

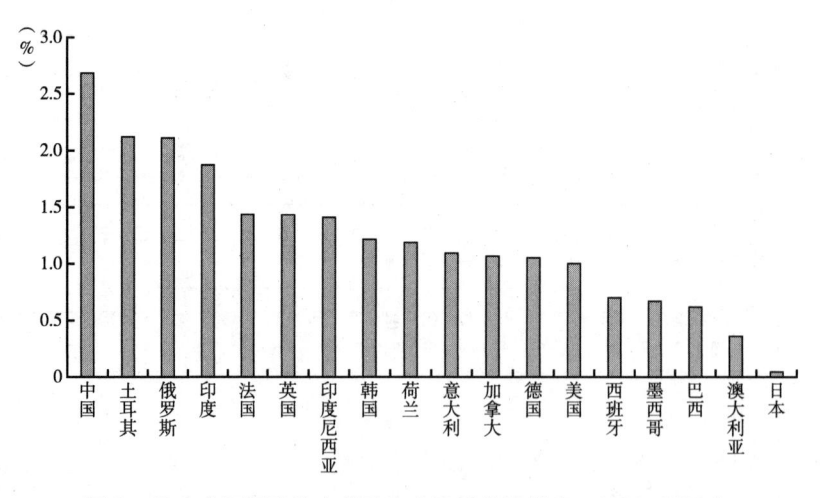

图2 18个主要经济体全劳动生产率平均增长率：1996~2009年

印度排名最靠前。这说明发展中经济体在全劳动生产率增速上可能拥有的一定优势,但是这种可能的优势成为现实是或然的,而且即便在发展中经济体当中,中国的增长速度也是最快的。

另外,考虑中国自身全劳动生产率增长率的变化情况,我们可以发现,1996~2001年,全劳动生产率增长率是在缓慢下降的,而2002~2006年全劳动生产率增长率迅速上升,2007~2009年则再次下降。这说明中国全劳动生产率增长率的阶段性变化与中国经济增长的阶段性趋势是一致的,也侧面说明了这种测度方法的合理性。而根据经典的全劳动生产率计算方法(戴艳娟和泉弘志,2014)计算的1997~2007年的中国全劳动生产率增长率则表现出相反的性质,1997~2002年全劳动生产率增长速度是要快于2002~2007年,并没有表现出与经济增长的一致性。

表1和图1给出的结果包含WIOD中的所有产业。但是对于政治经济学的理论来说,并不是经济当中的所有部门都生产使用价值。劳动生产率应当是生产使用价值的效率。所以,真正的全劳动生产率增量应当包含全体生产使用价值的部门,而排除那些不生产使用价值的非生产性部门。包含全部部门的全劳动生产率增速是对于一个经济整体而言的效率增长速度,其中也体现了非生产性部门与生产性部门的关系。仅仅包含生产使用价值的部门的全劳动生产率增速,则度量了一个经济体真正意义上的"生产能力"的增长速度。所以本文也计算了仅包含生产使用价值部门的全劳动生产率增长率。在计算过程中排除了包括批发、零售、金融中介、房地产、租赁和政府管理与防卫这6个非生产性部门。新的计算结果展示在表2和图3中。同样,出于数据质量和展示方便的原因,我们也和前文一样展示了18个主要经济体的生产性部门全劳动生产率增长率(见图4)。

首先,全劳动生产率增速的排序整体来说没有太多的变化,因此我们的结果是稳定的,这在18个主要经济体的结果中尤其明显。其次,整体上每个经济体生产性行业的全劳动生产率增速都要比全部行业的

表2 40个经济体生产性部门全劳动生产率增长率：1996~2009年

单位：%

| 经济体 | 1996年 | 1997年 | 1998年 | 1999年 | 2000年 | 2001年 | 2002年 | 2003年 | 2004年 | 2005年 | 2006年 | 2007年 | 2008年 | 2009年 |
| --- | --- | --- | --- | --- | --- | --- | --- | --- | --- | --- | --- | --- | --- | --- |
| 爱尔兰 | 1.55 | 3.30 | 0.13 | -0.20 | 3.71 | 1.95 | 1.07 | 4.00 | 2.99 | 1.05 | 3.67 | 2.29 | -3.22 | 5.42 |
| 爱沙尼亚 | 2.77 | 4.76 | 10.46 | 4.46 | 4.82 | 1.83 | 7.37 | 2.03 | -0.38 | 3.70 | 5.16 | 3.29 | -3.24 | -1.09 |
| 奥地利 | 0.05 | 0.75 | 1.54 | 2.22 | 1.47 | 0.21 | 2.14 | 0.59 | 1.65 | 1.24 | 1.56 | 1.84 | 2.58 | 1.79 |
| 澳大利亚 | 1.31 | 1.71 | 1.88 | 0.63 | -0.53 | 1.26 | 0.84 | 2.20 | -1.86 | 0.87 | 0.30 | -0.18 | -2.67 | -1.76 |
| 巴西 | 2.14 | 1.00 | 1.43 | -1.35 | 1.15 | 1.23 | 0.43 | -0.90 | 0.70 | 0.63 | 1.28 | 2.16 | 1.57 | 0.52 |
| 保加利亚 | -3.15 | 2.03 | 0.07 | 4.76 | 2.62 | 1.24 | 1.77 | 1.88 | 0.20 | 2.77 | 3.18 | -0.53 | 6.54 | -3.14 |
| 比利时 | 0.86 | 1.95 | 2.24 | 0.65 | 0.71 | 0.16 | 0.40 | 0.86 | 1.45 | 0.18 | 0.62 | 0.32 | -0.60 | 1.48 |
| 波兰 | 2.78 | 2.99 | 3.60 | 4.26 | 0.16 | 11.96 | 3.02 | 3.29 | 2.37 | 1.90 | 3.64 | 2.12 | 3.29 | 2.25 |
| 丹麦 | 2.06 | 0.86 | 0.47 | 2.28 | -0.29 | 0.52 | 1.24 | 1.47 | 1.77 | 1.51 | 1.28 | 0.27 | 5.56 | -1.74 |
| 德国 | 2.15 | 1.68 | 1.04 | 2.21 | 0.70 | 1.04 | 0.61 | 1.19 | 1.11 | 0.26 | 1.85 | 1.38 | 5.34 | -1.53 |
| 俄罗斯 | -0.55 | -2.14 | 2.39 | 7.30 | 5.47 | 2.84 | 4.39 | 3.27 | 4.73 | 3.62 | 5.47 | 2.97 | 3.09 | -5.70 |
| 法国 | 0.01 | 2.76 | 2.57 | 2.35 | 2.53 | 1.61 | 1.79 | 0.77 | 1.24 | 1.15 | 2.46 | 0.20 | 4.39 | 0.53 |
| 芬兰 | 0.95 | 1.98 | 2.10 | 0.66 | 2.26 | 2.38 | 1.58 | 0.97 | 1.24 | 0.93 | 0.99 | 2.72 | 3.72 | -0.65 |
| 韩国 | 1.25 | 1.34 | -3.89 | 5.42 | 1.31 | 2.02 | 2.84 | 1.35 | -1.16 | 3.68 | 1.16 | 3.96 | -0.35 | -0.01 |
| 荷兰 | 1.79 | 1.92 | 3.04 | 1.99 | 1.17 | 0.46 | 1.55 | 1.08 | 1.52 | 1.55 | 1.59 | 1.24 | 3.98 | -1.10 |
| 加拿大 | 0.59 | 2.03 | 0.98 | 1.94 | 3.55 | 0.64 | 0.76 | 0.37 | 0.89 | 2.12 | 1.25 | 2.28 | 0.48 | 3.71 |
| 捷克 | 3.07 | 0.21 | 1.83 | 2.42 | 1.98 | 3.04 | 2.11 | 2.31 | 3.11 | 1.77 | 1.99 | 2.46 | 5.30 | 1.39 |
| 拉脱维亚 | 4.60 | 1.88 | 0.59 | 4.58 | 6.86 | 5.50 | 1.84 | -1.36 | 1.36 | 0.15 | 8.17 | 5.86 | 2.82 | 4.02 |
| 立陶宛 | 2.98 | 3.92 | 0.97 | 0.67 | -0.28 | 6.47 | 1.56 | 2.95 | 5.23 | 1.79 | 5.16 | 6.91 | 1.30 | -4.04 |

46

续表

| 经济体 | 1996年 | 1997年 | 1998年 | 1999年 | 2000年 | 2001年 | 2002年 | 2003年 | 2004年 | 2005年 | 2006年 | 2007年 | 2008年 | 2009年 |
|---|---|---|---|---|---|---|---|---|---|---|---|---|---|---|
| 卢森堡 | 2.64 | -0.87 | 2.62 | 2.72 | -0.36 | -1.71 | 1.42 | -5.88 | 3.11 | 1.56 | -2.57 | -0.56 | -3.52 | -9.35 |
| 罗马尼亚 | 0.50 | 4.02 | 2.37 | -12.31 | -1.26 | 9.00 | 10.10 | 4.29 | 8.42 | -0.49 | 3.34 | 0.20 | 5.26 | -0.07 |
| 马耳他 | -0.33 | 1.53 | 2.24 | -0.89 | 2.26 | 3.73 | -5.05 | 2.23 | -2.24 | 7.24 | -6.09 | 3.02 | 5.45 | -2.69 |
| 美国 | 1.24 | 0.76 | 1.33 | 1.38 | 0.55 | 0.56 | 1.82 | 1.90 | 1.67 | 1.41 | 0.22 | 0.46 | -0.89 | 0.23 |
| 墨西哥 | 2.21 | 5.64 | 2.05 | 0.63 | 2.03 | -0.71 | 0.24 | -1.53 | 0.03 | 2.83 | 2.77 | 1.92 | -4.70 | -3.43 |
| 葡萄牙 | -0.05 | 1.08 | -0.30 | -0.59 | -1.20 | -0.32 | -0.21 | 0.15 | 0.08 | -0.35 | 2.63 | 1.86 | 1.08 | 3.81 |
| 日本 | 0.24 | 0.47 | 0.45 | 0.24 | 0.98 | -0.87 | 0.38 | -0.32 | 0.27 | 1.13 | -0.38 | 0.02 | -2.02 | 0.22 |
| 瑞典 | 0.75 | 2.57 | 2.18 | 1.15 | 0.47 | 0.63 | 1.67 | 2.14 | 2.33 | 1.00 | 2.64 | 1.30 | 4.25 | -2.07 |
| 塞浦路斯 | 0.05 | 1.22 | 2.41 | 1.48 | 1.90 | 0.86 | 2.11 | -2.67 | -0.62 | 0.74 | 1.55 | 3.83 | -0.32 | 2.72 |
| 斯洛伐克 | 2.49 | 3.29 | 3.36 | 2.76 | -5.51 | 1.79 | 5.78 | 3.70 | 1.15 | 2.78 | 3.86 | 5.37 | -0.09 | -4.28 |
| 斯洛文尼亚 | 4.47 | 2.82 | 1.08 | 1.22 | 2.05 | 1.00 | 4.68 | 0.19 | 2.25 | 1.16 | 2.15 | 2.30 | -1.74 | -0.46 |
| 土耳其 | 3.53 | 2.94 | 5.13 | -2.47 | 8.87 | -3.91 | 6.19 | 2.25 | 2.82 | 7.78 | 6.05 | 5.65 | 0.40 | -4.83 |
| 西班牙 | 1.18 | 0.61 | -0.05 | 0.40 | -0.41 | 0.68 | 0.37 | 0.58 | 0.43 | 0.26 | 1.26 | 1.41 | 3.84 | 1.20 |
| 希腊 | 1.27 | 3.54 | 2.09 | -0.20 | 1.68 | 3.81 | 4.35 | 2.25 | 2.28 | 0.27 | -0.18 | 0.62 | 2.77 | -0.21 |
| 匈牙利 | 3.60 | 1.17 | 1.18 | 0.73 | 0.97 | 1.55 | 0.07 | 3.84 | 2.79 | 1.57 | 2.10 | 0.70 | 6.46 | -3.88 |
| 意大利 | 1.36 | 1.89 | 0.88 | 1.73 | 1.03 | 0.74 | -0.32 | -1.58 | 1.46 | 0.19 | -0.12 | 0.68 | 4.22 | 0.26 |
| 印度 | 3.54 | 0.02 | 2.89 | 3.65 | -0.82 | 1.18 | 1.26 | 0.34 | 0.54 | 2.45 | 3.48 | 5.89 | 2.22 | 0.30 |
| 印度尼西亚 | 4.48 | 3.41 | -7.69 | -0.25 | 2.13 | 1.67 | -0.34 | 1.23 | 0.43 | 9.14 | 7.23 | -3.52 | 0.69 | 0.93 |
| 英国 | 1.86 | 1.00 | 1.88 | 2.69 | 2.36 | 0.90 | 2.05 | 2.52 | 2.23 | 0.43 | 1.45 | 1.66 | 5.56 | -2.25 |
| 中国大陆 | 4.49 | 3.07 | 2.37 | 2.84 | 2.79 | 0.82 | 1.31 | 1.46 | 2.95 | 4.18 | 4.71 | 5.09 | 3.13 | 2.39 |
| 中国台湾 | 3.76 | 2.60 | 3.73 | 3.62 | 2.40 | 1.97 | 0.52 | 0.94 | 3.44 | 1.20 | 3.21 | 3.30 | 1.00 | -1.16 |

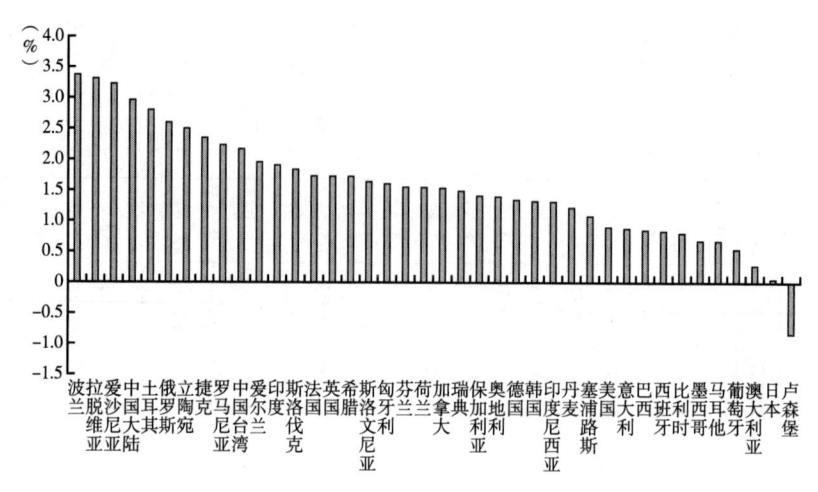

图 3　40 个经济体生产性部门全劳动生产率平均增长率：
1996~2009 年

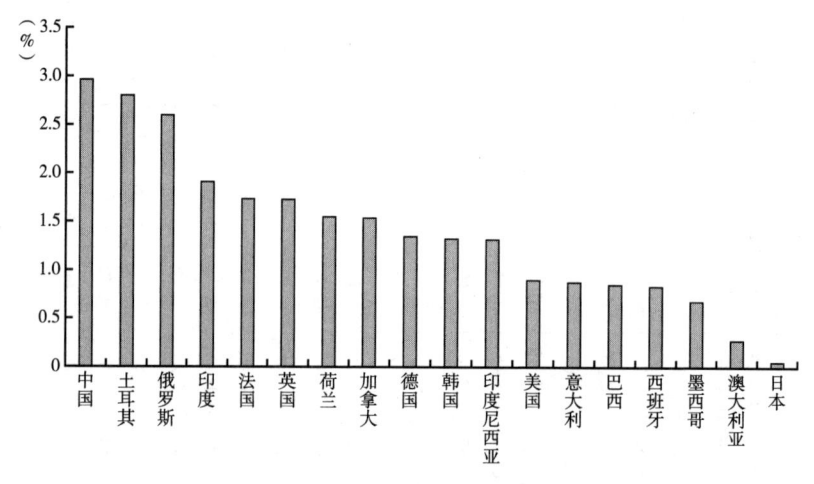

图 4　18 个主要经济体生产性部门全劳动生产率平均增长率：
1996~2009 年

全劳动生产率增速快一些。这一点是符合直觉的，因为非生产性行业仅仅是辅助生产性行业完成生产过程，并不生产产品，而仅仅是通过占有生产性部门生产的剩余价值来获取收入。而且一般而言，随着劳动生产率的提高，非生产性部门会逐渐地扩大，非生产性部门的增长速度会超过生产性部门，也就是说"辅助"生产性部门的效率会随着时间推移逐渐降低。因此，排除掉非生产性部门之后，全劳动生产率增长速度应当是更快的。

我们发现中国是生产性部门全劳动生产率增速最快的几个经济体之一，从而也就充分说明了中国快速的经济增长中效率的提升是非常迅速的。但是就全部40个经济体而言，排序已由第一降为第四。乍看起来，中国在生产性行业中全劳动生产率增速没有达到在全部行业中全劳动生产率增速的位置似乎是一个负面的结果。但其实并非如此：首先，如果我们像前文一样，还是聚焦于经济体量最大的18个经济体，那么中国的排名仍然是最高的；其次，排名的下降主要来源于中国的两种全劳动生产率增速非常接近，这正是生产性行业全劳动生产率增速靠前的经济体所没有的。而这二者的接近其实说明了一个问题，中国的非生产性部门对实体经济的"拖累"更少。如我们刚才所述，非生产性部门扩张得越快，那么生产性部门全劳动生产率增速就会比全部门全劳动生产率增速高得越多。这其实意味着非生产性部门占有了经济中更多的资源，也意味着它们发挥自身功能的效率下降，因为它们用更大的体量完成了既定的再生产社会关系和辅助资本流通的任务。而中国两种全劳动生产率增速接近，恰恰说明中国的非生产性部门没有过度扩张，和实体经济保持了较为健康、稳定的关系。这也从另一个角度说明了中国经济增长的效率和质量。

## 五　结论

本文最主要的目的在于构建一个衡量经济增长过程中效率提高的合理指标。传统的全要素生产率（TFP）在经验上有很多操作上的困境和结论上的冲突，这些都根源于其理论基础新古典经济学生产理论的不自洽。因此，我们转向马克思主义经济学的全劳动生产率（TLP）概念来测度经济的效率。传统的全劳动生产率测度方法在为我们提供许多重要的思路和手段的同时，也会面临部门之间加总的困扰。这使得这一方法在测算经济整体效率增速和一个部门的变化对经济整体效率影响时存在一些困难。因此，本文转向马克思-斯拉法框架下的另一种测度方式，构造一种均衡利润率的变化来度量经济整体的全劳动生产率的增长。

这种方法主要的理论基础是罗默在马克思-斯拉法体系下发展的"罗默定理"。Hahnel通过这一定理的推论得到了计算全劳动生产率增速的可能方法。而本文最主要的贡献就在于将这种可能变为现实：确定了在固定工人消费比例的前提下计算唯一的全劳动生产率增速的方法，并考虑了如何设计计算步骤，在价值型投入产出表中得到没有偏误的全劳动生产率增速估计。

在此基础上，本文基于WIOD计算了世界40个主要经济体1996~2009年的全部门全劳动生产率增长速度以及生产性部门全劳动生产率增长速度。我们发现，中国全部门全劳动生产率的平均增长速度在40个经济体中最快，且较少受到负面冲击的影响。生产性部门的全劳动生产率增长速度排名第四。综合两个结果，我们可以说明，中国经济增长是伴随着效率的快速提高的。并且通过全部门和生产性部门全劳动生产率增速的对比，我们可以发现中国的生产性部门与非生产性部门之间保持了较为健康的关系，非生产性部门没有过度膨胀，在40个经济体当中，对经济效率的负面影响相对较小。

尽管我们目前还没有办法在这个框架下测量全劳动生产率增长率对经济增长的贡献率，因此严格意义上来说，我们还不能确定中国的高速增长是否主要来自效率的快速提高。但是目前的结果至少说明：在提升生产效率这件事情上，在样本所涵盖的经济体中没有谁做得比中国更好。而且我国效率的高速增长还相对稳定，波动较小且不易受到负面冲击的影响。这几点已经足够说明，中国过去的经济增长并不是"粗放式"的扩张，而是具有一些其他经济体所不具备的特点和优势。

## 参考文献

戴艳娟,泉弘志. 2014. 基于全劳动生产率的中国各产业生产率的测算[J]. 财经研究,(12).

段文斌,尹向飞. 2009. 中国全要素生产率研究评述[J]. 南开经济研究,(2).

郭庆旺,贾俊雪. 2005. 中国全要素生产率的估算:1979—2004[J]. 经济研究,(6).

李宾,曾志雄. 2009. 中国全要素生产率变动的再测算:1978~2007[J]. 数量经济技术经济研究,(3).

李洁,泉弘志. 1998. 要素生产率与经济增长的中日比较[J]. 统计研究,(2).

柳欣. 2012. 剑桥资本争论之谜——实物还是技术、货币关系还是社会关系[J]. 学术月刊,(10).

荣兆梓. 1992. 总要素生产率还是总劳动生产率[J]. 财贸研究,(3).

田友春,卢盛荣,靳来群. 2017. 方法、数据与全要素生产率测量差异[J]. 数量经济技术经济研究,(12).

涂正革,肖耿. 2007. 中国大中型工业的成本效率分析:1995~2002[J]. 世界经济,(7).

徐瑛,陈秀山,刘凤良. 2006. 中国技术进步贡献率的度量与分解[J]. 经济研究,(8).

张军. 2002. 资本形成、工业化与经济增长:中国的转轨特征[J]. 经济研究,(6).

置塩信雄. 1977. マルクス経済学——価値と価格の理論[M]. 筑摩書房.

Hahnel R. 2017a. A tale of three theorems[J]. *Review of Radical Political Economics*, 49(1).

Hahnel R. 2017b. Environmental sustainability in a Sraffian framework[J]. *Review of Radical Political Economics*, 49(3).

Harcourt C. 1969. Some Cambridge controversies in the theory of capital[J]. *Journal of Economic Literature*, 7(2).

Harcourt C. 1972. *Some Cambridge Controversies in the Theory of Capital*[M]. Cambridge:CUP Archive.

Morishima M. 1977. *Marx's Economics:A Dual Theory of Value and Growth*[M]. Cambridge:CUP Archive.

Nakajima A. 2008. Total labour requirements and value added productivity of labour in the process of economic development [J]. *Economic Systems Research*, 20 (3).

Okishio N. 1959. Measurement of the rate of surplus value [J]. *Economic Review*, 10 (4).

Roemer J. 1981. *Analytical Foundations of Marxian Economic Theory* [M]. Cambridge: Cambridge University Press.

Robinson J. 1953. The production function and the theory of capital [J]. *Review of Economic Studies*, 21 (1).

Timmer M, Dietzenbacher E, Los B, et al. 2015. An illustrated user guide to the world input-output database: The case of global automotive production [J]. *Review of International Economics*, 23 (3).

# 全劳动生产率与马克思主义增长方程[*]

荣兆梓　李亚平[**]

**摘　要**：本文从马克思主义政治经济学的劳动生产率范畴的讨论切入，提出包括商品生产的活劳动投入和物化劳动消耗在内的全劳动生产率概念，在此基础上建立马克思主义的生产函数和经济增长方程，在将之与新古典增长方程全面比较的基础上展开马克思主义增长方程性质与特点的讨论。并且运用这一方程对中国1978~2017年的经济增长做初步核算，发现在40年增长中，全劳动生产率的贡献率为65%，全部劳动消耗（包括活劳动消耗与物化劳动消耗）的贡献率为35%。因此，中国经济的高积累高投资与劳动生产率的增长始终相伴而行。那种认为中国经济增长是低效率的投资拉动的判断具有片面性，并不能很好解释中国经济持续高速增长的原因。

**关键词**：全劳动生产率　马克思主义增长方程　中国经济增长核算

迄今为止的中国经济增长核算几乎全都是在新古典增长理论框架内

---

[*] 原文发表于《上海经济研究》2021年第1期。
[**] 荣兆梓，安徽大学经济与社会发展高等研究院教授；李亚平，安徽大学经济学院讲师。

展开的。虽然分析结果差异较大，但在增长核算的基本理论结论上越来越趋于一致：中国经济增长中要素投入，尤其是资本投入的贡献明显大于要素生产率的贡献。多数增长核算的结论是中国经济的全要素增长率贡献率大约为15%~25%，其余的85%~75%的增长绝大部分是由资本投入贡献的（克鲁格曼，1999；罗思义，2016）。因此，中国经济增长的可持续性堪忧。熟悉中国现实经济的学者对这个结论始终是怀疑的（易纲等，2003）。可惜几乎没有人能从基础理论层面，或计量实证层面提出真正有说服力的反驳。我们在马克思主义政治经济学的理论框架内建立经济增长方程，对中国经济增长做核算，得出了不同于先前的结论。本文是这一研究的初步成果，希望能够引起更多讨论。

## 一　以劳动价值论为基础的全劳动生产率范畴

马克思主义政治经济学的生产函数，可以从社会劳动生产率的计算公式中直接推导出来。

经济学关于劳动生产率具有普适的定义，它由物质产品的产出量与生产这些物质产品的劳动量之比决定，用公式表达就是 $A=\dfrac{X}{L}$，分式的分子 $X$ 是特定产品的物质量，分母 $L$ 则是生产这个商品的劳动投入量。在企业层面的劳动生产率核算中，人们往往以企业的劳动投入量作为分母，但这种计算忽略了商品生产过程中生产资料的消耗，也即忽略了生产资料生产中所耗费的劳动量，因此是不完全的劳动生产率核算，不能充分满足企业节约生产成本、提高生产效率的需要。

劳动生产率可以在更加完整的意义上定义，即商品生产中所消耗全部劳动的生产率，其计算公式的分母不仅包括商品生产最后一个环节的劳动耗费，而且包括社会分工链所有环节上为生产这一商品所耗费的劳动，即该商品生产中消耗的全部生产资料生产中消耗的劳动，用公式表达就是：$A=\dfrac{X}{C+L}$。我们称之为全劳动生产率，以区别于最后一个分工环节的活劳动生产率。由于公式包括商品生产一系列环节的劳动投入，需要对不同分工环节的劳动时间做加总计算：$C = c_1 + c_2 + \cdots + c_n$。这里的劳动时间计量涉及不同熟练程度和不同复杂程度的具体劳动时间的加总，可以采取两种不同的方法，而且二者都有相应的理论依据。一种方法是不同具体劳动时间直接加总。这种方法不仅计算简便，而且符合马克思关于"生产力当然始终是有用的具体的劳动的生产力"[1]的命题。但是，计算结果不适于不同技术路径、不同工艺流程的生产力相互比较。另一种方法是在将具体劳动时间换算为无差异的抽象人类劳动时间后加总。这需要在不同复杂程度的劳动量之间进行换算，存在一定难度。[2]但是，换算结果使得不同技术、不同工艺的企业间劳动消耗具备了可比性，不仅企业消耗的活劳动量可以相互比较，而且企业消耗的生产资料数量也可以与行业内生产资料消耗的必要量（或者平均量）相比较。

由此得到的是包含更加完整信息的全劳动生产率，它是反映企业生产效率的综合性指标之一。它的倒数就是商品生产的企业个别价值，对于企业在市场竞争中的得失成败关系重大。马克思认为，商品生产的社会必要劳动时间由生产生产资料的劳动时间和活劳动时间两个部分组成。作为全劳动生产率分母的劳动时间与这个社会必要劳动时间相对应，在企业层面表现为企业个别价值量，在社会平均意义上表现为商品价值量。如此计算的劳动生产率与商品价值量成反比，这与马克思对劳动生产力与商品价值数量关系的表述更加一致[3]。

从社会层面来看，社会劳动生产率的概念只能在全劳动生产率的意义上理解。一个社会生产的总产品包括生产中所消耗的生产资料和扣除生产资料消耗之外的纯产品两个部分，生产这个总产品的全部劳动消耗不仅是当年投入的全部社会劳动，而且包括生产中消耗的生产资料转移

---

[1] 马克思：《资本论》（第一卷），人民出版社，1975，第59页。
[2] 通过本文附录的计量分析可以看到，以上两种劳动量的加总方法在一定条件下可以相互补充。
[3] 参见：马克思《资本论》（第一卷），人民出版社，1975，第53~54页。

到产品中的价值（不变资本价值），即所消耗生产资料生产（再生产）的全部劳动量。因此，社会总产品的劳动生产率只能用公式 $A = \dfrac{X}{C+L}$ 表示。公式的分子表示社会生产的物质产品总量，既包括一年所生产产品中可供社会各阶级分配的全部国民收入（不仅是消费资料，也包括一部分资本积累所需要的生产资料），也包括一年生产所消耗，又由当年再生产出来以备下一年生产之用的全部生产资料。公式的分母表示社会总产品生产所消耗的全部劳动量，不仅包括当年投入的全部活劳动，而且包括生产中消耗的全部生产资料价值，二者相加，即马克思所说的"年产品价值"[①]。

当然，我们也可以计算社会纯产品的劳动生产率，即当年生产的全部纯产品（社会总产品扣除生产中所消耗全部生产资料后的余额）与当年投入的全部活劳动量（马克思称之为"年价值产品"[②]）之比。用公式表示：$a = \dfrac{Y}{L}$。不要被分母 $L$ 的表象迷惑，这个公式同样具有全劳动生产率的内涵，因为这里的分母 $L$ 是纯产品生产的全部劳动消耗（物化劳动消耗与活劳动消耗之和）。社会纯产品生产消耗的劳动不可能都是活劳动，其生产过程当然也要消耗生产资料。因此，纯产品生产的全部劳动消耗 $\lambda_Y = c + l$。与此相对应，生产资料再生产的劳动消耗也不可能全都是过去劳动，它在消耗生产资料的同时，也必须消耗当年投入的一部分活劳动，即 $\lambda_A = c_A + l_A$。这两个部分商品生产中的活劳动相加等于当年投入的全部活劳动，即 $L = l_A + l$。问题的关键是，在一个年产品供需平衡的投入产出模型中，生产资料生产消耗的活劳动恰好等于纯产品生产消耗的那部分生产资料价值，即 $l_A = c$。因此有 $L = c + l$，进而 $a = \dfrac{Y}{L} = \dfrac{Y}{c+l}$。这显然是一个全劳动生产率公式。

---

① 马克思：《资本论》（第二卷），人民出版社，1975，第 418 页。
② 马克思：《资本论》（第二卷），人民出版社，1975，第 418 页。

社会劳动生产率计算中真正的困难在于作为分子的产出量的计量。按照定义，这里的产出应当是物质财富量，而不是商品价值量。因为后者与作为分母的劳动投入具有相同属性，以此界定产出项的性质，理论上构成用劳动生产劳动的同义反复，在劳动价值论的逻辑中不能成立。而且，假定社会经济的投入与产出都要以价值（即劳动时间）计量，那么按照定义，这里的分子与分母不仅性质相同，而且在数量上应当是完全相等的。同等劳动投入只能生产出同等的价值量，社会劳动生产率任何时候都恰好等于1。这个结论同样是经济学逻辑无法接受的。社会劳动生产率的分子项一定是物质产品的实物量，但因为不同种类物质产品的异质性、不可加总性，物质财富社会总量的计量始终是经济学面对的难题。

现在的经济总量指标，是以某一不变的产品相对价格体系为依据加总形成的，无论是社会生产的年产品总量，还是GDP、纯产品总量，只要按不变价格计算，其变化就都大体反映了社会物质财富总量的变化。当然，这一判断是以社会总产品的构成情况变动不大为前提的，即所谓"一篮子商品"假定，因为篮子里所盛的各种商品比例大体相同，其价格又保持不变，因此我们只需要考察篮子的大小。按不变价计算的产出量大体反映了这种情况下物质财富的变化。但是这一假定的适用范围有限，因此，计算中的误差很难避免[1]。尽管如此，这个总量测度的变通办法仍然大体可用。事实上，不同经济学范式在这个问题上并没有太多分歧。

## 二　马克思主义经济增长方程的导出

从上述全劳动生产率公式可以直接推导出马克思主义政治经济学的经济增长方程[2]，推导如下。

---

[1] 更好反映物质财富变动的计量方法可能是购买力平价法。但这两种方法的理论意义相同，所以它同样不可避免地存在上述缺陷。
[2] 本文作者早年曾经做过这方面的尝试，参见荣兆梓（1992）。

社会总产品生产的全劳动生产率 $A = \dfrac{X}{C+L}$，因此有社会生产函数 $X = A(C+L)$，设资本构成 $\Delta = \dfrac{C}{L}$，则有：

$$X = AL(1+\Delta) \tag{1}$$

两边对时间求导，有：

$$\dot{X} = \dot{A}(L+\Delta L) + A(\dot{L}+\dot{\Delta}L+\Delta\dot{L})$$

等号两边同除以 $X$，整理得：

$$\dfrac{\dot{X}}{X} = \dfrac{\dot{A}}{A} + \dfrac{\dot{L}}{L} + \dfrac{\Delta}{1+\Delta}\dfrac{\dot{\Delta}}{\Delta} \tag{2}$$

设活劳动占比 $B = \dfrac{L}{C+L}$，则 $\dfrac{\Delta}{1+\Delta} = \dfrac{C}{C+L} = 1-B$，此式表示不变资本 $C$ 在总产值中所占的比重。

式（2）可写作：

$$G_X = G_A + G_L + (1-B_t)G_\Delta \tag{3}$$

这就是马克思主义政治经济学的经济增长方程，式中 $G_X$ 为总产值增长率、$G_A$ 为全劳动生产率增长率、$G_L$ 可以称作外延扩张率、$G_\Delta$ 则为资本构成提高率（也可称作资本深化率）。

式（3）也可写作：

$$G_X = G_A + B_tG_L + (1-B_t)(G_L+G_\Delta) \tag{4}$$

式（4）等号右边的三项分别可看作：全劳动生产率上升导致的经济增长，活劳动投入增加导致的经济增长和生产资料消耗增加导致的经济增长。

同理，依据纯产品全劳动生产率公式 $a = \dfrac{Y}{L}$，有社会纯产品生产函数 $Y = aL$，两边同时对时间求导，再同时除以 Y，整理后有 $\dfrac{\dot{Y}}{Y} = \dfrac{\dot{a}}{a} + \dfrac{\dot{L}}{L}$，

这就是纯产品的增长方程，可写作：

$$G_Y = G_a + G_L \tag{5}$$

又因为 $a = \dfrac{Y}{L} = \dfrac{Y}{c+l}$，社会纯产品生产函数也可以写作：

$$Y = a(c + l) = al(1 + \delta) \tag{6}$$

式中 $\delta = \dfrac{c}{l}$，相应地有 $\beta = \dfrac{l}{L}$，由此也可以推导出按纯产品计算的增长方程：

$$G_Y = G_a + \beta_l G_l + (1 - \beta_l)(G_l + G_\delta) \tag{7}$$

式（7）中 $G_Y$ 为纯产品增长率，等号右边的三项分别是：纯产品全劳动生产率上升导致的经济增长，纯产品生产中活劳动投入增加导致的增长和纯产品生产中所消耗的生产资料价值增加导致的经济增长。

## 三　与新古典增长方程的比较

以上增长方程形式上看与新古典增长方程有几分相似。当然，二者的实际内容有根本差别。对照新古典增长方程，马克思主义增长方程有哪些相同点和不同点呢？

首先，二者的共同点是：增长需要投入，而投入要讲效率。因此，影响经济增长的基本因素可以归纳为二：一是生产要素投入量的增长，它可以进一步区分为物质要素的投入和人的劳动投入；二是投入要素生产效率（单位要素的产出能力）的提高，要素效率按定义总归是要素投入量与物质财富产出量之间的比率。

其次，二者间又存在深刻的差异。

（1）二者对生产要素性质的理解不同，因而要素生产率的经济学意义完全不同。马克思主义经济学认为，社会生产过程是人类通过有组织的社会活动从自然获取物质生活资料的过程。在这里，整个自然界是人类的获取对象，而人类为此付出的代价，则是自身的生命活动，即生产劳动。这一物质生产的性质决定了，生产过程的"投入品"最终都可以还原为劳动。商品价值量衡量的是商品生产的人类代价，它以商品生产的社会必要劳动时间为尺度，包括生产中消耗的物化劳动和活劳动两个部分。进而，马克思主义经济学的生产函数对应着商品价值量的计算，清晰辨识了生产要素投入的具体形式：$F(K, L) = C+L$。生产中消耗的全部生产资料（不变资本）也都是劳动的生产物，其数量可以归结为各种资本品生产中所耗费的劳动量 $C$。所谓资本和劳动的区别无非过往生产中已物化的劳动与当下生产所投入的活劳动的区别，二者性质相同，数量上可加总为商品生产的全部社会必要劳动时间。进而全部生产要素的效率其实也就是全部劳动投入的效率，即全劳动生产率，它可以直接用物质产出量与劳动投入量的商来表示。

新古典理论抛弃了劳动价值论，并且坚决拒绝剩余价值理论，它的投入要素只能在资本价格意义上理解。投入要素总量等于资本品价格总量加上劳动价格总量，即 $F(K, L) = rK+wL$，这是包括不变资本价格和可变资本价格在内的完全资本成本。因此，$Y = TFP(rK+wL)$。这里的全要素生产率公式 $TFP = Y/(rK+wL)$ 被称为"代数指数法"公式，与全劳动生产率有几分形似，据说可以"很直观地体现出全要素生产率的内涵"。

但是，将这一公式拿来做实证计量，却不可避免地暴露出深刻的逻辑矛盾。首先，公式中社会总资本的数量怎么计算？当然只能用各种资本品的价格加总计算，然后再用所谓的资本价格 $r$，即资本利息率，去乘总资本价格 $K$，得到生产函数中的资本投入量。经济学如何协调前后两个"资本价格"的含义，又如何解释作为两个资本价格相乘之结果的投入资本总价格？这其实就是新古典理论至今不能解决的"资本悖论"（帕西内蒂和斯卡齐里，1992，第394~399页）的原因。

其次，实证中这个投入资本总价格应当用现价计算还是用不变价计算？用现价计算包含通货膨胀因素，自然不能真实反映经济增长中投入品增长的情况。用不变价计算（姑且不论投入品不变价数据获得的困难）则与总产出按不变价计算的意义相同，公式的分子分母使用了完全相同的计量单位，数理上二者的单位可以同时消去。这样，全要素生产率就是一个无量纲量，它表示在用资本生产资本的过程中资本的增殖倍数，而且在这里，资本的增殖能力与技术进步率等价，也就是说技术进步等于资本生产力，全要素生产率在这里有可能被新古典经济学利用，如不能正确处理，就会与马克思主义经济学产生矛盾。

最后，公式中的 $rK$ 和 $wL$ 表示资本收入与劳动收入，在两要素经济中，二者之和等于国民收入总量。因此，当公式的分子和分母采自同一时间段时，二者在数量上应该相等，全要素生产率恒等于1。为使全要素生产率反映经济增长，两个数据就应当采自不同时间，如 $rK+wL$ 在时间 $t_0$，而 $Y$ 在时间 $t_1$，二者之差即为经济增长额。但很明显的是，上一年度的国民收入中资本报酬部分并不会全部投入下一年度的生产过程，其中很大一部分被用于公共消费和资本家阶级的消费，这部分国民收入并不重新投入生产过程，当然也不会对下一年度的产出产生影响。这个公式因此在经济学逻辑上是有矛盾的。

为了掩盖所有这些矛盾，全要素生产率在实证研究中并不直接采用新古典的经济学逻辑建模，而用探索性统计分析方法，由统计学基于生产过程的投入产出数据建立回归方程。

（2）二者对资本投入的度量方式不同，进而显著影响生产率的计算结果。马克思主义生产函数中的资本投入是指生产过程中的全部资本消耗。首先，它以所消耗资本品的价值量为尺度，可以从统计数据中获取，并且与生产过程中的活劳动投入有相同的计量尺度，可以直接加总形成完全劳动消耗量；其次，它包括生产过程中所消耗的全部不变资本价值，既包括固定资本（以资本折旧的形式），也包括以流动资本形式被消耗的生产资料（投入产出统计中的全部中间品）。因此，对资本投入有更加完整、科学的计量。

新古典模型的资本投入往往只考虑固定资本，而忽略了原材料等流动资本的消耗。而且对固定资本投入的计量，理论上也存在矛盾。按照新古典理论的逻辑，资本投入度量应当用"资本服务价格"较为理想，但因资本服务定价的困难，而不得不以资本存量数据代替资本流量数据。我们姑且不说资本存量估计本身的困难和不可避免的误差，理论上更大的问题是，固定资本的生产力是在使用期内逐步释放的，其存量因为折旧逐步减少并不影响其生产力大体均衡地发挥。这会明显地低估新资本设备的生产率，而高估旧设备的生产率。这种固定资本生产率估算的偏差集中起来，会在新兴经济体与发达经济体之间造成巨大的要素生产率估计差异（易纲等，2003）。比较而言，马克思主义的增长核算方法在这方面有明显的优点，它不是以资本存量的形式衡量资本（物化劳动）对经济增长的贡献，而是以资本在生产过程中的消耗量来衡量它对增长的贡献，因此不会造成因果之间在时间上的错位，资本积累对经济增长的贡献被恰当地均衡地释放在它发挥作用的全过程中，从而避免了全劳动生产率估算的偏差。

（3）二者在实证研究中的统计方法和计算结果不同。马克思主义生产函数事实上是一个有关社会生产投入量与产出量的恒等式，其变量间的相互关系由经济学理论明确给出，其产出数据（社会总产值）可以从社会经济统计报告中直接获取，完全劳动消耗量也可以从统计数据中直接采集（具体劳动时间），或者利用投入产出数据计算得出（抽象劳动时间）。全劳动生产率不过是以上两个数字之比。这个基本的增长核算完全是描述性统计，不需要运用回归分析和参数估计等探索性统计的方法。因此，在马克思主义经济学的增长核算中，样本数据一经给出，计算结果具有确定性和唯一性。统计的误差会有，而结果的显著区别不可能产生。

新古典增长方程做不到这一点。全要素生产率（TFP）不是基于任何经济学理论直接计算出来，而是采取间接的办法。如运用柯布-道格拉斯生产函数，通过各种可供选择的参数估计，最终以回归方程"残差"的形式求得全要素生产率增长率。不仅计算结果的差别很大，而且全要素生产率的经济学含义存在很多争议。一个令人尴尬的推论是：

既然是统计残差,从统计分析的要求来看,自然便是越小越好①。于是人们对索洛早期(1957年)增长核算给出的全要素生产率平均70%的贡献率耿耿于怀(斯蒂格利茨和格林沃尔德,2017,第6页),不断地试探运用各种方法缩小全要素生产率贡献率,以"优化"统计分析质量。这种不懈的努力自然会有效。全要素生产率贡献率的平均值逐步下降,甚至下降到15%(罗思义,2016,第337页)。那么,前后如此巨大的差异又是怎样产生的呢?看看乔根森和罗思义(2016,第337~338页)等人的工作,答案是一目了然的。人们无非将越来越多的"要素质量"因素纳入要素投入量的计算中,以"资本投入恒定质量指数"和"劳动投入恒定质量指数"等,使更高质量的要素投入成为倍加的要素投入,从而增大了投入要素的解释力度,而减小了全要素生产率的解释力度。

但人们在将要素质量理解为倍加的要素数量时,又如何定义和测度要素质量?因为新古典理论强调生产要素的异质性,其统一的要素质量指标难以界定,边际效用概念在这里不能发挥作用,唯一可选择的理论方案是边际生产率,高生产率的要素是高质量的,低生产率的要素是低质量的。因此总体而言,全要素生产率正是全部生产要素的质量指标。完善全要素生产率核算的最新努力,其实只是将一般科技进步(严格来说还包括制度进步)与可具体物化在物质生产资料和"人力资本"质量上的科技进步区分开来,将后者归结为倍加的要素投入量,而将前者定义为狭义的"全要素生产率"(郑玉歆,1999)。这个概念体系夸大了要素投入对经济增长的作用,而严重低估了科学技术这个第一生产力(戴艳娟和泉弘志,2014)。

(4)两个增长方程的"系数"具有不同的含义。马克思主义增长方程中的 $\beta$ 表示纯产品生产所耗费的劳动总量中活劳动的比例,$\delta$ 则是其中物化劳动与活劳动的比值。二者都可以根据统计数据直接计算,并且同

---

① 易纲等(2003)提出:"全要素生产率(增长率——引者注),作为产出增长率扣除各要素投入增长率的产出效益后的余值,实质上是要素投入所不能解释的部分。随着对全要素生产率的测算方法变得越来越精巧,这一余值越来越低"。

样是时间的函数，随着时间的变化而变化。方程不仅允许这个变化，而且天生包含这个变化，包含两种劳动比例（事实上也就是资本有机构成）随劳动生产力提高而提高的特征事实。在式（7）中，$G_8$反映资本有机构成的变动率，$\beta_t$则是考察当期活劳动在全部劳动消耗中的比例，这两个量都有明确的经济学含义，而且在方程中都不是甚至不允许是固定不变的"参数"，而是随着劳动生产率的变动而变动的统计量。借用新古典经济学的术语，马克思主义增长方程不需要技术中性、规模效益不变等不切实际的假定，而是直接记录社会经济增长的历史路径。相比之下，新古典增长方程中的参数$\alpha$和$\beta$显然有完全不同的性质与含义。

（5）两个增长方程所包含的内容也有很大区别。本文讨论的马克思主义增长方程的内容比较单纯，它只讨论经济增长中要素投入（劳动）数量与要素效率（全劳动生产率）两个因素对增长的贡献，而将增长理论需要进一步研究的另一主题——影响全劳动生产率的诸因素，放到另一理论层次并运用不同性质的模型来讨论。这个数理模型可以称作社会劳动生产力函数，它以全劳动生产率为因变量，以影响社会劳动生产力的诸多因素为自变量，建立回归方程，来完成增长核算第二层次的任务。也就是说，马克思主义的增长核算分两步进行：第一步是基本增长核算，用增长方程解决要素的数量增加和效率提高的核算问题；第二步是生产力分析，用社会劳动生产力函数解决影响劳动生产率诸因素的贡献问题。

新古典增长理论事实上同样面对这两个层次的问题，它妄图用一个包含或者可能包含要素数量、要素效率，以及影响要素效率的所有因素在内的增长方程，一次性解决两个层次的所有问题。其增长核算的综合性要求很高，但分析层次不清晰，概念的含义也就难以准确界定。而且，这个核算方法对东亚经济和中国经济的实证研究导出一系列令人困惑的结论，尤其是对中国经济研究形成了长时间的误导[①]。

---

[①] 对中国经济增长持此类观点的文章不胜枚举，近期如：杨万平和杜行（2015）、梁泳梅和董敏杰（2015）。

## 四 中国改革开放以来经济增长的初步核算

佟仁城和刘源张（1993）较早运用中国投入产出表数据对全劳动生产率进行核算，但这篇论文只是用1987年一年的数据计算了部门全劳动生产率及其相互作用。本文的研究旨趣在于理解改革开放40年中国经济高速增长的原因，需要有连续的年度数据，但目前投入产出表还没有完整的连续的数据。我们依据对马克思主义增长方程数理逻辑的理解，充分利用国民经济核算中的既有信息，对改革开放以来中国经济增长做初步核算。出于与之前增长核算有可比性的考量，我们选择纯产品增长作为核算对象。核算分两步进行。

第一步，估计全劳动生产率对经济增长的贡献率。直接从《中国统计年鉴》中获取按不变价计算的纯产品价格数据（国内生产总值减去资本折旧）[①]与就业人数[②]，计算1978~2017年的社会全劳动生产率（$a=\dfrac{Y}{L}$，见表1），进而得到全劳动生产率增长率 $G_a$ 与全部劳动投入增长率 $G_L$，进而分别计算二者对经济增长的贡献率（见表2）。

表1 1978~2017年中国净产品生产的全劳动生产率

| 年份 | 1978年不变价格GDP（亿元） | 折旧占比 θ（%） | 1978年不变价纯产品价格 Y（亿元） | 劳动人口 L（万人） | 全劳动生产率 a（元/人） |
| --- | --- | --- | --- | --- | --- |
| 1978 | 3678.70 | 10.79 | 3281.79 | 40152 | 817.34 |
| 1979 | 3810.87 | 10.78 | 3400.15 | 41024 | 828.82 |
| 1980 | 3954.83 | 10.80 | 3527.56 | 42361 | 832.74 |
| 1981 | 4045.74 | 10.81 | 3608.48 | 43725 | 825.27 |

---

① 马克思的纯产品概念与其国民收入（$V+M$）概念相匹配，指社会总产品中扣除重新回到生产过程中去以补偿生产资料消耗之后的纯产品部分。这个概念与国民经济核算中的国内生产总值（GDP）不同，而与国内生产总值扣除固定资本折旧后的净产品概念匹配。

② 从抽象劳动的意义来看，按就业人数统计的社会劳动总量（人年），等于已换算为社会平均复杂程度的全社会活劳动投入总量。进一步的讨论参见本文后面的附录。

续表

| 年份 | 1978年不变价格GDP（亿元） | 折旧占比 $\theta$（%） | 1978年不变价纯产品价格 $Y$（亿元） | 劳动人口 $L$（万人） | 全劳动生产率 $a$（元/人） |
|---|---|---|---|---|---|
| 1982 | 4043.19 | 10.78 | 3607.25 | 45295 | 796.39 |
| 1983 | 4087.51 | 10.80 | 3645.94 | 46436 | 785.15 |
| 1984 | 4291.57 | 10.72 | 3831.36 | 48197 | 794.94 |
| 1985 | 4729.16 | 10.74 | 4221.24 | 49873 | 846.40 |
| 1986 | 4950.48 | 11.13 | 4399.39 | 51282 | 857.88 |
| 1987 | 5200.60 | 10.50 | 4654.53 | 52783 | 881.82 |
| 1988 | 5829.65 | 10.83 | 5198.52 | 54334 | 956.77 |
| 1989 | 6332.36 | 10.91 | 5641.65 | 55329 | 1019.65 |
| 1990 | 6694.89 | 9.76 | 6041.19 | 64749 | 933.02 |
| 1991 | 7142.36 | 12.27 | 6265.74 | 65491 | 956.73 |
| 1992 | 7727.91 | 13.28 | 6701.92 | 66152 | 1013.11 |
| 1993 | 8902.72 | 13.11 | 7735.30 | 66808 | 1157.84 |
| 1994 | 10736.75 | 13.07 | 9333.22 | 67455 | 1383.62 |
| 1995 | 12204.52 | 12.78 | 10645.13 | 68065 | 1563.97 |
| 1996 | 12997.94 | 13.96 | 11183.54 | 68950 | 1621.98 |
| 1997 | 13208.78 | 13.62 | 11409.52 | 69820 | 1634.13 |
| 1998 | 13090.89 | 15.15 | 11107.63 | 70637 | 1572.49 |
| 1999 | 12924.85 | 15.53 | 10917.36 | 71394 | 1529.17 |
| 2000 | 13191.28 | 15.82 | 11104.96 | 72085 | 1540.54 |
| 2001 | 13460.79 | 15.40 | 11387.63 | 72797 | 1564.30 |
| 2002 | 13542.21 | 15.35 | 11464.01 | 73280 | 1564.41 |
| 2003 | 13895.05 | 14.89 | 11826.58 | 73736 | 1603.91 |
| 2004 | 14861.36 | 14.77 | 12666.13 | 74264 | 1705.55 |
| 2005 | 15441.34 | 15.10 | 13110.03 | 74647 | 1756.27 |
| 2006 | 16047.86 | 14.20 | 13768.95 | 74978 | 1836.40 |
| 2007 | 17300.40 | 14.00 | 14877.74 | 75321 | 1975.24 |
| 2008 | 18654.57 | 13.69 | 16101.08 | 75564 | 2130.79 |
| 2009 | 18629.60 | 13.61 | 16094.21 | 75828 | 2122.46 |
| 2010 | 19923.32 | 13.70 | 17194.22 | 76105 | 2259.28 |
| 2011 | 21547.50 | 13.53 | 18633.03 | 76420 | 2438.24 |
| 2012 | 22063.02 | 13.35 | 19116.82 | 76704 | 2492.28 |
| 2013 | 22553.97 | 13.64 | 19477.61 | 76977 | 2530.31 |
| 2014 | 22740.80 | 13.57 | 19654.83 | 77253 | 2544.22 |
| 2015 | 22759.02 | 13.56 | 19672.57 | 77451 | 2540.00 |
| 2016 | 23040.13 | 13.54 | 19919.61 | 77603 | 2566.86 |
| 2017 | 24574.85 | 13.53 | 21249.38 | 77640 | 2736.91 |

数据来源：1978~2016年GDP和劳动投入（劳动人口 $L$）数据从2017年《中国统计年鉴》中获得；而2017年中国的GDP和劳动人口数据来自国家统计局网站公布数据；2017年的价格指数采用"2016年价格指数×[1+（名义增长率－实际增长率）]"计算所得；增加值折旧占比根据《中国投入产出表》中固定资产折旧额除以增加值（GDP）计算，其余年份的折旧占比通过六期平滑估算。

表 2　全劳动生产率对经济增长的贡献率

单位：%

| 年份 | 增长率 $G_Y$ | 增长率 $G_a$ | 增长率 $G_L$ | 贡献率 全劳动生产率 | 贡献率 全部劳动投入 |
|---|---|---|---|---|---|
| 1979 | 3.61 | 1.40 | 2.20 | 38.94 | 61.06 |
| 1980 | 3.75 | 0.47 | 3.27 | 12.61 | 87.39 |
| 1981 | 2.29 | -0.90 | 3.19 | -39.11 | 139.11 |
| 1982 | -0.03 | -3.50 | 3.46 | 10295.80 | -10195.80 |
| 1983 | 1.07 | -1.41 | 2.48 | -131.54 | 231.54 |
| 1984 | 5.09 | 1.25 | 3.84 | 24.50 | 75.50 |
| 1985 | 10.18 | 6.47 | 3.70 | 63.62 | 36.38 |
| 1986 | 4.22 | 1.36 | 2.86 | 32.15 | 67.85 |
| 1987 | 5.80 | 2.79 | 3.01 | 48.12 | 51.88 |
| 1988 | 11.69 | 8.50 | 3.19 | 72.72 | 27.28 |
| 1989 | 8.52 | 6.57 | 1.95 | 77.10 | 22.90 |
| 1990 | 7.08 | -8.50 | 15.58* | -119.97 | 219.97 |
| 1991 | 3.72 | 2.54 | 1.13 | 68.39 | 31.61 |
| 1992 | 6.96 | 5.89 | 1.16 | 84.65 | 15.35 |
| 1993 | 15.42 | 14.29 | 1.02 | 92.65 | 7.35 |
| 1994 | 20.66 | 19.50 | 1.35 | 94.40 | 5.60 |
| 1995 | 14.06 | 13.03 | 1.27 | 92.73 | 7.27 |
| 1996 | 5.06 | 3.71 | 1.13 | 73.34 | 26.66 |
| 1997 | 2.02 | 0.75 | 1.04 | 37.09 | 62.91 |
| 1998 | -2.65 | -3.77 | 0.98 | 142.56 | -42.56 |
| 1999 | -1.71 | -2.76 | 1.00 | 160.84 | -60.84 |
| 2000 | 1.72 | 0.74 | 0.66 | 43.25 | 56.75 |
| 2001 | 2.55 | 1.54 | 0.64 | 60.60 | 39.40 |
| 2002 | 0.67 | 0.01 | 0.76 | 1.07 | 98.93 |
| 2003 | 3.16 | 2.52 | 0.53 | 79.83 | 20.17 |
| 2004 | 7.10 | 6.34 | 0.46 | 89.27 | 10.73 |
| 2005 | 3.5 | 2.97 | 0.49 | 84.85 | 15.15 |
| 2006 | 5.03 | 4.56 | 0.35 | 90.78 | 9.22 |
| 2007 | 8.05 | 7.56 | 0.35 | 93.89 | 6.11 |
| 2008 | 8.22 | 7.87 | 0.39 | 95.77 | 4.23 |
| 2009 | -0.04 | -0.39 | 0.45 | 915.24 | -815.24 |

续表

| 年份 | 增长率 | | | 贡献率 | |
|---|---|---|---|---|---|
| | $G_Y$ | $G_a$ | $G_L$ | 全劳动生产率 | 全部劳动投入 |
| 2010 | 6.83 | 6.45 | 0.38 | 94.31 | 5.69 |
| 2011 | 8.37 | 7.92 | 0.36 | 94.66 | 5.34 |
| 2012 | 2.60 | 2.22 | 0.36 | 85.37 | 14.63 |
| 2013 | 1.89 | 1.53 | 0.26 | 80.85 | 19.15 |
| 2014 | 0.91 | 0.55 | 0.20 | 60.38 | 39.62 |
| 2015 | 0.09 | -0.17 | 0.05 | -183.51 | 283.51 |
| 2016 | 1.26 | 1.06 | 2.20 | 84.21 | 15.79 |
| 2017 | 6.68 | 6.62 | 3.27 | 99.24 | 0.76 |
| 年均 | 4.9 | 3.2 | 1.7 | 65 | 35 |

注：个别年份人口统计口径调整，造成数据异常，如根据统计年鉴数据，1990年的就业人员数比1989年增加了近1亿人，年增15.98%，全劳动生产率下降8.5%，这种数据异常显然没有反映真实情况。

表2显示，改革开放以来中国实际纯产品（价格）年均增长率为4.9%。按纯产品计算的增长率小于按增加值（GDP）计算的增长率，原因是折旧占比长期来看有扩大趋势。纯产品增长指标应该更好地反映了经济增长的真实情形。其中，1982年之前增长较缓，1984~1996年是快速增长期，1998~1999年受金融危机影响，中国经济增长进入改革开放以来的低谷，实际净产品连续两年下降；危机过后，中国经济出现了一个相对停滞期；2003年以后中国经济重新进入发展快车道；2009年受美国次贷危机的影响，中国实际净产品再次出现负增长；2012~2016年经济增长速度减缓，2017年增速回升到6.68%，全劳动生产率增长率提高6.62%。

进一步分析经济增长的贡献因子，我们发现改革开放40年，我国社会纯产品年均增长4.9%，全劳动生产率提高拉动了经济增长的3.2个百分点，而全部劳动投入增加拉动了经济增长的1.7个百分点。中国实际纯产品增长的65%归功于全劳动生产率，35%来自全部劳动投入。与此同时，虽然不同时期，全劳动生产率对经济增长的贡献有差异，但大多数年份全劳动生产率对经济增长的贡献较高。分时间段的观察发现，经济增长较快的时期，全劳动生产率的贡献更大，而增速相对较慢的两个时期，1978~1983 年和 1997~2003 年，全劳动生产率对增长的年均贡献率都为负值（见表3）。从 20 世纪 80 年代后期起的 30 年时间内除 1997~2003 年外，其余大多数年份全劳动生产率对经济增长的贡献率在 70% 以上，2004~2008 年以及 2009~2017 年，全劳动生产率的年均贡献率都超过 90%。这应该是对中国经济长期高速增长有说服力的解释。

表3　分时间段全劳动生产率对经济增长的年均贡献率

单位：%

| 时间段 | 增长率 | | | 贡献率 | |
|---|---|---|---|---|---|
| | $G_Y$ | $G_a$ | $G_L$ | 全劳动生产率 | 全部劳动投入 |
| 1978~1983 年 | 2.13 | -0.80 | 2.95 | -37.63 | 138.74 |
| 1984~1996 年 | 9.34 | 6.12 | 3.03 | 65.57 | 32.44 |
| 1997~2003 年 | 0.60 | -0.31 | 0.91 | -51.76 | 152.24 |
| 2004~2008 年 | 6.18 | 5.72 | 0.43 | 92.56 | 7.03 |
| 2009~2017 年 | 3.53 | 3.23 | 0.30 | 91.37 | 8.36 |
| 1978~2017 年 | 4.91 | 3.15 | 1.71 | 64.15 | 34.76 |

第二步，区分全部劳动投入中活劳动投入与物化劳动投入，分别计算它们对增长的贡献率。为此需要获取纯产品生产中活劳动投入的比例 $\beta_t$，以及资本有机构成的变动率（资本深化率 $G_\delta$），进而计算出活劳动投入增加导致的经济增长和生产资料消耗增加导致的经济增长，计算这两个因素对经济增长的贡献率。可以利用投入产出表数据计算纯产品生产中活劳动占比：$\beta = \dfrac{l}{c+l} = \dfrac{\mathbf{ly}}{\mathbf{lx}} = \dfrac{\mathbf{vy}}{\mathbf{vx}}$。式中 $\mathbf{v}$ 为工资向量，$\mathbf{x}$ 为总产品向量，$\mathbf{y}$ 则是纯产品向量。考虑到投入产出表中的增加值数据包含固定资产折旧，因此在实际计算中还要从增加值中扣除折旧。这样，我们就可以得到表4中的数据，并利用式（7）即 $G_Y = G_a + \beta_t G_L + (1-\beta_t)(G_1 +$

$G_8$），进行纯产品增长核算。问题是我国投入产出表不是逐年连续编制，而是每五年编制一次（逢2逢7），虽然中间增加了延长表（逢0逢5），但是数据仍然不是连续的。本文采取的计算办法是，先按投入产出表及其延长表计算相应年份数据，再用平滑处理方法估计其余年份近似值。当然，这样计算得到的两种劳动投入对经济增长的贡献率（见表5）不可能很精确，但从计算结果来看，对于说明我国40年经济增长的基本情况仍然具有参考价值。

表4 活劳动与物化劳动消耗对经济增长的拉动

| 年份 | 纯产品生产中活劳动占比（$\beta$） | 纯产品生产中活劳动消耗（$l=\beta\cdot L$） | 活劳动消耗增长率（$G_l$） | 活劳动消耗的拉动值（$\beta G_l$） | 物化劳动消耗的拉动值 [$(1-\beta)(G_l+G_8)$ = $G_L-\beta G_l$] |
|---|---|---|---|---|---|
| 1978 | 0.4054 | 16276.4259 | — | — | — |
| 1979 | 0.4060 | 16657.3940 | 0.0235 | 0.0095 | 0.0125 |
| 1980 | 0.4081 | 17287.1005 | 0.0380 | 0.0155 | 0.0172 |
| 1981 | 0.4049 | 17705.2407 | 0.0241 | 0.0098 | 0.0221 |
| 1982 | 0.4012 | 18173.3659 | 0.0263 | 0.0105 | 0.0241 |
| 1983 | 0.4047 | 18792.6678 | 0.0341 | 0.0138 | 0.0110 |
| 1984 | 0.4094 | 19733.6871 | 0.0493 | 0.0202 | 0.0182 |
| 1985 | 0.4123 | 20562.2359 | 0.0421 | 0.0173 | 0.0197 |
| 1986 | 0.4208 | 21579.4374 | 0.0542 | 0.0228 | 0.0058 |
| 1987 | 0.3531 | 18636.4897 | −0.1425 | −0.0503 | 0.0804 |
| 1988 | 0.4162 | 22616.2863 | 0.2180 | 0.0907 | −0.0588 |
| 1989 | 0.4319 | 23897.0554 | 0.0577 | 0.0249 | −0.0054 |
| 1990 | 0.4378 | 28349.9922 | 0.1711 | 0.0749 | 0.0809 |
| 1991 | 0.4234 | 27727.9057 | 0.0060 | 0.0025 | 0.0092 |
| 1992 | 0.4355 | 28809.7146 | 0.0512 | 0.0223 | −0.0116 |
| 1993 | 0.3965 | 26487.9737 | −0.0824 | −0.0327 | 0.0440 |
| 1994 | 0.3867 | 26082.4633 | −0.0157 | −0.0061 | 0.0177 |
| 1995 | 0.3844 | 26162.7253 | −0.0002 | −0.0001 | 0.0103 |
| 1996 | 0.3784 | 26090.9503 | 0.0108 | 0.0041 | 0.0094 |
| 1997 | 0.3814 | 26627.0928 | 0.0166 | 0.0063 | 0.0064 |
| 1998 | 0.3762 | 26575.3983 | 0.0160 | 0.0060 | 0.0052 |

续表

| 年份 | 纯产品生产中活劳动占比 ($\beta$) | 纯产品生产中活劳动消耗 ($l=\beta \cdot L$) | 活劳动消耗增长率 ($G_l$) | 活劳动消耗的拉动值 ($\beta G_l$) | 物化劳动消耗的拉动值 [$(1-\beta)(G_l+G_\delta)$ $= G_L - \beta G_l$] |
|---|---|---|---|---|---|
| 1999 | 0.3750 | 26770.0606 | 0.0118 | 0.0044 | 0.0060 |
| 2000 | 0.3664 | 26414.5059 | -0.0098 | -0.0036 | 0.0133 |
| 2001 | 0.3794 | 27621.4385 | 0.0405 | 0.0154 | -0.0053 |
| 2002 | 0.3906 | 28621.3433 | 0.0356 | 0.0139 | -0.0073 |
| 2003 | 0.3706 | 27324.2714 | -0.0506 | -0.0188 | 0.0251 |
| 2004 | 0.3655 | 27140.9849 | -0.0079 | -0.0029 | 0.0105 |
| 2005 | 0.3701 | 27625.2946 | 0.0217 | 0.0080 | -0.0027 |
| 2006 | 0.3565 | 26729.5820 | -0.0425 | -0.0152 | 0.0198 |
| 2007 | 0.3511 | 26441.5877 | -0.0130 | -0.0046 | 0.0095 |
| 2008 | 0.3566 | 26948.6100 | 0.0155 | 0.0055 | -0.0021 |
| 2009 | 0.3581 | 27152.9869 | 0.0065 | 0.0023 | 0.0011 |
| 2010 | 0.3536 | 26908.5286 | -0.0080 | -0.0028 | 0.0067 |
| 2011 | 0.3610 | 27588.5562 | 0.0233 | 0.0084 | -0.0040 |
| 2012 | 0.3685 | 28267.1460 | 0.0225 | 0.0083 | -0.0045 |
| 2013 | 0.3578 | 27541.5608 | -0.0224 | -0.0080 | 0.0116 |
| 2014 | 0.3597 | 27789.5774 | 0.0080 | 0.0029 | 0.0007 |
| 2015 | 0.3599 | 27877.4155 | 0.0032 | 0.0012 | 0.0014 |
| 2016 | 0.3608 | 27998.9746 | 0.0040 | 0.0014 | 0.0005 |
| 2017 | 0.3614 | 28055.8452 | 0.0020 | 0.0007 | -0.0002 |
| 年均 | 0.3849 | 24891.2500 | 0.0140 | 0.0054 | 0.0116 |

表5 全劳动生产率与全部劳动投入对经济增长的贡献率

单位：%

| 年份 | 全劳动生产率贡献率 | 全部劳动投入贡献率 | 其中 活劳动投入贡献 | 物化劳动投入贡献 |
|---|---|---|---|---|
| 1979 | 38.94 | 61.06 | 26.43 | 34.63 |
| 1980 | 12.61 | 87.39 | 41.40 | 45.99 |
| 1981 | -39.11 | 139.11 | 42.63 | 96.48 |
| 1982 | 10295.80 | -10195.80 | -3103.05 | -7092.75 |
| 1983 | -131.54 | 231.54 | 128.83 | 102.71 |
| 1984 | 24.50 | 75.50 | 39.65 | 35.85 |

续表

| 年份 | 全劳动生产率贡献率 | 全部劳动投入贡献率 | 其中 活劳动投入贡献 | 其中 物化劳动投入贡献 |
|---|---|---|---|---|
| 1985 | 63.62 | 36.38 | 17.05 | 19.34 |
| 1986 | 32.15 | 67.85 | 54.08 | 13.77 |
| 1987 | 48.12 | 51.88 | -86.78 | 138.66 |
| 1988 | 72.72 | 27.28 | 77.63 | -50.35 |
| 1989 | 77.10 | 22.90 | 29.25 | -6.36 |
| 1990 | -119.97 | 219.97 | 105.78 | 114.19 |
| 1991 | 68.39 | 31.61 | 6.85 | 24.76 |
| 1992 | 84.65 | 15.35 | 32.01 | -16.66 |
| 1993 | 92.65 | 7.35 | -21.19 | 28.54 |
| 1994 | 94.40 | 5.60 | -2.94 | 8.54 |
| 1995 | 92.73 | 7.27 | -0.07 | 7.34 |
| 1996 | 73.34 | 26.66 | 8.11 | 18.56 |
| 1997 | 37.09 | 62.91 | 31.41 | 31.50 |
| 1998 | 142.56 | -42.56 | -22.78 | -19.78 |
| 1999 | 160.84 | -60.84 | -25.81 | -35.03 |
| 2000 | 43.25 | 56.75 | -20.82 | 77.56 |
| 2001 | 60.60 | 39.40 | 60.35 | -20.94 |
| 2002 | 1.07 | 98.93 | 207.43 | -108.51 |
| 2003 | 79.83 | 20.17 | -59.34 | 79.51 |
| 2004 | 89.27 | 10.73 | -4.08 | 14.80 |
| 2005 | 84.85 | 15.15 | 22.88 | -7.73 |
| 2006 | 90.78 | 9.22 | -30.16 | 39.39 |
| 2007 | 93.89 | 6.11 | -5.68 | 11.79 |
| 2008 | 95.77 | 4.23 | 6.74 | -2.51 |
| 2009 | 915.24 | -815.24 | -548.17 | -267.08 |
| 2010 | 94.31 | 5.69 | -4.13 | 9.82 |
| 2011 | 94.66 | 5.34 | 10.07 | -4.73 |
| 2012 | 85.37 | 14.63 | 32.01 | -17.38 |
| 2013 | 80.85 | 19.15 | -42.49 | 61.64 |
| 2014 | 60.38 | 39.62 | 31.63 | 7.99 |
| 2015 | -183.51 | 283.51 | 128.96 | 154.55 |
| 2016 | 84.21 | 15.79 | 11.47 | 4.32 |
| 2017 | 99.24 | 0.76 | 1.11 | -0.34 |
| 年均 | 65 | 35 | 11.02 | 23.98 |

表 4 和表 5 中的数据表明，1979~2017 年中国纯产品年均增长 4.9%，其中活劳动投入的增加拉动 0.54 个百分点，物化劳动消耗的增长拉动 1.16 个百分点，二者合计拉动 1.7 个百分点。中国经济增长中全部劳动投入对经济增长的年均贡献率是 35%，其中活劳动投入对经济增长的贡献为 11.02%，而物化劳动对经济增长的贡献为 23.98%。改革开放以来，全部劳动投入对经济增长的促进作用并不如之前多数人以为的那样大，但物化劳动消耗对增长的贡献大于活劳动消耗的贡献这个判断是正确的。分时间段来说，20 世纪 80 年代，全部劳动投入对经济增长的贡献较大，但其波动也频繁；90 年代以来，全部劳动投入对经济增长的贡献基本稳定，但促进作用并不大；近几年，全部劳动投入对经济增长的贡献率总体呈下降趋势。

## 五 小结

本文依据马克思主义政治经济学的基本原理，将影响经济增长的基本因素区分为两个：一是生产过程中全部劳动投入，二是劳动生产率。经济增长率减去劳动投入增长率，所得余数就是全劳动生产率的增长率。马克思主义经济学认为，物质生产过程，是人类利用自身劳动使自然满足自身物质生活需要的过程，生产中人类投入的唯一生产要素就是自己的生命活动。当然，劳动可以区分为两类：当期生产的活劳动投入和过去生产积累的物化劳动。从继起的时间过程来看，这是一个连续的劳动分工链条，随着分工深化，分式链条越来越长，而劳动生产力也越来越高；从并存的产业构成来看，这不过是生产过程中不变资本生产部门与纯产品生产部门的划分，前期生产的资本产品，会在当期生产过程中被消耗，因此它也必须在当期生产中被重新生产出来，以保障未来生产的连续性。因此，经济学所谓劳动和资本两种生产要素的划分，不过是活劳动和物化劳动的区分。它们具有同样的本质属性，因此也采用同样的计量尺度——劳动时间。这就是为什么马克思主义增长核算与新古典增长核算相比，更为简洁也更加具有明确的结论。

本文对中国数据的核算结果表明，对于改革开放以来40年的经济增长，全劳动生产率的贡献较大。这是对中国经济在数十年时间内始终保持高速增长之原因的最有说服力的解释，它令人信服地回答了人们关于全要素生产率增长率较低的中国经济，何以能在全球经济竞赛中出类拔萃的跨世纪谜题。我们这么说，并不否认中国经济曾经在很长一段时间里属于投资推动型的基本事实，但是投资推动的经济增长，并不一定要素生产率增长缓慢，恰恰相反，我们的高投资推动了更高的全劳动生产率，进而保证了经济增长的持续高速度。中国经济增长研究应当解释全劳动生产率持续提高的原因，而不是一味否定效率提高的事实。十多年前，易纲等（2003）已经正确指出：由于经济体制改革，由于技术引进的后发优势，由于人力资本的长期积累，再加上汇率因素，任何理论要判定中国经济低效率，都不符合逻辑，也明显违背事实。本文从劳动价值论出发，在基础理论层面呼应了他们的观点，并且用数字说话，强调了中国经济增长中全劳动生产率不断提高的基本事实。但是，本文没有展开讨论中国经济增长中全劳动生产率持续提高的原因，而这对于理解中国经济增长同样是十分重要的。笔者的下一步研究将重点关注这个问题。

## 附录：关于从具体劳动到抽象劳动转换的计量方法

社会生产的活劳动投入总量可以从就业人数（人年）或者劳动工时（小时）的统计数据中直接获取，因此就有部门活劳动投入向量 $l_c$ 的统计数据。结合投入产出表中的统计数据（部门总产品向量 **x** 和物质消耗系数矩阵 **A**）[1]，就可以用公式 $\lambda_c = l_c (I-A)^{-1}$ 计算商品生产的完

---

[1] 有关数据的获取与计算，参见藤森赖明和李帮喜（2014）。

全劳动消耗向量,进而加总得到社会生产的完全劳动消耗总量$\boldsymbol{\lambda}_c\mathbf{x}$。问题是,这里的劳动消耗量是以部门活劳动投入向量为基准的,这个活劳动投入向量是各部门的具体劳动投入向量,而未经从具体劳动到抽象劳动的转换,由此求得的部门完全劳动消耗量和社会完全劳动消耗总量都不过是不同熟练程度、不同复杂程度的具体劳动的加总,而不是无差异人类劳动的加总,因此与商品价值量之间存在性质上的差异和数量上的差异。

马克思主义计量经济学处理这一问题的方法是:在产业部门剩余价值率 $e$ 相等,也即工资率($w=\dfrac{1}{1+e}$)相等的前提性假设下,利用产业部门工资向量 $\mathbf{v}$ 来处理从具体劳动量到抽象劳动量的转换。在部门间剩余价值率相等(也即工资率相等)的前提下,可变资本 $v$(其货币表现就是工资)可以作为部门活劳动投入量 $l$ 的指数[①],即 $\mathbf{v}=w\mathbf{l}$。因此,给定各部门工资(劳动报酬),商品生产消耗的社会必要劳动量(抽象劳动)$\boldsymbol{\lambda}=\mathbf{v}(\mathbf{I}-\mathbf{A})^{-1}$。注意,如此计算的"商品价值量"其实只是商品交换价值的相对量,而没有确定商品价值的绝对量。因为工资向量 $\mathbf{v}$ 只是活劳动的指数向量,而不是绝对量。

绝对量的确定可以采取两种方法。一种方法是选择一个典型产业部门(如建筑业)(荣兆梓和陈旸,2014),将其劳动设定为基准劳动(在活劳动指数向量中设定该部门劳动量为1),计算其余产业部门相对于基准劳动的活劳动指数,然后以基准劳动的实际量(人年或工时)乘以各部门活劳动指数,求出各部门的活劳动消耗绝对量,即表6中的 $L1$ 数据。由此计算的社会劳动消耗量已经经过劳动复杂程度的标准化,完成了从具体劳动到抽象劳动的转换。按照这样的方法计算的各部门完全劳动消耗向量 $\boldsymbol{\lambda}$ 和全社会完全劳动消耗总量 $\boldsymbol{\lambda}\mathbf{x}$,都符合马克思所定

---

① 马克思指出:"可变资本在这里(在工资已定时总是这样)成了一定量的总资本所推动的劳动量的指数"。参见:马克思《资本论》(第三卷),人民出版社,1975,第162页。

义的在抽象劳动意义上的商品生产社会必要劳动时间概念，它就是商品价值量。

表6 2012年中国19个部门的活劳动投入情况

| 部门 | 工资总量（元） | 就业人数（具体劳动量，千人） | 按工资向量计算的活劳动投入（抽象劳动量） L1 | L2 |
|---|---|---|---|---|
| 农、林、牧、渔业 | 22687 | 3389 | 12501.08 | 3624.11 |
| 采矿业 | 56946 | 6310 | 31378.60 | 9096.78 |
| 制造业 | 41650 | 42622 | 22950.14 | 6653.34 |
| 电力、热力、燃气及水生产和供应业 | 58202 | 3446 | 32070.69 | 9297.42 |
| 建筑业 | 36483 | 20103 | 20103.00 | 5827.94 |
| 批发和零售业 | 46340 | 7118 | 25534.44 | 7402.54 |
| 交通运输、仓储和邮政业 | 53391 | 6675 | 29419.71 | 8528.89 |
| 住宿和餐饮业 | 31267 | 2651 | 17228.86 | 4994.72 |
| 金融业 | 89743 | 2228 | 49450.53 | 14335.91 |
| 信息传输、软件和信息技术服务业 | 80510 | 5278 | 44362.92 | 12860.99 |
| 房地产业 | 46764 | 2737 | 25768.08 | 7470.27 |
| 租赁和商务服务业 | 53162 | 2923 | 29293.53 | 8492.31 |
| 科学研究和技术服务业 | 69254 | 3307 | 38160.60 | 11062.91 |
| 水利、环境和公共设施管理业 | 32343 | 2438 | 17821.76 | 5166.60 |
| 居民服务、修理和其他服务业 | 35135 | 621 | 19360.22 | 5612.61 |
| 教育 | 47734 | 16534 | 26302.57 | 7625.22 |
| 卫生和社会工作 | 52564 | 7193 | 28964.01 | 8396.79 |
| 文化、体育和娱乐业 | 53558 | 1377 | 29511.73 | 8555.57 |
| 公共管理、社会保障和社会组织 | 46074 | 15415 | 25387.87 | 7360.05 |
| 合计 | 953807 | 152365 | 525570.32 | 152364.99 |

注：工资总量和就业人数来源于2013年《中国劳动统计年鉴》，其他数据由笔者计算所得。

另一种方法是选择劳动复杂程度等于平均值的产业部门作为典型部门，将该部门劳动设定为基准劳动。这样，活劳动总量上就有经过换算的基准劳动总量（即L2数据）等于各部门具体劳动时间（即各部门就业人员数）之和的总量关系。因此，我们可以依据这一总量关系来计算活劳动投入的绝对量。记住,这里的活劳动投入绝对量是以平均复杂程度的部门劳动为基准的。

后一种计算方法对本文的中国增长核算有特殊意义。我们要计算的是年度经济增长数据,关注的是年度劳动投入总量与经济增长的关系,而不用考虑部门间劳动投入量的差异。根据以上总量相等关系,我们可以直接将年度就业总人数或者社会劳动总工时代入公式 $a=\dfrac{Y}{L}$,来计算社会全劳动生产率。这既能简化计算,又与劳动价值论的逻辑结果不相背离。不过要注意,这样计算的年度活劳动投入总量,是以平均复杂程度部门劳动为基准的。值得注意的是,用这个活劳动投入向量代入商品生产完全劳动消耗向量公式,计算所得的 $\boldsymbol{\lambda}=\mathbf{v}(\mathbf{I-A})^{-1}$ 不等于按照具体劳动时间计算的完全劳动消耗向量 $\boldsymbol{\lambda}_c=\mathbf{l}_c(\mathbf{I-A})^{-1}$,两种方法求得的社会商品完全劳动消耗总量也不会相等,即 $\boldsymbol{\lambda}\mathbf{x}\neq\boldsymbol{\lambda}_c\mathbf{x}$

**参考文献**

戴艳娟,泉弘志.2014.基于全劳动生产率的中国各产业生产率的测算[J].财经研究,(12).

克鲁格曼.1999.萧条经济学的回归[M].北京:中国人民大学出版社.

梁泳梅,董敏杰.2015.中国经济增长来源:基于非参数核算方法的分析[J].世界经济,38(11).

罗思义.2016.一盘大棋?中国新命运解析[M].江苏凤凰文艺出版社.

帕西内蒂,斯卡齐里.1992.关于"资本理论:悖论"的综合评论[M]//新帕尔格雷夫经济学大辞典.北京:经济科学出版社.

荣兆梓.1992.总要素生产率还是总劳动生产率[J].财贸研究,(3).

荣兆梓,陈旸.2014.转形问题 B 体系:模型与计算[J].经济研究,(9).

斯蒂格利茨,格林沃尔德.2017.增长的方法:学习型社会与经济增长的新引擎[M].北京:中信出版集团.

藤森赖明,李帮喜.2014.马克思经济学与数理分析[M].北京:社会科学文献出版社.

佟仁城,刘源张.1993.部门全劳动生产率及相互作用分析[J].系统工程理论与实践,(6).

杨万平,杜行.2015.中国经济增长源泉:要素投入、效率提升还是生态损耗?[J].西安交通大学学报(社会科学版),35(4).

易纲,樊纲,李岩.2003.关于中国经济增长与全要素生产率的理论思考[J].经济研究,(8).

郑玉歆.1999.全要素生产率的测度及经济增长方式的"阶段性"规律[J].经济研究,(5).

# 经济增长的政治经济学

## ——净产出价值增长的决定因素

肖 磊 骆 桢

**摘 要**：净产出价值增长受积累率、投资利润率与资本结构、全劳动生产率和实际工资率的影响而表现出不断波动的状态。本文构建了包含这些基本变量之间内在关系的增长模型，并分别研究了积累率-利润率变动对经济增长的影响机制，以及资本结构-劳动生产率变动对经济增长的作用机理，提出了马克思增长、熊彼特增长、刘易斯增长、现代增长等不同增长类型，构建了马克思主义政治经济学的增长理论分析框架。进一步研究这一理论，要从深化各变量内部关系，探索以参照系为标准实现理想增长状态的技术条件、制度条件和经济条件，以及引入更完善的国家干预理论、进行实证研究和经验分析等方面着手。

**关键词**：经济增长 参照系理论 积累率 利润率 全劳动生产率

## 一 引言

经济增长有两种不同形态：一种是物质增长，即使用价值量的增

---

\* 原文发表于《政治经济学评论》2021 年第 5 期。
\*\* 肖磊，西南财经大学全国中国特色社会主义政治经济学研究中心、《经济学家》编辑部副研究员；骆桢，四川大学经济学院副教授。

长；另一种是扩大再生产，即凝结为一般人类劳动的价值量增长。不同流派经济学研究的侧重点不同，现代经济学主要关注物质财富增长及其货币表现，马克思主义政治经济学主要研究价值增长以及相应的经济效应。一般地，产出增长是以资本积累和生产规模扩大为基础的，其中涉及积累来源、积累意愿和生产效率问题。西方主流增长理论认为积累来源于最优消费后剩下的储蓄，有效资本市场通过实际利率的变动同时影响着储蓄（消费）行为和投资需求，并最终实现供求相等、市场出清。这既是"萨伊定律"的复活，又通过边际分配法则将消费行为和技术（生产函数）联系起来。于是，资本积累就表现为一个由技术和时间偏好决定的均衡过程（巴罗和萨拉-伊-马丁，2010）。内生增长理论提出，生产函数中的技术系数是人力资本积累、研发投入或者固定资本的外溢性等因素的函数，因此用于技术进步的资源投入是一个理性人最优选择的问题。[1] 可见，西方主流增长理论一方面将商品交易关系套用到资本积累的分析中，另一方面将商品生产的逻辑套用到技术创新中[2]。这一套精巧串联的均衡体系不仅建立在苛刻的理性人和有效市场假定上，而且阻断了对市场经济中雇佣劳动关系及其矛盾运动的分析，使得对经济增长的分析难以深入生产关系和生产力的辩证运动中。

后凯恩斯经济学在增长问题上强调劳资分配的影响，这抓住了资本积累主要来源于利润这一关键（Robinson，1956，1962）。这和马克思关于资本积累的洞见有相似之处。但是，后凯恩斯经济学引入劳资分配还是为了分析总需求的形成，这是凯恩斯主义传统。后凯恩斯经济学的分析仍是围绕总需求展开的，就经济增长而言还包括：产能利用率影响积累意愿的形成（Amadeo，1986；Bhaduri and Marglin，1990），以及总需求在长期中也会拉动劳动生产率的增长[3]等。

---

[1] 参见关于内生增长的代表性文献，诸如Lucas（1988）、Roemer（1990）、Grossman和Helpman（1991）。
[2] 陈平（2014）提出技术进步是一个新陈代谢的过程，并不是一个投资积累的过程；孟捷和冯金华（2015）则构建了代谢竞争的劳动价值论模型。
[3] 该关系也被称为卡尔多-凡登法则，参见Verdoorn（2002）和Kaldor（1966）。

马克思主义经济学则以雇佣劳动为核心,分析剩余价值生产、分配和使用过程中人与人的关系。积累的来源是剩余价值,这既是生产的结果也受分配影响。积累的目的是占有更多剩余价值,这意味着积累行为并不是最优消费的结果,积累本身就是目的(Crotty,1993)。随着积累的进行,失业率下降会增强劳动者的议价力,企业会在可选的技术范围内利用机器替代工人,以维持产业后备军规模和资本权力的再生产。可见,技术变化在马克思的理论中也是在劳资博弈的过程中展开的,服从于资本控制劳动的逻辑。当然,抽象理论并不能涵盖历史背景、社会结构、经济制度等因素对现实中资本积累的影响,调节学派和积累的社会结构学派已对资本积累的制度条件进行了详尽分析(Aglietta,1987;Bowles et al.,1986;Bowles et al.,1989)。但是,它们缺乏将积累、技术与分配联系起来的一般理论框架。本文将基于马克思的资本积累理论构建经济增长模型,作为抽象理论和复杂现实之间的桥梁。

## 二 理论模型

在传统马克思主义经济增长模型中,都是以资本存量为起点,通过资本积累构建增长关系(宋则行,1995;吴易风,2000,2007;杨继国,2010;冯金华,2011;吴易风和朱勇,2015)。这类模型通常会得到一个类似"剑桥方程式"的增长率形式,将问题分析导向利润率及其分解。为了体现经济增长中的矛盾关系,本文从单位劳动创造的剩余出发构建模型。

在一个经济体中,用可变资本和剩余价值之和表示净产出(假定为1个单位),$s = 1 - v$。其中,$s$ 为剩余价值的量,$v$ 为可变资本的量。用 $a_v$ 和 $a_s$ 表示可变资本和剩余价值转化为收入后的积累率,则积累量为:

$$a_v v + a_s s = a_v + (a_s - a_v)\frac{e}{1+e} \tag{1}$$

假定企业追加资本的有机构成为 $k$，则其中追加的不变资本为 $\Delta c = \left(\dfrac{k}{1+k}\right)(a_v v + a_s s)$，追加的可变资本为 $\Delta v = \left(\dfrac{1}{1+k}\right)(a_v v + a_s s)$，$e$ 为剩余价值率。

扩大再生产后的净产出价值增长量为：

$$\Delta w = \Delta v + \Delta s = (1+e)\Delta v$$

可得净产出价值增长率为：

$$g = \frac{\Delta w}{w} = \frac{\Delta w}{1} = \Delta w = \Delta v + \Delta s = (1+e)\Delta v = (1+e)\left(\frac{1}{1+k}\right)(a_v v + a_s s) \tag{2}$$

将式（1）代入式（2），有：

$$g = \left(\frac{1}{1+k}\right)(a_s e + a_v) \tag{3}$$

定义投资的资本结构①$\varepsilon = \dfrac{\Delta v}{\Delta c + \Delta v}$，这意味着 $\varepsilon = \dfrac{1}{1+k}$。根据孟捷（2020，2021）提出的"相对剩余价值参照系理论"的基本公式 $e = \dfrac{\rho}{\omega} - 1$，式（3）可以写作：

$$g = \varepsilon(a_s e + a_v) = \varepsilon\left[a_s \frac{\rho}{\omega} - (a_s - a_v)\right] \tag{4}$$

式（4）表明：净产出价值增长率取决于积累率、投资的资本结构、消费品的全劳动生产率（$\rho$）和实际工资率（$\omega$）。这表明经济增长率除了受生产率和工资率的影响外，主要取决于再生产投资占总剩余的比例以及再生产投资的技术状况，即取决于积累率 $a_v$、$a_s$ 和投资的资

---

① 投资的资本结构衡量资本积累中用于购买劳动力的支出部分。理论分析表明：净产出价值增长与追加资本的有机构成相关，可以不考虑原有资本的有机构成。为了简化分析和更准确地表达投资结构对净产出价值增长的影响，我们提出了投资的资本结构概念，代替资本有机构成概念。

本结构 $\varepsilon$。

进一步地，如果定义投资利润率：

$$r = \frac{\Delta s}{\Delta c + \Delta v} = \varepsilon e$$

则净产出价值增长率可以写成：

$$g = \varepsilon(a_s e + a_v) = a_s r + a_v \varepsilon \tag{5}$$

式（5）表明：净产出价值增长率取决于积累率、投资的资本结构、投资利润率。这意味着净产出价值增长主要受企业意愿的积累率、新增投资的技术状况以及赢利能力的影响。

上述模型相对于传统马克思主义经济增长模型的主要优势在于以下几点。第一，考虑了投资的有机构成，可以避免马克思设定的资本有机构成长期提高的线性假定，使经济增长模型成为一个可适用于短期分析的工具。也就是说，每一期的增长率受当期新增投资的资本结构的影响，如果更多引入资本结构高的新增投资，则增长率就较高。第二，在马克思扩大再生产模型中，没有考虑劳动生产率和剩余价值率的变化，扩大再生产的影响因素是积累率，即剩余价值中用于投资的部分，而在现实经济中扩大再生产是伴随着资本有机构成变化、劳动生产率变化和剩余价值率变化的整体过程，三者之间具有内在联系，因此必须同时纳入这些因素才能够对增长变动做出合理分析。第三，新增投资的利润率成为决定增长率的主要因素，可为分析创新对经济增长的影响提供一个基本框架。无论是经济中的产品创新，还是工艺创新，首先影响的都是新增投资的利润率，积累率和利润率在创新驱动型经济中常常同时增长，从而形成较高经济增长率。

公式 $g = a_s r + a_v \varepsilon = \varepsilon \left[ a_s \dfrac{\rho}{\omega} - (a_s - a_v) \right]$ 是一个标准的参照系，它提供了处理经济增长与积累率、资本结构、利润率、生产率和工资率在动态经济过程中相互关系的基本分析框架。技术、制度、国家的经济作用等变量通过这个模型都可以被纳入分析：要保持一个合宜的经济增长速度，可以通过国家调控以上变量来达到。其中，积累率 $a_v$ 和 $a_s$ 除了受经济内生机制的影响，还可以通过政府外生性干预（如政府投资）来调整；资本结构 $\varepsilon$ 主要是一个技术变量，它测量企业的再生产投资或产品创新投资的有机构成；全劳动生产率 $\rho$ 衡量的是消费资料生产部门 1 个单位劳动投入（包含物化劳动和活劳动）能够生产的消费品数量[①]，用于衡量消费资料部门的劳动生产率。为了进一步分析各变量之间的关系，我们分别对公式 $g=a_s r+a_v \varepsilon$ 和公式 $g=\varepsilon\left[a_s \dfrac{\rho}{\omega}-(a_s-a_v)\right]$ 进行进一步的解读和分析。

## 三 利润率与资本积累：对 $g=a_s r+a_v \varepsilon$ 的解释性说明

不考虑投资的资本结构变化，经济增长率取决于积累率和投资利润率，投资利润率受社会的一般利润率的制约。其经验证据在于：一个社会的一般利润率水平越高，社会剩余用于投资的比例越高，资本积累和财富增加的速度就越快。穷国常常具有较高的一般利润率，但由于制度原因，其社会剩余用于积累的部分较少，大部分被有闲阶级或游惰阶级浪费，因此资本积累速度较慢，长期处于低水平发展状态；特别富裕的国家，其积累率和一般利润率常处于较低水平，按照亚当·斯密（2003，第 65、88 页）的说法，这种国家的财富已经"达到了该国法律制度所允许的发展程度"，因此社会财富的积累速度维持在较低的水平上。这两类国家都可视为亚当·斯密所说的财富增长维持在停滞状态的国家。对于处于进步状态的国家，比如 1760~1870 年的英国、1865~

---

[①] 全劳动生产率概念不同于活劳动生产率概念，它是指包含物化劳动和活劳动的总劳动量的劳动生产率。相关研究可参考：佟仁城和刘源张（1993）、冯志轩和刘凤义（2020）、戴艳娟和泉弘志（2014）以及荣兆梓和李亚平（2021）。

1945年的美国、1871~1913年及1946~1969年的德国、1955~1973年的日本等崛起和赶超时期的国家，一般来说，它们的积累率在长期都保持在较高的水平上，而且其一般利润率也处于较高水平。因此，这些国家的资本积累速度快、财富加速增长，人民的生活水平大幅度提高。

在 $g=a_s r+a_v \varepsilon$ 中，积累率表示净收入用于投资的比例，它取决于剩余价值的分配和社会经济主体的投资意愿。剩余价值的分配存在多种情况，比如政府的税收、土地所有者获取的地租、利润向国外的转移、资本家的高档消费占用、非生产性工人的消耗等，只有剩余价值的生产性使用才能成为扩大社会财富的力量。若剩余价值的大部分被用于非生产性活动中，能够转化为投资的部分就较少，投资的增长就会受到限制，社会生产的增长就较慢。

经济剩余的分配方式对经济增长有着极其重要的影响，这一点很早就为经济学家所注意到，并发展出具有重要影响的"经济剩余理论"[①]。这一理论最早是由美国激进经济学家保罗·巴兰于1957年在《增长的政治经济学》中提出的，他认为经济剩余合理的生产性利用是造成从封建主义到资本主义转变的根本原因，不发达国家的经济剩余向发达国家的转移导致了二者之间的经济发展差异。在《垄断资本》一书中，巴兰和斯威齐分析了在垄断资本主义条件下经济剩余的分配和吸收以及由于吸收的困难而造成的资本主义趋于停滞的趋势。普雷维什在《外围资本主义：危机与改造》一书中，从社会结构及其变动的角度分析外围资本主义国家经济剩余被占有和消耗的机制。西方激进学派的经济剩余分析方法，对于扩展该模型的分析深度具有非常重大的启示意义：一个社会所创造的总财富包括必要部分和剩余部分，且剩余部分既可进行生产性使用（用于扩大生产），也可以进行非生产性使用，两种使用方式所

---

[①] 保罗·巴兰、斯威齐、普雷维什等学者使用的"经济剩余"概念与马克思的"剩余"概念并不一致，"经济剩余"主要指的是社会所生产的潜在产品量与必要消费之间的差额，但"经济剩余"与"剩余"两个概念所表达的思想是相同的。这种思想在亚当·斯密的《国富论》中就已经出现过。

占比例的大小取决于社会结构和剩余财富分配方式。社会机制决定着剩余用于生产性使用的界限，即使一个社会有较高的利润率，但是若社会的"制度结构"客观上造成的剩余财富的使用方式主要是非生产性的，那么该社会的积累率就不会高，进而财富增长的动力也会较弱。

在剩余价值的非生产性使用比例既定的情况下，剩余价值转化为投资的程度由社会经济主体对利润的预期决定，积累率是利润率的函数。但是，积累率与利润率之间并不是直接表现为线性关系，利润率变化存在两种时间框架。一种是在长期中一般利润率趋向下降[①]，积累动力（积累率）随利润率的下降而下降。对于这一规律，李嘉图、马克思等都进行过详细的理论论证。李嘉图（2005，第84~86页）指出，当工资等于农场主全部所得时，"积累就会停止……实际上早在这一时期前，相当低的利润就已经阻碍了一切积累……没有积累的动机就不会有积累……积累的动机会随着利润的减少而减弱。当利润低到不足以补偿将资本用于生产所必然遇到的麻烦和承担的风险时，积累动机就会完全消失。"马克思则指出："利润率的下降和积累的加速，就二者都表示生产力的发展来说，只是同一个过程的不同表现……虽然积累率随着利润率的下降而下降，但是积累在量的方面还是会加速进行。"[②]

另一种是由经济周期而导致的利润率和积累率波动，分为两种情况。第一，工资上涨导致利润率下降。这是马克思在《资本论》第一卷关于资本积累历史趋势的分析中得出的结论。在资本有机构成不变的情况下，资本加速积累，导致工资上涨，从而侵蚀利润，但利润率的下降会反作用于积累率，从而使资本积累速度下降。斯威齐（2006，第173~174页）将这种"负反馈"机制视为马克思经济周期理论的主要形式："马克思好像是把经济周期当做资本主义发展的一种特殊形式，

---

[①] 对于一般利润率趋向下降，亚当·斯密、大卫·李嘉图、马克思等经济学家都观察到其事实，但解释的原因不同：斯密认为是由于竞争；李嘉图认为是由于土地的边际生产力递减；马克思认为是资本有机构成的提高。关于一般利润率的理论和实证研究很多，观点差异很大。

[②] 马克思：《资本论》（第三卷），人民出版社，1974，第269~270页。

并把危机当做周期的一个阶段。反映在这个特殊发展过程中的基本因素，是上下波动的积累率，而积累率波动的根源，又在于资本主义制度的基本的技术、组织特点。因果联系是，由积累率到就业量，由就业量到工资水平，又由工资水平到利润率。利润率下降至规范值数域以下，这就扼杀了积累并引发一场危机，危机又转为萧条，最后，萧条重新创造出有利于积累率加速的种种条件。"

第二，由剩余价值的实现困难而导致的利润率下降。剩余价值不能有效实现主要有两种形式：一种是有效需求不足，另一种是相对生产过剩。马克思关注的主要是相对生产过剩，而称"有效需求不足"为"资本过剩"。这里有必要进一步区分有效需求不足与相对生产过剩之间的差异。凯恩斯经济学中的"有效需求"指的是在生产能力未得到充分利用的条件下，总需求决定国民经济的规模。所谓"有效需求不足"指的是有效需求所决定的经济规模未达到使生产能力得到充分利用的状态。这种状态并非反均衡，按照非瓦尔拉斯均衡理论的观点（贝纳西，2006，第4页）："非瓦尔拉斯方法并不是反'瓦尔拉斯'，相反，它只是在更为一般的假设下应用那些在瓦尔拉斯理论中一直很成功的方法。"也就是说，有效需求是在价格刚性的情况下通过"数量调整"而实现的均衡。相反地，马克思的"相对生产过剩"却意味着经济的非均衡①，即生产产品所产生的购买力，并不能将产品全部买掉，因而支付能力小于生产总量，一部分剩余价值不能在市场中得到实现，导致利润率下降。相对生产过剩的原因在于资本积累的"二律背反"：生产不断扩大的趋势与有支付能力的消费需求（最终需求）相对缩小之间的矛盾。

在经济周期中表现出的积累率的上升和下降，不仅受剩余价值的生产性使用或非生产性使用情况的制约，而且受一般利润率趋于下降规律的约束。图1综合了这三种情况，纵轴表示积累率 $a$，横轴表示利润率

---

① 均衡可以分为瓦尔拉斯均衡和非瓦尔拉斯均衡两种类型，非瓦尔拉斯均衡仍然是一种均衡状态，是"非均衡"的对立面。

$r$，A区域表示高利润率、低积累率的经济，B区域表示高利润率、高积累率的经济，C区域表示高积累率、低利润率的经济，D区域表示低利润率、低积累率的区域。B区域的经济高速增长，D区域的经济低速增长；A区域的经济虽然有强烈的积累动力，但受制度约束剩余价值转化为资本的比例低；C区域具有不稳定性，低利润率条件下剩余价值的加速积累，必然造成资本过剩，从而积累率降低。由虚线分开的这四个区域，代表了经济发展的不同阶段，每一个阶段受社会经济机制的制约表现出不同的情况，一般处于经济发展初期的国家的积累率和利润率在A区域波动，经济规模迅速扩大的国家处于B区域，经济发展达到较高水平的国家则处于D区域。每一个区域均界定了积累率和利润率周期性波动的范围。例如，在A区域，虽然积累率受利润率的影响而上下波动，但没有改变该阶段经济运行的高利润率和低积累率特征。通过这个模型，可以解决积累率与利润率在短期内同向波动、在长期内（跨越经济发展阶段）表现为反向运动的矛盾，从而实现与我们经验观察的一致。

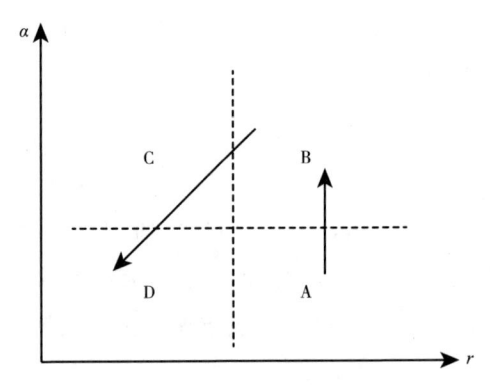

图1 积累率与利润率的关系

实际上，关于积累能力与利润率的关系问题，早在古典经济学时期就已经有过系统的阐释。例如，琼斯曾列举"决定蓄积倾向"的五种主要因素："（1）民族的气质和性情有差别。（2）国民所得在不同诸人口阶级间实行分割的情形有差别。（3）自己确实能够享受所节蓄的资本么，这种确实性有种种不同的程度。（4）依次节蓄的资本，能同样有利的并且确实的投下么，这当中有种种的难易程度。（5）不同诸人口阶层由节蓄改善自身地位的可能性，有种种不同。"① 马克思在《剩余价值学说史》中评价道："这五个理由，实际完全可以还原到一点。即，蓄积依存于这件事：这个国家已经达到资本主义生产方法的何种阶段。"②

一般利润率趋于下降的趋势，与利润率周期性波动并不冲突。引起利润率周期性下降的原因主要在于资本积累的内在矛盾，而引起利润率周期性上升的原因则既可能在于经济自身的负反馈机制，也可能在于"经济以外的因素"。利润率是一个"部分自动变量"③。作为经济自身的调整机制，经济周期是资本主义发展的一种特殊形式；作为衡量经济景气程度的核心变量，利润率在经济周期中上下波动的均值表现着一般利润率的长期趋势。引起利润率上升的外部因素主要包括技术创新、制度创新、战争、商品输出、资本输出等。其中，技术创新是推动利润率上升的最为重要的因素，而技术创新的速度一方面取决于市场竞争的系统性压力，特别是在经济萧条时期，在生产要素的低成本和大量过剩资本寻求出路的情况下，创新更容易成功；另一方面取决于各种社会因素，比如科学发展的程度、社会的需要、发明家的偶然创造等。也就是说，"创新"本身也是一个"部分自动变量"。

公式 $g=a_s r+a_v \varepsilon$ 拓展了积累基金的来源，假定它来自纯收入 $v+s$。实际上，在信用货币条件下积累基金还可以通过"信用创造"而获得，积累基金也可能通过国外的财富来提供，如两缺口模型所表示的状态。根据这些不同的情况，可将模型进行扩展或改造，但这并不影响模型作为参照系和分析工具的方法论价值。模型所揭示的决定社会财富增长的积累率和利润率，同样也是现代经济增长的两个最为重要的变量，但根

---

① 马克思：《剩余价值学说史》（第3卷），上海三联书店，2009，第383页。
② 马克思：《剩余价值学说史》（第3卷），上海三联书店，2009，第383页。
③ 曼德尔在《资本主义发展的长波》（第11页）中提出这一概念。其含义在于表明：经济变量是内生机制和外部条件共同决定的。

据"部分自动变量"特征，这两个变量的决定不能仅局限于马克思主义政治经济学所揭示的内部机制，只有将经济变量的解释扩展到经济以外的因素，解释工作才算完成。马克思主义经济增长模型的分析逻辑可简单地概括为：一个社会的人口、资源、技术和制度条件以及生产力水平决定一般利润率和积累率，利润率影响积累率，二者形成一个相互作用的系统结构，共同决定着财富和经济的增长。

## 四 技术进步与收入分配：对 $g = \varepsilon \left[ a_s \dfrac{\rho}{\omega} - (a_s - a_v) \right]$ 的解释性说明

不考虑积累率，技术进步对经济增长的作用取决于它对投资的资本结构、全劳动生产率和实际工资率的影响。利用式（4），我们很容易得到经济增长率的变动率为：

$$\frac{\Delta g}{g} = \frac{\Delta \varepsilon}{\varepsilon} + \left[ \frac{a_s \rho}{a_s \rho - \omega(a_s - a_v)} \right] \frac{\Delta \rho}{\rho} - \left[ \frac{a_s \rho}{a_s \rho - \omega(a_s - a_v)} \right] \frac{\Delta \omega}{\omega} \quad (6)$$

如果积累率不变，则经济增长率的变动率和追加资本的结构变化正相关，和全劳动生产率的增长率正相关，和实际工资率的变动率负相关。然而，在马克思的模型中投资的资本结构、全劳动生产率和实际工资率并不是独立变动的，它们之间存在内在联系。

一般来讲，在实际工资率不变的情况下，投资的资本结构的下降与全劳动生产率的提高是常态，经济增长取决于两种相反趋势的合力。但要注意的是，全劳动生产率不仅取决于技术进步，在技术水平不变的情况下，资源配置效率提高、制度改善、国家干预等也能够有效地提升全劳动生产率。在马克思的理论中，技术进步的选择不仅是出于对效率的考量，还要考虑资本对劳动过程的控制。这使得技术变化和劳资关系密不可分，在现象上表现为技术变化和实际工资变动之间的数量联系。虽然，短期内总需求波动带来的就业变化进而对实际工资的影响不属于经济增长理论分析的对象，但是实际工资和劳动生产率的变动形成的收入分配格局具有一定的阶段稳定性，这被纳入资本积累体制的分析中。比如，黄金年代的实际工资和劳动生产率的增长率基本一致，劳动报酬所占份额相对稳定，而新自由主义时期的实际工资增速却低于劳动生产率增速，劳动报酬占比出现下降，这在低收入群体里表现得尤为突出（Shaikh，2016）。如果抽象掉具体积累体制的影响，有机构成提高的资本积累可以相对甚至绝对地减少对劳动力的需求，由此制造出来的产业后备军巩固着资本的博弈优势，这会抑制实际工资的上涨。当然，工资变动一般不会太剧烈，尤其是显著降低实际工资会面临工人较激烈的抵制。如果新技术相对增加了对劳动的需求，则会导致实际工资上涨。

从经济运行趋势来看，实际工资、投资的资本结构和全劳动生产率的组合存在各种情况，不同的情况决定着经济增长的不同速度。常见的几种增长状态见表1。

表1 常见的几种增长状态

| 组合序号 | 资本结构($\varepsilon$) | 全劳动生产率($\rho$) | 实际工资率($\omega$) | 经济增长率($g$) |
| --- | --- | --- | --- | --- |
| 1 | 不变 | 提高 | 缓慢增长 | 上升 |
| 2 | 提高 | 较快提高 | 增长 | 上升 |
| 3 | 提高 | 缓慢增长 | 增长 | 略升 |
| 4 | 下降 | 上升 | 不变或略下降 | 短期不确定、长期下降 |
| 5 | 不变 | 降低 | 缓慢增长 | 降低 |
| 6 | 降低 | 不变 | 不变或略下降 | 降低 |

上述第1种情况可以理解为：再生产投资的资本结构不变，但由于增加的投资引起资源配置效率提高或由于制度和管理绩效的改善，消费资料部门的全劳动生产率提高，因而提高了经济增长速度。虽然资本积累和生产规模扩大增加了对劳动力的需求从而抬高了实际工资，但工资的缓慢上涨并没有影响资本积累的规模和速度。

第2种情况是一种最为理想的增长状态。投资的资本结构提高，同时全劳动生产率也提高，这种情况在20世纪50年代后的发展中国家大量出现过，刘易斯二元经济理论给予了理论解释。改革开放以来中国经济30年的高速增长属于这种类型。虽然就业和工资都持续增长，但全劳动生产率增长得更快，形成了持续的相对剩余价值生产和经济高速增长。

第3种情况表明投资的资本结构提高，但是劳动生产率增长缓慢，这种情况一般出现在经济发展中服务业占据主导地位的阶段。例如，在服务业增长占据主导地位之后，中国服务业的劳动密集程度较高，但是劳动生产率相对较低，因而与第2种情况相比，经济增长速度较慢。在这个阶段，如果工资也随着就业增长而提高，就会进一步压缩利润，所以这种情况下，经济增长速度和空间对实际工资变动就更加敏感一些。

第4种情况被马克思看作经济发展的长期趋势，即随着劳动生产率的提高，资本有机构成不断提高，因而经济增长最终将受制于资本有机构成提高而趋近于停滞。即使对劳动力需求的下降会抑制工资上涨，甚至降低工资，也无法改变这一趋势。在前文公式中，当资本结构越来越小时，实际上利润率会越来越低，从而积累率也会越来越低，即使劳动生产率在提高，经济增长的动力还是会逐渐衰减而趋于零。但在短期，再生产投资或创新投资的资本结构下降与全劳动生产率的提高速度存在各种情况：当资本结构下降更快时，经济增长速度下降；当全劳动生产率提高更快时，经济增长速度上升；当全劳动生产率的上升与资本结构下降速度一致时，经济增长速度不变。

第5种情况是再生产或创新投资的资本结构不变，但是全劳动生产率下降。可能的原因在于：经济中的资源配置效率下降、经济条件发生变化或制度绩效下降等。例如，重大自然灾害的影响、经济中的"x非效率"都可能导致全劳动生产率的下降，进而影响经济增长。此时，资本积累只要还继续进行就会通过就业增加推高工资，进一步压低利润率。

第6种情况可以用来解释经济金融化对经济增长的影响。在经济金融化过程中，投资不断地进入金融行业等服务业部门，资本结构下降，但是消费资料部门的全劳动生产率并没有发生显著变化，以至于经济增长会随着经济金融化程度的加深而不断下降。以美国为主的当代西方发达资本主义国家较为普遍地出现这种增长状态，劳动者的实际工资和生活水平并没有明显提高，金融化带来的财富效应被高收入阶层所获取。

从长波周期来看，各变量随着长波趋势而不断变化。在长波上升期，由科技创新和产业创新而带动的"蜂聚效应"投资增长，一方面通过信用扩张引起社会的积累率上升，另一方面会提高生产资料的全劳动生产率或消费资料的全劳动生产率，而生产资料全劳动生产率的提升最终将引起消费资料全劳动生产率的提升。由于资本积累的加速，投资的资本结构可能会下降，实际工资率则会上升，这会在一定程度上削弱积累率和劳动生产率的增长效应，对积累率和劳动生产率提升引起的增长效应起反作用。在长波下降期，积累率下降，资本结构可能进一步降低，资本阶级与劳动阶级将会由于实际工资率变动发生博弈。曼德尔（1998，第39~42页）据此提出了"阶级斗争长周期"假说，并通过数据证明了从1871年到1974年欧洲阶级斗争长波与经济增长长波的关联性。在这里，实际工资率除了取决于资本积累形成的劳动力需求与劳动力供给之间的关系之外，还受到资本阶级与劳动阶级双方力量对比的影响，而技术变化能够改变二者的权力格局。实际工资下降，尽管会引起劳资关系恶化，但在一定程度上有利于提高投资利润率，对经济增长的下降趋势起到一定程度的反作用。

## 五　四种经典增长类型

积累率、资本结构、生产率、工资率四个主要变量之间存在各种不同组合方式，从而决定着经济中的利润率和增长率。为简化研究，综合考虑各种因素，可以粗略地概述四种典型的经济增长类型：马克思增长、熊彼特增长、刘易斯增长和现代增长。四种增长模式分别对应于积累率、投资的资本结构、消费品全劳动生产率以及实际工资率的不同状态。

设定实际工资率函数：$\omega=f(n, a_s, a_v, \varepsilon)$。其中，$n$ 表示人口自然增长率，可设定为一个常数。另外，有：$\frac{\partial \omega}{\partial a_s}>0$，$\frac{\partial \omega}{\partial \varepsilon}>0$；$\frac{\partial r}{\partial \omega}<0$，$\frac{\partial r}{\partial \varepsilon}>0$，$\frac{\partial r}{\partial \rho}>0$。为简化分析，假定 $a_v=0$，将上述函数分别代入式（4）可得如下变量间的关系：

$$\frac{\partial g}{\partial a_s} = \varepsilon\left(\frac{\rho}{\omega}-1\right) + \left(\frac{\varepsilon a_s \rho}{\omega^2}\right)\left(\frac{\partial \omega}{\partial a_s}\right) > 0 \tag{7}$$

$$\frac{\partial g}{\partial \varepsilon} = \left(\frac{\varepsilon a_s \rho}{\omega^2}\right)\left(\frac{\partial \omega}{\partial \varepsilon}\right) > 0 \tag{8}$$

设定投资利润率函数和积累率函数分别为：$r=f(\omega, \varepsilon, \rho)$；$a_s=f(r)$，代入式（5）可得：

$$\frac{\partial g}{\partial r} = a_s + \left(\frac{\partial a_s}{\partial r}\right) r > 0 \tag{9}$$

$$\frac{\partial g}{\partial \omega} = \left(\frac{\partial a_s}{\partial r}+1\right)\frac{\partial r}{\partial \omega} < 0 \tag{10}$$

### （一）马克思增长

马克思增长分为两个不同的阶段，用来描述资本主义增长的动态过程。第一阶段，资本结构不变，积累率增加，资本积累速度加快，实际工资率上升，侵蚀利润、影响积累率，资本积累速度下降，实际工资回归生存工资。根据式（7）和式（10）可知，净产出价值增长率呈现先上升后下降的态势。第二阶段，资本结构下降，实际工资长期维持在生存工资水平，存在大量过剩劳动人口作为"蓄水池"或劳动后备军，积累率随着经济周期不断发生变换，就业人口数量受资本积累速度的调节。根据式（8）和式（10），资本结构下降，净产出价值增长率下降，但是实际工资率的下降能够在一定程度上对净产出价值增长率下降起到反作用。马克思还专门研究了资本主义增长的长期趋势,即从长期来看,资本结构的下降趋势占主导地位,以至于利润率水平不断下降,从而影响资本积累的动力,资本主义经济最终将处于停滞状态。

### (二) 熊彼特增长

熊彼特将增长看作随着创新而不断变换的过程。创新打破静态经济运行,使经济结构发生跃迁。创新引起增长的过程类似于"弹钢琴",每按下一个琴键,所产生的声音都会产生逐渐衰减的过程,经济增长相当于不断地按下琴键所构成的一个随着创新而不断起伏的过程。因此,经济中的各种周期,比如基钦周期、朱格拉周期、康德拉季耶夫周期等,都是经济中不同层次和范围的创新所引致的。在创新周期中,信用和积累率随着复苏、繁荣、衰退、萧条而不断地变化,由此推动了经济发展。根据式(7)和式(9),这种增长模式是创新引致利润率和积累率上升,并在达到顶点后逐渐衰减的过程。熊彼特还预测了资本主义发展的长期趋势,即随着资本主义的发展,创新将会成为日常事务,技术进步成为训练有素的专家的业务,成为例行公事非个性化的办公室工作,企业家精神和企业家职能逐渐消失,资本主义有自我毁灭的倾向。

### (三) 刘易斯增长

刘易斯增长是发展中国家较为普遍的增长模式,它假定经济中存在传统部门和现代部门,传统部门存在大量劳动过剩人口,这些人口的劳动生产率为零。在这种二元结构下,传统部门的劳动力随着现代部门的发展不断地发生转移,两部门的劳动生产率不断提高,由于人口过剩的压力,工资水平保持不变,高生产率的劳动密集型技术普遍采用。根据前面简化的净产出价值增长公式 $g=\varepsilon a_s\left(\dfrac{\rho}{\omega}-1\right)$,刘易斯增长是实际工资水平不变或缓慢提高、积累率和资本结构高、劳动生产率不断提高的一种经济增长模式。随着刘易斯拐点的到来，工资率将不断提高，由于剩余劳动力转移完成，劳动生产率开始下降，于是经济增长率下降。

### （四）现代增长

现代增长是指对于发达资本主义国家而言的"停滞型增长"。停滞型增长是一种积累率低、投资的资本结构低、实际工资率高、消费品部门劳动生产率缓慢提高的增长模式。一些发达资本主义福利国家属于这种增长类型。对于这些国家而言，随着经济金融化的进程不断加深，剩余的生产性使用比例较低，大多数剩余进入了虚拟经济和国际金融市场。另外，随着劳动密集型产业的国际转移，这些国家的投资普遍进入高端领域，大众消费品主要依赖进口，从而导致投资的资本结构越来越低，消费品的劳动生产率提高缓慢。由于福利国家的社会制度制约，这些国家的实际工资率普遍较高，而且降低的可能性比较小，因为这容易受到劳工阶层的强烈抵制。因此，很多发达经济体长期处于这种停滞型增长模式中。可以看到，为了应对这种停滞导致的经济问题，这些国家纷纷强调制造业回归、发展实体经济、财政赤字货币化、增加政府投资等政策措施，并不得不通过降低实际工资率的方法提高剩余获取水平。

四种增长模式分别对应于资本主义发展的不同时代。马克思对自由竞争资本主义时代的增长模式进行了刻画，并正确预测了停滞型增长发生的必然性，而熊彼特增长实际上是对停滞型增长和创新型增长交替出现的理论解释，即资本主义有不断地趋向停滞型增长的内在趋势，只有通过创新驱动才能保证资本主义的内在活力。刘易斯增长主要适用于后发过程，是描述20世纪50年代以来发展中国家经济增长的一种理论。

## 六 结语及扩展模型的方向

本文利用马克思扩大再生产的基本思想和孟捷提出的相对剩余价值

参照系理论，扩展了马克思的经济增长理论，形成了一个容纳资本积累、技术变迁和阶级关系变动等因素的综合性分析框架，为马克思主义经济增长研究奠定了理论基础。相对于已有的研究而言，本文可能的边际贡献在于：第一，能够容纳短期分析和长期分析；第二，能够容纳再生产投资和创新投资，从而为马克思主义创新经济学奠定了基础；第三，能够容纳再生产过程中的资本有机构成变化和剩余价值率变化。

基于公式 $g = a_s r + a_v \varepsilon = \varepsilon \left[ a_s \dfrac{\rho}{\omega} - (a_s - a_v) \right]$，可以从以下方面进行扩展。

第一，进一步研究积累率、投资利润率、投资的资本结构、全劳动生产率、实际工资率等变量之间的关系，揭示经济运动中内在的机制。将"利润挤压""工资挤压"等理论纳入分析框架。

第二，设定参照系，研究保持合理的增长速度的条件。通过外部干预，使得积累率、投资的资本结构、全劳动生产率、实际工资率变动能够大致满足经济增长需要。这些条件包括经济条件、制度条件和技术条件（孟捷，2021）。

第三，进行经验研究和应用研究。包括对世界各国经济增长的比较研究以及中国经济增长变化的经验研究。引入国家的经济作用，探索大国崛起的政治经济学逻辑。

**参考文献**

保罗·斯威齐. 2006. 资本主义发展论——马克思主义政治经济学原理［M］. 北京：商务印书馆.

陈平. 2014. 代谢增长论：市场份额竞争、学习不确定性和技术小波［J］. 清华政治经济学报，(2).

大卫·李嘉图. 2005. 政治经济学及赋税原理［M］. 北京：华夏出版社.

戴艳娟，泉弘志. 2014. 基于全劳动生产率的中国各产业生产率的测算［J］. 财经研究，(12).

冯金华. 2011. 马克思的再生产理论和经济增长的性质［J］. 上海行政学院学报,（12）.

冯志轩, 刘凤义. 2020. 马克思-斯拉法框架下的全劳动生产率增速测算［J］. 世界经济,（3）.

罗伯特·J. 巴罗, 夏威尔·萨拉-伊-马丁. 2010. 经济增长［M］. 上海: 格致出版社.

曼德尔. 1998. 资本主义发展的长波——马克思主义的解释［M］. 北京: 商务印书馆.

孟捷, 冯金华. 2015. 部门内企业的代谢竞争与价值规律的实现形式——一个演化马克思主义的解释［J］. 经济研究,（1）.

孟捷. 2020. 相对剩余价值生产与现代市场经济——迈向以《资本论》为基础的市场经济一般理论［J］. 政治经济学报, 18（2）.

孟捷. 2021. 参照系与内循环：新兴政策范式的政治经济学阐释［J］. 复旦学报（社会科学版）,（4）.

让-帕斯卡尔·贝纳西. 2006. 宏观经济学：非瓦尔拉斯分析方法导论［M］. 上海: 上海三联书店, 上海人民出版社.

荣兆梓, 李亚平. 2021. 全劳动生产率与马克思主义基本增长方程［J］. 上海经济研究,（1）.

宋则行. 1995. 马克思经济增长理论探索——兼与西方现代经济增长模式比较［J］. 当代经济研究,（1）.

佟仁城, 刘源张. 1993. 部门全劳动生产率及相互作用分析［J］. 系统工程理论与实践,（6）.

吴易风. 2000. 经济增长理论：从马克思的增长模型到现代西方经济学的增长模型［J］. 当代经济研究,（8）.

吴易风. 2007. 马克思的经济增长理论模型［J］. 经济研究,（9）.

吴易风, 朱勇. 2015. 经济增长理论：马克思经济学与西方经济学的比较［J］. 当代经济研究,（4）.

亚当·斯密. 2003. 国民财富的性质和原因的研究（上卷）［M］. 北京: 商务印书馆.

杨继国. 2010. 基于马克思经济增长理论的经济危机机理分析［J］. 经济学家,（2）.

Aglietta M. 1987. *A Theory of Capitalist Regulation*［M］. London and New York: Verso.

Amadeo E J. 1986. Notes on capacity utilization, distribution and accumulation［J］. *Contributions to Political Economy*, 5（1）.

Bhaduri A, Marglin S. 1990. Unemployment and the real wage: The economic basis for contesting political ideologies［J］. *Cambridge Journal of Economics*, 14（4）.

Bowles S, Gordon D M, Weisskopf T E. 1986. Power and profits: The social structure of accumulation and the profitability of the postwar U.S. economy [J]. *Review of Radical Political Econonmics*, 18 (1&2).

Bowles S, Gordon D M, Weisskopf T E. 1989. Business ascendancy and economic impasse: A structural retrospective on conservative economics, 1979-87 [J]. *Journal of Economic Perspectives*, 3 (1).

Crotty J R. 1993. Rethinking Marxian investment theory: Keynes-Minsky instability, competitive regime shifts and coerced investment [J]. *Review of Radical Political Economics*, 25 (1).

Grossman G M, Helpman E. 1991. *Innovation and Growth in the Global Economy* [M]. Cambridge: MIT Press.

Kaldor N. 1966. *Causes of the Slow Rate of Economic Growth of the United Kingdom: An Inaugural Lecture* [M]. London: Cambridge University Press.

Lucas R E. 1988. On the mechanics of economic development [J]. *Journal of Monetary Economics*, 22 (1).

Robinson J. 1956. *The Accumulation of Capital* [M]. London: Macmillan.

Robinson J. 1962. *Essays in the Theory of Economic Growth* [M]. London: Macmillan.

Roemer P M. 1990. Endogenous technological change [J]. *Journal of Political Economy*, 98 (2).

Shaikh A. 2016. *Capitalism: Competition, Conflict and Crises* [M]. New York: Oxford University Press.

Verdoorn P J. 2002. Factors that determine the growth of labour productivity [M] // McCombie J S L, et al. (eds.) *Productivity Growth and Economic Performance: Essays on Verdoorn's Law*. Palgrave Macmillan.

# 从全要素生产率到全劳动生产率[*]
——中国全劳动生产率及其增长的贡献率测算

李帮喜　赵文睿[**]

**摘　要**：本文首先对全劳动生产率（TLP）的提出、发展与测算方法进行了详细介绍，然后在理论层面对全要素生产率（TFP）和 TLP 进行了对比，并以中国产业生产率（CIP）数据为基础测算了 1981~2010 年中国 37 个行业的 TLP 和 TFP 增长率。比较发现：不同方法测算 TFP 增长率所得结果在具体数值和分布上均有较大差异，并且数据间隔时长或缺失时长的增加会导致 TFP 增长率的低估；而 TLP 的测算是以全劳动量的计算为基础的，其绝对数值不会随着方法的选择和数据的可获得性而产生较大差异，因此结果更为稳健。除此之外，本文具体分析了通过 CIP 数据测算所得的 1981~2010 年 37 个行业 TLP 的变化趋势和 8 个行业大类对 TLP 增长的贡献率，以说明我国经济增长的来源。

**关键词**：全劳动生产率　全要素生产率　全劳动量　投入产出表

---

[*] 原文发表于《政治经济学评论》2022 年第 4 期。
[**] 李帮喜，清华大学社会科学学院副教授；赵文睿，中国政法大学商学院讲师。

## 一　引言

当前，我国经济发展正处于由高速增长阶段转向高质量发展阶段的关键时期，简单以GDP增长率论英雄的时代已渐成历史，通过技术进步、资源配置优化、规模经济和管理改进等手段来提高生产效率，以更少的投入获得更多的产出（倪铭娅，2021），成为国民经济发展的新理念和思路。因此，如何测度宏观经济效率和增长潜力，从而反映中国经济发展的增长动能，成为当前的研究热点之一。

对于上述问题，现阶段被广泛使用的衡量指标是建立在新古典经济增长模型基础上的全要素生产率（TFP）。TFP在1957年由索洛（Robert Solow）提出，至今仍是世界范围内最常用、最系统的增长核算指标。在第十二届全国人民代表大会第三次会议上，李克强总理在《政府工作报告》中提出"增加研发投入，提高全要素生产率"。随后，党的十九大报告中，"提高全要素生产率"又一次被提及，这也是它首次出现在党的代表大会报告当中。可见，TFP也是当今我国衡量经济增长潜力的主要指标。

TFP反映了生产过程中各种投入要素转化为最终产出的总体效率，是探索经济增长动力、了解效率提升途径和提升资源配置效率的重要途径和手段。但是在Krugman（1994）通过TFP的测算提出了"东亚无奇迹"的论调之后，诸多研究发现当选取的基期和时间跨度不同时，TFP的计算结果可能会出现很大的不同（World Bank，1993；Young，1995）。究其原因，是TFP指标存在理论缺陷。针对TFP指标本身，相关研究提出两大方面的缺陷：其一是基于对TFP含义的挖掘与修正，认为技术进步包括资本体现（embodied）型和资本非体现（disembodied）型，比如新兴经济体的技术进步主要源于设备引进，而该部分设备却被计入资本存量（Chen，1997；郑玉歆，1998，1999，2007；蔡昉，2013）；其二是由测算稳健性引起的，认为测算口径及对资本存量、人力资本的衡量标准仍存在较大争议，不同研究之间测算的TFP不具有可比性（Stiglitz，2001；白重恩和张琼，2014）。另外，一些研究认为TFP的模型基础和基本假设也存在争议：Brody（1970）提出作为TFP导出基础的生产函数等式两边存在单位不一致的问题；Shaikh（1974）指出在给定生产函数形式下，对生产的描述是一个恒定份额的数学结果，由于缺少对分配的考虑，它在经验研究时结果不可信；冯志轩和刘凤义（2020）指出TFP存在由新古典生产理论假设带来的"加总悖论"问题。

综上，TFP作为衡量技术进步的一个指标，不应当仅仅反映创新所带来的技术进步，也应考虑投入要素质量的提高以及配置效率的提高，即引进技术所带来的技术进步。为了改进该部分的测算，在实际TFP测算中会对新古典的基础模型进行一系列修正，而这种修正依赖于对资本存量、人力资本等多种投入量的划分与测量，因此不同的技术处理会带来不同的结果，从而造成结论的不自洽。因此，需要构建一个能解决上述问题的新的指标，以准确衡量经济发展的增长潜力与效率。

马克思主义政治经济学用劳动生产率测度技术进步，劳动生产率的提升意味着劳动的节约[①]。而劳动生产率是劳动者素质、管理水平和有机构成等多种因素所构成的复杂函数，描述了劳动者创造使用价值的能力和水平，体现了各种类型技术进步所引致的经济增长（冯志轩，2018）。在政治经济学的视阈下，上述变动均可以通过使用价值和价值的变动统一衡量，从而排除了由于处理方式不同而带来的遗漏或重复测算的问题。因此，政治经济学研究提出了能体现出多要素计量的、对应于新古典经济学视阈下TFP的指标——全劳动生产率（TLP）（置盐信雄，1977；荣兆梓，1992）。

现阶段针对TLP的讨论多见于马克思-斯拉法的线性生产框架，借助投入产出表数据度量TLP（冯志轩和刘凤义，2020），并在此基础上

---

[①] 马克思：《资本论》（第一卷），人民出版社，1975，第59页。

进行了相关的经验研究（戴艳娟和泉弘志，2014；戴艳娟等，2020），但仍存在一些问题。在数据选择方面，已有研究采用就业人数作为劳动投入的代理变量，导致了TLP测算的不准确；以及采用了间隔时间较长的投入产出表数据，使得许多增长变化趋势被忽略。在问题选择方面，现阶段的TLP研究缺少涉及所有产业的分行业研究，而探究经济增长的动力来源，不仅需要从总量上分析TLP的表现，还需要关注行业间的相关关系及其对经济增长动能的影响机制。

## 二 全劳动生产率的理论发展

### （一）全劳动生产率的提出与发展

相较全要素生产率而言，全劳动生产率的发展时间较短，最早可追溯到置盐信雄（1954）提出全劳动的概念及全劳动量的简单测算模型，随后，松田和久（1980）在《劳动生产率的理论》中提出不同性质及类别的劳动转换为劳动投入的方法，为其后全劳动生产率的测算奠定了基础。

据已有文献，现阶段全劳动生产率的测算方法主要分为两种：一种是荣兆梓（1992）所提出的余数模型，其中全劳动生产率的测量基于社会纯产品理论；另一种则是基于置盐信雄（1954，1977）所提出的全劳动量模型，结合马克思-斯拉法的线性生产模型来进行测算。两种方法所测算的全劳动生产率都是将该指标视为多要素生产率而进行计算的，并且其核心思想都是基于马克思在《资本论》中提出的劳动价值论：商品的价值由劳动决定，而且是抽象劳动的凝结[①]。在此基础上，测算过程中将异质的、不同类别的投入要素转化为同质的抽象劳动，之后通过加总计算出商品所包含的劳动时间，进而测算出商品的生产率。两种测算方法的基本思想都是依据 $TLP = \dfrac{产出}{直接劳动投入 + 间接劳动投入}$，

---

① 马克思：《资本论》（第一卷），人民出版社，1975，第51页。

只是两种方法在衡量要素投入上略有不同。

余数模型由荣兆梓（1992）提出，他指出将投入全部转化为抽象劳动用于计算可解决新古典框架下要素投入不可通约的问题。荣兆梓和李亚平（2021）以余数模型的方法为基础，根据中国1978～2017年的宏观数据做了初步核算并指出：在过去40年的发展历程中，中国经济的高积累高投资和劳动生产率的增长始终同时发生。冯志轩（2018）在余数法所计算的TLP增长率基础上，从使用价值和价值的不同角度对增长核算进行了分解，有机结合了增长和分配的关系，从而得以量化各增长因素的贡献。

基于置盐信雄所提出的全劳动量模型，山田弥（1991）、山田弥和桥本贵彦（2005）、泉弘志和李洁（2005）以日本的投入产出数据测算了日本的TLP，并借此分析了日本的经济结构和经济增长趋势。戴艳娟和泉弘志（2014）基于全劳动量模型测算了中国1997～2007年的TLP增长率，并且阐述了TLP增长率的测算结果高于TFP增长率，原因在于TLP增长率中包含设备的技术进步所带来的生产率的增长。冯志轩和刘凤义（2020）在马克思-斯拉法生产框架下构建了一种变形形式，并结合罗默（Roemer，1981）和Hahnel（2017）的框架，在货币体系下用一种特殊的一般利润率作为TLP增速的代理变量，试图解决由于技术条件和经济结构等多重原因而导致的价值异质性问题，从而进行经济总体的TLP增长的测算。

### （二）全劳动生产率的测算方法

现阶段全劳动生产率的测算方法主要分为余数模型和全劳动量模型。

**1. 余数模型**

余数模型由荣兆梓（1992）提出，之后由荣兆梓和李亚平（2021）发展完善，并推导出马克思主义经济增长方程。荣兆梓和李亚平指出，社会生产的总产品包括中间产品和纯产品两个部分，而生产总产品的全部劳动消耗不仅是产出当年的全部社会劳动,还包括中间产品生产过程中消耗的全部劳动量。因此,社会总产品的劳动生产率可以表示为:

$$A = \frac{X}{C+L} \tag{1}$$

其中,$X$是产品产出量的物质量,$L$是商品生产过程中生产最后一个环节的劳动耗费,而$C=c_1+c_2+\cdots+c_n$包括社会生产一系列环节的劳动投入,是对最后一个生产环节之前所有的不同分工环节的劳动时间的加总。

在此基础上,可以将社会生产函数写为$X=A(C+L)$,将资本构成写为$\Delta=\frac{C}{L}$,则有:

$$X = AL(1+\Delta) \tag{2}$$

由此可得:

$$G_X = G_A + G_L + (1-B_t)G_\Delta \tag{3}$$

其中,$G_X$为总产值增长率,$G_A$为 TLP 增长率,$G_L$为劳动外延扩张率,$G_\Delta$为资本构成提高率,活劳动占比$B_t=\frac{L}{C+L}$,则$\frac{\Delta}{1+\Delta}=\frac{C}{C+L}=1-B_t$表示不变资本在总产值中所占的比重。因此,根据$G_A=G_X-G_L-(1-B_t)G_\Delta$可计算得到社会总产品的 TLP 增长率。

**2. 全劳动量模型**

全劳动量模型由置盐信雄(1954,1977)提出的全劳动量的概念发展而来,并用数理形式描述了马克思劳动价值的决定。置盐信雄(1954)提出的商品价值公式为:

$$\begin{aligned} t_i &= \sum_{j=1}^{k} a_{ij}\tau_j \\ i &= 1,\cdots,k,k+1,\cdots,k+l \end{aligned} \tag{4}$$

在置盐所描述的经济体中,一共有$k$种生产资料和$l$种消费资料,$a_{ij}$表示生产第$i$种商品需要的第$j$种商品的投入量,而$t_i$表示生产第$i$种商品总共需要的直接和间接的必要劳动时间，$\tau_j$表示生产第 $j$ 种商品所需的直接必要劳动时间。

全劳动量模型实质上是建立在马克思-斯拉法线性生产框架下，其基本逻辑为：给定经济中 $n$ 个生产部门，每个部门有一个既定的技术水平，即有 $\mathbf{A}=[a_{ij}]_{n \times n}$。则式（4）可以写为：

$$\mathbf{A}\mathbf{t}+\boldsymbol{\tau}=\mathbf{t} \tag{5}$$

其中 $\mathbf{t}$ 为由元素$t_i$构成的价值列向量，$\boldsymbol{\tau}$ 为$\tau_i$构成的直接劳动投入向量。

该模型经过泉弘志和李洁（2005）、戴艳娟和泉弘志（2014）、戴艳娟等（2020）的细化，将式（5）拓展为开放经济条件下由货币计量的全劳动量计算公式：

$$\mathbf{t}=\boldsymbol{\tau}(\mathbf{I}-\mathbf{A}-\mathbf{K}-\mathbf{E})^{-1} \tag{6}$$

其中，$\mathbf{A}$、$\mathbf{K}$ 分别为分离出进口部分的国内中间投入系数矩阵和国内固定资本损耗系数矩阵。由于国内外的技术水平不同，因此 $\mathbf{E}$ 为按进口系数以出口比例进行分配计算所得的"进口中间投入+进口固定资本损耗"系数矩阵。全劳动量的倒数即为 TLP，利用该方法可以直接测算各行业的 TLP，随后利用价格平减指数，可以推算 TLP 增长率。

结合上文两种不同的 TLP 测算方法的讨论，我们认为在马克思-斯拉法线性生产框架下的讨论更能体现行业之间的结构信息，考虑到行业间的相对技术水平变动可能会影响生产效率的改变，本文在以下 TLP 测算中采用全劳动量模型进行讨论。

## 三 TLP 与 TFP 的理论与经验比较

### （一）TLP 与 TFP 的理论比较

#### 1. 模型假设

TFP 增长率的测算现阶段主要有参数方法（随机前沿法等）和

非参数方法（数据包络法等）两个大类。对比各种测算方法的优劣，现阶段研究所采用的主要测算方法大多基于生产函数的构造。虽然根据模型的不断发展，函数的形式逐渐由 Cobb–Douglas 函数、要素替代弹性不变函数发展为超越对数函数等形式，但是该测算方法还是以新古典模型为分析基础，具有生产者最大化利润、市场完全竞争、技术形式相对固定且技术属于公共物品等一系列不符合现实情况的假设。

当今世界上大多数国家已经逐渐转变为需求约束型经济，供给受需求影响，有效需求不足会导致机器设备的闲置，因此企业可能无法在新古典框架所假设的生产可能性边界上生产，从而导致生产率的低估（戴艳娟等，2020）。而 TLP 测算放松了 TFP 测算所需要的新古典模型的基本假设，相比 TFP 而言，TLP 的测算对经济体的环境稳定性要求较低，因此测算结果更为稳健。

**2. 理论主体**

TFP 的理论认为多种要素在生产过程中的地位相同，而 TLP 的理论认为劳动是生产的主体。两种生产率增长率都可定义为特定生产要素价格前提下的成本节约，不同之处在于 TLP 测算过程中将指定的生产要素价格用劳动替代，因此 TLP 是产出与全劳动量的比率，与生产要素的价格无关，独立于价格而存在。价格对经济体环境变化较为敏感，因此要素的相对价格会随着社会制度的变迁、政策的改变等各种因素而发生变化，因此根据不同相对价格推算得到的生产率可能会发生较大偏差。

另外，根据 TLP 测算出的生产率变化相对稳定，虽然经济、社会制度或政策的确会对生产率产生影响，但是先进的技术无法对生产过程中所需的劳动产生立竿见影的影响，而是需要一个缓慢的过程。因此，虽然在制度或政策发生变化的时间点推算得到的 TLP 无法反映当时的技术水平，但这是由于生产过程发展的固有特性，与 TLP 的定义无关。

### 3. 投入定义

TFP 测算与 TLP 测算对投入的定义不同。TFP 测算将投入定义为投入服务，即在测算资本服务及劳动服务后将加总结果作为投入要素的总投入（戴艳娟等，2020）。因此，设备更迭带来的性能改善、技能培训等带来的劳动熟练度等，都无法在货币计量的投入要素服务中得以体现。例如，对于 Chen（1997）、郑玉歆（1998，1999，2007）、蔡昉（2013）等所讨论的资本非体现型技术进步的情况，TFP 测算在该部分的处理过于模糊化，因此测算结果无法作为效率的改进被体现出来。而 TLP 测算所采用的投入采用物理数量的计量方式，当作为投入要素的劳动者的技能提高时，投入的活劳动的物理数量并未发生改变，从而 TLP 的增长能够准确描述效率的变化。

### 4. 异质劳动

Gollop 和 Jorgenson（1980）指出职业结构发生的变化是企业尝试增加产出的结果，并将人力资本引入了模型。之后，对 TFP 的测算研究常在考虑不同职业不同熟练程度的劳动时，在模型中为它们赋予不同的权重。并且新古典背景下建立的模型中不同劳动间的转换依据是边际替代率，因此换算率是被当作模型的外生变量处理的。

测算 TLP 的理论基础是马克思的再生产理论，测量模型与新古典背景下建立的模型不同。异质劳动转换以斯拉法-马克思的线性生产框架为基础，不同职业间劳动量的转换率是模型的内生变量，是由模型内部决定的。

### 5. 量纲问题

TFP 的测算一般都是采用一个时间段的多项数据先计算出要素弹性，再通过余数法得到 TFP 的增长率。对于这种方法而言，它所计算出来的 TFP 增长率一般是这个时间段的平均值，无法反映 TFP 具体数值的瞬时变化，并且由于量纲为 1，测算结果只能体现出 TFP 的相对水平，不同经济体之间的 TFP 数值不能相互比较。

TLP 测算采用的是全劳动量模型，能体现出每一个时间点的全劳动量，这为计算TLP的绝对水平提供了可能性。并且在此基础上，不仅能得出单一经济体TLP的增长趋势，也为多个经济体TLP绝对值的相互比较提供了可能。

### （二）中国多行业的TLP与TFP测算比较

**1. 数据来源与构建**

为了满足口径一致的中国多行业TLP与TFP测算与生产率分析的要求，本文依据中国产业生产率（CIP）数据库（Wu and Ito，2015；Wu, et al., 2015；Wu, 2015）的方法构建符合要求的1981~2010年的不变价投入产出数据。本文采用Wu（2019）构建的劳动投入数据，Wu从性别、年龄和受教育程度三个方面对从业人员进行交叉分组，并且考虑到个体经营户和农民等自雇佣劳动者，得到了以时为单位计量的劳动数据。该数据符合KLEMS原则，且时间跨度长（1981~2010年），有利于我们考察长期的经济变迁。另外，本文的行业分类也采用CIP数据库的行业分类标准，涵盖37个的两位数行业，其中包括1个第一产业部门、25个第二产业部门和11个第三产业部门。

**2. TLP的测算及简要分析**

根据全劳动量模型测算TLP需要对投入产出表进行处理，主要步骤是区分国内中间投入和进口中间投入。假设进口量与国内需求量成比例，其比例系数为进口量与国内总需求量（中间需求与最终需求之和）的比值，由此根据比例系数对中间投入进行分离。另外，根据最终使用部分固定资本形成的比例，将增加值部分中固定资本损耗行向量拓展为固定资本损耗矩阵，并用同样的分离方法将国内固定资本损耗矩阵和进口固定资本损耗矩阵进行分离。根据上文，利用投入产出表数据及分离得到的国内中间投入系数矩阵、国内固定资本损耗系数矩阵和"进口中间投入+进口固定资本损耗"系数矩阵，计算出各部门的TLP（如表1和表2所示）。

表 1 1981~1995 年 37 个行业的 TLP

单位：元/时

| 行业 | 1981年 | 1982年 | 1983年 | 1984年 | 1985年 | 1986年 | 1987年 | 1988年 | 1989年 | 1990年 | 1991年 | 1992年 | 1993年 | 1994年 | 1995年 |
|---|---|---|---|---|---|---|---|---|---|---|---|---|---|---|---|
| 农、林、牧、渔业 | 0.17 | 0.19 | 0.22 | 0.26 | 0.31 | 0.34 | 0.41 | 0.49 | 0.52 | 0.57 | 0.50 | 0.68 | 0.83 | 1.16 | 1.47 |
| 煤炭开采和洗选业 | 0.19 | 0.18 | 0.23 | 0.27 | 0.35 | 0.40 | 0.49 | 0.55 | 0.57 | 0.58 | 0.56 | 0.75 | 1.03 | 1.37 | 1.67 |
| 石油和天然气开采业 | 0.17 | 0.19 | 0.23 | 0.29 | 0.36 | 0.42 | 0.61 | 0.59 | 0.58 | 0.58 | 0.61 | 0.75 | 1.02 | 1.34 | 1.63 |
| 金属矿采选业 | 0.16 | 0.15 | 0.19 | 0.22 | 0.30 | 0.34 | 0.47 | 0.49 | 0.49 | 0.47 | 0.55 | 0.62 | 0.91 | 1.22 | 1.46 |
| 非金属矿采选业 | 0.12 | 0.12 | 0.12 | 0.16 | 0.19 | 0.23 | 0.29 | 0.33 | 0.36 | 0.40 | 0.53 | 0.60 | 0.86 | 1.16 | 1.43 |
| 食品行业 | 0.55 | 0.58 | 0.65 | 0.73 | 0.86 | 0.99 | 1.36 | 1.70 | 1.71 | 1.64 | 1.01 | 2.32 | 2.50 | 3.33 | 3.74 |
| 烟草制品业 | 1.37 | 1.28 | 1.74 | 2.21 | 2.04 | 2.83 | 4.62 | 2.81 | 1.97 | 2.11 | 5.96 | 2.90 | 4.45 | 5.85 | 5.63 |
| 纺织业 | 0.25 | 0.27 | 0.32 | 0.39 | 0.49 | 0.58 | 0.88 | 0.93 | 0.89 | 0.86 | 0.34 | 1.15 | 1.53 | 2.16 | 2.53 |
| 纺织服装、服饰业 | 0.25 | 0.27 | 0.33 | 0.41 | 0.52 | 0.64 | 1.10 | 1.22 | 1.25 | 1.38 | 0.21 | 2.02 | 2.46 | 3.69 | 4.37 |
| 皮革、毛皮、羽毛及其制品和制鞋业 | 0.22 | 0.22 | 0.27 | 0.33 | 0.39 | 0.48 | 0.81 | 0.80 | 0.71 | 0.85 | 0.16 | 1.21 | 1.61 | 2.59 | 3.05 |
| 木材加工和家具制造业 | 0.16 | 0.14 | 0.16 | 0.20 | 0.28 | 0.32 | 0.47 | 0.46 | 0.44 | 0.46 | 0.32 | 0.55 | 0.89 | 1.29 | 1.68 |
| 造纸与印刷业 | 0.21 | 0.21 | 0.24 | 0.29 | 0.37 | 0.41 | 0.55 | 0.60 | 0.61 | 0.62 | 0.61 | 0.85 | 1.19 | 1.60 | 1.96 |
| 石油加工、炼焦和核燃料加工业 | 0.20 | 0.20 | 0.26 | 0.32 | 0.43 | 0.48 | 0.66 | 0.69 | 0.69 | 0.68 | 0.67 | 0.87 | 1.17 | 1.56 | 1.82 |
| 化工原料及相关行业 | 0.21 | 0.21 | 0.27 | 0.32 | 0.39 | 0.44 | 0.58 | 0.65 | 0.67 | 0.70 | 0.62 | 0.89 | 1.18 | 1.57 | 1.91 |
| 橡胶和塑料制品业 | 0.21 | 0.19 | 0.24 | 0.28 | 0.37 | 0.42 | 0.57 | 0.62 | 0.64 | 0.64 | 0.48 | 0.87 | 1.15 | 1.59 | 1.89 |
| 非金属矿物制品业 | 0.14 | 0.13 | 0.17 | 0.20 | 0.28 | 0.32 | 0.46 | 0.48 | 0.49 | 0.52 | 0.94 | 0.69 | 1.04 | 1.42 | 1.70 |
| 金属冶炼和压延加工业 | 0.16 | 0.15 | 0.19 | 0.23 | 0.31 | 0.36 | 0.50 | 0.51 | 0.51 | 0.53 | 0.69 | 0.68 | 1.02 | 1.38 | 1.61 |
| 金属制品业 | 0.21 | 0.18 | 0.21 | 0.25 | 0.32 | 0.36 | 0.50 | 0.50 | 0.52 | 0.54 | 0.42 | 0.71 | 1.03 | 1.41 | 1.69 |

续表

| 行业 | 1981年 | 1982年 | 1983年 | 1984年 | 1985年 | 1986年 | 1987年 | 1988年 | 1989年 | 1990年 | 1991年 | 1992年 | 1993年 | 1994年 | 1995年 |
|---|---|---|---|---|---|---|---|---|---|---|---|---|---|---|---|
| 通用和专用设备制造业 | 0.15 | 0.14 | 0.19 | 0.23 | 0.32 | 0.36 | 0.50 | 0.49 | 0.49 | 0.48 | 1.24 | 0.59 | 0.95 | 1.25 | 1.51 |
| 电气设备制造业 | 0.21 | 0.18 | 0.24 | 0.30 | 0.42 | 0.48 | 0.67 | 0.66 | 0.63 | 0.59 | 0.53 | 0.73 | 1.10 | 1.51 | 1.84 |
| 电子通信设备制造业 | 0.30 | 0.24 | 0.32 | 0.39 | 0.53 | 0.57 | 0.77 | 0.69 | 0.64 | 0.61 | 0.28 | 0.74 | 1.06 | 1.43 | 1.73 |
| 仪器仪表及文化、办公用机械制造业 | 0.20 | 0.18 | 0.22 | 0.25 | 0.32 | 0.35 | 0.44 | 0.43 | 0.45 | 0.46 | 0.42 | 0.61 | 0.90 | 1.28 | 1.61 |
| 交通运输设备制造业 | 0.14 | 0.14 | 0.18 | 0.22 | 0.31 | 0.34 | 0.50 | 0.49 | 0.48 | 0.50 | 1.11 | 0.63 | 1.01 | 1.41 | 1.71 |
| 其他制造业 | 0.13 | 0.15 | 0.20 | 0.23 | 0.30 | 0.37 | 0.62 | 0.63 | 0.62 | 0.70 | 0.46 | 0.89 | 1.26 | 1.85 | 2.35 |
| 电力、热力、燃气及水生产和供应业 | 0.21 | 0.21 | 0.27 | 0.33 | 0.44 | 0.49 | 0.68 | 0.71 | 0.71 | 0.70 | 0.73 | 0.90 | 1.30 | 1.81 | 2.18 |
| 建筑业 | 0.13 | 0.13 | 0.17 | 0.21 | 0.30 | 0.34 | 0.52 | 0.49 | 0.46 | 0.47 | 3.29 | 0.57 | 0.98 | 1.33 | 1.56 |
| 批发和零售业 | 0.23 | 0.20 | 0.23 | 0.29 | 0.43 | 0.47 | 0.60 | 0.65 | 0.64 | 0.61 | 0.75 | 0.81 | 1.18 | 1.63 | 1.89 |
| 住宿和餐饮业 | 2.26 | 2.56 | 2.84 | 3.49 | 4.38 | 5.13 | 6.02 | 7.01 | 7.20 | 7.77 | 1.93 | 9.21 | 3.25 | 3.52 | 3.56 |
| 交通运输、仓储和邮政业 | 0.18 | 0.18 | 0.23 | 0.29 | 0.38 | 0.43 | 0.57 | 0.60 | 0.62 | 0.65 | 0.52 | 0.83 | 1.20 | 1.65 | 1.97 |
| 信息传输、软件和信息技术服务业 | 0.24 | 0.29 | 0.34 | 0.40 | 0.50 | 0.53 | 0.60 | 0.71 | 0.82 | 0.93 | 0.71 | 1.24 | 1.42 | 1.80 | 1.95 |
| 金融业 | 0.27 | 0.22 | 0.25 | 0.30 | 0.41 | 0.45 | 0.63 | 0.67 | 0.67 | 0.66 | 0.62 | 0.85 | 1.33 | 2.00 | 2.52 |
| 房地产业 | 2.14 | 2.31 | 2.33 | 2.61 | 4.22 | 4.26 | 4.07 | 2.97 | 2.01 | 1.73 | 1.27 | 1.31 | 2.12 | 3.32 | 4.49 |
| 租赁、科学、技术和商业服务业 | 0.40 | 0.42 | 0.54 | 0.73 | 0.88 | 1.08 | 1.46 | 1.31 | 1.28 | 1.18 | 0.79 | 1.22 | 1.55 | 2.21 | 2.51 |
| 水利、环境与公共管理 | 1.57 | 1.53 | 1.50 | 1.43 | 1.92 | 1.45 | 1.15 | 1.87 | 3.02 | 3.31 | 3.10 | 6.61 | 10.06 | 11.78 | 13.16 |
| 教育 | 0.51 | 0.57 | 0.64 | 0.69 | 0.73 | 0.80 | 0.88 | 0.96 | 1.03 | 1.29 | 1.35 | 1.41 | 1.70 | 1.95 | 2.22 |
| 卫生和社会工作 | 0.65 | 0.75 | 0.88 | 0.98 | 1.06 | 1.19 | 1.34 | 1.57 | 1.79 | 2.28 | 2.34 | 2.75 | 3.34 | 3.74 | 4.17 |
| 其他服务业 | 0.21 | 0.23 | 0.28 | 0.34 | 0.40 | 0.38 | 0.46 | 0.47 | 0.45 | 0.42 | 0.29 | 0.43 | 0.28 | 1.30 | 1.72 |

表 2　1996~2010 年 37 个行业的 TLP

单位：元/时

| 行业 | 1996年 | 1997年 | 1998年 | 1999年 | 2000年 | 2001年 | 2002年 | 2003年 | 2004年 | 2005年 | 2006年 | 2007年 | 2008年 | 2009年 | 2010年 |
|---|---|---|---|---|---|---|---|---|---|---|---|---|---|---|---|
| 农、林、牧、渔业 | 1.74 | 1.83 | 1.84 | 1.85 | 1.93 | 2.01 | 2.11 | 2.29 | 2.81 | 3.00 | 3.24 | 3.77 | 4.45 | 4.87 | 5.80 |
| 煤炭开采和洗选业 | 2.05 | 2.39 | 2.43 | 2.72 | 3.30 | 3.48 | 3.64 | 4.01 | 4.50 | 4.60 | 4.80 | 5.09 | 6.02 | 6.71 | 8.02 |
| 石油和天然气开采业 | 1.89 | 2.13 | 2.39 | 2.59 | 2.70 | 2.88 | 2.91 | 3.13 | 3.30 | 3.58 | 3.91 | 4.52 | 5.27 | 5.72 | 6.52 |
| 金属矿采选业 | 1.84 | 2.19 | 2.16 | 2.34 | 2.67 | 2.55 | 2.63 | 2.86 | 2.96 | 2.99 | 3.58 | 3.95 | 4.53 | 5.61 | 6.32 |
| 非金属矿采选业 | 1.75 | 2.06 | 2.01 | 2.09 | 2.41 | 2.43 | 2.47 | 2.81 | 3.33 | 3.47 | 3.87 | 4.23 | 4.87 | 6.20 | 6.91 |
| 食品行业 | 4.75 | 5.13 | 5.23 | 5.56 | 6.16 | 6.44 | 7.02 | 7.25 | 7.98 | 8.23 | 8.46 | 9.07 | 10.50 | 11.65 | 13.87 |
| 烟草制品业 | 7.60 | 10.07 | 8.84 | 9.15 | 10.42 | 10.00 | 9.78 | 10.24 | 10.93 | 10.58 | 10.10 | 10.30 | 11.60 | 13.62 | 15.81 |
| 纺织业 | 3.10 | 3.53 | 3.81 | 4.12 | 4.96 | 5.05 | 5.68 | 6.31 | 7.00 | 7.28 | 7.66 | 7.91 | 8.41 | 8.74 | 10.29 |
| 纺织服装、服饰业 | 5.39 | 5.79 | 6.06 | 6.39 | 7.40 | 7.40 | 7.86 | 8.56 | 9.14 | 8.96 | 9.28 | 9.58 | 10.23 | 11.12 | 12.73 |
| 皮革、毛皮、羽毛及其制品和制鞋业 | 4.03 | 4.51 | 5.04 | 5.55 | 6.93 | 7.32 | 9.39 | 8.99 | 9.06 | 8.80 | 8.80 | 9.18 | 10.02 | 10.55 | 12.44 |
| 木材加工和家具制造业 | 2.10 | 2.43 | 2.36 | 2.49 | 2.93 | 2.93 | 2.95 | 3.72 | 4.63 | 4.53 | 4.96 | 5.47 | 6.32 | 7.41 | 8.51 |
| 造纸与印刷业 | 2.40 | 2.75 | 2.79 | 3.00 | 3.55 | 3.70 | 3.87 | 4.39 | 5.04 | 5.19 | 5.55 | 6.05 | 6.94 | 7.84 | 9.12 |
| 石油加工、炼焦和核燃料加工业 | 2.16 | 2.44 | 2.53 | 2.69 | 3.15 | 3.29 | 3.48 | 3.92 | 4.63 | 4.80 | 5.16 | 5.70 | 6.55 | 7.57 | 9.00 |
| 化工原料及相关行业 | 2.31 | 2.59 | 2.62 | 2.73 | 3.18 | 3.18 | 3.21 | 3.70 | 4.35 | 4.83 | 5.25 | 5.87 | 6.80 | 7.58 | 8.94 |
| 橡胶和塑料制品业 | 2.36 | 2.68 | 2.70 | 2.87 | 3.44 | 3.48 | 3.63 | 4.14 | 4.82 | 4.93 | 5.43 | 5.98 | 6.74 | 7.46 | 8.77 |
| 非金属矿物制品业 | 2.12 | 2.44 | 2.47 | 2.60 | 3.06 | 2.95 | 2.94 | 3.25 | 3.85 | 3.81 | 4.14 | 4.44 | 5.30 | 6.49 | 7.55 |
| 金属冶炼和压延加工业 | 1.99 | 2.35 | 2.33 | 2.49 | 2.98 | 2.93 | 2.93 | 3.40 | 4.13 | 4.15 | 4.64 | 5.06 | 5.98 | 6.95 | 8.19 |
| 金属制品业 | 2.12 | 2.46 | 2.45 | 2.59 | 3.08 | 3.04 | 3.08 | 3.54 | 4.29 | 4.37 | 4.91 | 5.43 | 6.26 | 7.17 | 8.39 |

续表

| 行业 | 1996年 | 1997年 | 1998年 | 1999年 | 2000年 | 2001年 | 2002年 | 2003年 | 2004年 | 2005年 | 2006年 | 2007年 | 2008年 | 2009年 | 2010年 |
|---|---|---|---|---|---|---|---|---|---|---|---|---|---|---|---|
| 通用和专用设备制造业 | 1.86 | 2.14 | 2.18 | 2.28 | 2.68 | 2.58 | 2.55 | 2.91 | 3.47 | 3.52 | 4.02 | 4.57 | 5.49 | 6.71 | 7.77 |
| 电气设备制造业 | 2.40 | 2.87 | 2.85 | 2.95 | 3.46 | 3.29 | 3.22 | 3.63 | 4.26 | 4.37 | 4.93 | 5.56 | 6.45 | 7.38 | 8.81 |
| 电子通信设备制造业 | 2.17 | 2.62 | 2.50 | 2.50 | 2.92 | 2.88 | 2.88 | 3.58 | 4.81 | 5.44 | 7.29 | 10.25 | 10.99 | 11.25 | 12.45 |
| 仪器仪表及文化、办公用机械制造业 | 2.03 | 1.43 | 2.05 | 2.01 | 2.31 | 2.03 | 1.05 | 1.92 | 2.12 | 2.63 | 3.68 | 6.44 | 7.41 | 7.89 | 9.03 |
| 交通运输设备制造业 | 2.16 | 2.52 | 2.52 | 2.73 | 3.27 | 3.14 | 3.22 | 3.70 | 4.34 | 4.26 | 4.62 | 5.14 | 6.13 | 7.50 | 8.88 |
| 其他制造业 | 2.80 | 3.10 | 3.16 | 3.42 | 4.08 | 4.22 | 4.52 | 4.49 | 4.25 | 4.60 | 4.94 | 5.20 | 5.68 | 6.30 | 6.60 |
| 电力、热力、燃气及水生产和供应业 | 2.68 | 3.11 | 3.17 | 3.45 | 4.10 | 4.14 | 4.28 | 4.76 | 5.50 | 5.52 | 5.80 | 6.13 | 7.07 | 7.98 | 9.44 |
| 建筑业 | 1.99 | 2.31 | 2.29 | 2.37 | 2.73 | 2.69 | 2.74 | 3.25 | 3.88 | 3.65 | 3.98 | 4.24 | 5.15 | 6.51 | 7.61 |
| 批发和零售业 | 2.32 | 2.71 | 2.77 | 2.93 | 3.39 | 3.33 | 3.28 | 3.68 | 4.21 | 4.23 | 4.82 | 5.61 | 6.56 | 7.33 | 8.72 |
| 住宿和餐饮业 | 3.65 | 3.78 | 4.24 | 4.62 | 5.37 | 5.45 | 5.49 | 5.73 | 6.28 | 6.44 | 6.68 | 7.10 | 8.20 | 9.04 | 10.48 |
| 交通运输、仓储和邮政业 | 2.38 | 2.71 | 2.85 | 3.09 | 3.65 | 3.75 | 3.86 | 4.22 | 4.84 | 4.93 | 5.21 | 5.59 | 6.47 | 7.33 | 8.66 |
| 信息传输、软件和信息技术服务业 | 2.48 | 3.10 | 3.20 | 3.46 | 4.10 | 4.16 | 4.24 | 5.00 | 5.99 | 6.12 | 6.48 | 7.00 | 8.13 | 9.37 | 10.88 |
| 金融业 | 3.24 | 3.89 | 3.75 | 3.87 | 4.35 | 4.32 | 4.37 | 4.95 | 5.71 | 5.86 | 6.32 | 7.03 | 8.04 | 8.99 | 10.60 |
| 房地产业 | 5.67 | 6.53 | 6.98 | 7.97 | 9.77 | 10.13 | 10.36 | 9.29 | 9.30 | 8.02 | 8.05 | 8.61 | 9.66 | 11.23 | 13.33 |
| 租赁业、科学、技术和商业服务业 | 3.33 | 3.46 | 3.56 | 4.04 | 4.73 | 5.22 | 5.37 | 4.90 | 5.38 | 5.48 | 5.71 | 6.25 | 7.05 | 7.90 | 9.45 |
| 水利、环境与公共管理 | 14.24 | 17.32 | 19.87 | 21.03 | 26.11 | 27.55 | 31.07 | 19.82 | 17.76 | 16.28 | 18.55 | 21.52 | 25.13 | 26.22 | 27.74 |
| 教育 | 2.83 | 3.58 | 3.96 | 4.65 | 5.67 | 5.82 | 5.94 | 6.77 | 7.84 | 8.91 | 9.37 | 11.21 | 13.08 | 14.95 | 17.98 |
| 卫生和社会工作 | 5.08 | 6.30 | 6.24 | 6.72 | 8.16 | 7.85 | 7.69 | 9.77 | 12.10 | 15.84 | 14.75 | 15.49 | 17.30 | 18.24 | 22.03 |
| 其他服务业 | 1.90 | 2.65 | 2.71 | 2.86 | 3.16 | 3.27 | 2.99 | 3.22 | 2.82 | 2.73 | 2.18 | 1.83 | 2.18 | 2.79 | 3.00 |

在中国的改革开放过程中，1978年开始改革开放；1992年邓小平发表南方谈话，基本确立了社会主义市场经济的改革方向；2001年12月中国加入了WTO，开启了对外开放的新时代；2008年蔓延全球的国际金融危机，对中国经济造成了一定的冲击。因此，我们将样本年份分为了4个阶段——1981~1991年、1992~2001年、2002~2007年和2008~2010年，从不同的历史阶段分析中国行业层面TLP的变化趋势。

1981~1991年，农、林、牧、渔业的全劳动生产率由0.17元/时增长到0.50元/时，后者是前者的2.89倍；1991年第二产业的全劳动生产率平均达到1981年的4.16倍，其中增长最快的是建筑业，1991年达到1981年的24.95倍；第三产业的全劳动生产率在该期间增长最慢，1991年第三产业的全劳动生产率平均是1981年的2.22倍，其中增速最快的是卫生与社会工作，后者是前者的3.63倍。

1992~2001年，第一产业全劳动生产率的增长速率与上一阶段相仿，2001年的农、林、牧、渔业全劳动生产率达到1992年的2.94倍；2001年第二产业的全劳动生产率平均达到1992年的4.24倍，建筑业的增速回落，其他各部门的增速差别不大，其中增长最快的是皮革、毛皮、羽毛及其制品和制鞋业，2001年达到1992年的6.03倍；第三产业的全劳动生产率在该期间增速显著提高，2001年第三产业的全劳动生产率平均是1992年的4.40倍，其中增速最快的是房地产业，2001年达到1992年的7.73倍。可见，1992~2001年，我国由于确立了社会主义市场经济的改革方向，采取了税制改革和分税制改革等一系列措施，在发展第二产业的同时，经济发展重心逐渐转向第三产业。

2002~2007年，第一产业农、林、牧、渔业全劳动生产率的增长率达到78.80%，它仍然以较平稳的速度保持了增长；第二产业全劳动生产率的增速略有下降，但仍达到78.24%的平均水平，其中增长最快的是仪器仪表及文化、办公用机械制造业，2007年达到2002年的6.12倍；第三产业全劳动生产率在2002~2007年的平均增长率为35.55%，其中房地产业，水利、环境与公共管理和其他服务业的全劳动生产率在波动中略有下降，而在此期间增幅最大的是卫生和社会工作以及教育，2007年分别达到2002年的2.01倍和1.88倍。在此期间，我国实施了更为全面与广泛的对外开放政策，面临许多挑战和机遇，我国的发展依然以第二产业为主，同时极为关注和重视第三产业的发展。而卫生和社会工作部门以及教育部门全劳动生产率的大幅增长，更是说明了我国对社会福利事业和教育事业的高度重视，在经济高速增长的同时关注经济增长质量。

由于数据的可获得性，2008~2010年时间较短，并且该期间受到国际金融危机的冲击。四万亿元财政刺激计划和后续城投平台的高速发展使投资维持在高位，在一定程度上维持了各行各业的增长。在此期间，第一产业农、林、牧、渔业全劳动生产率的增长率为30.23%；第二产业全劳动生产率的平均增长率为32.48%，其中最高的是建筑业（47.70%）和交通运输设备制造业（45.03%）；第三产业全劳动生产率的平均增长率为31.42%，其中增速最快的是房地产业，增长率达到38.08%。

**3. TFP增长率的测算及其与TLP增长率的比较**

现阶段测算TFP增长率的方法主要是基于生产函数形式的，但由于对数据利用率、变量内生性等问题的考量，同时为了解决样本的同时性偏差和选择偏差问题，Olley和Pakes（1996）、Levinsohn和Petrin（2003）、Wooldridge（2009）、鲁晓东和连玉君（2012）以及Ackerberg等（2015）提出、完善并发展了控制函数方法，使之成为当今最主流的TFP增长率测算方法之一。本文分别采用了其中的OP法、LP法和GMM法（WRDG法），使用1981~2010年37个行业的面板数据进行TFP增长率测算。在以上三种方法中，自由变量为与TLP测算中口径相同的劳动投入数据，代理变量为与TLP增长率测算中口径相同的中间投入数据，状态变量为与TLP增长率测算中口径相同的固定资本损耗数据，并且选择计量模型的回归形式为3阶多项式，在GMM法的测算中工具变量的选择为各变量的滞后项。

图1为采用三种方法测算所得TFP增长率的核密度曲线图，三种结果在具体数值和分布上均具有较大差异。结合我国现阶段关于TFP的测算研究，如郭庆旺和贾俊雪（2005）、章祥苏和贵斌威（2008）、李宾和曾志雄（2009）、白重恩和张琼（2015）、许宪春等（2020）中的测算结果，可见新古典框架下的TFP增长率测算结果受测算方法和数据选择的影响，其计算结果和趋势并不一致。

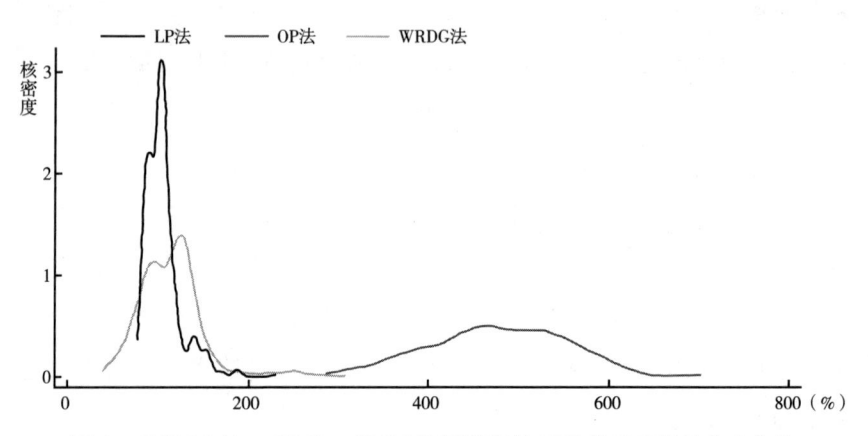

**图1 采用LP法、OP法、GMM法测算所得TFP增长率的核密度曲线**

另外，当选取的基期和时间跨度不同时，TFP增长率的计算结果也可能会出现很大的不同。我们将数据基年设置为1982年，同时数据跨度改为两年，用OP法、LP法和GMM法三种方法分别测算TFP增长率，并通过TFP的测算定义计算出2002~2006年增长率的平均值（见表3）。

**表3 2002~2006年中国分行业的增长核算**

单位：%

| 行业 | TLP | TFP_2 | TFP_1 | 产出 | 资本投入 | 劳动投入 |
|---|---|---|---|---|---|---|
| 农、林、牧、渔业 | 53.64 | 7.32 | 17.36 | 44.49 | -61.33 | -15.17 |
| 煤炭开采和洗选业 | 31.81 | 7.40 | 12.87 | 121.10 | 164.01 | 36.87 |
| 石油和天然气开采业 | 34.38 | 4.97 | 11.94 | 159.76 | 145.53 | 94.07 |

续表

| 行业 | TLP | TFP_2 | TFP_1 | 产出 | 资本投入 | 劳动投入 |
|---|---|---|---|---|---|---|
| 金属矿采选业 | 36.16 | 5.10 | 12.33 | 214.70 | 219.68 | 29.30 |
| 非金属矿采选业 | 56.72 | 5.62 | 12.22 | 118.56 | 139.19 | -1.15 |
| 食品行业 | 20.55 | 5.95 | 14.25 | 112.14 | 98.33 | 9.10 |
| 烟草制品业 | 3.32 | 4.92 | 11.53 | 70.71 | 37.06 | -13.48 |
| 纺织业 | 34.86 | 5.99 | 14.48 | 112.19 | 103.61 | 41.14 |
| 纺织服装、服饰业 | 18.09 | 6.53 | 13.60 | 90.01 | 76.03 | 48.39 |
| 皮革、毛皮、羽毛及其制品和制鞋业 | -6.27 | 6.62 | 13.79 | 103.45 | 120.31 | 60.92 |
| 木材加工和家具制造业 | 68.02 | 6.26 | 13.48 | 103.88 | 95.30 | 78.83 |
| 造纸与印刷业 | 43.49 | 5.95 | 13.37 | 77.48 | 38.74 | 32.34 |
| 石油加工、炼焦和核燃料加工业 | 48.23 | 5.87 | 14.85 | 124.99 | 157.78 | 23.32 |
| 化工原料及相关行业 | 63.40 | 5.94 | 14.36 | 125.37 | 89.58 | 16.78 |
| 橡胶和塑料制品业 | 49.45 | 6.22 | 13.99 | 84.36 | 53.69 | 46.40 |
| 非金属矿物制品业 | 41.16 | 6.24 | 13.56 | 175.50 | 211.56 | 1.20 |
| 金属冶炼和压延加工业 | 58.27 | 6.10 | 15.10 | 194.79 | 222.79 | 16.17 |
| 金属制品业 | 59.48 | 6.25 | 13.98 | 105.99 | 120.53 | 32.43 |
| 通用和专用设备制造业 | 57.99 | 6.28 | 14.51 | 122.51 | 129.77 | 40.19 |
| 电气设备制造业 | 52.81 | 6.28 | 14.31 | 161.82 | 126.69 | 71.42 |
| 电子通信设备制造业 | 153.59 | 6.47 | 15.47 | 195.77 | 116.49 | 86.25 |
| 仪器仪表及文化、办公用机械制造业 | 249.57 | 6.35 | 13.26 | 550.83 | 570.46 | 31.55 |
| 交通运输设备制造业 | 43.48 | 6.13 | 14.54 | 125.14 | 83.26 | 30.20 |
| 其他制造业 | 9.29 | 5.41 | 11.50 | 86.14 | 115.94 | 3.64 |
| 电力、热力、燃气及水生产和供应业 | 35.64 | 5.42 | 14.44 | 129.26 | 86.80 | 19.44 |
| 建筑业 | 45.09 | 6.94 | 15.39 | 85.47 | 129.10 | 0.76 |
| 批发和零售业 | 46.86 | 6.05 | 12.05 | 37.64 | 116.62 | 9.71 |
| 住宿和餐饮业 | 21.60 | 5.58 | 12.19 | 90.04 | 95.33 | 21.99 |
| 交通运输、仓储和邮政业 | 34.78 | 5.54 | 12.66 | 76.57 | 113.40 | 7.00 |
| 信息传输、软件和信息技术服务业 | 52.94 | 4.98 | 11.93 | 102.95 | 107.98 | 9.00 |
| 金融业 | 44.56 | 5.29 | 12.17 | 72.17 | 67.22 | 163.33 |
| 房地产业 | -22.26 | 5.50 | 12.22 | 73.19 | 115.24 | 452.34 |
| 租赁、科学、技术和商业服务业 | 6.45 | 5.79 | 13.50 | 254.32 | 161.05 | 371.09 |
| 水利、环境与公共管理 | -40.29 | 7.86 | 16.03 | 70.88 | 14.48 | 171.63 |
| 教育 | 57.70 | 8.19 | 14.70 | 64.99 | 76.78 | -6.20 |
| 卫生和社会工作 | 91.79 | 7.41 | 14.18 | 148.23 | 92.04 | -6.84 |
| 其他服务业 | -27.23 | 6.51 | 12.22 | 50.10 | 134.79 | 3.79 |

其中，TFP_2 为采用间隔时长为两年的数据测算出的 TFP 增长率，TFP_1 为采用间隔时长为一年的数据测算出的 TFP 增长率。从表 3 可知，数据间隔时长的变长会导致 TFP 增长率的低估，采用间隔时长为两年数据测算的 TFP 增长率显著地低于采用间隔时长为一年数据测算的 TFP 增长率，而对于 TLP 增长率，由于可以测算出每年全劳动量的绝对量，数据的间隔和缺失对其测算的影响较小，相对 TFP 的测算更为稳健。并且由于 TFP 与 TLP 的理论差异，TLP 增长率的测算结果一般高于 TFP 增长率，这与表 3 所示的结果一致。

2002~2006 年，由于加入 WTO，中国经历了经济高速增长，同时政府对经济干预力度逐渐加大，资本积累率快速上升，尤其是工业部门投资驱动的特征非常突出。由表 3 可见，很多工业行业的资本投入增速远高于其产出增速，导致 TLP 增长率很低，甚至为负，如皮革、毛皮、羽毛及其制品和制鞋业（-6.27%）等。另外，大量的劳动投入对 TLP 增长率的影响程度远高于资本投入，以房地产业和水利、环境与公共管理为例，它们在 2002~2006 年的劳动投入增长率远高于资本投入增长率和产出增长率，大量劳动投入伴随而来的技术转型不成功和效率低下导致了 TLP 增长率的表现较差。

## 四　中国经济增长来源

中国的经济体量在改革开放期间经历了极大的增长。姚洋（2019）指出中国的经济结构在此期间产生了巨大的变化，由工业化阶段逐渐进入去工业化阶段，而提高工业劳动生产率仍然是许多跨越了中等收入陷阱的国家或地区去工业化阶段的重要经验。根据前文分析，在政治经济学的视阈下，全劳动生产率比劳动生产率更为准确和全面地描述了劳动者创造使用价值的能力和水平，体现了各种类型技术进步所引致的经济增长（冯志轩，2018）。因此，借助全劳动生产率对中国各发展阶段的增长来源进行分析，从而探索中国未来经济增长的主要动力和发展方向，对于推进宏观经济高质量发展具有一定的理论和实践意义。

本文已经从行业层面考察了中国TLP的演进路径，在中观层面对我国经济增长潜力进行了相应的分析。Kuznets（1957）通过构建产业间的劳动生产率分解模型，尝试通过贡献份额测度经济增长中的产业结构转换效应。这种份额分解量化分析方法，提供了一种加总-分解的思路，建立起经济中观层面和宏观层面的联系。沿袭这种分析思路，李平等（2017）将宏观总体TFP增长率因素分解到第一产业、第二产业、生产性服务业和生活性服务业的级数进步效应和结构转换效应上，指出生产性服务业对中国经济可持续增长有重要作用；Jia等（2020）通过贡献率的分解来检验制造业TFP增长和非制造业TFP增长在长期经济增长中的不同作用，说明了许多发达经济体在服务业主导经济的总体趋势下回归制造业发展的理由。然而，由于TFP理论假设上的不足，要素弹性不同、基期选择不同等都会造成测算贡献率的误差。相比之下，TLP测算的稳健性能够有效地增强贡献率测算的准确性，有利于我们分析中观层面的行业变化对宏观经济增长的影响。

为了探究我国经济增长的来源，我们根据许宪春等（2020）给出的分类标准，将37个行业分为农业、建筑业、能源工业、基础材料工业、成品及半成品制造业、生产性服务业、其他市场服务业和非市场性服务业8个大类（如表4所示）。并利用我们上文测算所得的分行业TLP数据对总体TLP做增长贡献的分解，以探索中国经济增长来源。

**表4 8个大类行业分类标准**

| 分类 | 内容 |
| --- | --- |
| 农业 | 农、林、牧、渔业 |
| 建筑业 | 建筑业 |
| 能源工业 | 煤炭开采和洗选业,石油和天然气开采业,石油加工、炼焦和核燃料加工业,电力、热力、燃气及水生产和供应业 |
| 基础材料工业 | 金属矿采选业,非金属矿采选业,纺织业,造纸与印刷业,化工原料及相关行业,非金属矿物制品业,金属冶炼和压延加工业 |

续表

| 分类 | 内容 |
| --- | --- |
| 成品及半成品制造业 | 食品行业,烟草制品业,纺织服装、服饰业,皮革、毛皮、羽毛及其制品和制鞋业,木材加工和家具制造业,橡胶和塑料制品业,金属制品业,通用和专用设备制造业,电气设备制造业,电子通信设备制造业,仪器仪表及文化、办公用机械制造业,交通运输设备制造业,其他制造业 |
| 生产性服务业 | 交通运输、仓储和邮政业,信息传输、软件和信息技术服务业 |
| 其他市场服务业 | 批发和零售业,住宿和餐饮业,金融业,房地产,租赁、科学、技术和商业服务业,其他服务业 |
| 非市场性服务业 | 水利、环境与公共管理,教育,卫生和社会工作 |

根据定义,我们将每个部门的总价值量占全社会总价值量的比重作为权重赋予各部门,由此得到一个经济的总 TLP 增长率,并且根据行业划分标准,我们可以得到各行业对总 TLP 增长的贡献率(如图 2 所示)。

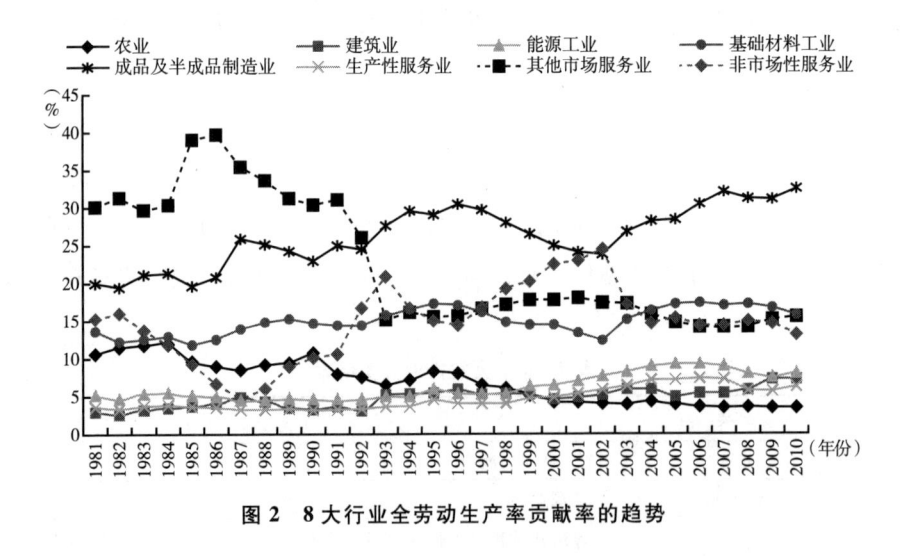

图 2　8 大行业全劳动生产率贡献率的趋势

从图 2 可以看出,1981~2010 年,成品及半成品制造业的 TLP 贡献率一直处于高位,并且有波动上升的趋势,可见成品及半成品制造业一直是中国增长的引擎，并且经济增长又反向推动了成品及半成品制造业的技术改进和效率提高。另外，基础材料工业也是拉动中国经济增长的重要力量，TLP 贡献率从 1981 年的 13.64% 增长到 2008 年的 17.44%，2008 年国际金融危机对经济的冲击导致 2009 年、2010 年的贡献率略有回落。建筑业和能源工业 TLP 贡献率虽然较低，但在宏观经济发展中占有举足轻重的地位，建筑业和能源工业贡献率的稳步增长间接反映了我国经济增长的质量与潜力。

对于服务业而言，我们发现其他市场服务业和非市场性服务业的 TLP 贡献率趋势相反，互为补充。在 1987 年之后，非市场性服务业的 TLP 贡献率上升，标志着我国对水利、环境与公共管理，教育，卫生和社会工作等非市场性服务业的重视与发展，但是我们同时也发现了非市场性服务业 TLP 贡献率的波动与不稳定。而文化、公共管理、教育卫生等行业不仅与社会福利息息相关，还是未来的科技产业，特别是人工智能和 5G 应用最为宽广的领域之一。因此，通过改革开放等一系列政策手段引导非市场性服务业的科技创新和效率改进，从而提高 TLP，是我国未来经济发展的重点。另外，生产性服务业能够提高生产过程的运营效率，从而促进制造业的发展。生产性服务业的 TLP 贡献率稳中有升，也间接推动了制造业的发展与经济增长，对宏观经济发展具有一定的乘数效应。因此，将新兴科技创新与生产性服务业相结合，促进其 TLP 的增长，对于未来宏观经济发展具有重大意义。

农业的 TLP 贡献率变化趋势较为平缓：20 世纪 80 年代，农、林、牧、渔业获得的改革红利最大，其 TLP 增长率的贡献率也较高，但是伴随着农村过剩劳动力的转移和产业结构的转型升级，农、林、牧、渔业增加值的占比持续下降，它对总体 TLP 增长率的贡献率也逐渐下降。

总体来说，我国农业对经济增长的贡献水平随着产业结构的转型升级逐渐降低，而随着改革开放的不断推进，我国的经济发展重心逐渐由第二产业向第三产业转移，但是成品及半成品制造业、基础材料工业等制造业仍然是推动我国经济增长的重要力量。另外，对于第三产业而言，生产性服务业的贡献率稳中有升，间接推动了制造业的发展；而我国对非市场性服务业的关注度提高，增加了我国文化、公共服务、教育医疗等产业的投入。与此同时，生产性服务业和非市场性服务业也是未来应用人工智能、5G等科技最为广泛的行业，应当增加对生产性服务业、非市场性服务业的科技投入，提高TLP，通过已有优势产生规模效应，从而实现局部突破领先，以期形成整体效应。因此，生产性服务业和非市场性服务业深化改革，对于现阶段我国的服务业技术进步创新而言，既是挑战，也是机遇。

## 五 结论与展望

本文简单梳理了在测度宏观经济效率和增长潜力中应用最广的TFP指标，并从理论方面分析了其不足。与之相对应的是，在马克思主义政治经济学视阈下所提出的TLP，通过使用价值和价值量的变化统一衡量各投入要素，排除了TFP由于处理方式不同带来的遗漏或重复测算的问题，在一定程度上弥补了TFP的不足。本文首先对TLP的提出、发展与测算方法进行了详细介绍，然后在理论层面对TFP和TLP进行了对比，并通过1981~2010年中国多行业数据对二者测算结果进行了比较与分析。通过测算我们发现：TFP增长率的不同测算方法所得结果在具体数值和分布上均具有较大差异，并且数据间隔时长或缺失时长的增加会导致TFP增长率的低估；而TLP增长率的测算是通过全劳动量的计算，其绝对数值不会随着方法选择和数据的可获得性而产生较大差异，因此结果更为稳健。

除此之外，本文还具体分析了通过CIP数据测算所得的1981~2010年37个行业TLP的变化趋势，结果说明我国第一产业的TLP增长平稳，而第二产业是我国经济发展的主要动力源泉，且在1992~2001年之后，第三产业的TLP增速上升，说明我国的经济发展重心逐步转向第三产业。其结果与现实情况基本吻合，验证了基于TLP分析经济增长的可行性。

并且，我们通过分析 8 个行业大类 TLP 的贡献率变化趋势发现：我国经济增长的动能主要来自第二产业，特别是成品及半成品制造业和基础材料工业；1987 年之后，第三产业中非市场性服务业的 TLP 贡献率上升。由此可知，对于未来中国经济增长，一方面应推进制造业向前沿技术趋近，另一方面应抓紧以信息技术为核心的生产性服务业和非市场性服务业发展的机遇，促进传统产业的转型升级，实现新旧动能的转换。

另外，本文还存在一些不足和需要改进之处：一方面，由于研究数据可得性的局限，本文研究的数据截至 2010 年，所以无法探究最新的 TLP 变化趋势；另一方面，由于缺少包含技术系数的资本投入矩阵和进口投入矩阵，文中均采用了估算形式，这在一定程度上影响了 TLP 测度的准确性。

## 参考文献

白重恩，张琼．2014．用"已知"倒推"未知"：中国全要素生产率研究展望［J］．新金融评论，(1)．

白重恩，张琼．2015．中国生产率估计及其波动分解［J］．世界经济，(12)．

蔡昉．2013．中国经济增长如何转向全要素生产率驱动型［J］．中国社会科学，(1)．

戴艳娟，李洁，泉弘志，等．2020．中美各行业全劳动生产率增长率的测算——基于世界投入产出表［J］．政治经济学季刊，3 (1)．

戴艳娟，泉弘志．2014．基于全劳动生产率的中国各产业生产率的测算［J］．财经研究，(12)．

冯志轩，刘凤义．2020．马克思-斯拉法框架下的全劳动生产率增速测算［J］．世界经济，(3)．

冯志轩．2018．基于全劳动生产率分解的经济增长核算［R］．工作论文。

郭庆旺，贾俊雪．2005．中国全要素生产率的估算：1979-2004［J］．经济研究，(6)．

李宾，曾志雄．2009．中国全要素生产率变动的再测算：1978-2007 年［J］．数量经济技术经济研究，(3)．

李平，付一夫，张艳芳．2017．生产性服务业能成为中国经济高质量增长新动能吗［J］．中国工业经济，(12)．

鲁晓东，连玉君．2012．中国工业企业全要素生产率估计：1999—2007［J］．经济学（季刊），（2）．

倪铭娅．2021．GDP 突破百万亿元 经济发展将更重"质"［N］．中国证券报，01-19．

泉弘志，李洁．2005．全要素生産性と全労働生産性--それらの共通点と相違点の比較考察及び日本1960-2000年に関する試算［J］．統計学，（89）．

荣兆梓，李亚平．2021．全劳动生产率与马克思主义基本增长方程［J］．上海经济研究，（1）．

荣兆梓．1992．总要素生产率还是总劳动生产率［J］．财贸研究，（3）．

山田彌．1991．投下労働量??労働生産性??労働交換率の測定--産業連関データによる日米経済の比較分析［J］．立命館経済学，（1）．

山田彌，橋本貴彦．2005．投下労働量モデルによる日米労働生産性の比較分析［J］．立命館経済学，（4）．

松田和久．1980．労动生产率的理论［M］．东京：千仓书店．

许宪春，张钟文，常子豪，等．2020．中国分行业全要素生产率估计与经济增长动能分析［J］．世界经济，（2）．

姚洋．2019．很多人说中国制造"大而不强"，但实际上"大就是强"［C］．2019智能科技创新发展高峰论坛．

章祥荪，贵斌威．2008．中国全要素生产率分析：Malmquist 指数法评述与应用［J］．数量经济技术经济研究，（6）．

郑玉歆．1998．全要素生产率的测算及其增长的规律［J］．数量经济技术经济研究，（10）．

郑玉歆．1999．全要素生产率的测度及经济增长方式的"阶段性"规律——由东亚经济增长方式的争论谈起［J］．经济研究，（5）．

郑玉歆．2007．全要素生产率的再认识——用 TFP 分析经济增长质量存在的若干局限［J］．数量经济技术经济研究，（9）．

置塩信雄．1954．価値と価格—労働価値説と均衡価格論［J］．神戸大学経済学研究年報，（1）．

置塩信雄．1997．マルクス経済学［M］．東京：筑摩書房．

Ackerberg D, Caves K, Frazer G. 2015. Identification properties of recent production function estimators［J］. *Econometrica*, 83（6）．

Brody A. 1970. *Proportions, Prices and Planning: A Mathematical Restatement of the Labor Theory of Value*［M］. London: Amsterdam.

Chen E. 1997. The total factor productivity debate: Determinants of economic growth in East Asia［J］. *Asian-Pacific Economic Literature*, 11（1）．

Gollop F, Jorgenson D. 1980. US productivity growth by industry, 1947-73［M］// *New Developments in Productivity Measurement*. Chicago: University of Chicago Press.

Hahnel R. 2017. Environmental sustainability in a Sraffian framework [J]. *Review of Radical Political Economics*, 49 (3).

Jia F, Ma X, Xu X, et al. 2020. The differential role of manufacturing and non-manufacturing TFP growth in economic growth [J]. *Structural Change and Economic Dynamics*, 52.

Krugman P. 1994. The myth of Asia's miracle [J]. *Foreign Affairs*, 73 (6).

Kuznets S. 1957. Quantitative aspects of the economic growth of nations: II. Industrial distribution of national product and labor force [J]. *Economic Development and Cultural Change*, 5 (S4).

Levinsohn J, Petrin A. 2003. Estimating production functions: Using inputs to control for unobservables [J]. *The Review Of Economic Studies*, 70 (2).

Olley S, Pakes A. 1996. The dynamms of productivity in the telecommunicanons equipment industry [J]. *Econometrica*, 64 (6).

Roemer J. 1981. *Analytical Foundations of Marxian Economic Theory* [M]. Cambridge: Cambridge University Press.

Shaikh A. 1974. Laws of production and laws of algebra: The humbug production function [J]. *The Review of Economics and Statistics*, 56 (1).

Solow R. 1957. Technical change and the aggregate production function [J]. *The Review of Economics and Statistics*, 39 (3).

Stiglitz J. 2001. From miracle to crisis to recovery: Lessons from four decades of East Asian experience [M] // Stiglitz J, Yusuf S, eds. *Rethinking the East Asian Miracle* [M]. World Bank and Oxford University Press.

Wooldridge J. 2009. On estimating firm-level production functions: Using proxy variables to control for unobservables [J]. *Economics Letters*, 104 (3).

World Bank. 1993. *The East Asia Miracle: Economic Growth and Public Policy* [M]. New York: Oxford University Press.

Wu H, Ito K. 2015. Reconstructing China's supply-use and input-output tables in time series [R]. RIETI Discussion Papers, 15-E-004.

Wu H, Yue X, Zhang G. 2015. Constructing annual employment and compensation matrices and measuring labor input in China [R]. RIETI Discussion Papers, 15-E-005.

Wu H. 2015. Constructing China's net capital and measuring capital services in China, 1980-2010 [R]. RIETI Discussion Papers, 15-E-006.

Wu H. 2019. China's forty years of productivity growth: Towards a theory-methodology-measurement coherent analysis [C]. The Fifth Asian KLEMS Conference.

Young A. 1995. The tyranny of numbers: Confronting the statistical realities of the East Asian growth experience [J]. *The Quarterly Journal of Economics*, 110 (3).

# 金融深化与全劳动生产率[*]

## ——基于30个省区市投入产出表的研究

刘 刚 张文茜[**]

**摘 要**：金融深化是我国提高经济效率、实现高质量发展的重要政策。本文尝试从国民经济核算视角出发，基于投入产出法开展地区生产效率研究，通过引入全劳动生产率来衡量经济效率的提升效应，利用2002～2017年以全国30个省区市为样本的面板数据，采用固定效应模型进行实证检验。研究发现，金融深化能显著提升我国经济效率，提升路径为提高各工业产业的全劳动生产率。机制检验结果表明，金融深化发挥了"资本配置改善"效应和"技术水平提高"效应，通过提高社会劳动的产出效率推动经济效率提升。金融深化在不同发展阶段对经济效率的影响存在差异，进一步研究表明，金融深化与全劳动生产率存在非线性关系，具有门限效应。金融深化在跨越门限值后，能进一步推动全劳动生产率提高。此外，金融深化对全劳动生产率的促进效应表现为东部最强、西部次之、中部最弱。因此，应因地制宜地推进金融深化，改善融资方式，优化金融功能，防范金融风险，持续推进市场化改革，

---

[*] 原文发表于《金融理论探索》2023年第2期。
[**] 刘刚，曲阜师范大学副校长、经济学院院长、教授、博士研究生导师；张文茜，曲阜师范大学经济学院硕士研究生。

突破"门限效应"制约，努力提高社会资本配置效率与企业技术水平，从而推动中国经济发展的效率变革进程。

**关键词：** 金融深化　全劳动生产率　门限效应　投入产出分析

# 一　引言

金融自由主义的思想渊源最早可以追溯到英国唯物主义哲学，它对"自然规律"的理性追求，被亚当·斯密和李嘉图等人合理地应用到描述财富和生产力的经济理论中，而后又被马歇尔、帕累托等人注入一般均衡理论体系。他们提出以自由竞争实现资源的有效配置，即市场经济能充分自我调节和自我矫正，促使经济实现常态均衡，因此国家无须直接干预经济——这种竞争均衡理论成为新古典经济学的信条，而后被金融深化理论吸收、改造并延续。

伴随着20世纪70年代经济滞胀的出现，凯恩斯主义倡导的国家干预与金融管制思想的统治地位一落千丈，新自由主义兴起，金融自由取代了金融抑制，金融迎来了黄金发展期。1973年，麦金农（R. I. Mckinnon）和肖（E. S. Shaw）分别出版了《经济发展中的货币与资本》与《经济发展中的金融深化》，批判、改进了新古典学派的理论：批判以低利率刺激投资、实现国家金融管制的货币理论；改实现一般均衡为实现局部均衡，以更好地适应发展中国家的经济现状。

金融自由化理论主张政府放弃对汇率和利率的管制，使之反映资金、外汇市场的真实供求状况，并发挥市场力量的主导作用，实现"金融深化"。金融深化不是完全意义上的金融自由化，金融自由化是以实现金融深化为目的的政策手段，只有当金融自由化能吸引储蓄、扩大投资，提高金融系统的效率，从而推动国民经济发展时，才能称为金融深化。金融深化思想为发展中国家金融改革提供了经典范式，但改革产生了两种截然不同的结果：部分国家改革成效超乎预期，金融市场展现出金融深化改革的巨大优势,比如韩国;然而,亦有部分国家改革不见成效,甚至出现了金融危机,比如阿根廷。随着债务危机、储蓄贷款危机、泡沫经济、金融危机相继席卷了美洲、亚洲和欧洲,金融的脆弱性使得人们对金融深化展开反思,这对于经济发展具有巨大的现实意义。但国际市场上批判金融深化的声音始终没能阻挡金融深化的主流趋势,尤其是在政府失灵产生恶劣后果以及麦金农对国家干预做出适当妥协之后,即政府对金融市场的控制仅表现为它对极端市场失灵后果的兜底。至此,国际市场的呼声与国家经济实践的方向也逐渐偏向于金融深化的进一步推动。

中国的金融深化改革是伴随着改革开放的号角一同吹响的,通过逐步完善的金融市场和利率体系,种类多样的金融工具与金融资产,都成为金融深化推动经济增长的有力武器。改革开放初期,"温和性"的金融约束政策展现出强大的活力,适当的资本管制对冲了金融系统的脆弱性,有效抵制了国际金融危机的冲击。然而,亦有研究表明,金融约束从长期来讲不一定能促进经济金融发展,金融深化将是一直以来推动经济增长的有效手段。21世纪10年代以来,经济发展步入新常态,经济效率提高取代了经济增长速度加快成为中国经济发展的目标。但与此同时,金融深化改革怎样使得有限的金融资源推动宏观经济实现最大限度的增长,金融资源的配置是否还需要政府的干预才能实现效应最大化,金融深化在经济效率提高的新阶段能否持续地迸发活力:这些问题至今仍未得出结论。

## 二 研究综述与理论基础

### (一) 研究综述

新古典框架内的全要素生产率(TFP)度量的是全部投入要素组合对经济增长的贡献,该测量方式包揽了大多数学者对经济问题的考察,是解释一国或地区经济增长效率的关键指标，是宏观经济政策制定的重要参考。全要素生产率理论建立在要素价值论的基础上，用于解释一个经济体增加的产出中扣除生产要素投入所引起的增加的剩余部分。但由于全要素生产率基于不同的计算方法，采用不同的技术处理会产生不同的计算结果（冯志轩和刘凤义，2020）。伴随着研究的推进，全要素生产率的测算经历了从使用生产函数（参数法）到尽量回避生产函数（非参数法，包括指数法和数据包络分析法）的演变（田友春等，2017），这就导致了计算结果的差异性。另外，新剑桥学派提出的"资本加总循环推论"悖论也直指新古典理论的弊端（柳欣，2012）。因此，本文试图跳出新古典理论的框架，在马克思主义政治经济学领域寻找解释经济效率的概念。

马克思在《资本论》中提出"劳动生产率"的概念，劳动生产率是单位时间内生产的使用价值，即单位产品价值量的倒数。凝结在商品中的社会必要劳动时间构成了价值量，此处的"劳动"既包含生产商品的直接劳动投入，又包含物化在商品中的劳动。置盐信雄（1977）和松田和久（1980）分别发表了《马克思经济学》和《劳动生产率的理论》，正式提出全劳动生产率（TLP）的概念。全劳动生产率表示全国平均意义上单位劳动生产的价值，此处的劳动，既包含直接投入生产中的劳动，也包含其他部门产品作为原材料的投入。在相关理论中，生产中的异质投入均可以还原为同质的劳动投入，全劳动生产率将投入的要素还原为无差别的人类劳动，这既包容了全要素生产率对"全部投入要素"的坚持，又解决了其计算结果不统一的矛盾，还能避免资本加总悖论、实现不同生产率的加总。因此，本文认为全劳动生产率相比全要素生产率，在解释经济效率方面更具优势。

关于全劳动生产率的源泉，马克思从科技进步角度给予了诠释："随着大工业的发展，现实财富的创造……较多地取决于在劳动时间内所运用的动因的力量，而这种动因自身——它们的巨大效率——又和生产它们所花费的直接劳动时间不成比例，相反地却取决于一般的科学水平和技术进步,或者说取决于科学在生产上的应用。"[①] 这表明提高活劳动生产率与推动科技进步在物质财富快速积累的过程中均具有重大意义,但随着技术的进步以及未来劳动者供给的减少和抚养负担的加重(乔晓楠等,2018),物化劳动在生产中的比重越来越大,这将强化科技进步对物化劳动生产率的提升作用,使之占生产效率的比重越来越大,进而使得全劳动生产率对生产效率的影响日益凸显。关于全劳动生产率的测算,陈春华和路正南(2011)在研究要素流动影响生产率的过程中指出,生产要素的转移会通过劳动生产率的增长和转移效应促进社会全劳动生产率的增长。何祚麻(2013)研究指出,仅从供给角度计算全劳动生产率对社会财富的贡献不全面,"供给"须与"需求"相结合。戴艳娟和泉弘志(2014)放松了计算中关于完全竞争、规模收益不变等假设,将各行业其他形式的投入转换为劳动投入,并测算国内各行业的全劳动生产率。后来,冯志轩与刘凤义(2020)引入了一个特殊的均衡利润率,通过计算包含中国在内的40个经济体的全劳动生产率增长率论证了以全劳动生产率增长率测度发展中国家经济效率的合理性,但该方法无法准确测量我国不同地区的全劳动生产率。荣兆梓和李亚平(2021)以我国社会纯产品生产的全劳动生产率解释了社会劳动生产率的概念,还进一步指出全劳动生产率在我国改革开放40年的经济增长中贡献很大。

探讨金融深化对经济效率影响的相关研究,基本围绕金融深化能否显著影响经济效率展开。受到 Schumpeter(1911)提出的关于金融发展能显著促进经济增长以及 King 和 Levine(1993)发现的金融发展与提高经济效率之间存在明显相关性的观点的影响,关于金融深化能否带动生产率提高出现了不同的声音。部分学者持否定态度:徐建军和汪浩瀚(2009)依托金融内生化增长模型,检验得出金融深化对生产效率不存在显著影响,这一意料之外的结论是由指标选取不当造成的,这也说明

---

[①]《马克思恩格斯全集》(第四十六卷·下册),人民出版社,1980,第217页。

了经济货币化指标（$M_2$/GDP）已不再适用于衡量中国当前的金融深化水平；陈刚等（2009）采用了更合理的衡量指标却也得出了相同的观点，并指出放宽市场准入与缓解融资约束并不足以提升我国金融体系的效率。后续学者在研究中也发现了这一点（吴超等，2013；姚耀军和董钢锋，2015；Masslmo et al.，2015）。与之相对，亦有部分学者对此持赞同意见，即认为金融深化能够带动生产效率提高。Beck 和 Levine（2004）以股票市场和银行为例，验证得出金融深化能显著推动经济增长。Arestis 等（2006）进一步补充道，推动作用的大小取决于经济效率所达到的程度，更高的经济效率对应着更高的金融深化水平。另外，金融深化带来的股票、债权等直接融资方式的多样化会对经济效率提高产生空间溢出效应，而银行等间接融资方式对经济效率提高则有着更显著的直接影响（李广析和梅林海，2017），金融资源的流动和聚集所产生的规模效应有利于经济效率的全面提升（孙光林等，2021）。

现有研究已对金融深化与经济效率的关系进行了探析，但仍存在以下不足之处。第一，对经济效率的测算大多采用全要素生产率指标，但该指标在理论基础和计算方法上均存在弊端。第二，在发展的不同阶段，金融深化与经济效率的关系并不是一成不变的，而现有研究在非线性关系方面有所忽略。本文的边际贡献体现在以下几个方面。第一，本文从马克思主义政治经济学视角重新审视经济效率，构建全劳动生产率指标，首次较为系统地识别了金融深化与全劳动生产率提高的因果关系。这不仅有助于丰富经济发展理论，对于包括中国在内的广大发展中国家正确认识和对待金融改革也具有积极的现实意义。第二，拓展现有研究视角，利用门限模型考察金融深化与全劳动生产率间的非线性关系，有助于打开金融深化如何影响我国经济效率的"黑匣子"。

**（二）理论基础**

通过梳理文献，本文认为金融深化可能会从推动资本配置改善和技术水平提高两个渠道对全劳动生产率产生影响。无论是直接投入生产过程的生产资料，还是以折旧的形式将自身价值转移到产品中的固定资本，都可以还原为同质的劳动（物化劳动），与劳动力直接投入的劳动时间（活劳动）共同构成产品的价值量（全劳动）。随着金融深化水平的提高，社会资本配置效率和技术水平也会相应得到提高，这将进一步提高社会劳动的产出效率，对全劳动生产率产生正向影响。

**1. 资本配置改善效应**

金融深化水平较低时，金融资本仍受到政府和国有银行管制，信贷呈现明显的"国有企业倾向"，效率高的中小企业以及科技企业受到严重的信贷歧视与融资约束，此时金融资本的扩张非但不能有效改善配置，还将引发严重的资本错配问题，降低金融市场效率和产能利用率，严重"拖累"经济效率（蔡昉，2021）。故金融资本的无效率配置将导致投入的冗余，对全劳动生产率产生负向影响。

一国经济效率能否提高，取决于实际有效的投资有多少能被投入经济运行中（文礼朋和郭熙保，2010）。资本是金融市场的运行核心，积累的资本若能为企业生产经营提供有效的资金支持，将是经济效率的关键推动力（钱雪松和方胜，2021）。随着金融深化水平提高，政府越来越放松对金融的管制，资本配置效率得以提高。一方面，金融深化直接带来了生产资本的积累，市场中多样化的金融工具和金融机构能有效拓宽融资渠道，提高社会储蓄率，实现资本积累；另一方面，金融深化能有效缓解信息不对称问题，提高金融系统搜集与评估企业投资项目信息的能力，引导企业投资，把稀缺资本有效配置到高回报率的项目中去（罗付岩，2013），以减少道德风险和逆向选择，缓解市场失灵（徐盈之和童皓月，2019）。再者，专业化的金融机构能形成规模经济，降低金融市场的交易费用和金融体系的运营成本，并能进一步通过整合、配置社会闲置资金，使资金流向生产效率更高的私人部门，提高金融市场的运行效率和私人部门的边际生产率，最终提升金融资本形成效率、配置效率和产出效率（陆岷峰和徐博欢，2019）。

最终，社会资本总量的累积与投资效率的提升，有利于各部门在生产使用价值过程中购买、雇用更优质的生产资料和劳动力，提高了各部门的劳动产出水平，进而提升了社会总体的生产率。

**2. 技术水平提高效应**

金融深化水平较低时，技术水平的提升速度会相应放缓：一方面，中国尚为发展中国家，技术水平相对落后，科技企业研发人员的工资薪酬在总投资额中占比较大，这使得社会融资成本较高，创新融资难度较大；另一方面，金融系统的监管制度不完善助长了创新企业隐瞒收益以规避还贷之风，导致投资者望而生畏，投资意愿减弱，进而加剧融资约束。

但伴随着中国金融深化水平的提高，首先，企业所面临的融资约束和信贷风险问题得以缓解，这能保障企业技术升级所需资金，并能分散和转移技术风险。高风险与高收益并存的直接融资能充分筛选、考察有融资请求的企业，以此降低流动性风险；而低风险与低收益并存的间接融资则能有效充当市场的"资金蓄水池"，起到保障资金、转移风险的作用。同时，伴随着金融与互联网的深度结合，大数据也能精准计量技术风险来源，与多样化的风险管理产品共同推动技术风险的分散与转移（张玄等，2019）。其次，金融深化提高了市场经济活跃度，推动形成了有利于技术创新的区域环境（易信和刘凤良，2015）。这促使企业为争夺市场份额加强竞争，源源不断地积累技术知识、提升知识技能效率以及推动产品创新升级，最终产生行业内部技术水平提高效应（赵息和马杰，2018）。最后，金融深化为技术进步集聚了高质量的专业性人才，通过对劳动者智能要求的提高，提升了劳动者知识技能效率和产品技术开发能力（唐未兵等，2014），从而带来了技术创新能力的增强，使企业能够快速消化引进的技术，将之转变为生产技术（熊德平和孙佳，2014）。

企业技术水平的提升和效率的改进，能直接提高各部门技术要素投入的数量与效率，进而有效改善社会融资和生产环境，延长资本品的使用寿命，并减少单位劳动的固定资本消耗，最终提高各部门的劳动产出水平和全劳动生产率。

鉴于此，本文提出如下假设：

假设1：金融深化能促进全劳动生产率提升。

假设2：金融深化通过资本配置改善效应和技术水平提高效应有效推动了全劳动生产率的提升。

假设3：金融深化与全劳动生产率存在非线性关系，金融深化在跨越门限值后，能进一步推动全劳动生产率提高。

## 三 研究设计

### （一）模型设定与变量选取

**1. 模型设定**

为了有效捕捉金融深化对我国全劳动生产率的净效应，本文借鉴熊德平和孙佳（2014）的做法，基于我国经济产出持续增加但就业不充分的事实，构建如下模型：

$$TLP_{it} = \alpha_0 + \alpha_1 FIN_{it} + \alpha_2 Control_{it} + \gamma_i + r_t + \varepsilon_{it} \qquad (1)$$

式中，$TLP_{it}$是被解释变量，表示省份$i$在$t$年的全劳动生产率；$FIN_{it}$为核心解释变量，表示省份$i$在$t$年的金融深化水平；$\alpha_0$是截距项，$\alpha_1$和$\alpha_2$是对应的回归系数；$Control_{it}$表示影响全劳动生产率并随$i$和$t$变动的控制变量，$\gamma_i$表示个体固定效应，$r_t$表示年份固定效应；$\varepsilon_{it}$为随机扰动项。

**2. 变量定义**

（1）被解释变量：全劳动生产率，以各地区实际平均单位劳动时间创造的价值量的价格来衡量。全劳动生产率的计算公式为：

$$TLP_i = \frac{1}{\tau_i} \quad (2)$$

其中，$\tau_i$ 为行业单位产出所消耗的全劳动量的价格。各省份各行业全劳动生产率具体的计算过程见附录。

（2）核心解释变量：金融深化，采用非国有企业获取的贷款余额与地区生产总值的比值衡量。

（3）控制变量：财政支出水平（fis），以政府一般公共预算支出占生产总值的比重来反映；对外开放水平（ope），以外商投资企业投资总额占生产总值的比重来控制；城市化水平（urb），以城镇人口占总人口的比重来体现；人力资本水平（edu），以6岁以上人口的平均受教育年限来表示；基础设施投入（inf），以每平方公里的公路通行里程来凸显。

（4）中介变量：信贷资本配置效率和技术进步水平。

信贷资本配置效率（$\eta$）的测算参考 Wurgler（2001）的研究，以信贷投入对增加值的敏感程度来表示：

$$\ln \frac{I_{i,t}}{I_{i,t-1}} = \alpha + \eta \ln \frac{v_{i,t}}{v_{i,t-1}} + \varepsilon_{it} \quad (3)$$

其中，$I_{it}$ 代表 $i$ 地区第 $t$ 年的固定资产净值，$v_{it}$ 为 $i$ 地区第 $t$ 年的工业增加值，$\varepsilon_{it}$ 为随机扰动项。

技术进步水平（$t$）的计算方法主要有三种：投入法（研发投入）、产出法（专利申请和授权）、全要素生产率法。本文采用产出法，用各地区专利申请数量来衡量。

### （二）数据来源与描述性统计分析

本文使用的数据主要有四个来源。一是2002年、2007年、2012年、2017年我国除西藏和港澳台外的30个省区市的投入产出表，对42个部门的投入产出表做合并处理，构建统一的 37 个部门投入产出表，选取 24 个制造业①行业，从中获取各行业劳动者报酬以及计算投入系数矩阵。二是《中国劳动统计年鉴》，从中获得各省份各行业的平均工资以及各行业的周劳动时间。三是《中国统计年鉴》和各省份统计年鉴，获取地区生产总值、国有企业产出、信贷总额、政府一般公共预算支出、外商投资企业投资总额、城镇人口、总人口、平均受教育年限、公路通行里程以及专利申请数量。四是《中国工业统计年鉴》，从中获取固定资本净值和工业增加值。

表 1 给出了本文主要变量的描述性统计结果，通过观察发现，主要变量在样本期间差异性较小，数据相对比较平稳。

**表 1　主要变量描述性统计**

| 变量 | 样本量 | 均值 | 标准差 | 最小值 | 最大值 |
| --- | --- | --- | --- | --- | --- |
| $\ln(TLP)$ | 120 | 3.284 | 0.779 | 1.648 | 4.550 |
| $\ln(FIN+1)$ | 120 | 0.623 | 0.104 | 0.193 | 0.689 |
| $\ln(fis+1)$ | 120 | 0.186 | 0.080 | 0.078 | 0.483 |
| $\ln(ope+1)$ | 120 | 0.138 | 0.139 | 0.016 | 0.615 |
| $\ln(urb+1)$ | 120 | 0.409 | 0.097 | 0.225 | 0.635 |
| $\ln(edu)$ | 120 | 2.102 | 0.118 | 1.848 | 2.513 |
| $\ln(inf+1)$ | 120 | 1.949 | 0.667 | 0.405 | 3.037 |

---

① Baumol（1967）假定经济体中只有制造和服务两个部门，服务部门的劳动是非生产性的，其增长滞后会导致经济增速放缓。24 个制造行业分别是：1. 煤炭采选产品；2. 石油和天然气开采产品；3. 金属矿采选产品；4. 非金属矿和其他矿采选产品；5. 食品和烟草；6. 纺织品；7. 纺织服装鞋帽皮革羽绒及其制品；8. 木材加工品和家具；9. 造纸印刷和文教体育用品；10. 石油、炼焦产品和核燃料加工品；11. 化学产品；12. 非金属矿物制品；13. 金属冶炼和压延加工品；14. 金属制品；15. 通用、专用设备；16. 交通运输设备；17. 电气机械及器材；18. 通信设备、计算机及其电子设备；19. 仪器仪表及文化办公用机械；20. 工艺品、其他制造产品和废品废料；21. 电力、热力的生产和供应；22. 燃气生产和供应；23. 水的生产和供应；24. 建筑。

## 四 实证结果与分析

### (一) 基准回归

基于上述计量模型与 Hausman 检验结果，本部分选择采用固定效应模型进行参数估计。表 2 中的回归结果表明，金融深化对全劳动生产率呈现显著的正向影响。这有力地证明了金融深化具有对全劳动生产率的提高效应，假设 1 得证。

表 2 基准回归结果

| 变量 | (1) | (2) |
| --- | --- | --- |
| $\ln(FIN+1)$ | 0.6784*** (0.2265) | 0.6597** (0.3185) |
| $\ln(fis+1)$ |  | -0.6874*** (0.1661) |
| $\ln(ope+1)$ |  | -0.4639** (0.2059) |
| $\ln(urb+1)$ |  | 0.2227*** (1.8927) |
| $\ln(edu)$ |  | 0.5436** (0.2247) |
| $\ln(inf+1)$ |  | 0.6808** (0.2672) |
| Constant | 2.8826*** (0.5842) | 1.8196** (0.9054) |
| $\gamma_i$ | 控制 | 控制 |
| $r_t$ | 控制 | 控制 |
| Observations | 120 | 120 |
| $R^2$ | 0.8850 | 0.8951 |

注：括弧内是稳健标准误；\*、\*\*、\*\*\* 分别代表在 10%、5%、1% 的水平下显著；下同。

至于控制变量，ln（urb+1）、ln（edu）和 ln（inf+1）的回归系数均显著为正，ln（fis+1）和 ln（ope+1）的回归系数均显著为负。这说明，一方面，城市发展、教育改善和基础设施建设将农村剩余劳动力从低效产业向高效产业转移，使其边际生产率提高，还促进了地区规模效应、竞争效应的发挥，使得全劳动生产率得以提升；另一方面，政府财政补贴向国有企业"倾斜"，对私人投资存在挤出效应，严重降低了私人投资的规模和效率，在鼓励开放的背景下，外资企业大规模涌入，在市场资源有限的情况下，对本国企业形成了强力竞争，致使外商抢占我国市场资源，导致劳动力等成本上升，使得国内企业衰退，造成了全劳动生产率的下降，这与盛明泉等（2021）的研究发现相一致。

## （二）内生性检验

本文模型的内生性主要源于遗漏变量和互为因果：一方面，固定效应模型无法解决遗漏变量问题；另一方面，全劳动生产率与金融深化之间可能存在逆向因果问题，即在经济发展新阶段，全劳动生产率增长，社会财富增多，导致对金融服务的需求越发增大，从而促使金融改善结构、提高效率、推进市场化改革以实现深化发展。因此，本部分采用GMM 模型，将金融深化这一核心解释变量的滞后项作为工具变量，对内生性问题加以解决。检验结果见表 3 第（1）列，ln（FIN+1）的系数为正，且在5%的水平下显著，支持原结论。

表3 内生性与稳健性检验结果

| 变量 | (1) | (2) | (3) | (4) |
| --- | --- | --- | --- | --- |
| ln（FIN+1） | 0.6484 ** <br> (0.3266) | 0.5485 ** <br> (0.2331) | 0.6599 ** <br> (0.3186) | 0.6601 *** <br> (0.2328) |
| $FIN_{-1}$ | 0.6507 * <br> (0.3725) | | | |
| CV | Yes | Yes | Yes | Yes |
| Constant | 5.7394 *** <br> (0.1752) | 9.5777 *** <br> (0.6339) | 1.4123 ** <br> (0.1614) | 2.0972 *** <br> (0.6908) |

续表

| 变量 | (1) | (2) | (3) | (4) |
|---|---|---|---|---|
| $\gamma_i$ | 控制 | 控制 | 控制 | 控制 |
| $r_t$ | 控制 | 控制 | 控制 | 控制 |
| Observations | 120 | 120 | 120 | 104 |
| $R^2$ | 0.7964 | 0.8739 | 0.8930 | 0.8744 |

### (三) 稳健性检验

为了验证金融深化对全劳动生产率的促进作用是否稳健，本文通过更换被解释变量衡量指标、对数据进行缩尾处理以及剔除直辖市样本三种方法对基准回归的结果进行验证。

**1. 更换被解释变量衡量指标**

由于全劳动生产率的计算结果包含中间产品和最终产品两个部分，因此无法仅展示最终产品的生产率。考虑到荣兆梓和李亚平（2021）对纯产品的社会劳动生产率的解释①弥补了全劳动生产率无法分解的不足，能暂时不考虑总产品中用于再生产的部分，仅考虑流通于市场中的纯产品的生产率，本文基于国家统计局的数据，采用纯产品生产的劳动生产率（社会纯产品价格/直接劳动投入量）作为全劳动生产率的代理变量重新进行回归，结果如表3第（2）列所示。结果显示，金融深化显著促进了全劳动生产率的提高，替换被解释变量并不影响本文研究结论的稳健性。

**2. 对数据进行缩尾处理**

由于数据可能存在极端值，因此为消除变量数据异常值对回归结果的影响，本文对变量数据进行2%与98%分位上的缩尾处理，回归结果

---

① 在供需平衡的投入产出模型中，中间品生产消耗的活劳动量大体等于纯产品生产消耗的物化劳动量，因此纯产品生产的全劳动生产率也可以直接用纯产品总量除以当年全社会活劳动投入总量来计算。

如表3第（3）列所示。回归系数及其显著性水平均与基准回归估计结果基本一致，即证本文研究结果的稳健性。

**3. 剔除直辖市样本**

由于北京、天津、上海、重庆四个直辖市的经济发展水平与金融普及程度等城市特征与其他26个省份存在较大差异，而这可能会对基准回归的结果造成一定影响，使估计结果产生偏误，因此本文剔除四个直辖市的样本进一步进行回归检验，估计结果见表3第（4）列，估计系数通过了显著性检验，进一步证实研究结果的稳健性。

## 五 机制检验

前文论证了金融深化对全劳动生产率的直接影响，下面将进一步构建中介效应模型探讨金融深化影响全劳动生产率的作用机制：

$$\begin{cases} TLP_{it} = \alpha_0 + \alpha_1 FIN_{it} + \beta Control_{it} + \gamma_i + r_t + \varepsilon_{it} \\ Med_{it} = \alpha_2 + \alpha_3 FIN_{it} + \beta Control_{it} + \varphi_i + k_t + \varepsilon_{it} \\ TLP_{it} = \alpha_4 + \alpha_5 FIN_{it} + \alpha_6 Med_{it} + \beta Control_{it} + \varpi_i + \lambda_t + \varepsilon_{it} \end{cases} \quad (4)$$

式中，$Med_{it}$ 为中介变量，表示金融深化影响全劳动生产率的作用机制，包括信贷资本配置效率和技术进步水平，$\alpha_6$ 为其估计系数。若模型的估计系数 $\alpha_1$、$\alpha_3$、$\alpha_5$ 以及 $\alpha_6$ 均显著，且 $\alpha_5$ 相较于 $\alpha_1$ 变小，则说明机制存在。回归结果如表4所示。

表4 金融深化影响全劳动生产率的机制检验

| 变量 | (1) $\eta$ | (2) TLP | (3) $t$ | (4) TLP |
|---|---|---|---|---|
| ln(FIN+1) | 0.2379*** (0.0761) | 0.2269* (0.1275) | 0.5053** (0.2676) | 0.5996*** (0.2379) |
| $\eta$ |  | 0.3261* (0.1885) |  |  |

续表

| 变量 | (1) $\eta$ | (2) $TLP$ | (3) $t$ | (4) $TLP$ |
|---|---|---|---|---|
| $t$ | | | | 0.4599**<br>(0.2241) |
| $CV$ | Yes | Yes | Yes | Yes |
| Constant | 2.7855***<br>(0.5588) | 1.7976***<br>(0.2760) | 3.9864***<br>(1.3152) | 1.4734***<br>(0.2757) |
| $\gamma_i$ | 控制 | 控制 | 控制 | 控制 |
| $r_t$ | 控制 | 控制 | 控制 | 控制 |
| Observations | 120 | 120 | 120 | 120 |
| $R^2$ | 0.8466 | 0.4613 | 0.9813 | 0.7019 |

表4第（1）列显示，ln（FIN+1）对 $\eta$ 的影响系数为0.2397，在1%的水平下显著，说明金融深化有效提升了信贷资本配置效率。第（2）列说明，在将金融深化和信贷资本配置效率同时纳入模型后，ln（FIN+1）与 $\eta$ 的估计系数均显著为正，这说明金融深化可通过资本配置改善效应实现资本总量累积与投资效率提升，从而提高全劳动生产率。

根据表4第（3）列可知，ln（FIN+1）对 $t$ 的影响系数为0.5053，在5%的水平下显著，说明金融深化通过提高技术要素投入效率、改善投资技术环境，能够推动企业技术创新。第（4）列显示，在将金融深化和技术进步水平同时纳入模型后，ln（FIN+1）与 $t$ 的估计系数均显著为正，这说明金融深化可通过技术水平提高效应提高全劳动生产率。

根据上述分析可得，资本配置改善效应和技术水平提高效应均通过统计显著性检验，佐证了假设2。

## 六 门限效应研究

### （一）模型设定

为了验证金融深化对全劳动生产率潜在的非线性效应，本部分利用面板门限回归模型进行检验：

$$TLP_{it} = \beta_0 + \beta_1 FIN_{it} \times I(FIN_{it} \leq \lambda) + \beta_2 FIN_{it} \times I(FIN_{it} > \lambda) \\ + \beta Control_{it} + \gamma_i + r_t + \varepsilon_{it} \quad (5)$$

其中，金融深化（$FIN_{it}$）既是门限变量，也是门限效应变量，$\lambda$是门限值，控制变量（$Control_{it}$）与基准回归设定相同。

### （二）门限效应检验

基于潜在的门限效应，在实证回归之前要利用Bootstrap法抽样500次，检验变量的门限情况（如表5所示）。

表5 门限效应检验

| 模型 | F值 | P值 | 临界值 10% | 5% | 1% |
| --- | --- | --- | --- | --- | --- |
| 单一门限 | 17.87 | 0.064 | 14.9338 | 18.7057 | 27.1536 |
| 双重门限 | 5.79 | 0.6040 | 15.0386 | 18.5419 | 23.9622 |

由表5可知，单一门限的P值显示通过了10%水平上的显著性检验，而双重门限的P值为0.6040，没有通过显著性检验。因此，本文建立单一门限模型。经检验，模型的门限值为0.6729，这将我国金融深化划分为低水平和高水平两个层次：当金融深化水平低于等于0.6729时，定义该区域为金融深化低水平地区；当金融深化水平高于0.6729时，定义该区域为金融深化高水平地区。

### （三）回归结果分析

表6第（1）列报告了我国金融深化门限效应的回归结果：当$FIN$低于等于0.6729时，系数在1%的水平上显著为正，为2.0857；当$FIN$高于0.6729时，系数在1%的水平上显著为正，为2.6608。通过对比发现，在$FIN$跨越门限值后，系数由2.0875增大到2.6608。这表明，

在金融深化水平升至 0.6729 后,金融深化能进一步推动全劳动生产率提升。在金融初步深化阶段,政府放松了金融管制,市场迸发出强大活力,社会资本能逐步实现按市场需求配置,企业技术创新受到鼓舞,全劳动生产率得以提升;然而,由于这一阶段金融深化水平较低,全劳动生产率容易受到融资约束的"拖累"。伴随着金融深化水平的提高,融资约束逐渐减轻,资本配置和技术进步的优势逐渐显现,能进一步激发全劳动生产率的提升。

表6 门限效应回归结果

| 变量 | (1) 全国 | (2) 东部 | (3) 中部 | (4) 西部 |
| --- | --- | --- | --- | --- |
| $FIN\ (FIN\leq\lambda)$ | 2.0857*** (0.4908) | | 1.0352** (0.4939) | 3.2178** (1.3009) |
| $FIN\ (FIN>\lambda)$ | 2.6608*** (0.5633) | | 1.7662** (0.8657) | 4.0519** (1.4433) |
| $\ln(FIN+1)$ | | 0.6396*** (0.2537) | | |
| $\ln(fis+1)$ | -0.7450** (0.3195) | -0.5099* (0.2774) | -0.9181* (0.5329) | -0.7908*** (0.2939) |
| $\ln(ope+1)$ | -0.4608** (0.2052) | -0.6092 (0.8762) | -5.5308*** (1.4760) | -3.3049*** (1.1465) |
| $\ln(urb+1)$ | 0.5217* (0.2784) | 1.2157 (2.1350) | 2.7161 (2.2624) | 0.35309 (3.2377) |
| $\ln(edu)$ | 0.6361*** (0.1005) | 0.8264** (0.3692) | 0.4051** (0.1953) | 0.9670* (0.5154) |
| $\ln(inf+1)$ | 1.1365*** (0.1803) | 0.3785 (0.7374) | 1.5506*** (0.3373) | 0.77291* (0.4040) |
| Constant | 0.3526*** (0.1362) | 3.45055* (1.9457) | 0.8067*** (0.1080) | 1.3986*** (0.3969) |
| $\gamma_i$ | 控制 | 控制 | 控制 | 控制 |
| $r_t$ | 控制 | 控制 | 控制 | 控制 |
| Observations | 120 | 48 | 36 | 36 |
| $R^2$ | 0.8737 | 0.9059 | 0.9450 | 0.9005 |

鉴于我国区域经济发展不平衡，本文将30个省区市划分为东、中、西三大地区进行对比分析。依据门限效应检验结果（如表6所示），我国东部地区不存在门限效应；中部地区存在单一门限效应，门限值为0.6714；西部地区存在单一门限效应，门限值为0.6703。对于不存在门限效应的东部地区，报告固定效应模型的回归结果加以分析。

可以看到，各区域 $FIN$ 或 $\ln(FIN+1)$ 的系数均在各自的显著性水平上为正，进一步证实了假设1。中部区域，在 $FIN$ 跨越门限值（0.6714）前，系数为1.0352；跨越门限值后，系数增大至1.7662。西部区域，在 $FIN$ 跨越门限值（0.6703）后，系数由3.2178增大至4.0519。这与全国样本保持一致，证明结果具有一定的稳健性，假设3成立。

从各区域的显著性水平和系数大小来看，金融深化对全劳动生产率的促进作用表现为东部地区最强，西部地区次之，中部地区最弱，具有区域异质性。区域经济水平较高的东部地区，凭借优异的地理环境和强大的战略优势在改革开放政策下得以优先发展，这既会促使区域内不同金融机构对信贷份额的争夺越发激烈，竞争之下的金融资本会被配置到技术创新等高效率的行业中去，又会吸引中西部地区金融资本东移，使东部与中西部地区拉开差距。以上两个维度，能充分激发金融深化对全劳动生产率的促进作用。而中西部地区受限于资源禀赋，金融市场化水平较低，金融机构不完善，因此与东部地区相比，金融深化对全劳动生产率的提升效应较弱。近年来，国家推行精准扶贫战略，为西部地区带去了信息化，西部地区利用互联网和大数据平台简化了资本管理，调整了产业结构，金融深化对全劳动生产率的促进效应较为明显；而中部地区内部不同区域间金融深化差异较大，且信贷流向东部地区限制了本地发展，因此金融深化对全劳动生产率的推动作用小于西部地区。

## 七 研究结论与政策启示

### (一) 研究结论

推动金融深化更好地服务经济效率提升是实现我国高质量转型发展的关键。本文以政治经济学中的全劳动生产率为落脚点,从资本配置改善和技术水平提高两个角度对金融深化影响全劳动生产率的机制进行刻画,以探讨金融深化对我国经济效率的促进作用。相关结论可以总结为三个方面。第一,金融深化显著提高了我国全劳动生产率,这一结论在经一系列稳健性检验验证后仍然成立。第二,金融深化促进全劳动生产率的提升通过资本配置改善和技术水平提高两条路径得以实现。第三,金融深化对全劳动生产率的影响存在基于自身发展水平的单一门限效应,在金融深化水平跨过门限值后,信贷约束逐渐缓解,金融深化对全劳动生产率的提升作用进一步增强;分地区来看,金融深化对全劳动生产率的提升作用表现为东部最强、西部次之、中部最弱。

### (二) 政策启示

综合前文的研究结论,我们得到如下政策启示。

第一,继续推进金融深化改革,把握金融市场化发展方向。要注重改善融资方式,从间接融资、政府管控转向建设直接与间接并重、市场化程度更高的融资体系;优化金融功能,从单一的动员储蓄转向规模与效率并重,注重提升金融配置效率;防范金融风险,将地方政府债务率维持在合理水平;推进利率市场化改革,完善金融监管。另外,考虑到中国正处于发展方式转型期,且这一过程漫长而复杂,因此应尽快消除金融发展进程中所固化的约束和抑制局面,加快金融深化进程。

第二,改善社会资本配置,提升企业技术水平。要减少财政对金融市场的控制,从根本上消除信贷歧视,包括企业所有制歧视和企业规模歧视，减小信贷向国有大企业倾斜力度，使之更多地流向生产效率更高的企业；应建立技术创新长效机制，严格把控高污染、高耗能企业的准入，适当放宽技术创新企业和投资项目准入条件，为企业创新提供资金补贴和风险担保，优化产业结构。

第三，因地制宜地推进金融深化改革。扶持落后地区，带动其金融深化发展，发挥先进地区的金融优势，进一步平衡区域间发展。对于中西部地区，加强对金融资本在该地区产业间流动的引导，适当调整产业发展定位，同时着重引进、仿用先进技术，加快技术追赶；对于东部地区，构建包括商业银行、证券、保险和基金在内的多元化金融体系，推动金融体系内部各主体的多元竞争发展，坚定市场化改革方向。

**附录：全劳动生产率的计算思路**

在不考虑进出口的情况下，行业单位产出所消耗的全劳动量的价格行向量 $\tau$ 可表示为：

$$\tau = \tau(A + D) + l \tag{B1}$$

其中，$\tau = (\tau_1, \tau_2, \cdots, \tau_j)$。$A$ 为中间投入系数矩阵

$\begin{pmatrix} \alpha_{11}, & \alpha_{12}, & \cdots, & \alpha_{1j} \\ \alpha_{21}, & \alpha_{22}, & \cdots, & \alpha_{2j} \\ \vdots & \vdots & \ddots & \vdots \\ \alpha_{i1}, & \alpha_{i2}, & \cdots, & \alpha_{ij} \end{pmatrix}$，$\alpha_{ij}$ 表示生产单位 $j$ 产品所需消耗 $i$ 部门产品

（原材料）的数量；$D$ 为固定资本消耗系数矩阵

$\begin{pmatrix} \beta_{11}, & \beta_{12}, & \cdots, & \beta_{1j} \\ \beta_{21}, & \beta_{22}, & \cdots, & \beta_{2j} \\ \vdots & \vdots & \ddots & \vdots \\ \beta_{i1}, & \beta_{i2}, & \cdots, & \beta_{ij} \end{pmatrix}$，$\beta_{ij}$ 表示生产单位 $j$ 产品所需消耗 $i$ 部门产品

（折旧）的数量；$\alpha_{ij} + \beta_{ij}$ 表示单位 $j$ 产品包含的间接劳动投入量。$l$ 为直接劳动投入系数行向量 $(l_1, l_2, \cdots, l_j)$，$l_j$ 表示生产单位 $j$ 产品的直接

劳动（劳动时间）投入的价格；$i$、$j$ 表示部门。

将式（B1）化简得：

$$\tau = \mathbf{l}(\mathbf{I} - \mathbf{A} - \mathbf{D})^{-1} \quad (B2)$$

由此，$c$ 省份 $j$ 部门在第 $t$ 年的全劳动生产率 $TLP_{cjt}$ 表达为 $\tau_{cjt}$ 的倒数：

$$TLP_{cjt} = \frac{1}{\tau_{cjt}}$$

在得到 $TLP_{cjt}$ 后，利用行业产值占全省区市总产值的比重为各行业赋权 $P_{cjt}$，加权平均得到各省份的全劳动生产率 $TLP_{ct}$：

$$P_{cjt} = \frac{Y_{cjt}}{Y_{ct}} \quad (B3)$$

$$TLP_{ct} = \sum_{j=1}^{n} P_{cjt} \times TLP_{cjt} \quad (B4)$$

此时，$TLP_{ct}$ 就是我们要求的 $c$ 省份在第 $t$ 年的全劳动生产率。

中间投入系数矩阵 $\mathbf{A}$ 可以直接通过地区投入产出表计算获得。关于固定资本消耗系数矩阵 $\mathbf{D}$ 和直接劳动投入系数行向量 $\mathbf{l}$，我们借鉴冯志轩和刘凤义（2020）的做法，在计算固定资本消耗系数矩阵 $\mathbf{D}$ 时，将部门的固定资本损耗总量根据投资向量中该部门产品被用作投资品的数量在总投资中的比例进行分解，得到该部门使用其他部门生产的固定资本损耗量，再将之除以该部门的总产出；在计算直接劳动投入系数行向量 $\mathbf{l}$ 时，利用部门劳动者报酬除以行业平均工资，得到行业平均劳动者人数，再利用周劳动时间[①]估算一年的总劳动时间，最后除以部门总产出。

另外，基于地区投入产出表的数据限制，得到 2002 年、2007 年、2012 年、2017 年四个年份除西藏和港澳台外的 30 个省区市 24 个制造业行业的投入产出数据进行计算。

---

① 现有数据只公布了全国各行业的周劳动时间，因此本文假设各省份的行业周劳动时间与全国保持一致。

值得说明的是，公开的地区投入产出表在不同年份部门划分标准不同，因此笔者利用"R语言"加以合并，整合为统一的37个部门。具体的投入产出表部门合并原则为：

$$X_2 = M X_1 M^T \tag{B5}$$

其中，$X_1$为初始中间流量矩阵，$X_2$为合并后的中间流量矩阵，$M$为实现部门合并的变换矩阵。

## 参考文献

蔡昉. 2021. 生产率、新动能与制造业——中国经济如何提高资源重新配置效率[J]. 中国工业经济,（5）.

陈春华, 路正南. 2011. 江苏省工业企业社会劳动生产率增长效应分析[J]. 企业经济, 30（3）.

陈刚, 李树, 刘樱. 2009. 银行信贷、股市融资与中国全要素生产率动态[J]. 经济评论,（6）.

戴艳娟, 泉弘志. 2014. 基于全劳动生产率的中国各产业生产率的测算[J]. 财经研究, 40（12）.

冯志轩, 刘凤义. 2020. 马克思-斯拉法框架下的全劳动生产率增速测算[J]. 世界经济, 43（3）.

何祚庥. 2013. 马克思主义政治经济学也要"与时俱进"（下）[J]. 学术界,（8）.

李广析, 梅林海. 2017. 金融发展对全要素生产率的直接效应与溢出效应的研究——基于空间溢出的视角[J]. 贵州财经大学学报,（5）.

柳欣. 2012. 剑桥资本争论之谜——实物还是货币、技术关系还是社会关系[J]. 学术月刊, 44（10）.

陆岷峰, 徐博欢. 2019. 普惠金融：发展现状、风险特征与管理研究[J]. 当代经济管理, 41（3）.

罗付岩. 2013. 信息不对称、银企关系与企业投资效率[J]. 金融经济学研究, 28（6）.

钱雪松, 方胜. 2021.《物权法》出台、融资约束与民营企业投资效率——基于双重差分法的经验分析[J]. 经济学（季刊）, 21（2）.

乔晓楠, 张月莹, 张坷坷. 2018. 动力转换、效率提升与第二个一百年目标的实现——一个基于马克思主义政治经济学的数理分析［J］. 学习与探索，(10).

荣兆梓，李亚平. 2021. 全劳动生产率与马克思主义基本增长方程［J］. 上海经济研究，(1).

盛明泉，陈一玲，鲍群. 2021. 国企混合所有制改革对全要素生产率的影响、作用机制与异质性研究［J］. 经济纵横，(7).

松田和久. 1980. 劳动生产率的理论［M］. 东京：千仓书店.

孙光林，艾永芳，李淼. 2021. 资本错配与中国经济增长质量——基于金融效率与产能利用率中介效应实证研究［J］. 管理学刊，34（5）.

唐未兵，傅元海，王展祥. 2014. 技术创新、技术引进与经济增长方式转变［J］. 经济研究，49（7）.

田友春，卢盛荣，靳来群. 2017. 方法、数据与全要素生产率测算差异［J］. 数量经济技术经济研究，34（12）.

文礼朋，郭熙保. 2010. 借用技术与资本积累型经济增长——兼论全要素生产率与经济增长效率的异同［J］. 当代财经，(8).

吴超，王定祥，李畅. 2013. 金融深化、FDI溢出效应与地区TFP——基于省级面板门槛模型的实证分析［J］. 上海金融学院学报，(4).

熊德平，孙佳. 2014. 中国金融发展的渔业经济增长效应——基于人均GDP和劳动生产率视角的省级面板数据GMM估计［J］. 农业技术经济，(3).

徐建军，汪浩瀚. 2009. 中国对外贸易和金融深化对全要素生产率的动态影响——基于状态空间模型的时变参数分析［J］. 国际贸易问题，(6).

徐盈之，童皓月. 2019. 金融包容性、资本效率与经济高质量发展［J］. 宏观质量研究，7（2）.

姚耀军，董钢锋. 2015. 中小企业融资约束缓解：金融发展水平重要抑或金融结构重要？——来自中小企业板上市公司的经验证据［J］. 金融研究，(4).

易信，刘凤良. 2015. 金融发展、技术创新与产业结构转型——多部门内生增长理论分析框架［J］. 管理世界，(10).

张军，金煜. 2005. 中国的金融深化和生产率关系的再检测：1987—2001［J］. 经济研究，(11).

张玄，冉光和，陈科. 2019. 金融集聚对区域民营经济生产率的空间效应研究——基于空间面板杜宾模型的实证［J］. 管理评论，31（10）.

赵息，马杰. 2018. 环境规制与绿色创新的关系研究——基于金融发展与人力资本调节效应的实证分析［J］. 现代财经（天津财经大学学报），38（2）.

置盐信雄. 1977. 马克思经济学［M］. 东京：筑摩书房.

Arestis P, Chortareas G, Desli E. 2006. Financial development and productive efficiency in OECD countries：An exploratory analysis［J］. *Manchester School*, 74（4）.

Baumol W. 1967. Macroeconomics of unbalanced growth：The anatomy of urban crisis［J］. *American Economic Review*, 57.

Beck T, Levine R. 2004. Stock markets, banks, and growth: Panel evidence [J]. *Journal of Banking & Finance*, 28.

King R, Levine R. 1993. Finance and growth: Schumpeter may be right [J]. *Quarterly Journal of Economics*, (3).

Masslmo A, Glanluca F, Michele M. 2015. Technological districts and the financing of innovation: Opportunities and challenges for local banks [J]. *Economic Notes*, 4 (3).

Schumpeter J A. 1911. *The Theory of Economic Development* [M]. Harvard University Press.

Wurgler J. 2001. Financial market and the allocation of capital [J]. *Journal of Financial Economics*, 58 (1).

# 社会劳动过程视角下生产力增速的测算[*]
## ——对全劳动生产率的一个批判性拓展

马梦挺[**]

**摘　要**：与全要素生产率不同，全劳动生产率是将生产过程看成一个以广泛的社会分工为特征的社会劳动过程而形成的生产力概念，它的现实意义正在于充分地体现社会分工。因此，本文通过建立相对剩余生产模型，提出用相对剩余生产率（RSP）来实现对全劳动生产率有经济含义的社会加总，进而衡量全球生产分工条件下世界整体及各主要经济体的生产力增速。基于世界投入产出数据的 RSP 测算结果表明，1996~2014 年中国（大陆）的 RSP 年均值为 3.78%，远高于世界平均的 2.04%，中国对世界整体生产力增速的贡献为 37.4%。

**关键词**：生产力增速　全要素生产率　全劳动生产率　相对剩余　全球价值链

## 一　引言

任何的统计核算指标及核算方法都是由一定的理论基础给定的，其

---

[*]　此文基础上的修改稿发表于《政治经济学评论》2024 年第 5 期。
[**]　马梦挺，经济学博士，复旦大学马克思主义研究院讲师。

含义也只有在相应的理论框架下才能得到准确的阐释。这一点同样适用于反映生产力的统计指标。目前，经济学研究中最常用的生产力指标是全要素生产率（total factor productivity，TFP），该指标一经索洛（Solow，1957）提出，就得到了广泛地运用，至今已经衍生出多种适用于不同情形的核算方法。全要素生产率直接的理论基础是新古典主义经济学，其含义需借助新古典主义的总量生产函数来理解，而全要素生产率增长是指产出增长中无法由投入要素增加解释的部分。近年来，有不少学者关注到另外一个生产力指标，称为全劳动生产率（total labor productivity，TLP）。一般认为，全劳动生产率最早由日本马克思主义经济学家置盐信雄（Okishio，1959）提出，它的直接理论基础是马克思主义经济学。所谓全劳动，是指生产过程中耗费的间接劳动（死劳动）和直接劳动（活劳动）之和，全劳动生产率就是产量和全劳动的比值。

虽然，全劳动生产率与全要素生产率差不多在同一时期被提出，但全劳动生产率的发展应该说要远落后于全要素生产率。这从既有的文献在讨论全劳动生产率时的侧重点中就可略见一斑。在已有的文献中，学者大多先指出全要素生产率的若干缺陷，进而引出全劳动生产率的概念。而从马克思主义经济学的理论出发对全劳动生产率理论内涵的正面阐述，却有所欠缺。比如，几乎所有的文献都混淆了某种产品的全劳动生产率与生产该产品的那个部门的生产率。本文认为，既然任何的统计指标都是从一种理论框架中来获得含义的，那么从正面阐明全劳动生产率的理论内涵无疑是一项更为重要的工作。这正是本文的任务之一。

总的来说，本文认为全劳动生产率所反映的生产力与全要素生产率反映的生产力是有不同含义的，代表了观察生产力的不同视角。在新古典主义经济学的视角中，生产过程被抽象为不同生产要素的配置问题，而在马克思主义经济学中，生产过程被理解为某种具体生产关系下的劳动过程，即社会劳动过程。作为一个有机整体的社会劳动过程规定了马克思主义经济学的生产力概念，对应的统计指标就是全劳动生产率。

正是全劳动生产率的社会劳动过程内涵赋予了它作为一个生产力指标的现实意义。现代市场经济是由企业内部的分工、国内各产品部门之间的分工、全球各地区之间的分工等诸多分工层次构成的全球总生产过程。尤其是20世纪80年代以来，受益于通信和运输成本的大幅下降，同一产品零部件和不同工序之间的分工和贸易日益成为国际贸易的主体，使全球分工达到了一个新的高度，形成了所谓的全球价值链。全劳动生产率的社会劳动过程内涵决定了对它的测算必然考虑和反映这些特征。当前，我国正处于全力构建以国内大循环为主体、国内国际双循环相互促进的新发展格局的重要时期，这就更加要求我们结合国内、国际的社会分工来考察生产力增速。

在阐明全劳动生产率理论内涵的基础上，本文构建了一个数学模型。基于该模型，我们将全劳动生产率发展为一个新的生产力增速指标——相对剩余生产率（relative surplus productivity，RSP）。整体的相对剩余生产率将反映社会整体的生产力增速，通过将之分解得到的部门相对剩余生产率则反映部门的生产力增速。这里的部门指的是相对于社会总劳动过程而言的个别劳动过程，既可以指某个产品部门，也可以指某个地区或区域。我们将在正文中表明，该核算方案在很大程度上解决了当前全劳动生产率测算所遇到的一些难题。

## 二 文献回顾

目前，学界测算全劳动生产率主要遵循两种思路。一种是由荣兆梓（1992）提出的余数模型法，直接基于总量层面社会总产品的分解来计算全劳动生产率。另一种是投入产出法，即借助里昂惕夫逆矩阵来计算不同部门单位产品的全劳动生产率，再依据某种原则将不同产品的全劳动生产率加总以得到加总的全劳动生产率（Okishio，1959）。

余数模型法的优势是：一方面，它测算的直接就是社会整体的全劳动生产率，不存在对异质产品全劳动生产率加总的麻烦；另一方面，它直接由增长核算方程给出，因而可以直接核算生产力增速对总产品增长的贡献（荣兆梓和李亚平，2021）。但余数模型法之所以有这些优势，只是因为总量分析从一开始就抽象掉了不同产品部门之间的异质性，忽略了不同的产品部门由于社会分工而形成的结构性联系。

应用得更广泛的是投入产出分析法。在国内学者中，佟仁城和刘源张早在1993年就基于1987年中国的33个部门价值型投入产出表测算了各部门产品的全劳动生产率，并进一步考察了各部门产品之间生产力的相互影响。戴艳娟和泉弘志（2014）则利用中国1997年、2002年和2007年经合并形成的19个部门投入产出表测算了各部门产品的全劳动生产率及其增速，他们在测算时考虑到非竞争性进口品的影响。李帮喜和赵文睿（2022）基于中国产业生产率（CIP）数据库的数据构建了1981~2010年中国37个部门的不变价投入产出表，并计算了全劳动生产率和全要素生产率增长率。

但是，基于投入产出法得到的只是各部门产品的全劳动生产率，社会整体的全劳动生产率一般是按照某个权重加总得到的。理论上，由于不同产品在使用价值上的异质性，它们的全劳动生产率也是异质的。比如，钢铁的全劳动生产率是每个小时2吨，棉布的全劳动生产率是每个小时10匹，两个全劳动生产率的单位不同，无法加总。常见的做法是将各产品的全劳动生产率按照总产值比重或者总的全劳动比重进行加总。冯志轩和刘凤义（2020）曾对这个做法提出批评。他们认为，按照权重加总的全劳动生产率混杂了权重本身的影响，难以准确地分离由权重引起的加总全劳动生产率变化和真正由生产力引起的加总全劳动生产率变化。于是，他们在全劳动生产率的加总问题上提出了一个独特的思路：在一个具有平均利润率的马克思-斯拉法线性生产价格体系中，只有当利润率为零时，各产品的单位价值量才和生产价格成固定比例，而当利润率不为零时，生产价格就与单位产品的价值量产生系统性的偏离。因此，企业基于成本最小化提高利润率的技术选择并不必然是节约劳动提高劳动生产率的技术选择。如果给定基期的实际工资率向量，并将这一实际工资率向量按照一定比例放大到使基期的利润率为零，那么基期各产品的单位价值量将和生产价格一致，此时成本最小化的技术选择就将和劳动耗费最小化的技术选择一致。将基期的这个最大工资率代入 $t$ 期的生产价格体系中，如果 $t$ 期的利润率为正，按照罗默定理，这个正的利润率只能是整体的生产力进步带来的，因此就把这个特殊的一般利润率看作加总的全劳动生产率增速。

本文将目前围绕全劳动生产率的讨论和经验测算所存在的问题归纳为以下几个方面。第一，绝大部分文献直接将产品的全劳动生产率理解为单位商品价值量的倒数。只有荣兆梓和李亚平（2021）明确地指出，全劳动生产率对应的劳动量是指自然劳动时间，而非价值范畴意义上的抽象劳动时间。劳动生产率作为一个生产力指标，指向的是人与自然之间的物质变换，就测算生产力而言，所谓的劳动量其实只需使用自然劳动时间就可以。

第二，所有的文献都将某种产品的全劳动生产率与生产该产品的部门生产率等同。这两个概念很显然是不等价的。即便部门的生产条件完全不变，只要它使用的生产资料全劳动生产率提高，这个部门的产品的全劳动生产率也会提高。实际上，在市场经济的条件下，几乎任何一种产品的生产都是社会分工的结果，因而任何一种产品的全劳动生产率都在一定程度上反映整个社会的生产力水平，而不是直接生产该产品的那个部门的生产力水平。在下文中，我们将进一步指出，全劳动生产率这个概念真正的理论内涵和现实意义其实正在于此。因此，这种混淆反映了学者在阐释全劳动生产率的理论内涵时，是有所欠缺的。本文认为造成这种情况的主要原因是既有文献在阐释全劳动生产率时，都把重点放在它与全要素生产率的比较上，而忽略了从正面阐释全劳动生产率的理论内涵这一更为重要的工作。①

第三，一旦区分某种产品的全劳动生产率与生产该产品的部门的生产率，我们就会进一步发现目前文献中对全劳动生产率加总这个问题本身的理解就存在偏差。在市场经济的条件下，单个产品的全劳动生产率其实已经是几乎所有产品部门生产率按照某种权重加总的结果，再将所有产品的全劳动生产率按照某种原则加总，此时得到的加总全劳动生产率并没有明确的经济含义。但是很显然，我们也不能直接用某种个别产品的全劳动生产率来作为社会整体的生产力指标，社会整体的生产力指标应当摆脱具体的使用价值，而取得自己的一般形式。

冯志轩和刘凤义（2020）用一个特殊的一般利润率表示社会整体的生产力增速，虽然在思路上很精巧，但问题是这个特殊的一般利润率和生产力增速在数量上的关系是不明确的。诚然，根据马克思基本定理，进入实际工资向量的产品的全劳动生产率提高，是这个特殊的一般利润率为正的充要条件。但利润率的计算是以包括工资品在内所有投入品的生产价格总额为分母的，其绝对数值的大小与相对价格有关。因此，只能通过观察这个特殊的一般利润率是否为正来判断整体的生产力

---

① 已有文献对全要素生产率的批评主要聚焦在新古典主义经济学的总量生产函数上。比如，在著名的"剑桥资本争论"中，Robinson（1953）和 Sraffa（1960）基于异质性资本的概念指出，总量生产函数存在资本加总循环论证和资本反转等逻辑问题。Shaikh（1974）和 MaCombie（2001）等学者甚至认为各种类型的新古典总量生产函数均不过是国民经济核算收入恒等式的变形，基于总量生产函数计算得到的全要素生产率实际上与生产技术并没有关联。测算全要素生产率的非参数方法（比如数据包络法和随机前沿模型等）虽然并不需要事先假设生产函数的具体形式，但依然需要基于样本的拟合，事后获得某个替代性的最优投入产出关系来作为参照，否则就无从区分所谓由投入增加引起的产出增量和由所谓技术变化引起的产出增量。因此，如谢富胜等（2019）分析指出的，测算全要素生产率的非参数方法并不能在根本上回避"收入恒等式问题"的诘难。除了总量生产函数预设的问题，全要素生产率还存在低估资本积累作用的缺陷。冯志轩和刘凤义（2020）认为全要素生产率的测算结果包含相对价格变化和相对产量变化的影响，并且不同的前提假设和在估算资本存量、人力资本时采用的不同方法都会影响到测算结果。这是在关于中国全要素生产率的测算上，学者没有得出一致结论的原因所在。李帮喜和赵文睿（2022）利用中国 1981~2010 年的不变价投入产出数据计算了 37 个行业的全劳动生产率增速和全要素生产率增速。他们的研究发现，全要素生产率的测算会因为采用不同的方法和数据来源而存在较大的差异，而全劳动生产率的测算则较为稳健。

进步与否,却不能严格地依靠该数值来判断和比较生产力增速的大小。此外,冯志轩和刘凤义的框架无法实现对这个特殊一般利润率的分解。显然,除了关心整体的生产力增速,研究者通常还会关心各部门乃至在世界投入产出表中各个国家或地区对整体生产力增速的贡献。既然产品的全劳动生产率不等于生产该产品的部门的生产率,那么就需要有一个新的指标来反映部门的生产力增速。

## 三 全劳动生产率的社会劳动过程内涵

### (一) 从简单劳动过程到社会劳动过程的生产力概念

马克思主义经济学的生产力概念是基于把劳动过程看成一个有机整体来规定的。首先是简单劳动过程。所谓简单劳动过程是指先不考虑人们开展劳动过程的社会历史形式,仅从人与自然之间物质变换的角度来考察生产过程,此时劳动"是人以自身的活动来中介、调整和控制人和自然之间的物质变换的过程"[①]。简单劳动过程包括三个简单要素,分别是(1)有目的的活动或劳动本身、(2)劳动对象和(3)劳动资料或劳动工具。劳动过程的结果是具有特定使用价值的劳动产品,就这个结果来说,劳动资料和劳动对象表现为生产资料,劳动本身表现为物质生产劳动。

简单劳动过程包含这样几个关于生产力的规定。第一,生产力指的是人类调整、控制和利用自然力以满足自身需要的能力,即物质生产能力。对自然力的调整、控制和利用是以对自然力的正确认识为前提的,因此科学知识和技术作为生产力的要素已经包含在简单劳动过程之中。第二,生产力具有合目的性的规定,生产者需要使自己的意志服从这个目的。第三,生产力就是指劳动生产力。虽然从劳动过程的三个要素出

---

[①] 马克思:《资本论》(第一卷),人民出版社,2004,第207~208页。

发也可以得出要素生产力的概念，比如劳动的生产力、劳动对象的生产力（如土地的生产力）和劳动资料的生产力（如机器的生产力），但马克思并不把劳动过程看作要素的简单组合，而是将劳动过程看成一个有机整体。劳动生产力的概念正是由作为一个有机整体的劳动过程规定的，它并不是指诸要素生产力中的一种。从量上来说，劳动生产力表现为劳动生产率，劳动生产率的提高既意味着在相同的劳动时间内可以生产更多的物质产品，也意味着生产既定物质产品所需劳动时间的节约。马克思主义经济学把劳动时间的节约视作人类首要的经济规律，"社会发展、社会享用和社会活动的全面性，都取决于时间的节省。一切节约归根到底都是时间的节约"①。

在《资本论》第一卷中，马克思是为研究资本主义的直接生产过程而给出上述简单劳动过程概念的。所以，在进一步考察劳动过程的社会形式时，他马上过渡到关于资本价值增殖过程的讨论，资本主义的生产过程是劳动过程和价值增殖过程的统一。但细致地考察文本就会发现，劳动过程的社会形式即劳动过程中的生产关系包含两个方面的内容：一方面是这一社会形式的所有制内容，另一方面是劳动过程中生产者之间的协作分工，即劳动关系。劳动关系属于社会形式或生产关系的范畴，但又不同于围绕剩余的占有而形成的所有制。为了区分社会形式的这两个方面，在将前者称为劳动关系的同时可以将后者称为所有关系。早在1959年，平心就在《论生产力的性质》一文中注意到劳动过程中的劳动关系，不过他将劳动关系作为生产力的内容来理解，进而指出生产力具有两重性：一方面具有物质技术属性，另一方面具有社会属性。平心所谓生产力的社会属性，就是指劳动过程中生产者之间的分工协作关系。此后，张闻天（1979）提出生产关系可以划分为两类：一类是"直接表现生产力的生产关系"或者"生产关系一般"，另一类是"一定社会形态中的生产资料和生产品的所有关系"或者"生产关系特

---

① 《马克思恩格斯全集》（第四十六卷·上册），人民出版社，1979，第120页。

殊",前者就是本文所说的劳动关系,后者就是所有关系。基于平心的生产力两重性理论和张闻天的生产关系两重性理论,孟捷(2016)指出劳动关系实际上是一个连接生产力和生产关系的中介概念。

其次,在简单劳动过程的基础上进一步考虑劳动关系,但撇开所有关系,就得到社会劳动过程这个概念。在《资本论》中,这个概念第一次出现在马克思论述资本主义管理二重性的时候。一方面,管理是由社会劳动过程的性质产生的指挥和协调职能,马克思曾将这种职能比作"乐队指挥"。另一方面,管理也是由对抗性所有关系产生的监督和控制职能。由此可见,马克思所谓的社会劳动过程是仅就本文所说的劳动关系而言的。实际上,即便在考虑简单劳动过程的时候,马克思亦不得不涉及一定的劳动关系,因为就某个具体的劳动过程而言,生产资料本身是其他劳动过程的结果,简单劳动过程中活劳动和生产资料的关系隐含劳动关系。比如,马克思提道:"亚麻和纱锭是过去劳动的产品这件事,对这个过程本身来说是没有关系的,正如面包是农民、磨面者、面包师等等过去劳动的产品这件事,对营养作用来说是没有关系的一样。相反,如果生产资料在劳动过程中显示出它是过去劳动的产品这种性质,那是由于它有缺点。不能切东西的刀,经常断头的纱等等,使人强烈地想起制刀匠 A 和纺纱人 E。如果产品很好,它的使用属性由过去劳动创造这一点就看不出来了。"[①] 从简单劳动过程过渡到社会劳动过程使生产力出现了新的要素,那就是由社会劳动过程的性质产生的管理职能和相应的组织知识。

社会劳动过程中生产者之间的协作,无论是简单协作还是基于分工的协作都产生社会劳动的生产力。但是在资本主义生产方式中,生产者的结合是因为受同一个资本雇用,是资本的特殊的存在方式,"因此,工人作为社会工人所发挥的生产力,是资本的生产力"[②]。可见,马克思主义经济学中的资本生产力也不是一种要素的生产力,而是社会劳动

---

① 马克思:《资本论》(第一卷),人民出版社,2004,第213~214页。
② 马克思:《资本论》(第一卷),人民出版社,2004,第387页。

的生产力在一种特殊的所有关系下的表现形式，或者干脆说资本的生产力是指利用劳动分工的能力。

不过，马克思在《资本论》中提到的社会劳动过程还只是就直接生产过程而言，这一社会劳动过程中的劳动关系仅指企业内部的劳动关系，即微观意义上的劳动关系，由这一微观意义上的社会劳动过程所规定的社会劳动生产力也只是微观意义上的生产力。这是由《资本论》第一卷为自己规定的抽象水平所决定的。但显然，如果进一步结合《资本论》第二卷和第三卷的内容，劳动过程就不仅是直接生产过程中的劳动过程，它还是以社会分工为特征的社会生产总过程，劳动关系不仅是企业内部生产者之间分工和协作的关系，它还是不同劳动部门之间分工和协调的关系。在现代市场经济中，企业内部分工的协作主要基于计划的原则，而不同劳动部门之间社会分工的协调则主要基于市场的原则。因此，与微观意义上的生产力相对应，还应有一个宏观意义上的生产力概念，后者是由社会劳动的总过程规定的。

因为社会劳动过程这个概念只考虑了生产关系中的劳动关系，无论是微观意义上的社会劳动过程还是宏观意义上的社会劳动过程，都只是表现了现代社会化大生产的一般性。因此，《资本论》中给出的社会劳动过程以及由此规定的生产力理论不仅适用于资本主义市场经济，也适用于社会主义市场经济。

（二）全劳动生产率的理论内涵

在上述理论分析的基础上，我们接着具体地考察马克思主义经济学的生产力指标——全劳动生产率。为了叙述的方便，可以借助马克思主义经济学常用的两大部类社会再生产模型来说明全劳动生产率的理论内涵。

表1用实物投入产出表的形式来表示两大部类的社会再生产，其中$z_{ij}$、$h_j$和$x_j$分别表示第$j$部类在生产过程中消耗的生产资料物量、活劳动和总产品。因为第二部类被定义为消费资料部类，所以有$z_{2j}=0$。$\eta_i$、$\zeta_i$

和$f_i$分别表示第$i$部类的必要产品、剩余产品和净产品。所谓必要产品指生产者为劳动力再生产消费的生活资料物量,因为第一部类被定义为生产资料部类,所以有$\eta_1=0$。剩余产品是总产品减去中间产品和净产品之后的余额。从表1本身无法判断这里发生的是简单再生产还是扩大再生产,这取决于剩余产品的使用。如果剩余产品被用于非生产消费,则发生简单再生产;如果剩余产品被用于生产性积累即投资,则发生扩大再生产。净产品等于必要产品和剩余产品之和,相当于国民经济核算中定义的最终产品。

**表1 两大部类社会再生产的实物投入产出表**

|  |  | 中间产品 |  | 净产品 |  |  | 总产品 |
|---|---|---|---|---|---|---|---|
|  |  | 生产资料 | 消费资料 | 必要产品 | 剩余产品 | 小计 |  |
| 中间投入 | 生产资料 | $z_{11}$ | $z_{12}$ | $\eta_1=0$ | $\zeta_1$ | $f_1$ | $x_1$ |
|  | 消费资料 | $z_{21}=0$ | $z_{22}=0$ | $\eta_2$ | $\zeta_2$ | $f_2$ | $x_2$ |
| 直接劳动 |  | $h_1$ | $h_2$ |  |  |  |  |
| 总产品 |  | $x_1$ | $x_2$ |  |  |  |  |

作为相对于社会再生产而言的个别劳动过程,第$j$部类社会劳动的生产条件可以由两个参数来表示。$a_{ij}=z_{ij}/x_j$表示生产1个单位第$j$部类产品所消耗的生产资料$i$的物量,称为直接物质消耗系数。$e_j=h_j/x_j$表示生产1个单位第$j$部类产品所消耗的活劳动,称为直接劳动消耗系数。$a_{ij}$和$e_j$描述了第$j$部类作为个别劳动过程的生产条件。

接着,用$\lambda_j$表示第$j$部类生产1个单位产品所耗费的全劳动,全劳动等于从生产资料转移的间接劳动与直接劳动之和,即:

$$\lambda_1 a_{1j} + \lambda_2 a_{2j} + e_j = \lambda_j, j = 1,2 \tag{1}$$

如果$e_j$表示抽象劳动,那么$\lambda_j$就相当于单位商品的价值量。但正如我们在上文指出的,在考察生产力的范围内,劳动量只要使用自然劳动时间就可以了,此时$\lambda_j$就不能理解为单位商品的价值量。为了以示区分,我

们把 $\lambda_j$ 称为全劳动系数。产品 $j$ 全劳动系数的倒数就是全劳动生产率 $\theta_j$，即：

$$\theta_j = \frac{1}{\lambda_j} \tag{2}$$

综合式（1）和式（2）可得两种产品的全劳动生产率：

$$\theta_1 = \frac{1 - a_{11}}{e_1} \tag{3}$$

$$\theta_2 = \frac{1 - a_{11}}{e_1 a_{12} + e_2(1 - a_{11})} \tag{4}$$

可以发现，生产资料的全劳动生产率只由生产资料部类的生产条件（$a_{11}$，$e_1$）决定，而消费资料的全劳动生产率不仅受到消费资料部类的生产条件（$a_{12}$，$e_2$）影响，还受到生产资料部类生产条件的影响。消费资料的全劳动生产率与消费资料部类的生产率是两个概念。消费资料产品，不仅是消费资料部类劳动过程的结果，同时也是生产资料部类劳动过程的结果，即社会劳动过程的结果。因此，消费资料的全劳动生产率反映的不是消费资料部类个别劳动过程的生产力，而是社会劳动总过程的生产力即宏观意义上的生产力。

生产资料的全劳动生产率和生产资料部类的生产率是等价的，但这只是因为我们把社会上所有的生产资料看作一种产品来对待。如果将生产资料部类进一步划分为若干子部门，显然某种生产资料的全劳动生产率与该生产资料部门的生产率也必然是不等价的。更一般的情况是，一个产品部门的产品既可用作生产资料，也可用作消费资料。因此，只要这是一个以广泛的社会分工为特征的社会劳动过程，那么几乎任何一种产品的生产都将间接地消耗其他产品部门的劳动。就是说，任何一种产品都是社会劳动总过程的结果，任何一种产品的全劳动生产率都在一定程度上反映社会劳动总过程的生产力。这就是本文所说的全劳动生产率的社会劳动过程内涵。

## 四 基于世界投入产出表的相对剩余生产模型及相对剩余生产率测算

### （一）相对剩余生产模型和相对剩余生产率

首先，虽然全劳动生产率的社会劳动过程内涵意味着任何一种产品的全劳动生产率都在一定程度上反映社会整体的生产力水平，但我们依然有必要实现对各产品全劳动生产率的某种加总来得到一个统一的生产力指标，从而使生产力或生产力的增速指标能够摆脱某种具体的使用价值，而具有自己的一般形式。

其次，一旦我们明确了一种产品的全劳动生产率并不表示生产该产品的那个部门的生产率，那就需要另外找到一个指标来反映部门的生产率，也就是要实现对加总全劳动生产率基于部门的分解。

最后，既然全劳动生产率的现实意义在于表现社会分工，那么考虑到生产的全球化，对于测算全劳动生产率来说最适当的场景应当是全球化水平上的社会生产总过程。正如某一产品的全劳动生产率不等于生产该产品的那个部门的生产率，某个国家或地区产品的全劳动生产率也不等于这个国家或地区的生产率。严格地说，只有世界投入产出表才真正地体现一个封闭经济体的特征。

因此，接下来我们将基于如表2所示的世界投入产出表来考虑全劳动生产率的加总和分解问题。

表2是一张实物型的世界投入产出表，包括 $m$ 个区域和 $n$ 种产品。$\mathbf{Z}^{\alpha\beta}$ 是一个 $n$ 阶方阵，表示从区域 $\alpha$ 到区域 $\beta$ 的中间产品流量，其元素 $z_{ij}^{\alpha\beta}$ 表示区域 $\beta$ 的产品部门 $j$ 从区域 $\alpha$ 进口以作为生产资料使用的产品 $i$ 的物量。$\mathbf{h}^{\beta}$ 是一个 $n$ 维行向量，其元素 $h_j^{\beta}$ 表示区域 $\beta$ 的产品部门 $j$ 的直接劳动投入。类似地，$n$ 维行向量 $\mathbf{x}^{\beta}$ 表示区域 $\beta$ 各产品部门的总产品。由此，可以定义直接物质消耗系数 $a_{ij}^{\alpha\beta} = z_{ij}^{\alpha\beta}/x_j^{\beta}$ 和直接劳动消耗系数

表 2 世界投入产出表

| | | 中间产品 | | | | 必要产品 | | | | 剩余产品 | 最终产品 | 总产品 |
|---|---|---|---|---|---|---|---|---|---|---|---|---|
| | | 区域1 | 区域2 | ⋯ | 区域 $m$ | 区域1 | 区域2 | ⋯ | 区域 $m$ | | | |
| 中间投入 | 区域1 | $\mathbf{Z}^{11}$ | $\mathbf{Z}^{12}$ | ⋯ | $\mathbf{Z}^{1m}$ | $\eta^{11}$ | $\eta^{12}$ | ⋯ | $\eta^{1m}$ | $\zeta'^{1}$ | $\mathbf{f}'^{1}$ | $\mathbf{x}'^{1}$ |
| | 区域2 | $\mathbf{Z}^{21}$ | $\mathbf{Z}^{22}$ | ⋯ | $\mathbf{Z}^{2m}$ | $\eta^{21}$ | $\eta^{22}$ | ⋯ | $\eta^{2m}$ | $\zeta'^{2}$ | $\mathbf{f}'^{2}$ | $\mathbf{x}'^{2}$ |
| | ⋮ | ⋮ | ⋮ | ⋱ | ⋮ | ⋮ | ⋮ | ⋱ | ⋮ | ⋮ | ⋮ | ⋮ |
| | 区域 $m$ | $\mathbf{Z}^{m1}$ | $\mathbf{Z}^{m2}$ | ⋯ | $\mathbf{Z}^{mm}$ | $\eta^{m1}$ | $\eta^{m2}$ | ⋯ | $\eta^{mm}$ | $\zeta'^{m}$ | $\mathbf{f}'^{m}$ | $\mathbf{x}'^{m}$ |
| 直接劳动 | | $\mathbf{h}^{1}$ | $\mathbf{h}^{2}$ | ⋯ | $\mathbf{h}^{m}$ | | | | | | | |
| 总产品 | | $\mathbf{x}^{1}$ | $\mathbf{x}^{2}$ | ⋯ | $\mathbf{x}^{m}$ | | | | | | | |

$e_j^\beta = h_j^\beta / x_j^\beta$。此时，区域 $\beta$ 产品部门 $j$ 的生产条件可以由 $mn$ 个直接物质消耗系数 $a_{ij}^{\alpha\beta}$（$\alpha = 1, 2, \cdots, m$；$i = 1, 2, \cdots, n$）和一个直接劳动消耗系数 $e_j^\beta$ 来描述；区域 $\beta$ 的生产条件可以由 $m$ 个 $n$ 阶直接物质消耗系数矩阵 $\mathbf{A}^{\alpha\beta} = [a_{ij}^{\alpha\beta}]$ 和一个 $n$ 维直接劳动消耗系数向量 $\mathbf{e}^\beta$ 来描述。而世界整体的生产条件，则由一个 $mn$ 阶的直接物质消耗系数矩阵 $\mathbf{A}$ 和一个 $mn$ 维的直接劳动消耗系数向量 $\mathbf{e} = (\mathbf{e}^1, \mathbf{e}^2, \cdots, \mathbf{e}^m)$ 来描述。直接物质消耗系数矩阵 $\mathbf{A}$ 具有下面的形式：

$$\mathbf{A} = \begin{bmatrix} \mathbf{A}^{11} & \mathbf{A}^{12} & \cdots & \mathbf{A}^{1m} \\ \mathbf{A}^{21} & \mathbf{A}^{22} & \cdots & \mathbf{A}^{2m} \\ \vdots & \vdots & \ddots & \vdots \\ \mathbf{A}^{m1} & \mathbf{A}^{m2} & \cdots & \mathbf{A}^{mm} \end{bmatrix}$$

现在用 $\lambda_j^\beta$ 表示区域 $\beta$ 的产品 $j$ 的全劳动系数，于是 $mn$ 维的全劳动系数向量 $\mathbf{\lambda}$ 满足：

$$\mathbf{\lambda A} + \mathbf{e} = \mathbf{\lambda} \tag{5}$$

$$\mathbf{\lambda} = \mathbf{e}(\mathbf{I} - \mathbf{A})^{-1} \tag{6}$$

其中 $\mathbf{I}$ 现在表示 $mn$ 阶的单位矩阵。基于式（6）就可以进一步得到各产品的全劳动生产率。

表 2 中的 $\eta^{\alpha\beta}$ 也是一个 $n$ 阶方阵，表示从区域 $\alpha$ 到区域 $\beta$ 的必要产

品流量，其元素 $\eta_{ij}^{\alpha\beta}$ 表示区域 $\beta$ 产品部门 $j$ 的生产者消费的进口自区域 $\alpha$ 的产品 $i$ 的物量。此外，用 $l_j^\beta$ 表示区域 $\beta$ 产品部门 $j$ 的平均年就业人数，用 $u_j^\beta$ 表示在区域 $\beta$ 产品部门 $j$ 就业的生产者的年平均劳动时间，显然有：

$$h_j^\beta = l_j^\beta u_j^\beta \tag{7}$$

接着用 $b_{ij}^{\alpha\beta}$ 表示在区域 $\beta$ 产品部门 $j$ 就业的生产者对区域 $\alpha$ 产品 $i$ 的年人均消费量，称为必要产品系数，即 $b_{ij}^{\alpha\beta} = \eta_{ij}^{\alpha\beta}/l_j^\beta$，形成 $\mathbf{B} = [b_{ij}^{\alpha\beta}]$ 这样一个 $mn$ 阶的必要产品系数矩阵。

$\zeta^\alpha$ 表示区域 $\alpha$ 的各产品在扣除中间产品和必要产品之后的 $n$ 维剩余产品向量。对于其中的任意产品 $i$，剩余产品 $\zeta_i^\alpha$ 都满足：

$$\zeta_i^\alpha = x_i^\alpha - \sum_{\beta=1}^m \sum_{j=1}^n z_{ij}^{\alpha\beta} - \sum_{\beta=1}^m \sum_{j=1}^n \eta_{ij}^{\alpha\beta} \tag{8}$$

用矩阵表示：

$$\zeta' = \mathbf{x}' - \mathbf{A}\mathbf{x}' - \mathbf{B}\hat{\mathbf{E}}\hat{\mathbf{U}}^{-1}\mathbf{x}' = (\mathbf{I} - \mathbf{A} - \mathbf{B}\hat{\mathbf{E}}\hat{\mathbf{U}}^{-1})\mathbf{x}' \tag{9}$$

其中 $\zeta$ 表示剩余产品向量，$\mathbf{x}$ 表示总产品向量，$\hat{\mathbf{E}}$ 表示以 $e_j^\beta$ 为元素的对角矩阵，$\hat{\mathbf{U}}$ 表示以 $u_j^\beta$ 为元素的对角矩阵。需要特别注意的是，这里的剩余产品是相对于世界整体来定义的。比如，对于区域 $\alpha$ 而言，出口供其他区域的生产者消费的产品属于剩余产品，但就整个世界而言，这部分产品却算作必要产品。

根据定义有：

$$\mathbf{x}' = \hat{\mathbf{E}}^{-1}\mathbf{h}' = \hat{\mathbf{E}}^{-1}\hat{\mathbf{U}}\mathbf{l}' \tag{10}$$

用 $\boldsymbol{\epsilon}$ 表示一个 $mn$ 维的全 1 向量，则式（6）可重新表示为：

$$\boldsymbol{\lambda} = \boldsymbol{\epsilon}\hat{\mathbf{E}}(\mathbf{I} - \mathbf{A})^{-1} \tag{11}$$

我们将各部门的剩余产品按照全劳动系数加总来表示世界剩余的规

模总量，记为 $S$，则有：

$$S = \lambda \zeta' \tag{12}$$

综合式（9）、式（10）、式（11）和式（12），可以得到：

$$S = \epsilon(\hat{U} - GB) l' \tag{13}$$

其中，有：

$$G = \hat{E}(I - A)^{-1} \tag{14}$$

我们已经知道 $A$ 和 $e = \epsilon \hat{E}$ 描绘了整个世界的生产条件，因此矩阵 $G$ 实际上是以更紧凑的形式给出了整个世界的生产条件。实际上，矩阵 $G$ 的元素 $g_{ij}^{\alpha\beta}$ 表示为生产 1 个单位区域 $\beta$ 的产品 $j$，在完全意义上最终消耗的来自区域 $\alpha$ 产品部门 $i$ 的劳动量，$G$ 每一列的和就等于对应产品的全劳动系数。因此，矩阵 $G$ 集中地表现了不同区域和不同产品部门的劳动分工，鉴于矩阵 $G$ 的这一性质，我们建议将之称为全劳动分工系数矩阵。

假设必要产品系数矩阵 $B$ 不变，记为 $B_0$，则 $t$ 年世界剩余的规模可以表示为：

$$S_t = \epsilon(\hat{U}_t - G_t B_0) l'_t \tag{15}$$

式（15）将世界剩余的规模分解为三个因素：（1）生产者的年平均劳动时间 $\hat{U}_t$、（2）以就业人数表示的社会劳动力分配 $l'_t$ 和（3）生产条件 $G_t$。对 $S_t$ 做差分得到：

$$\Delta S_t = \epsilon(\Delta \hat{U}) l'_t + \epsilon(-\Delta G) B_0 l'_t + \epsilon(\hat{U}_{t-1} - G_{t-1} B_0)(\Delta l') \tag{16}$$

其中，$\epsilon(-\Delta G) B_0 l'_t$ 表示由生产力水平的变化引起的世界剩余增量，本文称为相对剩余增量（relative surplus increment，RSI）。$B_0 l'_t$ 表示在必要产品系数不变的情况下 $t$ 期所需的一组必要产品，$\epsilon G_t B_0 l'_t$ 就表示在生产条件 $G_t$ 的情况下为生产必要产品 $B_0 l'_t$ 所需的劳动，即必要劳动。因此，RSI 无非表示在 $t$ 期的生产条件下为再生产出必要产品 $\mathbf{B}_0\mathbf{l}'_t$，相比基期的生产条件能够节约的劳动量，即对必要劳动的节约量。通过将 RSI 除以社会活劳动总量 $H_t$，就可以得到世界整体生产力的增速。我们把这个指标称为相对剩余生产率（relative surplus productivity，RSP），因为其背后的逻辑与马克思所说的相对剩余生产过程相近。于是有：

$$RSP_t = \frac{\epsilon(-\Delta \mathbf{G})\mathbf{B}_0\mathbf{l}'_t}{H_t} \tag{17}$$

相比用产值比重来加总各产品的全劳动生产率，或者像冯志轩和刘凤义（2020）那样用一个特殊的一般利润率来表示加总全劳动生产率增速，RSP 具有更加简明的经济含义。它表示在 $t$ 期的技术条件下为再生产必要产品 $\mathbf{B}_0\mathbf{L}'_t$ 所节约的劳动量占社会劳动总量的比例。这个比例越大，说明生产力增速越快。

## （二）全劳动分工系数矩阵的分解与部门的相对剩余生产率

用全劳动分工系数矩阵 $\mathbf{G}$ 来表示世界整体的生产条件带来一个便利，即我们可以通过对这个矩阵做结构分解进一步将世界生产力增速分解为各个区域或产品部门的生产力增速。

为了方便叙述，我们引入两个特殊的矩阵初等变换符号 Reg（$\mathbf{X}$, $\alpha$）和 Prd（$\mathbf{X}$, $i$），$\mathbf{X}$ 表示任意一个 $mn$ 阶的方阵。Reg（$\mathbf{X}$, $\alpha$）构造了一个只保留区域 $\alpha$ 信息的 $mn$ 阶方阵，比如 Reg（$\mathbf{X}$, $\alpha$）的从第 $n(\alpha-1)+1$ 列到第 $n\alpha$ 列的元素是区域 $\alpha$ 的 $n$ 个产品部门的直接物质消耗系数，与矩阵 $\mathbf{A}$ 的从第 $n(\alpha-1)+1$ 列到第 $n\alpha$ 列的元素相同，其余元素则为零。Prd（$\mathbf{X}$, $i$）构造了一个只保留产品部门 $i$ 信息的 $mn$ 阶方阵，比如 Prd（$\mathbf{X}$, $i$）的第 $n(\alpha-1)+i$ 列的元素是 $m$ 个区域的产品部门 $i$ 的直接物质消耗系数，与矩阵 $\mathbf{A}$ 的第 $n(\alpha-1)+i$ 列的元素相同，其余元素则为零。

根据式（14）对全劳动分工系数矩阵 **G** 做差分，得到：

$$\Delta \mathbf{G} = (\Delta \widehat{\mathbf{E}})(\mathbf{I} - \mathbf{A}_t)^{-1} + \widehat{\mathbf{E}}_{t-1}(\mathbf{I} - \mathbf{A}_{t-1})^{-1}(\Delta \mathbf{A})(\mathbf{I} - \mathbf{A}_t)^{-1} \quad (18)$$

可以将 $\Delta \widehat{\mathbf{E}}$ 和 $\Delta \mathbf{A}$ 按照区域分解为：

$$\Delta \mathbf{A} = \sum_{\alpha=1}^{m} \mathrm{Reg}(\Delta \mathbf{A}, \alpha) \quad (19)$$

$$\Delta \widehat{\mathbf{E}} = \sum_{\alpha=1}^{m} \mathrm{Reg}(\Delta \widehat{\mathbf{E}}, \alpha) \quad (20)$$

并记：

$$\Delta \mathbf{G}^{\mathrm{reg}}[\alpha] = \mathrm{Reg}(\Delta \widehat{\mathbf{E}}, \alpha)(\mathbf{I} - \mathbf{A}_t)^{-1} + \widehat{\mathbf{E}}_{t-1}(\mathbf{I} - \mathbf{A}_{t-1})^{-1}\mathrm{Reg}(\Delta \mathbf{A}, \alpha)(\mathbf{I} - \mathbf{A}_t)^{-1} \quad (21)$$

表示由区域 $\alpha$ 的生产条件变化引起的全劳动分工系数矩阵的变化，因而是对区域 $\alpha$ 生产力变化的一个描述。

类似地，也可以在产品部门间进行分解：

$$\Delta \mathbf{G}^{\mathrm{prd}}[\alpha] = \mathrm{Prd}(\Delta \widehat{\mathbf{E}}, i)(\mathbf{I} - \mathbf{A}_t)^{-1} + \widehat{\mathbf{E}}_{t-1}(\mathbf{I} - \mathbf{A}_{t-1})^{-1}\mathrm{Prd}(\Delta \mathbf{A}, i)(\mathbf{I} - \mathbf{A}_t)^{-1} \quad (22)$$

表示由产品部门 $i$ 生产条件的变化引起的全劳动分工系数矩阵的变化，因而是对产品部门 $i$ 生产力变化的一个描述。显然，有：

$$\Delta \mathbf{G} = \sum_{\alpha=1}^{m}(\Delta \mathbf{G}^{\mathrm{reg}}[\alpha]) = \sum_{i=1}^{n}(\Delta \mathbf{G}^{\mathrm{prd}}[i]) \quad (23)$$

于是，世界的 RSI 就可以分解为：

$$RSI_t = \boldsymbol{\epsilon}\sum_{\alpha=1}^{m}(\Delta \mathbf{G}^{\mathrm{reg}}[\alpha])\mathbf{B}_0 \mathbf{l}'_t = \boldsymbol{\epsilon}\sum_{i=1}^{n}(\Delta \mathbf{G}^{\mathrm{prd}}[i])\mathbf{B}_0 \mathbf{l}'_t \quad (24)$$

记 $RSI_t^{\mathrm{reg}}[\alpha] = \boldsymbol{\epsilon}(\Delta \mathbf{G}^{\mathrm{reg}}[\alpha])\mathbf{B}_0 \mathbf{l}'_t$，表示由区域 $\alpha$ 生产条件的变

化引起的世界剩余增量，将之除以区域 α 的活劳动总量以标准化，就得到了区域 α 的相对剩余生产率。类似地，记 $RSI_t^{prd}[i] = \epsilon(\Delta G^{prd}[i])B_0 l_t'$，表示由产品部门 i 生产条件的变化引起的世界剩余增量，将之除以产品部门 i 的活劳动总量以标准化，就得到了产品部门 i 的相对剩余生产率。这样，我们就可以用区域或产品部门的相对剩余生产率作为区域或产品部门的生产力增速指标。区域或产品部门的 RSP 表示由区域或产品部门的生产力进步引起的世界剩余增量占本区域或产品部门活劳动总量的比例。不难进一步推得，世界的 RSP 等于各部门（区域或产品）RSP 以活劳动占比为权重的加总。

### （三）基于 WIOD 数据的 RSP 测算

#### 1. 数据处理说明

接下来，我们将基于世界投入产出数据库（WIOD）提供的世界投入产出表具体地测算世界的 RSP，并通过结构分解进一步地测算主要经济体和产品部门的 RSP。

世界投入产出数据库目前发布了两个版本：WIOD2013 和 WIOD2016。WIOD2013 提供了 1995~2011 年 41 个经济体（包括世界其他 RoW）35 个产品部门的世界投入产出表（WIOT），WIOD2016 则提供了 2000~2014 年 44 个经济体（包括世界其他 RoW）56 个产品部门的世界投入产出表。就测算 RSP 而言，WIOD 数据具有以下两点优势。第一，WIOD 不仅提供了以美元计价的现价世界投入产出表，还提供了以美元计价的以上一年为基期的不变价世界投入产出表。$t$ 期的不变价表和 $t-1$ 期的现价表之间是可比价的关系，这就使我们可以直接运用上文给出的基于实物型世界投入产出表建立的相对剩余生产模型。第二，WIOD 的社会核算账户 SEA（数据）提供了分区域和产品部门的就业和劳动时间数据。从相对剩余生产模型的结果就能看出，这个数据对于测算 RSP 是很关键的。

在测算过程中，需要特别予以说明的数据处理有以下几点。

第一，WIOD 提供的就业和劳动时间数据涉及 4 个变量，分别是相关人员数 $EMP$、相关人员工作时间总量 $H\_EMP$、就业人数 $EMPE$、就业人数工作时间总量 $H\_EMPE$。但四个变量均存在一定程度的数据缺失。(1) 在 WIOD2016 中，除了变量 $EMP$，中国（大陆）的其他三个变量数据缺失，同时 WIOD2016 也没有提供变量 $H\_EMPE$ 的数据。(2) 对于世界其他 RoW，所有 SEA 数据都是缺失的。对此，我们的处理方式是：(1) 选择变量 $EMP$ 来表示平均年就业人数；(2) 对于 WIOD2013，通过将 $H\_EMP$ 除以 $EMP$ 得到生产者的年平均劳动时间，对于 WIOD2016，则直接使用 Giattino 等提供的各国生产者年平均劳动时间①。这意味着在基于 WIOD2016 的测算中我们忽略了经济体内部不同产品部门生产者年劳动时间的差异。鉴于在同一个经济体内部劳动力的流动性，年平均劳动时间的差异主要体现在不同经济体的生产者之间，因此忽略同一经济体内部不同产品部门生产者的年劳动时间差异并不会对结果产生显著的影响。(3) 对于世界其他 RoW，根据 WIOD 的说明文献，RoW 的相关结构性系数是根据 6 个新兴经济体（巴西、中国大陆、印度、印度尼西亚、墨西哥和俄罗斯）的平均数估计的，因此在估计 RoW 相应的 SEA 数据时，本文也将遵循这个原则。以估算 RoW 的 $H\_EMP$ 为例，先将对应年份的 6 个新兴经济体的总产出和 $H\_EMP$ 数据按照产品分类加总，进而得到新兴经济体每一种产品部门的直接劳动消耗系数。再用该系数乘以 RoW 对应产品的总产出以得到对 RoW 每一种产品部门 $H\_EMP$ 的估计。WIOD2013 的 SEA 数据只覆盖 1995~2009 年，因此本文只基于 WIOD2013 计算 1996~2009 年的 RSP，另外再基于 WIOD2016 计算 2010~2014 年的 RSP，进而构成 1996~2014 年 RSP 的连续时间序列。

第二，WIOD 并没有提供固定资产折旧数据，对此我们选择在计算 RSP 时暂不考虑固定资产折旧，这相当于将固定资产折旧视为剩余的一部分。虽然严格意义上，固定资产折旧应作为直接物质消耗的组成部

---

① 资料来源："Working hours"（https：//ourworldindata.org/working-hours）。

分来处理，但正如国民经济核算体系将固定资产折旧计入增加值一样，将固定资产折旧视为剩余的一部分依然是有经济意义的。从理论上说，固定资产折旧的补偿并不需要马上进行，由固定资产折旧形成的折旧基金就和利润一样成为可自由支配的资金进而可以作为投资的资金来源。在这个意义上，固定资产折旧所凝结的过去的劳动，也可视为今年可支配的剩余劳动的一部分。

第三，通过假设基期区域 $\beta$ 的生产者按照本区域的居民消费构成支出自己的劳动者报酬来确定必要产品系数。具体而言，用 $w_0^\beta$ 表示基期区域 $\beta$ 生产者的年平均工资，$c_{i,0}^{\alpha\beta}$ 表示基期区域 $\beta$ 消费的从区域 $\alpha$ 进口的产品 $i$ 的物量，则基期的必要产品系数为：

$$b_{ij,0}^{\alpha\beta} = \frac{c_{i,0}^{\alpha\beta} w_0^\beta}{\sum_{\alpha=1}^{m} \sum_{i=1}^{n} c_{i,0}^{\alpha\beta}}$$

这样处理意味着在同一区域内在不同产品部门就业的生产者拥有相同的必要产品系数，忽略了区域内不同劳动力再生产的异质性。此外，基于基期的居民消费构成和劳动者报酬确定必要产品系数，意味着相对于基期而言，$t$ 年的劳动者报酬及相应消费水平的增长将被视为 $t$ 年剩余的一部分。这样处理进一步突出了剩余规模能够表现社会生产力的作用，避开了所有关系对剩余规模的影响。

第四，在实际测算中以 $t-1$ 年作为 $t$ 年的基期。这样处理不仅仅能够更好地适应 WIOD 的数据结构，更重要的是降低产品分类异质性的影响。在投入产出分析中，通常隐含地假设不同时期的产品分类是同质的。但生产力进步还经常地表现为新部门和新产品的不断出现，投入产出表的时间跨度越大，同一产品分类下的异质性就越强。实际上，任何生产力的量化指标都不可避免地存在这个问题。以上一年为基期测算 RSP 可以最大限度地降低产品分类异质性的影响。

**2. 测算结果分析**

图 1 展示了我们测算的世界 RSP 结果。图 1 区分了综合生产领域

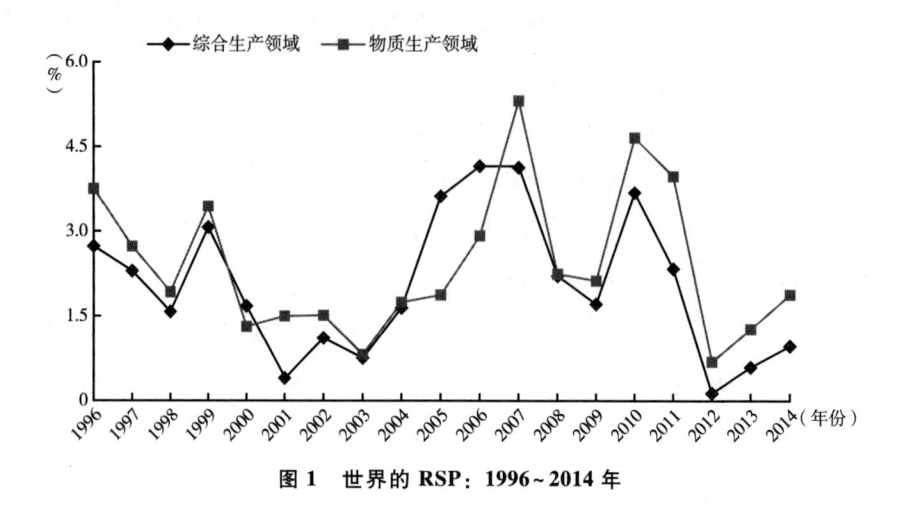

图 1　世界的 RSP：1996~2014 年

和物质生产领域。综合生产领域对应着国民经济核算体系（SNA）所采用的综合性生产观，这也是 WIOD 对生产范围的界定。但从马克思主义经济学的角度来看，生产力指的是人与自然之间的物质变换，即物质生产能力。在严格意义上，这个概念只适用于物质生产领域。不过需要指出的是，物质生产领域不等于产品具有独立物质形态的生产领域，后者是与服务相对的概念，而物质生产领域则包含若干服务部门（骆耕漠，1990；马梦挺，2019）。比如，马克思将运输作为农产品、矿产品和制造品之外的第四个物质生产领域，而运输却是一种服务，即它的劳动过程和消费过程在时间和空间上是无法分离的同一过程。像其他物质生产领域一样，运输适用于劳动生产率这样的概念，比如一般可以说铁路运输的劳动生产率是每个小时将多少重量的物品或乘客运输多少距离，但该原则很难适用于教育、金融等非物质生产领域。本文将（1）农产品，（2）矿产品，（3）制造品，（4）运输、仓储和邮政，（5）建筑，（6）电力、热力、燃气及水的生产和供应视为六大物质生产领域，而将其他产品部门视为非物质生产领域。

注意，非物质生产领域不等于古典政治经济学所说的非生产领域。鉴于非生产领域这一概念在学界尚存在一定的争议，本文主张谨慎地使用非生产领域这样的概念。物质生产领域观只是对 SNA 综合性生产观的有效补充，突出了物质生产领域相比非物质生产领域更加基础性的地位。在下文中，除非特别强调物质生产领域，否则 RSP 的口径均指综合生产领域。

根据图 1 反映的世界生产力增速，大体上可以将考察时间（1996~2014 年）划分为三个阶段。1996~2001 年是第一个阶段，在这个阶段综合生产领域的世界 RSP 基本处于一个波动下降的过程当中。2002~2007 年是第二个阶段，在这个阶段综合生产领域的世界 RSP 明显上升。2001 年，综合生产领域的世界 RSP 只有 0.38%，而到了 2007 年，已经上升到 4.16% 的水平，物质生产领域的世界 RSP 更是上升到 5.33%。2008~2014 年是第三个阶段，尽管有一些反复，并且 2012~2014 年综合生产领域的世界 RSP 呈现略微上涨的情形，但总体上这一阶段的综合生产领域世界 RSP 是下降的，2012 年的综合生产领域世界 RSP 仅有 0.13%。1996~2014 年综合生产领域世界 RSP 的年均值是 2.04%。这个水平的生产力增速意味着如果全世界的生产者只是维持一个不变的物质生活水平，那么大概经过 29 年就可以节约一半的劳动时间。物质生产领域世界 RSP 的年均值则达到 2.40%，略高于整体水平。当然，生产力进步只是带来缩短劳动时间的可能性，从实际情况来看，节约的劳动更可能被用来增加积累和提高物质生活水平而非缩短劳动时间。

类似冯志轩和刘凤义（2020）的做法，图 2 给出了最大的 18 个经济体 1996~2014 年 RSP 的年均值。可以发现，处于前列的主要是发展中国家，尤其是中国的 RSP 年均值达到 3.78%。而处于第二位的韩国 RSP 年均值已经低于世界平均水平，只有 1.62%。换言之，在 18 个主要经济体中只有中国的 RSP 超过了世界平均水平。1996~2014 年由中国生产力进步带来的世界相对剩余增量累计值占到世界相对剩余增量累计值的 37.4%，即中国对世界整体生产力增速的贡献率是 37.4%，远超以 GDP 衡量的中国经济占世界的比重。

图 2 还显示，有 4 个发达经济体的 RSP 年均值是负数。RSP 为负说明在所考察时间范围内这些经济体的技术选择实际上降低了产品的全

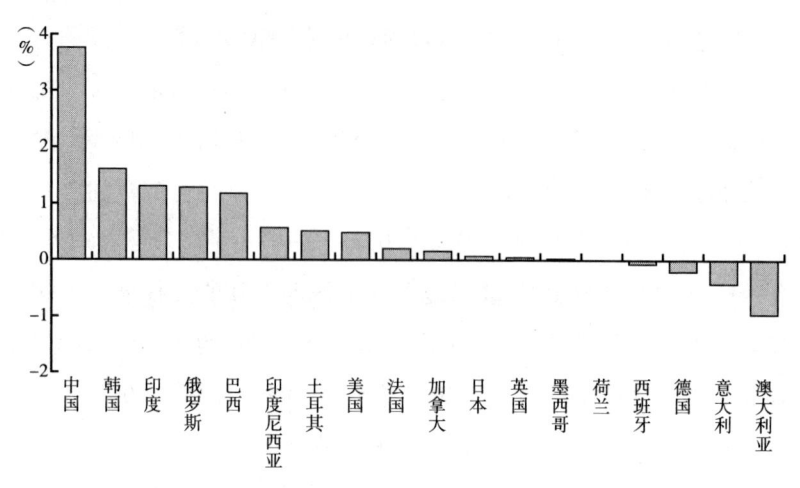

图 2　18 个主要经济体的 RSP 年均值：1996~2014 年

劳动生产率，即选择了耗费更多劳动的生产条件。可以参照罗默定理（Roemer，1981）来说明为什么发达经济体可能选择耗费更多劳动的生产条件。罗默定理表明，当产品的市场价格和单位产品的全劳动不一致时，成本最小化的技术选择就可能和劳动耗费最小化的技术选择发生偏离。存在一种可能性，那就是对于企业而言，一种可以降低单位产品全劳动即提高全劳动生产率的技术选择反而会增加企业的生产成本。如果把罗默定理置于全球价值链分工的情形之下，就能发现对于发达国家的企业而言，通过将部分中间投入品从本国生产转换为从发展中国家进口可以极大地减少生产成本；即便生产同样的中间投入品，发展中国家的绝对劳动生产率可能更低。因而，从世界整体来看，这一技术选择事实上增加了单位产品的全劳动量，即降低了该产品的全劳动生产率。

需要指出的是，区域的 RSP 指的是区域的技术变化引起的世界剩余增量占本区域活劳动总量的比例，而不是本区域技术变化带来的本区域可支配剩余增量占本区域活劳动总量的比例。部分发达经济体的 RSP 为负，只是表明这些经济体的技术选择耗费了更多世界人民的劳动，尤其是发展中国家人民的劳动，而不是本国人民劳动。发达经济体反而可以从这一技术选择中支配更多的剩余。同时，对于发展中国家经济体而言,这也意味着能够得到参与全球价值链的机会,不可否认这对于那些在传统部门尚存在大量剩余人口的发展中国家经济体而言,是具有重大积极意义的(Lewis,1954;江小涓和孟丽君,2021)。但是,上述技术选择从世界整体来看具有生产力退步的性质。这体现了发达经济体在全球价值链时代剩余增长的新特点。发达经济体剩余的增长主要不再是通过提高自身生产力来降低本国的必要劳动,而是通过维持与发展中经济体的生产力差距进而市场势力,通过生产环节的转移来实现区域间的"套利"。

图3给出了1996~2014年中国RSP的时间序列。图3给出的结果进一步印证了冯志轩和刘凤义(2020)的结论,中国的经济增长始终伴随着生产力的进步,不能简单地用"粗放式"增长来概括。但也应当注意,区域的RSP只是反映生产力的增速,而不是生产力的绝对水平。根据马克思主义经济学的部门内竞争理论,在生产同一商品的部门中,劳动生产率较高的企业可以获得超额剩余价值和超额利润,进而也将呈现更高的劳均增加值。改革开放以来,中国的生产力增速很快,但总体来说只是缩小了与发达国家之间的差距,在世界范围内竞争中,中国生产绝大部分产品的劳动生产率应该说还落后于发达国家,尤其是在一些关键技术领域面临被发达国家"卡脖子"的局面。生产力的绝对差距就反映为劳均增加值的差距。

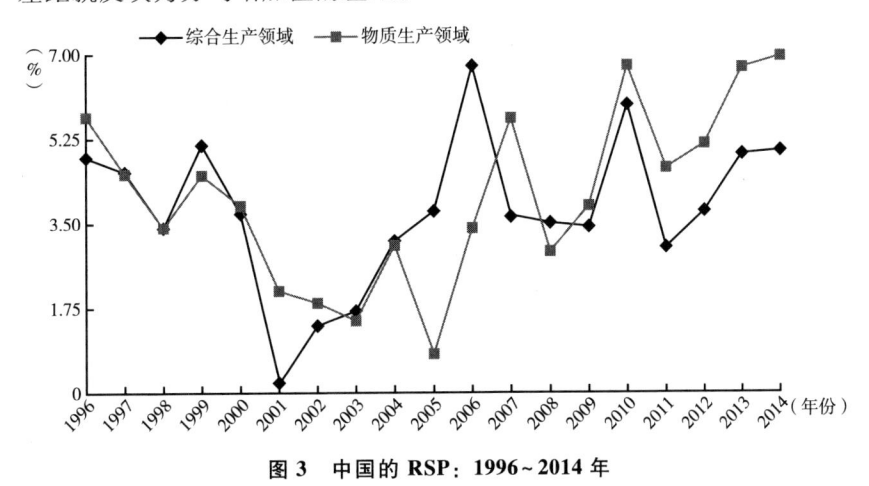

**图3 中国的RSP:1996~2014年**

图 4 展示了世界和中国各自六大物质生产领域的 RSP 年均值。可以发现，在每一个物质生产领域，中国的 RSP 都要显著地大于世界平均水平，尤其是基础设施领域的电力、热力、燃气及水的生产和供应，RSP 年均值达到 6.46%，而世界的平均水平只有 0.80%。

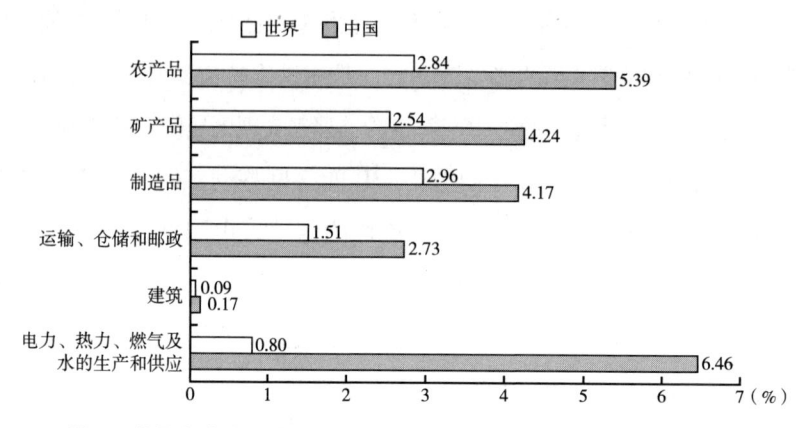

图 4 世界和中国六大物质生产领域的 RSP 年均值：1996~2014 年

## 五　结论

本文着重讨论了一个不同于全要素生产率的生产力统计指标——全劳动生产率，并将之拓展为一个具有层次性的生产力增速核算框架。

在理论上，本文首先澄清了已有文献对全劳动生产率内涵的误解，尤其是将产品的全劳动生产率与生产该产品的部门的生产率相混淆这一问题。接着，本文重新阐释了全劳动生产率的理论内涵。全要素生产率是通过将生产过程抽象为生产要素的配置问题而形成的生产力指标，与之不同的是，全劳动生产率是通过将生产过程理解为一个包含企业内部的分工、不同产品部门之间的分工和不同地区之间的分工等诸多分工层次的社会劳动过程而形成的生产力指标。揭示全劳动生产率的社会劳动过程内涵也表明了该生产力指标的现实意义。20 世纪 80 年代以来，全球水平的社会分工达到一个新的高度，同时当前我国又正处于全力构建以国内大循环为主体、国内国际双循环相互促进的新发展格局的重要时期，这就要求我们在考察生产力进步的动态特征时，要特别注意结合国内和国际的社会分工。

在全劳动生产率的基础上，本文建立了一个我们称为相对剩余生产的数学模型。由该模型我们给出了一个衡量生产力增速的指标——相对剩余生产率（RSP）。RSP 实现了对全劳动生产率有经济含义的加总，表示在新的生产条件下为再生产出某个基期生产者的物质生活水平可节约的劳动占社会总劳动的比例。这个比例越大，就表明生产力增速越快。基于全劳动分工系数矩阵的分解，世界整体的 RSP 又可以分解为各区域或各产品部门的 RSP，进而衡量各区域或各产品部门的生产力增速。

在经验上，本文利用世界投入产出数据库（WIOD）测算了 1996～2014 年世界整体和各主要经济体的 RSP。结果显示，在考察的时间范围内，世界 RSP 的年均值为 2.04%。这个水平的生产力增速意味着如果世界人民只维持一个不变的物质生活水平，大概经过 29 年就可以节约一半的劳动时间。当然，从实际情况来看，生产力进步主要表现为物质生活水平的提高而非劳动时间真正的缩短。同期，中国的 RSP 年均值为 3.78%，对世界生产力增速的贡献率达到 37.4%。因为 RSP 是从不同经济体相互联系的角度考察生产力增速，因此由 RSP 所反映的中国生产力增速包含对其他国家的溢出效应，即中国的生产力进步不仅提高了本国人民的物质生活水平，对世界其他国家人民物质生活水平的提高也有显著的作用。

本文主要讨论全劳动生产率的理论内涵和测算问题，至于如何结合全劳动生产率及本文提出的 RSP 指标进一步分析全球分工体系则超出了本文的范围。这留待进一步的研究。

**参考文献**

戴艳娟，泉弘志．2014．基于全劳动生产率的中国各产业生产率的测算［J］．财经研究，（12）．

冯志轩，刘凤义．2020．马克思-斯拉法框架下的全劳动生产率增速测算［J］．世界经济，（3）．

江小涓，孟丽君．2021．内循环为主、外循环赋能与更高水平双循环——国际经验与中国实践［J］．管理世界，（1）．

李帮喜，赵文睿．2022．从全要素生产率到全劳动生产率——中国全劳动生产率及其对增长的贡献率测算［J］．政治经济学评论，（4）．

骆耕漠．1990．马克思的生产劳动理论：当代两种国民经济核算体系［M］．经济科学出版社．

马梦挺．2019．基于国民经济核算体系的剩余价值率计算：理论与中国经验［J］．世界经济，（7）．

孟捷．2016．历史唯物论与马克思主义经济学［M］．社会科学文献出版社．

平心．1959．论生产力的性质［J］．学术月刊，（9）．

荣兆梓．1992．总要素生产率还是总劳动生产率［J］．财贸研究，（3）．

荣兆梓，李亚平．2021．全劳动生产率与马克思主义基本增长方程［J］．上海经济研究，（1）．

佟仁城，刘源张．1993．部门全劳动生产率及相互作用分析［J］．系统工程理论与实践，（6）．

谢富胜，张天啸，张俊夫．2019．总量生产函数的恒等式性质——兼论全要素生产率的实际含义［J］．中国人民大学学报，（6）．

张闻天．1979．关于生产关系的两重性问题［J］．经济研究，（10）．

Lewis W. 1954. Economic development with unlimited supplies of labour［J］. The Manchester School of Economic and Social Studies, 22（2）.

McCombie J S. 2001. What does the aggregate production function show? Further thoughts on Solow's "second thoughts on growth theory"［J］. *Journal of Post Keynesian Economics*, 23（4）.

Okishio N. 1959. Measurement of the rate of surplus value［J］. *Economic Review*, 10（4）.

Robinson J. 1953. The production function and the theory of capital［J］. *The Review of Economic Studies*, 21（2）.

Roemer J. 1981. *Analytical Foundations of Marxian Economic Theory*［M］. Cambridge：Cambridge University Press.

Shaikh A. 1974. Laws of production and laws of algebra：The humbug production function［J］. *The Review of Economics and Statistics*, 56（1）.

Solow R M. 1957. Technical change and the aggregate production function［J］. *The Review of Economics and Statistics*, 39（3）.

Sraffa P. 1960. *Production of Commodities by Means of Commodities*［M］. Cambridge：Cambridge University Press.

# 第二篇
# 不平衡增长与经济循环

# 价值生产、价值转移与积累过程*
## ——中国地区间不平衡发展的政治经济学分析

冯志轩　李帮喜　龙治铭　张　晨**

**摘　要**：本文旨在利用政治经济学的理论来理解中国近年来地区间不平衡发展的过程。文章总结了政治经济学理论中有关地区不平衡发展的两类理论——生产的框架和交换的框架，并利用劳动价值论和资本循环理论将二者统一在一起，说明地区间的不平衡发展可以通过价值生产、价值实现和资本积累三个过程以及它们之间的互动加以说明。这一框架既能够在静态上解释地区间发展水平的差距，也能够在动态上解释地区间发展差距先升后降的趋势。经验研究发现，中国地区间的发展差距主要来源于价值生产能力的差距。并且在本文分析期间，由于市场逻辑和政府行为的共同塑造，中国存在偏向落后地区的积累过程。这使得减小地区差距的效应在2007年前后超过了地区间的"极化效应"，缩小了地区间发展水平的差距。

**关键词**：价值生产　价值转移　资本积累　不平衡发展

---

\* 原文发表于《经济研究》2020年第10期。
\*\* 冯志轩，武汉大学经济与管理学院教授；李帮喜（通讯作者），清华大学社会科学学院经济学研究所长聘副教授；龙治铭，清华大学马克思主义学院副教授；张晨，中国人民大学经济学院副教授。

# 一 引言

中国区域间的发展和收入水平差距自实行社会主义市场经济体制以来呈现复杂的动态。在21世纪初以前，学界的基本共识是中国的区域收入差距呈现扩大的趋势。而在那个时间段以后，这种趋势则出现了减缓乃至逆转的势头。不同的学者可能对拐点的具体位置判断不一，但是对这种先升后降趋势大体是认同的（冯长春等，2015；胡鞍钢等，2015；陆铭等，2019）。中国区域间发展水平差距的变化趋势事关重大，关系中国改革开放以来的发展成果是否能够惠及全国整体，乃至我们是否正在朝着共同富裕的方向前进。也正因如此，有大量的研究聚焦于对中国区域间发展和收入水平差距的解释，而这些研究主要是基于新古典经济学框架的。尽管这一理论框架对于我们理解区域发展的不平衡性有许多有益的见解，但是其基本逻辑是市场经济会缩小地区之间的收入差距，区域间的差距主要来自市场的不完全和对市场的人为扭曲（Young，2000；蔡昉等，2001；林毅夫和刘培林，2003；陆铭等，2019；汪晨等，2019）。这一框架对市场经济在区域发展问题上正面作用的过分强调，使它规避了一些与这一作用相反的逻辑链条，从而忽视了市场经济条件下区域发展的复杂性和内在的不平衡性。

如果我们转向政治经济学，则会发现政治经济学在区域发展的不平衡性问题上，理论内容会丰富得多。区域间不平衡发展是政治经济学和马克思主义地理学中研究最为充分和最受关注的领域之一（Sheppard，2011）。在政治经济学的基本原理中，资本和劳动力的流动会导致利润和工资在区域之间的平均化。但是分析并不会止步于此，大量的研究将包括资本积累、不平等交换、地租和垄断等因素引入分析中，这些因素包含各种同化和分化地区间发展水平的力量。方向相反的各种力量之间的强弱变化和相互影响能够共同刻画地区间发展的复杂动态。但是这些研究使用了不同的理论工具，缺少统一的理论基础将区域不平衡发展的各种可能性统一起来。也正因如此,这些研究不可避免地缺少完整的经验研究框架和相应的针对中国的经验研究。

因此,本文的主要工作体现在理论和经验研究两个方面。在理论方面,利用劳动价值论和资本循环理论将基于生产和交换的政治经济学不平衡发展理论统一起来,构建相对完整的理论框架。在经验研究方面,根据上述统一的理论框架,说明中国地区间发展差距的主要原因及其动态趋势,并在这个过程中验证本文理论框架的解释力。

## 二 理论基础:区域不平衡发展的两种框架

运用政治经济学的理论逻辑去分析区域不平衡发展的研究纷繁复杂,但是根据 Hadjimichalis(1984,2005)的观点,这些研究所使用的理论逻辑归结起来可以分为生产和交换两类,分别来自不同的理论源头。

### (一)生产的框架

顾名思义,这个框架强调地区之间的经济差距来自生产过程。其中最重要的工作来自包括哈维在内的马克思主义地理学学者(Harvey,1975,2006;Walker,1978)。这一框架的基本逻辑在于一个地区的发展水平主要取决于其生产的规模和效率,这种生产上的差距来自资本积累过程(Webber et al.,1992;Brenner,2006)。而高水平的资本积累则需要较高的利润率作为前提条件。能够为多数生产提供较高利润率的地区将会成为资本投资的重点,进而形成积累中心。资本积累带来生产规模的扩大和生产率的提高,从而给一个地区带来繁荣和发展(Coe et al.,2007)。

但是资本积累本身是"自我设限"的。随着资本积累规模的扩大,由于产业后备军逐渐耗竭,工资不断上涨;地租也随着积累不断提高;大规模的固定资本投资在加速一部分资本周转的同时,也会拖慢整个地区的资本周转速度。这些因素都会引起利润率的下降。相比之下,其他地区则可能在旧积累中心利润率变低的时候成为新的积累中心,资本从旧的中心流向新的中心,从而形成地区间不平衡的发展。

这种强调生产和资本积累的框架总的来说有别于新古典的"趋同"理论,因为这个过程中资本积累在区域间的转换最终会带来区域间发展的"此消彼长"。但是这种地区间繁荣和衰落的交替也暗示了落后地区达到发达地区同等水平的可能性,发达与不发达的标签可能在地区间发生转移,从而使此处强调的"不平衡发展"成为一种有别于后面将要提到的"极化"的趋势。

### (二) 交换的框架

这一理论框架相比生产的框架更加强调交换过程对地区发展水平的影响。其最早的理论来源可以追溯到第二国际时期的理论家 Bauer (2000) 和 Grossmann (1992) 的相关分析。而其最主要的理论工具则来自 20 世纪 60~80 年代发展起来的"不发达理论"(Rimmer and Forbes, 1982),尤其是其中的不平等交换理论 (Emmanuel et al., 1972; Gibson, 1980; Liossatos, 1980)。

这一理论的逻辑在于,落后地区由于资本的匮乏和较低的工资,一般具有较低的资本有机构成和较高的剩余价值率,因此落后地区产品的生产价格会低于价值,产生价值转出。而发达地区则相反,商品售价高于价值,产生价值转入。这种地区间的价值转移意味着交换过程中的再分配,使发达地区占有落后地区生产的一部分价值量,从而也在总的使用价值中可以分得更多的部分。

这种静态的再分配推广到动态上会进一步带来地区之间发展的"极化"。一方面,尽管利润率平均化意味着不同地区的利润率相似,但是发达地区借此占据了落后地区的一部分利润量,从而能够实现更高水平的投资和更快的发展。而对于落后地区则相反,这种转移迟滞了本地区的资本积累和发展速度。另一方面,对于落后地区而言,价值转出使得本地的收入降低，一部分在本地创造的价值没有办法在本地实现，造成了本地市场的缩小，从而降低积累水平（Webber，1996；Hadjimichalis，2005）。

不仅如此，这一框架还强调在积累过程中会存在技术的自我选择效应。Roemer（1981）的研究证明，工资越低的地区，企业采用劳动生产率低和资本有机构成低的技术就越有利。如果将具体的地理因素引入，技术的自我选择效应可能进一步加强。落后地区虽然存在工资成本的优势，但是也必然存在市场规模、基础设施、区位优势等方面的劣势。只有工资成本的优势超过这些劣势，企业才会把资本投向这里。而资本有机构成越低的产业，其工资成本的比重就越高，工资成本优势大于其他劣势的可能性就越大，最终导致有机构成低的行业集中于落后地区（Webber et al.，1992；Essletzbichler and Rigby，2005；冯志轩，2016）。

不仅技术选择存在一种自我强化的效应，收入分配也同样存在这样的效应。落后地区在低工资基础上形成的分工意味着工资成本是维系现有分工最重要的竞争力，使得本地区存在维持低工资的意愿；同时低工资也意味着本地的消费需求不足，从而需要依赖投资或区域外的消费市场，这进一步强化了本地维持低工资的惯性（张晨和冯志轩，2013）。

更进一步，资本积累会内生地带来生产规模的扩大，从而产生垄断。发达地区技术水平更高、生产规模更大，相比落后地区就更可能形成强大的市场势力。这可以让发达地区将产品的售价提高到生产价格以上，从而获得更多的价值转入（Rigby，1991；Arrighi and Drangel，1986；Babones，2005）。在动态过程中，居于垄断地位的地区相当于占据了更多的经济剩余，从而在技术研发、教育投入、人才吸引和行业标准制定上更具优势，因而以往居于垄断地位的地区可以有更多的资源将这种垄断地位再生产出来。

在这一基于交换的理论框架中，我们看到的是与基于生产的理论框架不同的图景。发达地区越来越发达，落后地区越来越落后。地区之间的发展水平不仅不会趋同,而且会逐渐"极化"。这是与地区间发展水平的此消彼长完全不同的地区不平衡发展动态。

### (三) 两种趋势的相互作用与地区不平衡发展的动态

从前文叙述中可以看出,生产和交换两个框架看上去提供了两种相互矛盾的理论和趋势,甚至二者还在落后地区的发展问题上产生过一定程度的争论(Brenner,1977;Weeks,2001)。但是本文认为,二者实际上可以统一在一个分析框架之中,而且正是这两种相反趋势的相互作用带来了地区间不平衡发展的复杂动态。

要说明这种统一,我们可以从静态的地区收入差距入手。对于一个地区而言,影响其收入的最关键因素是各个行业和各个企业内单位劳动时间所能够获得的增加值。从劳动价值论出发,这一增加值可以理解为本地区能够"占有"的价值量。根据劳动价值论的基本理论,一个地区能够"占有"的价值量由两个因素决定:价值生产和实现(卫兴华,1984;Hadjimichalis,1984,2005)。

对于价值生产来说,地区间不同生产者劳动生产率存在差距,生产单位产品的个别劳动时间不同,从而也就意味着不同地区的生产者单位劳动时间所对应的社会必要劳动时间和所形成的价值是不同的,也就是存在价值生产能力的差别。这是生产的框架在解释地区发展差距时所强调的因素。

价值实现是指商品在生产过程中凝结的价值量有多少能够被市场"承认"。就我们的分析而言,如果我们暂不考虑由于商品无法实现而灭失的价值,那么价值实现实际上就是已经在生产领域凝结的价值在企业、行业和地区间重新分配的过程,也即价值转移。利润平均化所形成的生产价格和市场势力所带来的垄断价格都意味着现实的市场价格会偏离价值,从而造成价值在行业和地区间的转移。这是交换的框架所强调的因素。

既然商品从生产到销售的过程本就是一个价值生产与价值实现统一

的过程，那么单位劳动时间内增加值的差距，自然需要价值生产和价值转移共同解释。在这个意义上，生产和交换两个框架也就是统一的。

当然，不论是生产还是交换的框架，最终目的都不只是说明某一时间地区间收入水平的差距，而是要解释地区经济发展的动态轨迹。上文所述的两种理论为了解释动态过程，都引入了资本积累来完成对动态过程的刻画（Dezzani and Johansen，2012）。并且通过进一步的观察可以发现，这种动态过程的刻画依赖资本积累与技术和分配的互动。

图 1 总结了两个框架下资本积累与技术和分配之间的关系。我们可以看到，在生产的框架下资本积累可以促进技术进步，而反过来一个地区的技术进步会提高这个地区的劳动生产率，从而为这个地区带来超额剩余价值并进一步促进积累。因此，在生产的框架下资本积累与技术的关系是一个正反馈关系，并不会带来地区之间发展相对水平的此消彼长。资本积累的自限性依赖的是资本积累与分配的相互关系，因为积累水平的提高会带来利润率的下降并最终降低积累水平，从而表现为一种资本积累和分配之间的负反馈关系。

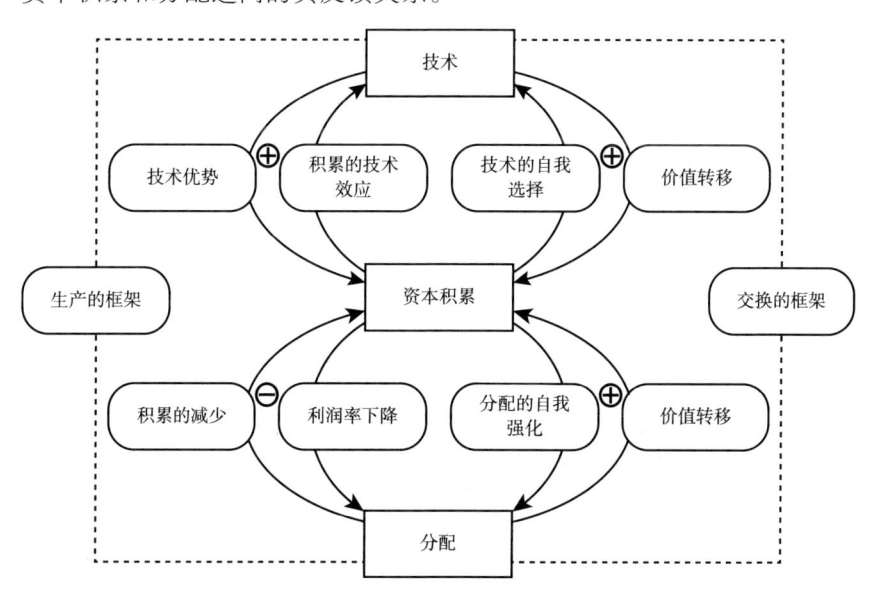

**图 1　资本积累与地区发展的两种框架**

在交换的框架下，资本积累与技术和分配之间都是正反馈关系。因为对于落后地区而言，低资本有机构成的技术条件和低工资，以及自身市场势力的低下都会带来价值的转出，从而通过积累来源和市场规模两个渠道迟滞资本积累。这种对资本积累的迟滞，一方面通过技术的自我选择和市场势力的薄弱固化了后发地区技术的落后地位，另一方面通过低工资体系下的需求体制维持了后发地区的低工资状态。而发达地区则逻辑刚好相反，所以表现为落后地区和发达地区各自劣势和优势的自我强化，最终产生地区之间发展水平的"极化"。

可以看到，对于资本积累与技术之间的互动，生产和交换的框架都表现为一种正反馈过程，只不过实现的渠道不同。在资本积累对技术的影响方面，前者表现为资本积累对技术的促进，而后者表现为技术的自我选择和垄断地位维持。而在技术对资本积累的影响上，则都是技术水平对利润率产生影响，并由此作用于资本积累（Walker，2000）。

真正使生产和交换框架产生差异的是资本积累与分配之间的互动。前者认为分配的改变会让发达地区的剩余在资本积累或者说投资过程中流入落后地区，而后者则认为分配条件会让落后地区生产的剩余在商品的交换或者说出售过程中转入发达地区。从资本循环的角度去认识，这种区别就非常明显：对于生产的框架而言，发达地区商品的价值在本地区已经实现，是以货币的形式流入落后地区，发生在货币转化为生产资料和劳动力的阶段；而对于交换的框架而言，商品的价值转移则发生在商品转化为货币的阶段，价值并没有在本地实现。落后地区在交换过程中价值转出、在投资过程中接受以货币形式流入的价值这两种情况是完全可以共存的。投资过程中的货币流入或流出，与交换过程中的价值转入和转出共同构成了资本流通过程对资本积累的完整影响（哈维，2018）。也就是说，一个地区的发展动态取决于投资过程中货币的净流入与交换过程中价值的净转出所造成的两种不同效应的对比。

通过上述理论，我们就能够将基于生产和交换的两个理论逻辑统一起来，并提供一个能够表述复杂动态的理论框架。这个框架的核心就在于将资本积累在生产和交换中的作用统一在一起，因为资本积累在两个理论逻辑下都是描述地区发展动态的核心。我们前面提到，两个理论逻辑分别对应了价值生产和价值实现，这二者从资本循环的角度又分别对应着资本的生产阶段和销售阶段。而资本积累过程则主要对应了从货币到商品的购买阶段。价值生产、价值实现和积累过程连接在一起就对应了整个资本循环过程。如果从资本循环的角度来看待上述理论，则能够很清楚地理解两个框架之间的关系。

图2展示了从资本循环理论角度对生产和交换两种理论逻辑的审视和统一。我们可以看到，之所以会存在两个理论框架的分歧，正在于生产的框架过于重视购买阶段与生产阶段的相互作用，并更强调分配过程带来的负反馈因素；交换的框架则相反，更重视销售阶段与购买阶段的相互作用，并强调由分配和技术带来的正反馈作用。而如果我们将视野拓展至整个资本循环过程就能够很明显地发现二者的统一。

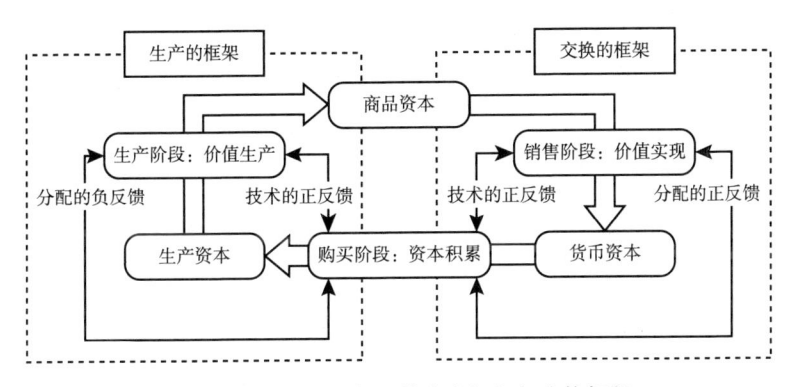

**图 2 资本循环视角下的生产框架与交换框架**

### （四）政府的作用

我们已经构建了一个包含价值生产、价值转移和资本积累的理论框架来说明地区之间的不平衡发展。但是这样一个框架是对市场经济内部基本经济过程的考察，没有包含政府的作用。实际上，政府会深刻地影响地区间的不平衡发展。因此，我们有必要将政府纳入我们的分析中。

政府对地区发展的作用是一个非常复杂的问题，包含相当多的理论议题，每个议题下又存在大量的细节。就本文的主旨而言，我们很难对这些问题进行详细的说明。但是，从我们的理论框架出发，我们仍然可以为政府在地区间不平衡发展中的作用提供一个基础性的理解：在市场经济条件下，无论具体的制度细节是怎样的，政府影响地区不平衡发展的动态过程，都需要通过对资本循环的不同阶段进行干预，改变价值生产、实现和资本积累的环境，并由此影响这些过程之间的相互关系。

根据这一思路，我们可以将政府影响地区发展的行为分为三类。第一类作用于生产阶段，最主要是在生产过程中补贴资本，包括为企业提供低价的土地；对企业实行税收优惠；提供免费或低价的优质基础设施；通过公共教育、医疗政策补贴劳动力再生产；通过发展本地区的研发体系，降低企业的研发成本或实现廉价的技术转让；等等。这些政策通过改善价值生产的环境、提高劳动生产率或者改变要素在生产过程中的初次分配比重，来提高利润率，从而利用价值生产与资本积累之间的相互作用，提高本地区的资本积累水平和发展水平。第二类作用于销售阶段，主要是扩大本地区的市场规模。如通过地区间的转移支付或者借债，扩大本地区的消费规模；通过调整收入分配增加本地区的有效需求。这些措施主要的目的在于改善本地区的价值实现条件，从而利用价值实现与资本积累之间的相互作用，提高本地区的发展水平。第三类则作用于购买阶段，政府可以直接利用本地区财政收入或者以转移支付和债务等手段利用其他区域的剩余，进行资本积累；也可以通过相应的投融资体制，让本地区市场主体更容易获得资本积累所需要的资金（Cohn，2012）。图3展示了政府的这三类影响地区发展的行为与资本循环过程的关系。

在现实当中政府的政策往往是这三类政策的组合，比如国家层面或地区层面的区域发展战略和规划，实际上包含相互配合的多种政策，这些政策会同时改变地区的价值生产、实现和资本积累过程，从而更有效地改变地区的发展轨迹。再如给予一些地区特殊地位的政策，如特区、

价值生产、价值转移与积累过程

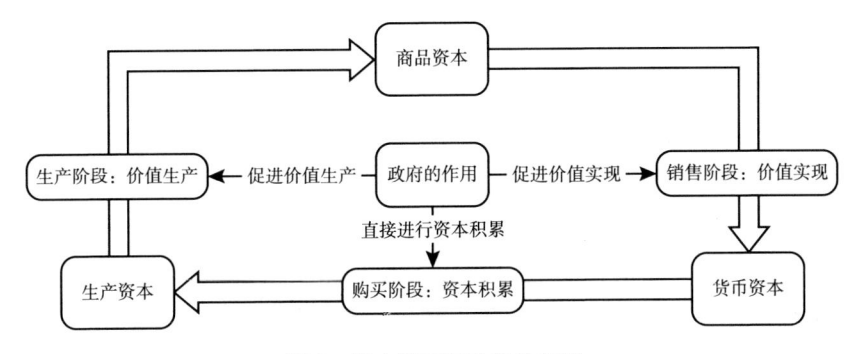

**图 3　资本循环与政府的作用**

自贸区等，实际上也可以近似视为将税收优惠等对生产过程的补贴与对积累过程进行直接干预的投融资政策结合起来。

不同类型的政府对上述政策的运用出发点可能是不同的。发达地区的地方政府可能目的在于维持本地区的优势，落后地区的地方政府则可能希望缩小与发达地区的差距；中央政府有可能在特定的阶段选择不平衡发展战略，将剩余集中在少数发达地区以期提高全国整体的增长水平，或者扶持落后地区以实现平衡发展。但是无论其政策的目的是什么，政策干预的逻辑都是类似的，都需要作用于资本循环的三个阶段，借助资本积累与价值生产和价值实现之间的相互作用来达成自己的政策目的（Foley，1978；奥康纳，2017）。

显然，政府通过上述手段影响地区发展需要相当程度的调控经济的能力。简单来说，对生产过程的补贴和可持续的举债需要政府掌握足够的经济剩余；调节收入分配和直接投资则需要政府有介入实际经济活动的能力；而提供优质的劳动力则需要政府能够有效管理直接生产过程以外的"劳动力再生产"过程。政府的上述能力越强，政府实现自身目的、干预地区间发展过程的能力也就越强（Foley，1978；奥康纳，2017）。对于中国来说，尽管不同地区的地方政府上述能力存在差异，但是整体而言，社会主义市场经济体制决定了中央和地方政府是在相当程度上具有这些能力的（逄锦聚等，2017）。

191

需要特别说明的是，政府影响地区发展的政策尽管作用于三个阶段，但是政策的最终落脚点仍然是资本积累过程。对价值生产过程的补贴是为了提高利润率，吸引资本流入或减少资本流出。对价值实现条件的改善是为了能够扩大本地市场，实现资本积累与价值实现的良性循环。这是因为资本积累本身是整个循环过程中最核心的环节，是驱动整个不平衡发展过程的起点。无论是生产的框架还是交换的框架，描述地区不平衡发展的动态都是通过引入积累过程的方式，生产条件和交换条件的改变最终都是依靠资本积累的变化来实现的。正如哈维在《资本的限度》中所指出的那样，马克思在《资本论》中使用了不同类型的积累动态模式，这些模式体现了不同的分析重点，在第一卷中重点说明资本的生产过程，第二卷中重点说明资本的流通过程，而这实际上意味着资本积累这一核心概念体现了生产和流通过程的统一（Harvey，2006；高峰，2014）。也正因如此，我们在后文中对动态过程进行分析的时候也将集中于市场规律和政府是如何共同塑造中国地区层面资本积累过程的。

## 三 地区不平衡发展的静态差距：人均 GDP 差距的解释

从本节开始，我们将对中国不平衡发展的实际情况进行经验研究。本文的理论框架从静态上说明了价值生产和价值转移如何解释不同地区单位劳动时间内增加值的差距，而这一差距又是造成地区间人均 GDP 差距的关键因素。在本节，我们将计算地区间价值生产差距和价值转移量，说明这两个因素是否能够有效地解释地区间人均 GDP 的差距。

### （一）人均 GDP 的分解

人均 GDP 被广泛地用于度量地区之间的发展差距（王铮和葛昭攀，2002；林毅夫和刘培林，2003；陈秀山和徐瑛，2004；潘文卿，2010）。在政治经济学中这一指标不仅反映地区间生产能力的差别，也被认为反映了一个地区从分工和垄断中获益的能力,用本文的语言来表达,就是价值转移的程度。因此,有大量的政治经济学研究将人均 GDP 作为反映地区发展水平和经济体系中地位的指标 ( Arrighi and Drangel, 1986; Babones, 2005, 2012)。

人均 GDP 所反映的这种价值生产和价值转移的统一可以从下述分解中体现出来:

$$\frac{\mathbf{m} \mathbf{y}'}{P} = \frac{\mathbf{m} \mathbf{y}'}{\mathbf{l} \mathbf{x}'} \frac{\mathbf{l} \mathbf{x}'}{L} \frac{L}{P} \tag{1}$$

式中,**y**′是给定地区的净产品列向量;**m** 是单位产品市场价格行向量,**m y**′即该地区的 GDP;$P$ 是该地区的人口总量,**m y**′/$P$ 是该地区的人均 GDP;$L$ 是该地区实际就业的劳动力数量,$L/P$ 即劳动者占总人口的比重,这反映了一个地区的人口结构和就业水平;**x**′是给定地区总产品列向量;**l** 是直接劳动投入系数行向量。因此,**l x**′是一个地区以小时表示的直接劳动投入总量,**l x**′/$L$ 是每个劳动者平均的劳动小时数,而 **m y**′/**l x**′则是一个地区单位时间内平均获得的增加值,这正是我们在理论基础部分所强调的包含价值生产和价值转移双重作用的指标,也是解释地区之间人均 GDP 差距的关键性因素。

我们对 **m y**′/**l x**′进行进一步的分解,可以得到:

$$\frac{\mathbf{m} \mathbf{y}'}{\mathbf{l} \mathbf{x}'} = \frac{\mathbf{m} \mathbf{y}'}{\mathbf{m} \mathbf{x}'}\left[\frac{(\mathbf{m} - \boldsymbol{\lambda}) \mathbf{x}'}{\mathbf{l} \mathbf{x}'} + \frac{(\boldsymbol{\lambda} - \boldsymbol{\tau}) \mathbf{x}'}{\mathbf{l} \mathbf{x}'} + \frac{\boldsymbol{\tau} \mathbf{x}'}{\mathbf{l} \mathbf{x}'}\right] \tag{2}$$

其中,**λ** 是价值行向量,**τ** 是个别价值行向量;(**m**-**λ**) **x**′代表总市场价格与总价值之间的偏离程度;(**m**-**λ**) **x**′/**l x**′则是价值转移与劳动投入总量的比值;(**λ**-**τ**) **x**′是价值与个别价值之间的差异,反映了一个地区价值生产的能力。同理,(**λ**-**τ**) **x**′/**l x**′是价值生产(能力)差距与劳动投入总量的比值。**m y**′/**m x**′是以市场价格表示的给定地区的产品增加值率,或者说净产品占总产品的比重;**τ x**′/**l x**′是以个别劳动时间衡量的增加值率的倒数。后面两个指标主要是将总产出转化为净产出的系数。

人均 GDP 可以最终表达为：

$$\frac{\mathbf{m\,y'}}{P} = \frac{\mathbf{m\,y'}}{\mathbf{m\,x'}}\left[\frac{(\mathbf{m}-\boldsymbol{\lambda})\,\mathbf{x'}}{\mathbf{l\,x'}} + \frac{(\boldsymbol{\lambda}-\boldsymbol{\tau})\,\mathbf{x'}}{\mathbf{l\,x'}} + \frac{\boldsymbol{\tau}\,\mathbf{x'}}{\mathbf{l\,x'}}\right]\frac{\mathbf{l\,x'}}{L}\frac{L}{P} \tag{3}$$

这样我们就将人均 GDP 分解为价值生产差距、价值转移量、增加值率、平均劳动时间和劳动者占比几个因素。

### （二）价值与个别价值的测量

要计算价值生产差距和价值转移量，我们需要每个地区各个产业的个别价值总量、价值总量和市场价格总量，进而分别求出每两组数值之间的差，再将每个地区所有产业的同类差值加总在一起。总产值在投入产出数据中能够直接获得，所以我们只需要计算个别价值量和价值量。

**1. 价值的测算**

关于价值，根据 Ochoa（1989）和 Li（2014a，2014b）的方法，一个国家不同行业的价值量为：

$$\boldsymbol{\lambda} = \mathbf{l}(\mathbf{I} - \mathbf{A} - \mathbf{D})^{-1} \tag{4}$$

其中，$\mathbf{A}$ 是中间投入系数矩阵，其元素 $a_{ij}$ 代表第 $j$ 个行业生产 1 个单位产品所需要的第 $i$ 个行业产品的数量；$\mathbf{D}$ 是固定资本折旧系数矩阵，其元素 $d_{ij}$ 代表第 $j$ 个行业生产 1 个单位产品所需要的第 $i$ 个行业生产的固定资本品的折旧量；$\mathbf{I}$ 是单位矩阵。

但是上述方法当中 $\mathbf{A}$ 和 $\mathbf{D}$ 都是实物型的系数矩阵，而现实当中我们仅有价值型投入产出表。因此，我们参考 Marelli（1983）的方法，无偏误地得到一个行业每单位货币产出中所包含的价值量 $\lambda_j/m_j$，将之乘以总产出就能够得到一个行业的总价值量 $\lambda_j x_j$。

有了全国各个行业的总价值量，我们可以根据不同地区的某一行业总产值占全国总产值的比重将这一行业全国的总价值按比例分配到各个地区，从而得到各个地区每个行业的价值总量（Marelli，1983）。

**2. 个别价值的测算**

对于个别价值的计算，目前学界没有成熟的算法，已有的思路主要包括两类。一类是 Murata（1977）和 Cogliano 等（2018）在讨论多技术条件下价值决定时所形成的思路，这组研究实际上关心的是如何在给定代表个别劳动时间的不同技术条件下加总得到价值，但是隐含对个别价值计算的规定性。另一类则是 Hagiwara（2017）在计算国际剥削时使用的方法。两类思路的主要差别在于是否需要使用多区域投入产出表（MRIO）对个别价值进行估计。这一差异的核心是将其他地区的中间投入理解为竞争性的产品输入还是非竞争性的产品输入。本文采取了前者的估计思路，将其他地区的中间投入理解为竞争性的产品输入。原因在于：首先，我们的分析对象是中国的各个地区，其内部的资本、技术和劳动力壁垒相对于国家之间要小得多，因此不同地区同一部门的产品是较为相似的；其次，Murata（1977）和 Cogliano 等（2018）的思路与本文价值量的测算思路更为一致；最后，相比中国的省级 MRIO，分省份投入产出表的估算更加成熟，所需的假设更少。

具体而言，我们采取的方法是将一个地区生产过程中的中间投入系数、固定资本折旧系数和直接劳动投入系数作为这个地区生产过程中技术的代表。以此估计的一个地区不同部门的总劳动时间即这个地区各个部门的个别价值。也即：

$$\tau_h = l_h (I - A_h - D_h)^{-1} \tag{5}$$

其中，$A_h$、$D_h$ 和 $l_h$ 分别为 $h$ 地区的中间投入系数矩阵、固定资本折旧系数矩阵和直接劳动投入系数行向量。$\tau_h$ 为 $h$ 地区的个别价值行向量。由于我们在现实中只能获得价值型的地区投入产出表，需要按照与价值测算类似的方式加以处理，得到每个部门的个别价值总量。

这样，我们就得到了不同地区每个部门的个别价值和价值。最后，为了使得这些变量能够互相比较，本文根据 Ochoa（1989）的经典方法将三组数据均换算为统一的货币单位。

### （三）数据来源

上述经验研究方法主要用到投入产出表中的信息。其中，中间投入

系数矩阵 **A** 和地区中间投入系数矩阵 **A**$_h$ 可以直接在中国投入产出表和中国省级投入产出表中获得。我国的投入产出表没有直接提供固定资本折旧系数矩阵 **D** 的相关数据。因此，对于 $j$ 部门的固定资本折旧总量 $D_j$，我们根据投资向量中第 $i$ 个部门产品被用作投资品的数量在总投资中的比例进行分解，得到第 $j$ 个部门使用第 $i$ 个部门生产的固定资本的折旧量 $D_{ij}$，再除以第 $j$ 个部门的总产出得到估计的固定资本折旧系数 $\hat{d}_{ij}$。对于每个部门的总劳动投入时间，我们首先利用投入产出表中全国和各个地区不同部门的劳动报酬总量除以《中国劳动统计年鉴》中给出的当年该行业平均劳动报酬，得到该行业的平均劳动者人数。然后，再利用《中国劳动统计年鉴》中的各行业劳动者周劳动时间估算得到该行业一年总的直接劳动投入小时数。

（四）经验结果

表 1 展示了 2002 年、2007 年和 2012 年三个年度单位劳动时间价值生产差距，和单位劳动时间价值转移量与人均 GDP 之间的相关系数。可以看到，单位劳动时间的价值生产差距和价值转移量与人均 GDP 的关系都非常密切，均在 1% 的显著性水平上正相关。这初步说明了价值生产差距、价值转移与地区间发展水平差距之间的紧密联系。

表 1 价值生产差距、价值转移量与人均 GDP 的相关系数

| 变量 | 人均 GDP（2002 年） | 人均 GDP（2007 年） | 人均 GDP（2012 年） |
| --- | --- | --- | --- |
| 单位劳动时间价值生产差距 | 0.847*** | 0.846*** | 0.714*** |
| 单位劳动时间价值转移量 | 0.967*** | 0.869*** | 0.772*** |

注：*** 表示 1% 的显著性水平。

为了进一步说明价值生产差距和价值转移量对人均 GDP 差距的重要性，我们采取如下方法：通过假设价值生产差距或者价值转移量的差异不存在，计算出一种理想状态的人均 GDP，将其变异系数和基尼系

数与现实的人均 GDP 的这些系数进行对比,从而说明价值生产差距和价值转移量在多大程度上影响了人均 GDP 的差距。

从表 2 中我们可以看到,相比现实的人均 GDP,不存在价值生产差距和价值转移的人均 GDP 在三个年份当中变异系数和基尼系数都非常显著地小。2002 年和 2007 年变异系数的差距超过了 50%,2012 年的差距也接近 1/3。而基尼系数的差距则在 0.2 以下。更为重要的是,在这一假设条件下,人均 GDP 不平衡程度的差距明显要小。这说明价值生产差距和价值转移不仅在横截面上解释了差距的主要部分,而且其变动趋势也是人均 GDP 差距在时间上发生变化的主要原因。

**表 2 现实人均 GDP 与假设条件下人均 GDP 的不平等水平**

| 变量 | 变异系数 | | |
|---|---|---|---|
| | 2002 年 | 2007 年 | 2012 年 |
| 现实的人均 GDP | 0.706 | 0.611 | 0.447 |
| 不存在价值生产差距和价值转移的人均 GDP | 0.344 | 0.305 | 0.309 |
| 不存在价值生产差距的人均 GDP | 0.364 | 0.375 | 0.338 |
| 不存在价值转移的人均 GDP | 0.570 | 0.476 | 0.392 |

| 变量 | 基尼系数 | | |
|---|---|---|---|
| | 2002 年 | 2007 年 | 2012 年 |
| 现实的人均 GDP | 0.322 | 0.297 | 0.233 |
| 不存在价值生产差距和价值转移的人均 GDP | 0.184 | 0.170 | 0.164 |
| 不存在价值生产差距的人均 GDP | 0.199 | 0.206 | 0.181 |
| 不存在价值转移的人均 GDP | 0.279 | 0.248 | 0.210 |

表 2 也提供了单独假设价值生产差距或价值转移不存在情况下人均 GDP 的不平等水平。可以看到,在不存在价值生产差距的情况下,人均 GDP 的变异系数和基尼系数相较于现实情况小得更多,并和假设价值转移与价值生产差距都不存在的情况下的系数更加接近。相比之下,在只假设价值转移不存在的情况下,尽管两个系数也明显要小,但是差距相对来说要小很多。因此,可以说在对人均 GDP 地区差距的影响上,价值生产差距占据主要地位。

## 四 地区间不平衡发展的动态过程

第三节中,我们已经利用劳动价值论对地区间的人均 GDP 差距进行了解释。在本节中,我们将进一步对地区间发展差距的动态过程加以说明。根据本文的理论,地区间不平衡发展的核心在于资本积累。无论是市场自身的运动规律,还是政府对地区不平衡发展的影响,最终落脚点都在于资本积累过程。因此,我们动态过程分析的主要对象是资本积累过程。本文的动态分析将主要分为两个部分:首先,利用积累过程中的价值流动与交换过程中的价值转移之间的对比,说明中国地区间发展差距先上升后下降的原因;其次,我们将利用 Foley-Michl 积累方程,说明中国地区层面积累过程的特点和形成原因,说明前述动态过程背后的机制。

### (一) 积累过程中的价值流动与不平衡发展的动态

第三节中,我们从横截面上分析了价值生产和价值转移对地区间人均 GDP 差距的解释力,同时我们提到,这二者实际上也在很大程度上解释了地区间人均 GDP 差距在时间上的变化。中国地区发展差距的趋势在 21 世纪初发生逆转,在这一小节中我们将试图利用第二节的动态理论对这个过程进行解释。

如理论基础部分所述,地区间发展差距的变化在很大程度上取决于资本积累与生产和交换过程的互动所带来的正负反馈的相对关系。而这个关系又表现为积累过程中价值流动与交换过程中价值转移的对比。我们接下来将说明这一对比随时间的变化。

为此,我们需要能够说明如何计算一个地区在积累阶段的价值净流入。我们可以用下述恒等式来说明:

$$CD + ID + CF + IF + MF = IND + EX + VT \tag{6}$$

## 价值生产、价值转移与积累过程

式（6）是一个资金流量恒等式，该式右侧是一个地区货币收入的来源，其中 IND 是在本地销售的商品和服务获得的净收入，EX 是销往外地的商品和服务所获得的净收入，VT 是从其他地区获得的货币转移量。而左侧是一个地区货币收入的支出去向，CD 是消费过程中购买本地区生产的消费品的支出；ID 是投资过程中购买本地区生产的资本品的支出；CF 是购买外地消费品的支出，IF 是购买外地生产的资本品的支出；MF 是向其他地区进行货币转移的量。我们关心的是一个地区货币的净流入，也即 VT−MF。显然，本地商品和服务的购买必然等于本地商品和服务的销售，因此 CD+ID = IND。那么 VT−MF = CF+IF−EX，也即本地区货币的净流入就等于本地区商品和服务的净流入（路风和余永定，2012）。一个地区商品和服务的净流入数据可以从国家统计局获得。为了方便与价值生产差距和价值转移量做对比，我们也将地区商品和服务净流入处理为单位劳动时间对应的商品和服务净流入形式。

表 3 展示了地区在积累过程中的价值流动与价值生产差距和价值转移量之间的关系。整体来说，在积累过程中货币和价值更倾向于流入价值生产能力更低和价值转出的地区。从上述数据中可以看出，中国的资本积累过程存在一定程度的向落后地区倾斜的倾向。从而如我们在理论基础部分所讨论的那样，地区之间的货币和资本流动弱化了地区发展过程中的正反馈关系。

表 3 积累过程中的价值净流入与价值生产差距和价值转移量之间的关系

| 变量 | 积累过程中的价值净流入 | | |
|---|---|---|---|
| | 2002 年 | 2007 年 | 2012 年 |
| 单位劳动时间价值生产差距 | −0.2593 | −0.4583** | −0.2625 |
| 单位劳动时间价值转移量 | −0.3386* | −0.3677** | −0.1308 |

注：*、** 分别表示 10%、5% 的显著性水平。

表3当中的相关性并不完全显著，只能提供一个方向性的证据。为了更直观地说明这个过程，我们将积累过程中的价值流动与交换过程中的价值转移直接加以比较，说明二者的相对大小。我们引入价值净输入这个概念。所谓价值净输入即交换中的价值净转入加上积累过程中的价值净流入。一个地区的价值净输入为正说明这个地区整体处在发展的有利地位，反之价值净输出的地区则处于不利地位。从理论来说，全国的价值净输入分布越分散，则地区之间分化的力量就越强，而分布越集中，则说明地区间分化的力量就越小，地区间平衡发展的可能性就越大。

图4展示了价值净输入核密度分布随时间的变化。从图中可以看到相比2002年，2007年分布的右尾更加偏右，而左侧分布也更加偏左，说明价值净输入水平在地区之间存在分化。而相比2007年，2012年分布右尾明显收缩，分布更集中在0的左右。实际上，价值净输入的方差也同样经历了先升后降的过程。根据这个结果，我们可以推断，就全国整体而言，生产过程的负反馈正在超过交换过程的正反馈，预示着中国地区间发展差距的缩小将成为接下来的主要趋势，2012年后地区间收入差距持续缩小的事实（陆铭等，2019）已经在一定程度上说明了这一点。

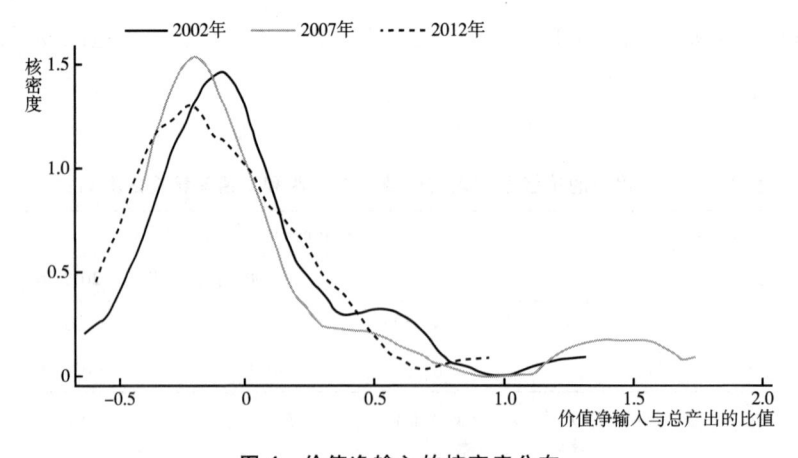

**图4 价值净输入的核密度分布**

## (二) 积累过程与地区间不平衡发展的动态过程

在上一小节，我们说明了积累过程中偏向于落后地区的价值流动弱化了地区间发展的极化作用，促进了地区之间的平衡发展。在本小节，我们希望说明形成这种积累过程的原因。我们的分析将主要借助积累方程这个工具。

**1. 积累的影响因素**

影响地区资本积累的因素是纷繁复杂的，本文希望刻画的是积累过程的基本规律和模式，因此我们试图讨论影响积累的几个最主要因素。

首先，从马克思主义经济学的基本理论出发，影响积累的因素主要是利润率。根据 Weisskopf（1979）的经典分析框架与 Foley 和 Michl（1999）的后续拓展，我们又可以将利润率进一步分解为利润份额、产能利用率和潜在产出资本比三个因素。

其中，利润份额是利润在增加值中的占比，在宏观上主要反映的是分配因素，如果考虑到地区层面，则利润份额也反映了一部分生产效率和超额剩余价值的获取能力。对于落后地区，往往单位劳动时间工资更低，这在分配上倾向于提高利润份额；但是其单位劳动时间增加值也更低，这倾向于降低利润份额。发达地区则刚好相反。产能利用率主要反映的是实现因素对利润率的影响。由于交换过程的负面效果，落后地区的价值实现条件更差，所以产能利用率相比发达地区应该更低。潜在产出资本比是在正常的产能利用率条件下产出与资本的比值，反映的是资本有机构成对利润率的影响。

其次，马克思主义地理学学者考虑到地理上的因素，认为一个地区资本占全国总资本的比重也是影响投资的因素。因为这一占比反映了地区之间"投资机会"的差别，体现了地理空间上的积累过程所具有的路径依赖和演化性质。发达地区由于其先发地位，资本占全国总资本的份额相对于落后地区应该是更高的。

**2. 估计策略**

要考察利润率的三个影响因素以及资本份额对地区间积累过程的影响，有两个需要解决的重要问题。一是内生性问题，积累作为影响一个地区经济发展动态的关键因素，有大量其他因素同样会对它产生或大或小的影响，我们很难保证这些影响因素和我们的四个核心解释变量之间没有联系，从而可能产生遗漏变量问题。除此之外，资本积累本身会和解释变量存在双向因果的问题。二是影响的时间结构问题。积累自身可能存在惯性；解释变量的影响也可能不仅作用于当期；政策对积累或投资的影响很大，而政策制定和实施存在时滞。这些意味着各个因素对积累的影响有可能存在长期效应。

针对上面两个问题，我们遵循 Basu 和 Das（2017）的研究思路，采取如下的估计策略。首先，采用动态面板的方法，这样做：一是可以通过面板数据控制不随时间变化的遗漏变量的影响；二是可以通过增加被解释变量的滞后项，捕捉积累过程的动态效应；三是可以将被解释变量设定为前定变量或者内生变量，利用变量的差分项和滞后项作为工具变量。通过以上三个途径，我们希望能够尽量控制估计过程中可能产生的内生性问题。其次是引入解释变量的一阶和二阶滞后项，利用被解释变量一阶滞后项和解释变量及其一二阶滞后项的系数估计解释变量对资本积累的长期影响（Arellano and Bond，1991；Bond，2002）。

根据上述策略，我们可以写出如下的 Foley-Michl 积累方程：

$$ik_{i,t} = \alpha\, ik_{i,t-1} + \beta_0 + \beta_1\, ry_{i,t} + \beta_2\, ry_{i,t-1} + \beta_3\, ry_{i,t-2} + \beta_4\, cu_{i,t}$$
$$+ \beta_5\, cu_{i,t-1} + \beta_6\, cu_{i,t-2} + \beta_7\, yk_{i,t} + \beta_8\, yk_{i,t-1} + \beta_9\, yk_{i,t-2}$$
$$+ \beta_{10}\, ks_{i,t} + \beta_{11}\, ks_{i,t-1} + \beta_{12}\, ks_{i,t-2} + \delta_i + \xi_{i,t}$$

其中，$t$ 表示时间，$i$ 表示省份，$ik$ 是被解释变量积累水平，$ry$ 为利润份额，$cu$ 是产能利用率，$yk$ 表示潜在产出资本比，$ks$ 是本地区资本占全国总资本的比重即资本份额，$\delta_i$ 是不可观测的固定效应，$\xi_{i,t}$ 是随机扰动项。同样，根据 Basu 和 Das（2017）的方法，我们将利用每个解释变量及其一二阶滞后项系数的和除以 $1-\alpha$ 来估算解释变量的长期效应。例如，我们可以通过（$\beta_1+\beta_2+\beta_3$）/（$1-\alpha$）来估计利润份额对积累水平的长期效应乘数。长期效应乘数的标准误，我们采用 Delta 方法加以估计。

对于具体的估计方法，动态面板方法中的系统 GMM 是更加有效的估计策略，能够在一定程度上处理被解释变量持续性更强的问题。这对于估计积累方程是非常重要的，因为积累过程通常具有一定的持续性，不过为了稳健起见我们也会报告差分 GMM 估计的结果。在一步法和两步法的选择上，我们同样遵循 Basu 和 Das（2017）的思路，使用两步法进行估计。对于内外生变量的设定问题，我们认为上述四个主要解释变量作为资本积累过程的基本影响因素，是外生变量的可能性很小，因此重点在于是将它们设定为前定变量还是内生变量。本文认为将解释变量视为内生是最稳妥的选择，因为这样需要的假设最弱。不过，本文也仍然会报告将解释变量作为前定变量和外生变量的估计结果，来佐证主要回归结果。

**3. 数据来源与描述性统计**

我们使用资本形成总额来表示地区的积累水平，并将之除以本地区的固定资本总量来消除规模的影响。其中资本形成总额来自国家统计局，固定资本总量数据根据单豪杰（2008）的方法利用《中国统计年鉴》和各省份统计年鉴相应年份的数据加以估算。

利润份额我们利用一个地区营业盈余与 GDP 的比值来表示。各省份营业盈余和 GDP 数据均来自国家统计局。产能利用率的数据来源于黄秀路等（2018）的估算，这一研究利用 DSBM 模型给出了中国不同地区 2001~2015 年的产能利用率数据。对于潜在产出资本比的计算，先将总产出除以固定资本存量得到实际产出资本比，再将之乘以产能利用率，即可得到潜在产出资本比。对于地区资本占全国总资本的比重，我们利用各省份固定资本总量的估算数据计算得到。

由于黄秀路等的研究所提供的产能利用率数据的期限是 2001~2015 年，因此本文的样本期间也是 2001~2015 年。我们认为，这个时间跨度覆盖我们前文投入产出分析的样本期间，能够较好地与前文的分析进行衔接，是较为适合的。

表4考察了解释变量和被解释变量与单位劳动时间价值生产差距和价值转移量之间的关系。由于价值生产和价值转移的度量只有2002年、2007年和2012年才能通过投入产出分析实现，二者与回归中的变量在时间上并不匹配。因此，我们将某一年份的单位劳动时间价值生产差距与价值转移量视作一个地区的固定变量，考察整个样本期间的各个回归所需的变量与它们的关系。

表4 单位劳动时间价值生产差距和价值转移量与被解释变量和解释变量的关系

| 变量 | 价值生产差距（2002年） | 价值生产差距（2007年） | 价值生产差距（2012年） | 价值转移量（2002年） | 价值转移量（2007年） | 价值转移量（2012年） |
|---|---|---|---|---|---|---|
| $ik$ | -0.117** | -0.205*** | -0.242*** | -0.289*** | -0.251*** | -0.307*** |
| $ry$ | 0.219*** | 0.280*** | 0.301*** | 0.258*** | 0.232*** | 0.282*** |
| $cu$ | 0.541*** | 0.514*** | 0.401*** | 0.551*** | 0.438*** | 0.439*** |
| $yk$ | -0.147*** | -0.233*** | -0.268*** | -0.310*** | -0.303*** | -0.381*** |
| $ks$ | 0.423*** | 0.484*** | 0.436*** | 0.527*** | 0.348*** | 0.423*** |

注：**、***表示5%、1%的显著性水平。

从表4中的结果来看，这种相关关系呈现比较强的显著性和稳定性。首先，积累水平或者说投资水平是与价值生产差距和价值转移量负相关的，意味着相对落后的地区有更高的积累水平，这印证了第一小节的结论。其次，发达地区的利润份额更高，这说明相对于分配效应，单位劳动时间增加值的差距占据了主导地位。产能利用率在发达地区更高，潜在产出资本比在落后地区更低，发达地区的资本在全国的份额更高，这些情况都与本文的理论相吻合，也是符合直觉的。

### 4. 计量结果

表5展示了我们的主要回归估计结果。所有的差分GMM和系统GMM估计结果都通过Sargan检验，估计系数都至少在10%的水平上显著，且扰动项不存在二阶自相关，说明应用模型的前提成立。我们可以看到，不论是差分GMM还是系统GMM，将解释变量设定为外生变量、

前定变量和内生变量，主要的短期效应和长期效应对应的估计系数的方向、大小和显著性水平都有较强的一致性。甚至 OLS 和双向固定效应模型的多数估计系数的方向和大小也都与这些结果保持了一致，说明结果是高度稳健的。并且除了假设变量外生的差分 GMM 和系统 GMM 这两个相对"不合理"的估计方法以外，被解释变量滞后项的 GMM 估计系数都在 OLS 和双向固定效应估计系数的区间之内，说明估计模型是相对合理的。

**表 5　积累方程的估计结果**

| 变量 | | (1) OLS | (2) 双向 FE | (3) 差分 GMM (外生) | (4) 差分 GMM (前定) | (5) 差分 GMM (内生) | (6) 系统 GMM (外生) | (7) 系统 GMM (前定) | (8) 系统 GMM (内生) |
|---|---|---|---|---|---|---|---|---|---|
| $L.ik$ | | 0.911*** (0.027) | 0.751*** (0.044) | 0.714*** (0.010) | 0.769*** (0.013) | 0.760*** (0.013) | 0.705*** (0.010) | 0.806*** (0.014) | 0.787*** (0.010) |
| $ry$ | | 0.015 (0.039) | −0.0007 (0.048) | 0.036*** (0.010) | 0.033** (0.013) | 0.027* (0.015) | 0.060*** (0.011) | 0.038*** (0.014) | 0.033** (0.013) |
| $cu$ | | −0.095 (0.083) | −0.142 (0.089) | −0.150*** (0.020) | −0.161*** (0.029) | −0.146*** (0.027) | −0.158*** (0.018) | −0.167*** (0.024) | −0.160*** (0.019) |
| $yk$ | | −0.0927 (0.134) | −0.184* (0.090) | −0.153*** (0.010) | −0.139*** (0.012) | −0.130*** (0.012) | −0.217*** (0.012) | −0.141*** (0.013) | −0.140*** (0.013) |
| $ks$ | | 7.998*** (1.798) | 9.614*** (3.027) | 9.442*** (2.134) | 13.84*** (4.389) | 12.17*** (3.279) | 9.300*** (4.193) | 7.654* (4.231) | 7.934** (3.957) |
| 长期效应乘数 | $ry$ | −0.303 (0.417) | −0.077 (0.161) | 0.048* (0.030) | 0.030 (0.057) | 0.014 (0.064) | 0.042* (0.029) | 0.062 (0.069) | 0.058 (0.057) |
| | $cu$ | 0.303 (0.869) | 0.446*** (0.183) | 0.048 (0.058) | 0.214** (0.119) | 0.133* (0.097) | 0.120** (0.053) | 0.122 (0.107) | 0.114* (0.079) |
| | $yk$ | 0.585 (1.428) | 0.505*** (0.182) | 0.526*** (0.045) | 0.635*** (0.065) | 0.626*** (0.066) | 0.507*** (0.051) | 0.598*** (0.068) | 0.566*** (0.057) |
| | $ks$ | 0.063 (20.663) | 2.636 (12.850) | 1.525 (7.884) | 2.797 (19.696) | 4.769 (14.279) | 1.974 (15.117) | −1.428 (23.168) | −0.047 (19.766) |
| Constant | | −0.019** (0.009) | −0.115** (0.049) | −0.049** (0.022) | −0.086*** (0.024) | −0.089*** (0.023) | −0.065*** (0.022) | −0.029 (0.022) | −0.036* (0.022) |
| Observations | | 377 | 377 | 348 | 348 | 348 | 377 | 377 | 377 |
| R-squared | | 0.992 | 0.922 | | | | | | |

注：*、** 和 *** 分别表示 10%、5% 和 1% 的显著性水平；括号内为标准误。

在所有模型中我们最关心的是解释变量全部内生的系统 GMM 估计，其次是解释变量设定为前定变量的系统 GMM 估计，再参考其他的 GMM 估计结果，我们可以发现，利润份额对积累水平存在一个显著的短期效应，但是长期效应不显著。说明发达地区在利润份额上的优势尽管会给它们带来短期内的投资，但是这种影响不会在长期中累积。在政治经济学的研究中利润份额对积累的促进体现在两个方面：既是积累的动力，也是积累的来源。我们认为上述短期效应显著、长期效应不显著的结果，体现着利润份额确实能够影响投资，但影响投资的是当期值，投资主体对时间更久远的利润份额考虑较少。另外，企业可以更多地通过外源性融资获得资金，如银行信贷，较为落后的地区也能够正常获得外源性融资。因此，利润份额这种影响积累来源的长期效应没有显现出来。

产能利用率在短期存在负面的效应，在长期则存在相对微弱的正面效应。这种情况我们可以理解为投资对价值实现条件的反应相对缓慢。当一个地区的产品无法实现时，企业不会立即减少投资，而是会随后缓慢地减少投资，并且也不会将短期内过度投资的产能在长期内完全撤出。这种对产能利用率的缓慢调整与对其他国家的估计结果存在明显的差别，在 Lavoie 等（2004）以及 Basu 和 Das（2017）对美国、印度等国家的估计当中，投资对产能利用率都存在短期的效应。结合中国的实际情况，这一方面可能与中国的产业结构有关，相比美国、印度等国家，中国的制造业比重更大，而制造业投资规模较大、投资周期较长，所以调整速度必然会相对较慢；另一方面可能也与中国的特殊投资体制有关，中国的投资主体包括政府和国有企业，这些投资都带有一定的政策性，并不会完全以市场变化为决策依据。

潜在产出资本比的影响是存在短期的负面效应，但是长期存在显著的正面效应。从单纯的资本积累行为角度理解，可以认为短期内与一个地区的资本有机构成提高相伴的是这个地区生产效率的提高，因此资本有机构成提升可以吸引更多投资，但是长期来看资本有机构成在利润率逐渐平均化之后会带来利润率的下降，从而引起投资流出。而结合中国的实际情况，还有另一种带有中国特点的解释，即落后地区的潜在产出资本比低说明这些地区的基础设施落后，工业化城市化水平相对较低，政府会更倾向于在这些地区进行基础设施建设，提高工业化和城市化水平。

资本份额与利润份额相同，也是只存在短期的正面效应，但是这种效应在长期不会累积。这说明一方面短期内"投资机会"的多少确实会影响投资，但是另一方面中国投资的地区路径依赖效应是较小的（Sunley，2000）。这可能来自两个方面：一是投资决策主体的机制并不仅仅考虑盈利性；二是落后地区政府可能通过政策创造投资机会和投资环境，弥补落后地区的投资机会不足。

综上，我们可以发现，利润份额和资本份额这两个因素短期内偏向于发达地区，但是这种效应不能在长期中累积，而产能利用率的效应实际上被其较慢的调整速度所抑制。潜在产出资本比尽管在短期内不利于落后地区，但是存在更加明显的长期效应使积累偏向落后地区。也正是这些因素的共同作用，使得中国的积累最终产生了一种相对偏向落后地区的结果，从而促进了中国地区间的平衡发展。

从上述结果中我们可以很容易地看到，中国地区层面的积累过程，其行为逻辑是市场规律和政府共同塑造的结果。可以想见，在缺乏政府政策干预的情况下，发达地区整体利润份额更高，市场实现条件更好，投资机会更多，整体利润率水平也更高，短期内较高的资本有机构成还能提高劳动生产率。那么，发达地区能够在更大的规模上进行积累，除了在交换过程中获得价值转入以外，还能在更大程度上防止积累阶段的资本和价值外流。这样，偏向落后地区的积累过程很难存在，地区间的发展差距也将持续扩大。

但是，中国政府在区域层面的政策重塑了积累过程。利润份额和资本份额这两个对发达地区有利的因素主要作用于短期，价值实现对投资决策的影响也在一定程度上被削弱了。这实际上说明一方面市场规律仍然对投资决策起着重要的作用，但是另一方面积累与交换过程的正反馈作用被抑制了。偏向落后地区的融资模式、地方政府对投资机会和投资环境的创造以及中国政府和公有制企业的投资决策机制等因素，使得发达地区的优势不会在长期内积累，从而不会造成发达地区和落后地区发展轨迹的"锁定"和"极化"。

当然我们的计量结果更多的是展示中国地区层面积累过程的影响因素本身，对政府的影响更多是推测性的。中国政府行为影响地区发展的具体机制需要更为细致的研究，这超出了本文的研究范围。但有一点是可以肯定的：中国的地区间不平衡发展动态是受到政府行为深刻影响的；这种政府行为的影响也正是形成偏向落后地区的积累过程，并由此带来地区间收入差距缩小的关键原因。

## 五 结论与政策启示

本文旨在利用政治经济学的理论来理解中国近年来地区间不平衡发展的过程。文章总结了政治经济学理论中有关地区不平衡发展的两类理论——生产的框架和交换的框架，并利用劳动价值论和资本循环理论将二者统一在一起，说明地区间的不平衡发展可以通过价值生产、价值实现和资本积累三个过程以及它们之间的互动加以说明。通过经验研究，我们发现这一理论框架在静态上可以充分地解释地区间发展和收入水平的差距，在动态上则能够说明中国建立社会主义市场经济以来，地区间发展差距先升后降的趋势。具体而言，中国地区间的发展差距主要来源于价值生产能力的差距。在动态过程中，由于存在偏向落后地区的积累过程，积累过程与生产过程互动所包含的减小地区差距的效应在2007年前后超过了积累过程与交换过程互动所带来的"极化效应"，缩小了地区间发展水平的差距。而这种偏向落后地区的积累过程是由市场逻辑和政府行为共同塑造的结果。

本文的重点在于理解中国不平衡发展的过程。但是通过上述结论，我们也能得出一些相应的政策启示。

第一，落后地区要实现发展需要借助更高水平的资本积累或者说投资。这些投资在短期内相比发达地区的投资，可能会由于落后地区较低的价值生产能力和交换中价值实现的困难而表现得更"低效"。但是这些投资是落后地区消解落后的自我强化效应、实现对发达地区追赶的关键。因此，要实现地区间的平衡发展，就不能只考虑积累过程的短期效应，而要从更长远的角度进行考虑。

第二，发达地区向落后地区的转移支付，如果从价值转移的角度去考虑，是十分必要的。因为从劳动价值论出发，落后地区存在向发达地区的价值转移，这本身就是交换领域的一种分配过程。通过转移支付对地区之间的价值量进行再次分配是具有合理性的，也是落后地区摆脱价值转移的自我强化过程的手段之一。

第三，落后地区引入外地资本的活动以及向其他地区借债的行为，可以促进本地区在积累过程中的价值流入，提高本地区资本积累水平或者改善本地区的价值实现条件。但是需要注意的是，这种引入外地资本的行为必须是以能够实现价值"净输入"为前提的。如果引入的资本所获得的利润被持续抽取到外地，或者债务的积累最终带来了利息支付不断增加，又或者引入的资本主要是低端产业，造成交换中持续的价值转出，则会导致引入外地资本或者借款所带来的价值净输入减少，从而加剧本地价值的输出，削弱本地的发展动力。

第四，如前文所述，中国近年来能够实现地区之间相对平衡的发展，来源于中国特有的积累体制，这种积累体制又与中国特殊的经济制度和体制是分不开的。金融体制弱化了落后地区的融资约束，政府和国企作为投资主体迟滞了落后地区价值实现困难带来的恶性循环，也增强了资本有机构成对投资的长期影响。这些中国特色社会主义的制度安排正是中国地区间平衡发展、走向共同富裕的基础。

## 参考文献

奥康纳．2017．国家的财政危机［M］．沈国华，译．上海财经大学出版社．

蔡昉，王德文，都阳．2001．劳动力市场扭曲对区域差距的影响［J］．中国社会科学，（2）．

陈秀山，徐瑛．2004．中国区域差距影响因素的实证研究［J］．中国社会科学，（5）．

冯长春，曾赞荣，崔娜娜．2015．2000年以来中国区域经济差异的时空演变［J］．地理研究，（2）．

冯志轩．2016．不平等交换的历史动态：一个经验研究［J］．政治经济学评论，（2）．

高峰．2014．资本积累理论与现代资本主义：理论的和实证的分析［M］．社会科学文献出版社．

哈维．2018．马克思与《资本论》［M］．周大昕，译．中信出版集团．

胡鞍钢，周绍杰，鲁钰锋，等．2015．重塑中国经济地理：从1.0版到4.0版［J］．经济地理，（12）．

黄秀路，葛鹏飞，武宵旭．2018．中国工业产能利用率的地区行业交叉特征与差异分解［J］．数量经济技术经济研究，（9）．

林毅夫，刘培林．2003．中国的经济发展战略与地区收入差距［J］．经济研究，（3）．

路风，余永定．2012．"双顺差"、能力缺口与自主创新——转变经济发展方式的宏观和微观视野［J］．中国社会科学，（6）．

陆铭，李鹏飞，钟辉勇．2019．发展与平衡的新时代——新中国70年的空间政治经济学［J］．管理世界，（10）．

潘文卿．2010．中国区域经济差异与收敛［J］．中国社会科学，（1）．

逄锦聚，景维民，何自力，等．2017．中国特色社会主义政治经济学通论［M］．经济科学出版社．

单豪杰．2008．中国资本存量K的再估算：1952~2006年［J］．数量经济技术经济研究，（10）．

汪晨，万广华，张勋．2019．区域差异与结构变迁：中国1978~2016［J］．管理世界，（6）．

王铮，葛昭攀．2002．中国区域经济发展的多重均衡态与转变前兆［J］．中国社会科学，（4）．

卫兴华．1984．价值决定和两种含义的社会必要劳动时间［J］．经济研究，（1）．

张晨，冯志轩. 2013. 技术落后、过度剥削与经济失衡［J］. 马克思主义研究，（9）.

Arellano M, Bond S. 1991. Some tests of specification for panel data: Monte Carlo evidence and an application to employment equations［J］. *The Review of Economic Studies*, 58（2）.

Arrighi G, Drangel J. 1986. The stratification of the world-economy: An exploration of the semiperipheral zone［J］. *Review ( Fernand Braudel Center)*, 10（1）.

Babones S. 2005. The country-level income structure of the world-economy［J］. *Journal of World-systems Research*, 11（1）.

Babones S. 2012. Position and mobility in the contemporary world-economy: A structuralist perspective［M］// Babones S, Chase-Dunn C, eds. *Handbook of World-systems Analysis*. London: Routledge.

Basu D, Das D. 2017. Profitability and investment: Evidence from India's organized manufacturing sector［J］. *Metroeconomica*, 68（1）.

Bauer O. 2000. *The Question of Nationalities and Social Democracy*［M］. Minneapolis: University of Minnesota Press.

Bond S. 2002. Dynamic panel data models: A guide to micro data methods and practice［J］. *Portuguese Economic Journal*, 1（2）.

Brenner R. 1977. The origins of capitalist development: A critique of neo-Smithian Marxism［J］. *New Left Review*, 104.

Brenner R. 2006. *The Economics of Global Turbulence: The Advanced Capitalist Economies from Long Boom to Long Downturn, 1945-2005*［M］. New York: Verso.

Coe N, Kelly P, Yeung H. 2007. *Economic Geography: A Contemporary Introduction*［M］. Oxford: Blackwell Publishing.

Cogliano J, Flaschel P, Franke R, et al. 2018. *Value, Competition and Exploitation: Marx's Legacy Revisited*［M］. Cheltenham: Edward Elgar.

Cohn S. 2012. O'Connorian models of peripheral development—Or how third world states resist world-systemic pressures by cloning the policies of states in the core［M］// Babones S, Chase-Dunn C, eds. *Handbook of World-systems Analysis*. London: Routledge.

Dezzani R, Johansen H. 2012. The role of foreign direct investment as a structural development indicator of the hierarchical world economy［J］. *Environment and Planning A*, 44（3）.

Emmanuel A, Bettelheim C, Pearce B. 1972. *Unequal Exchange: A Study of the Imperialism of Trade*［M］. New York: Monthly Review Press.

Essletzbichler J, Rigby D. 2005. Competition, variety and the geography of technology evolution［J］. *Tijdschrift Voor Economische En Sociale Geografie*, 96（1）.

Foley D. 1978. State expenditure from a Marxist perspective [J]. *Journal of Public Economics*, 9 (2).

Foley D, Michl T. 1999. *Growth and Distribution* [M]. Cambridge: Harvard University Press.

Gibson B. 1980. Unequal exchange: Theoretical issues and empirical findings [J]. *Review of Radical Political Economics*, 12 (3).

Grossmann H. 1992. *The Law of Accumulation and Breakdown of the Capitalist System* [M]. London: Pluto Press.

Hadjimichalis C. 1984. The geographical transfer of value: Notes on the spatiality of capitalism [J]. *Environment and Planning D: Society and Space*, 2 (3).

Hadjimichalis C. 2005. *Uneven Development and Regionalism: State, Territory and Class in Southern Europe* [M]. London: Routledge.

Hagiwara T. 2017. Labor Value and Exploitation in the Global Economy [J]. *Research in Political Economy*, 32.

Harvey D. 1975. The geography of capitalist accumulation: A reconstruction of the Marxian theory [J]. *Antipode*, 7 (2).

Harvey D. 2006. *The Limits to Capital* [M]. New York: Verso.

Lavoie M, Rodriguez G, Seccareccia M. 2004. Similitudes and discrepancies in post-Keynesian and Marxist theories of investment: A theoretical and empirical investigation [J]. *International Review of Applied Economics*, 18 (2).

Li B. 2014a. Marx's labor theory of value and its implications for structural problems in China's economy [J]. *Economic and Political Studies*, 2 (2).

Li B. 2014b. Fixed capital and wage-profit curves à la von Neumann-Leontief: China's economy 1987-2000 [J]. *Research in Political Economy*, 29.

Liossatos P. 1980. Unequal exchange and regional disparities [J]. *Papers in Regional Science*, 45 (1).

Marelli E. 1983. Empirical estimation of intersectoral and interregional transfers of surplus value: The case of Italy [J]. *Journal of Regional Science*, 23 (1).

Murata Y. 1977. Fundamental Marxian theorem in case of multiple activities [J]. *Metroeconomica*, 29 (1-2-3).

Ochoa E. 1989. Values, prices, and wage-profit curves in the US economy [J]. *Cambridge Journal of Economics*, 13 (3).

Rigby D. 1991. The existence, significance, and persistence of profit rate differentials [J]. *Economic Geography*, 67 (3).

Rimmer P, Forbes D. 1982. Underdevelopment theory: A geographical review [J]. *Australian Geographer*, 15 (4).

Roemer J. 1981. *Analytical Foundations of Marxian Economic Theory* [M].

Cambridge: Cambridge University Press.

Sheppard E. 2011. Geographical political economy [J]. *Journal of Economic Geography*, 11 (2).

Sunley P. 2000. Urban and regional growth [M] // Sheppard E, Barnes T. *A Companion to Economic Geography*. Oxford: Blackwell Publishing.

Walker R. 1978. Two sources of uneven development under advanced capitalism: Spatial differentiation and capital mobility [J]. *Review of Radical Political Economics*, 10 (3).

Walker R. 2000. The geography of production [M] // Sheppard E, Barnes T. *A Companion to Economic Geography*. Oxford: Blackwell Publishing.

Webber M, Sheppard E, Rigby D. 1992. Forms of technical change [J]. *Environment and Planning A*, 24 (12).

Webber M. 1996. Profitability and growth in multiregion systems: Theory and a model [J]. *Economic Geography*, 72 (3).

Weeks J. 2001. The expansion of capital and uneven development on a world scale [J]. *Capital and Class*, 74.

Weisskopf T. 1979. Marxian crisis theory and the rate of profit in the postwar US economy [J]. *Cambridge Journal of Economics*, 3 (4).

Young A. 2000. The razor's edge: Distributions and incremental reform in the People's Republic of China [J]. *Quarterly Journal of Economics*, 115 (4).

# 中国的不平衡增长周期[*]
## ——基于马克思再生产理论的分析

齐 昊　潘忆眉　王小军[**]

**摘　要**：站在"两个一百年"奋斗目标的历史交汇点回顾中国长期发展经验具有格外重大的理论和现实意义。本文以中国长期发展过程中产业结构的周期性波动为关注点，探究其背后的政治经济学规律。将产业结构不平衡程度的周期性波动定义为不平衡增长周期，并基于马克思社会总资本再生产理论和中国经济的制度特征分析了这种周期产生的原因。本文认为，不平衡增长会提高经济未来的平衡增长率，但必然要求劳动报酬份额下降。正是不平衡增长对分配的影响与国家追求经济发展和人民生活水平提高的双重目标共同导致了不平衡增长周期。

**关键词**：不平衡增长周期　马克思　社会总资本　再生产理论

## 一　引言

今年是中国共产党成立一百周年。百年前的中国积贫积弱，而百年

---

[*] 原文发表于《世界经济》2021年第6期。
[**] 齐昊，中国人民大学全国中国特色社会主义政治经济学研究中心研究员，中国人民大学经济学院副教授；潘忆眉，中国人民大学经济学院硕士研究生；王小军，中国人民大学经济学院博士研究生。

后的今天，一个繁荣富强的中国屹立于世界东方。在中国共产党的领导下，中华民族实现了从站起来、富起来到强起来的历史性飞跃，中国从一个贫穷落后的国家发展成为全球第二大经济体，社会生产力经历了举世瞩目的发展，人民生活水平发生了翻天覆地的变化。随着第一个百年奋斗目标的实现，中国将进入新发展阶段，迈向全面建设社会主义现代化国家的新征程。站在"两个一百年"奋斗目标的历史交汇点回顾中国经济发展的规律和特征具有重大的理论和现实意义。因此，本文以中国长期发展过程中产业结构的周期性波动为关注点，探究其背后的政治经济学规律。

现有研究在总结中国产业结构演变时，大多强调1978年前后两大历史阶段在发展战略上的差别。其中，最显著的差别就是中国在计划经济时期采取了优先发展重工业的不平衡发展战略，而在改革开放后采取了相对平衡的发展战略。有趣的是，以重工业和轻工业规模之比衡量，两大历史阶段产业结构不平衡的程度都呈现周期性波动，且周期的跨度为10~20年。图1用不同指标展示了这种波动。我们把产业结构不平衡程度的周期性波动定义为不平衡增长周期。纵观中国长期发展历程，以重工业更快增长为特征的不平衡增长反复出现，而这种不平衡增长又似乎难以持续，一段时期之后经济就会呈现非重工业更快增长的情况。这种周期具有怎样的规律？其背后的原因是什么？这些是本文试图回答的问题。

马克思的社会总资本再生产理论为我们分析经济结构的周期性波动奠定了理论基础。这一理论强调部类之间通过积累、分配和消费相互影响，价值实现要求部类之间生产结构和分配结构保持一定的比例。马克思的理论也为我们分析中国特色社会主义经济的增长与波动提供了可以借鉴的方法。在马克思理论的基础上，我们结合中国经济的制度特征建立了一个两部类再生产模型。对理论模型的分析说明，不平衡增长会提高经济未来的平衡增长率，但必然要求劳动报酬份额下降。在中国的情境中，无论是在计划经济时期还是在市场经济时期，国家对重工业的增

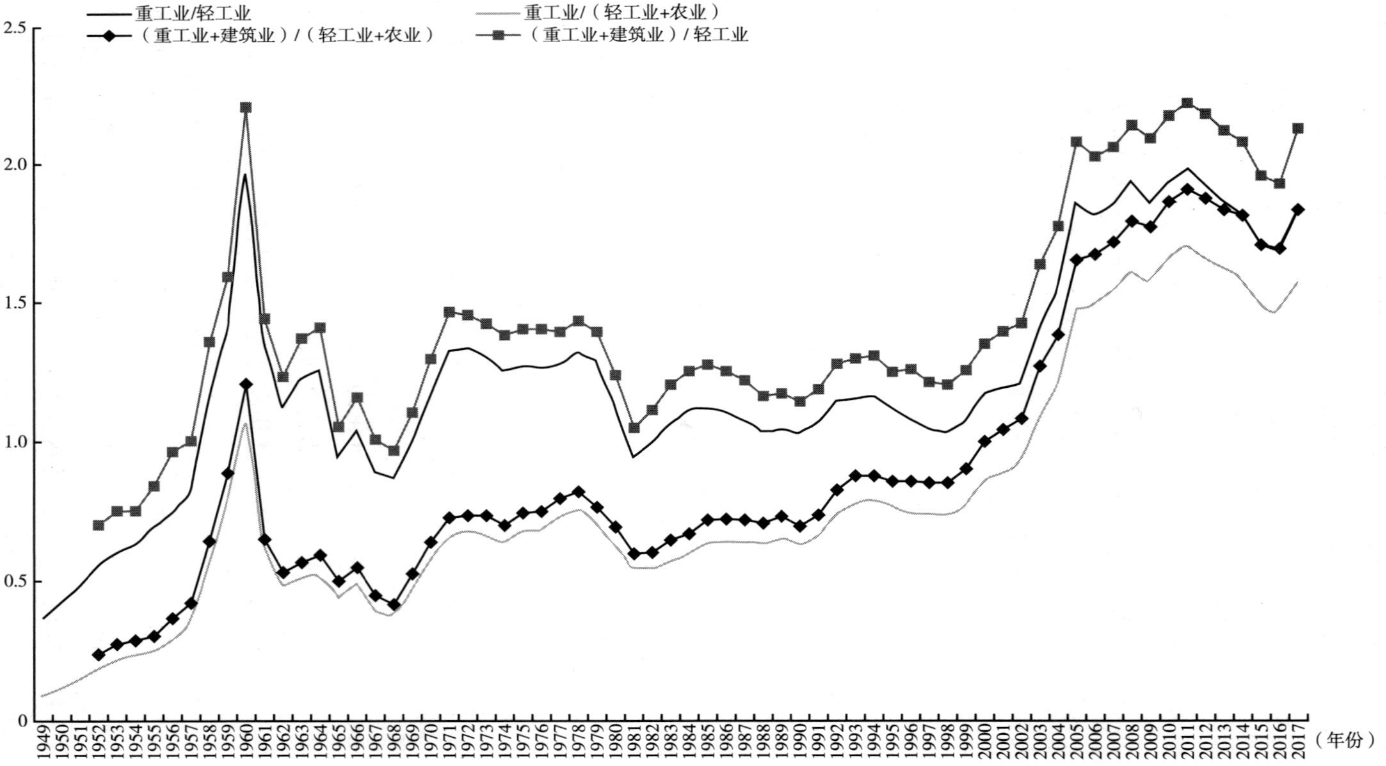

图 1 行业产值之比

注：根据《新中国五十年统计资料汇编》《中国统计年鉴》中数据估算，估算方法见本文第四部分。

长都有强大的控制力，对工资分配也有较强的影响力。国家调节积累和分配的目标是双重的：国家既追求经济发展，也追求人民生活水平的提高。这一双重目标意味着，国家既要通过不平衡增长促进经济发展，也要促进人民收入与经济规模同步增长，避免劳动报酬份额下降。中国将人民生活水平提高作为经济发展的最终目的，而劳动报酬份额的下降一般意味着人民生活水平的提高落后于经济增长。为了让人民群众共享发展成果，国家会努力促使人民生活水平的提高速度赶得上经济增长速度。所以，当不平衡增长导致劳动报酬份额下降到一定程度时，国家就会主动降低重工业增长目标，并促使劳动报酬份额回升。[1] 我们认为，正是不平衡增长对分配的影响与国家的双重目标共同导致了不平衡增长的周期性。

在中国长期发展历程中，产业结构的调整总是伴随着分配结构的演变，其背后是国家对发展经济和提高人民生活水平双重目标的权衡。早在1956年，毛泽东在《论十大关系》中就阐明了重工业和轻工业、农业发展之间的辩证关系，提出要吸取苏联和一些东欧国家片面发展重工业、不重视轻工业和农业的教训。他指出："（加大农业和轻工业投资比例——引者注）一可以更好地供给人民生活的需要，二可以更快地增加资金的积累，因而可以更多更好地发展重工业。"[2] 在20世纪60年代初的国民经济调整时期，国家不仅压缩基本建设规模，恢复和加强农业生产，而且增加职工补助，提高了40%的职工的工资级别。改革开放初期，国家在大力发展农业和轻工业的同时，提高了粮食收购价格并推动了工

---

[1] 我们认为劳动报酬份额是影响国家发展战略调整的因素之一。劳动报酬份额是初次分配中的重要指标，反映了劳动者与企业及国家之间的分配格局，也是人民生活水平相对于经济增长提高速度的主要影响因素。需要说明的是，在社会主义条件下，资本性收入也可以改善人民生活。主要有两种渠道：一是国家通过税收或企业上缴利润形成财政收入，用于各项民生支出；二是资本性收入由国家或企业进行积累，而积累在许多情况下有利于人民生活水平的提高。但是，前一种渠道受财政收入总量的限制，通常无法替代劳动报酬对人民生活水平的主要决定作用；后一种渠道只有经过数年才能见效，短期中积累仍然制约了人民生活水平的提高。

[2] 毛泽东：《毛泽东文集》（第7卷），人民出版社，1999，第25页。

资制度改革，使劳动报酬占国民收入的比重显著上升。2015年以来，供给侧结构性改革重点着力解决重工业行业的"去产能"问题；与此同时，在"共享发展"理念的指引下，宏观政策集中力量创造就业机会，各地政府连续提高最低工资标准，使劳动报酬在国民收入中的比重保持稳定上升趋势。在论述"协调发展"理念时，习近平指出："协调是发展平衡和不平衡的统一，由平衡到不平衡再到新的平衡是事物发展的基本规律。平衡是相对的，不平衡是绝对的。强调协调发展不是搞平均主义，而是更注重发展机会公平、更注重资源配置均衡。"[①] 从中国长期发展的视角总结不平衡增长周期的规律和特征有利于理解中国经济当前所处的阶段，正确处理增长与分配的关系，促进经济以相对平稳的方式运行。

## 二 文献综述

经济结构是考察经济增长及其波动的一个重要的理论研究角度，不同部门之间的相互联系与相互作用是影响经济增长及其波动的重要因素。这一思想深刻影响了许多国家的经济发展战略。根植于这一思想的生产资料优先增长理论和不平衡增长理论为近代以来许多国家的重工业优先发展战略提供了合理性。生产资料优先增长理论最早可追溯至马克思，他在《资本论》第一卷中论述了资本有机构成随资本主义发展而不断提高，不变资本比可变资本增长更快的观点。列宁进一步论证和发展了马克思的理论，并结合当时俄国的环境，提出要在俄国优先发展重工业的思想。费尔德曼、马哈拉诺比斯、多马提出的社会主义增长模型（Feldman-Mahalanobis-Domar模型，简称FMD模型）也体现了重工业优先发展的思想（多马，1983；余永定，1982）。另一个支持重工业优先发展战略的理论来源于二战后兴起的结构主义思潮（林晨和陈斌开，2018）。与Rosenstein-Rodan（1943）等的"大推动"平衡增长理论相

---

[①] 习近平：《深入理解新发展理念》，《求是》2019年第10期。

反，赫希曼（1991）提出的不平衡增长理论认为，发展实际上是一种不平衡的连锁演变过程。他主张集中有限资源优先发展关联度高的产业，充分发挥产业互补性和外部性以带动经济的快速发展。优先发展重工业是能够实现利益最大化的选择。中国学者姚洋和郑东雅（2008）基于重工业比轻工业更具技术和金融外部性的观点，阐明了一定时期内实行重工业优先发展战略的合理性。

同样根植于结构分析的视角，中国经济学界对经济结构与经济周期之间的关系展开了一系列研究。这些研究与本文的关注点密切相关。国内早期研究主要通过描述性统计分析产业结构变动与经济周期波动的相互影响。其中，马建堂（1990）、张新华（1988）等发现轻工业比例一般在扩张阶段下降，在收缩阶段上升，重工业则相反。马建堂（1990）认为投资波动会引起投资品生产和建筑部门的扩张或收缩，进而引起周期波动，投资波动又是传统体制下强烈的投资冲动与失衡的产业结构交替作用的结果。张新华（1988）指出，在传统社会主义经济中，投资结构一般有"重型化"趋势，而当结构失衡严重影响经济增速时，国家会抑制重工业投资。

随着计量方法的普及，学界对周期与结构之间的关系进行了更为精确的分析。孙广生（2006）、赵旭杰和郭庆旺（2018）研究了三大产业对经济周期波动的影响，分别从产值和投资数据以及劳动力市场数据入手，发现第二产业对经济周期波动具有显著影响，制造业和建筑业是经济周期波动的主要来源。干春晖等（2011）认为产业结构合理化和高级化进程对经济增长的影响有明显的阶段性特征。龚刚和林毅夫（2007）利用投资优化模型证明了过度投资会造成生产能力过剩，之后政府宏观调控又会造成经济波动，使中国经济陷入"缩长"的失衡局面。龚刚和高阳（2013）在此基础之上引入价格方程，证明经济的稳定（价格行为）和非稳定机制（投资行为）共同引起了经济波动。袁江和张成思（2009）认为强制性技术变迁是造成经济不平衡结构的重要因素。陈璋和黄彪（2013）认为引进式技术进步造成高低端两部门结构不平衡，与 GDP 一同呈现周期性变化，且中国高速增长离不开这种不平衡增长方式。此外，一些研究对历史上两大工业发展规模及速度、每一阶段增长战略转变的具体原因进行了定性分析（简新华，2005；武力和温锐，2006），另一些研究就轻重工业比例协调问题进行了定性分析（杨坚白，1962）或定量分析（邓宏图等，2018）。

我们还关注到，已有研究大多依据新古典经济学方法进行分析，应用马克思社会总资本再生产理论的研究相对较少。但事实上，马克思社会总资本再生产理论对本文的关注点有重大指导意义。马克思的理论说明，社会总资本再生产运动的核心问题是社会总产品的实现问题，这就产生了总量分析和结构分析的必要性。马克思以最终经济用途把社会总产品划分为生产资料和消费资料两大部类进行考察。具体到实际应用中，马克思的划分一般对应于重工业和轻工业（杨坚白，1961）。近年来，马克思主义政治经济学相关研究不断涌现，给本文所研究的问题带来一系列启示。朱殊洋（2008）以马克思扩大再生产动态均衡模型为基础建立了一个双线性状态方程，以最优控制方法将状态方程与社会福利最大化目标结合，推导出两大部类积累率的计算公式。李海明和祝志勇（2012）将马克思扩大再生产实现条件作为资本家进行资本积累的一般均衡约束，并把资本积累引入资本家偏好中，构造最优化问题。崔晓露（2013）引入部类优先增长系数，考察两大部类增速的不同情况，讨论两大部类的积累率以及增长速度之间互相影响和制约的关系。冯金华和孟捷（2019）利用两部类再生产图式，对投资品部类自主积累和增长的边界条件进行考察，指出存在投资品部类单独积累和增长的可能性。此外，马克思社会总资本再生产理论对卡莱茨基的理论有较大影响。Fujita（2019）构建了一个两部门卡莱茨基模型，分析了多种需求体制的存在可能性。本文所建立的模型在不同方面借鉴了以上研究成果，并根据研究的主题进行了扩展。

综上，已有研究主要关注产业结构变动与经济周期的关系，产业结构又偏重于三大产业划分，涉及不平衡增长周期性的研究较少。在不平衡增长的背后，产业结构周期与分配结构波动具有怎样的关系，仍是有待研究的重要问题。以下，本文从国家的双重目标出发，考察中国经济结构变动的内在逻辑，运用经过扩展的马克思两部类再生产模型研究中国的不平衡增长情况，并用经验方法刻画中国不平衡增长的周期性波动。

## 三 基于马克思社会总资本再生产理论的两部类模型

### （一）模型设定

首先需要说明，我们把不平衡增长周期视为一种中期波动。在这种波动中，生产能力可以随着积累而变化，分配结构也可以通过国家干预进行调整。[①] 这种波动不同于短期波动，它抽象掉了价格波动和产能利用率波动的问题，假设每个部类都满足了价值实现条件；它也不同于长期波动，即由于重大技术创新、利润率动态、制度演变等因素引起的长达30~50年的波动。

我们在马克思两部类再生产模型的基础上进行了调整和扩展。分配结构与产业结构之间的协同演进是我们对中国经济长期历史的一个观察，也是本文试图在理论和经验上进行分析的研究假说。两部类框架可以揭示分配结构和产业结构之间的关系及其对增长的影响。[②] 我们假设，经济中存在两个部类（部类Ⅰ和部类Ⅱ），分别生产两种产品（产品1和产品2）。每个部类的产品都可以用作生产资料，但只有产品2

---

① 后凯恩斯主义经济学家Skott（1989）曾将经济波动时期划分为"超短期"（对应价格调整）、"短期"（对应产出调整）和"长期"（对应生产能力调整）。我们所说的中期波动相当于Skott所说的"长期"。
② 本文没有采用古德温模型等古典单部门模型（Goodwin, 1967; Foley et al., 2018）。此类模型的特点之一是利润直接转化为积累，从而抽离了价值实现问题。这也是一些后凯恩斯主义经济学家认为此类模型不考虑"有效需求"的原因（Lavoie, 2014; Skott, 1989）。要明确考虑价值实现和再生产条件，有必要引入马克思社会总资本再生产的分析框架。

可以用作消费资料。令部类Ⅰ和部类Ⅱ的产品数量分别为 $X_1$ 和 $X_2$。不考虑固定资本，生产 1 个单位产品 1 需要投入 $a_{11}$ 个单位的产品 1 和 $a_{21}$ 个单位的产品 2，还需要投入 $l_1$ 个单位的活劳动；生产 1 个单位产品 2 需要投入 $a_{12}$ 个单位的产品 1 和 $a_{22}$ 个单位的产品 2，还需要投入 $l_2$ 个单位的活劳动。部类Ⅰ和部类Ⅱ在净产品意义上的劳动生产率分别为 $q_1$ 和 $q_2$，产品价格分别为 $p_1$ 和 $p_2$。由于我们假设产品 2 既可用作消费资料，也可用作生产资料，所以，以部类Ⅰ为例，生产既需要投入产品 1 用作生产资料（$p_1 a_{11} X_1$），也需要投入产品 2 用作生产资料（$p_2 a_{21} X_1$）。根据以上定义，可得两部类产品总产值的表达式：

$$p_1 X_1 = p_1 a_{11} X_1 + p_2 a_{21} X_1 + p_1 l_1 X_1 q_1 \tag{1}$$

$$p_2 X_2 = p_1 a_{12} X_2 + p_2 a_{22} X_2 + p_2 l_2 X_2 q_2 \tag{2}$$

以上模型设定意味着存在 $q_1 = \dfrac{1-a_{11}-a_{21}p_2/p_1}{l_1}$ 和 $q_2 = \dfrac{1-a_{12}p_1/p_2-a_{22}}{l_2}$，说明劳动生产率的提高可以由单位产品生产资料投入的减少而引起，也可以由单位产品劳动投入的减少而引起。如果中间投入系数和产品价格不变，那么 $q_1 l_1$ 和 $q_2 l_2$ 也都保持不变。① 令 $Y_1$ 和 $Y_2$ 分别为两部类的净产值：

$$Y_1 = p_1 l_1 X_1 q_1 \tag{3}$$

$$Y_2 = p_2 l_2 X_2 q_2 \tag{4}$$

我们的模型设定与马克思经典两部类模型主要有六处不同。这些不同在本质上继承或扩展了马克思的模型，使两部类模型更贴近本文所关

---

① 我们可以根据模型设定表现马克思的资本有偏型技术进步。该技术进步方式具有两个特点：一是资本有机构成提高，二是劳动生产率提高。以部类Ⅰ为例，其资本产出比表示为：$\dfrac{a_{11}+a_{21}p_2/p_1}{l_1 q_1}$。因此，在给定分配情况下，资本有偏型技术进步的特点表现为：$a_{11}$ 或 $a_{21}$ 上升，但同时 $l_1$ 以更大幅度下降，乃至抵消了生产资料投入系数上升的影响，从而在 $l_1 q_1$ 下降的情况下使 $q_1$ 上升。

注的现实问题,并对下文的模型分析起到了简化作用。

其一,马克思模型中只有产品1可以用作生产资料,即 $a_{21}=a_{22}=0$,而我们假设产品2也可以用作生产资料,即 $a_{21}\geq 0$ 且 $a_{22}\geq 0$。同时,我们保留了马克思经典模型中两部类的不对称性,产品1只能用作生产资料,不能用作消费资料。引入这一新假设主要是因为本文讨论的是一个现实问题;在现实中,有许多产品属于既可用作生产资料,也可用作消费资料的情况,比如汽车、煤炭、粮食等。这种做法在文献中也有先例(多马,1983;Fujita,2019)。虽然引入新假设会使模型稍显复杂,但也增强了模型的现实性。马克思的经典模型以资本主义经济为背景,但在社会主义计划经济或社会主义市场经济条件下,各部门之间也存在投入产出关系,因而也适用两部类模型。

其二,马克思通常假设资本有机构成和剩余价值率保持不变,而我们假设两部类中间投入与净产值之比保持不变。以 $C$ 代表不变资本,$V$ 代表可变资本,$S$ 代表剩余价值,该假设用马克思的表述方式即 $C/(V+S)$ 保持不变,而马克思通常假设 $C/V$ 和 $V/S$ 不变。由马克思的假设也可得到 $C/(V+S)$ 保持不变。因此我们的假设比马克思的假设更为宽泛,是马克思假设的必要非充分条件。[①] 从适用性来说,$C/(V+S)$ 反映了实际生产过程中生产资料转移价值和活劳动之间的一种技术关系。这一假设也能得到既有文献的支持。例如,以马克思理论为基础的 FMD 模型(多马,1983)、古德温模型(Goodwin,1967)都采取了类似的假设;后凯恩斯主义经济学中的增长与分配模型也通常假设技术性的资本产出比保持不变(Lavoie,2014)。

其三,马克思假设两部类剩余价值率相等,而我们假设两部类劳动报酬份额相等。劳动报酬份额是工资总额占净产值的比重,而工资总额不仅包括初始可变资本,还包括当年追加的可变资本,用马克思的表示方式即 $(V+\Delta V)/(V+S)$。马克思的经典模型通常假定两部类剩余价

---

[①] 从下文的分析中可以看出,做出这一假设的原因主要是模型将分配变量视为内生变量,而如果假设剩余价值率不变的话,那么分配内生就无从谈起。

值率相等，即 $S/V$ 相等。由于马克思区分了初始可变资本 $V$ 和追加可变资本 $\Delta V$，而统计上的劳动报酬是指一年中全部劳动报酬，即 $V+\Delta V$，因此两部类劳动报酬份额相等并不等同于两部类剩余价值率相等。采取这一假设原因有二。一方面，劳动报酬份额能直接用统计数据衡量，是国家调整发展战略直接参考的变量；而剩余价值率需要对统计数据进行加工才能得到，且没有直接的政策影响。另一方面，如果坚持假定两部类剩余价值率相等，模型就会更为复杂。这是因为，假设剩余价值率相等则无法保证两部类劳动报酬份额相等，有关劳动报酬份额的变量就要从 1 个（两部类统一的劳动报酬份额）增加为 2 个（两部类各自的劳动报酬份额）。为了使模型更为简洁直观，我们采用了两部类劳动报酬份额相等的假设。我们令两部类的劳动报酬份额都为 $w$，工人储蓄率为 $s_w$。①

其四，马克思假设每个部类的剩余价值只能在本部类内部积累，而我们假设两部类的剩余价值可以通过计划系统或金融系统实现跨部类积累。也就是说，每个部类的追加资本不受本部类剩余价值的限制，但两部类追加资本总额受剩余价值总额的限制。采用这一假设主要是因为不平衡增长必然涉及资源向某个部类的集中；如果无法实现跨部类积累，某个部类优先发展就无从谈起。并且，这一假设与现实是相符的：在现实的计划经济中，国家可以通过资金、物资和劳动力的调配实现剩余跨部类转移积累；在现实的市场经济中，金融系统通过市场机制也起到了类似的作用。

其五，马克思假设存在资本家消费，我们不考虑资本家消费。但根据中国的实际情况，我们假设对两部类产品都存在外生需求。这一需求可以是国家支出，也可以是净出口，还可以是某个社会群体的奢侈型消费。令外生需求占两部类净产值的比重分别为 $s_1$ 和 $s_2$。设定外生需求是为了使模型更加贴合实际，使模型能考虑除劳动者消费和投资以外的

---

① 需要说明的是，本文在模型部分用工资总额的概念，但在经验研究部分我们考虑了农业，因此经验研究部分的劳动报酬是工人工资和农民务农收入之和。

其他需求形式。

其六，马克思在模型中直接使用价值量，或者说马克思假设产品价格与价值成比例，而本模型全部为价格量。模型不对产品价格与价值的关系进行限定，价格可以由于计划经济下的价格剪刀差或由于市场垄断而偏离价值。设定这一假设是为了简化分析，避免涉及价格量与价值量存在差别的问题。这一假设在本质上与马克思并不矛盾。马克思在讨论社会总资本再生产时同样未涉及价格量与价值量存在差别的问题。我们进一步假设，两部类贸易条件 $p = \dfrac{p_1}{p_2}$ 是一个保持不变的模型参数。①

两部类要在给定价格下实现供求平衡，需要满足扩大再生产的必要条件，即 $p_2 a_{21} X_1 + p_1 l_1 X_1 q_1 > p_1 a_{12} X_2$。并且，任何一个部类追加的产品 1 不能超过 $p_1 a_{21} X_1 + p_1 l_1 X_1 q_1 - p_1 a_{12} X_2$，否则另一部类将无产品 1 可供追加。从部类平衡来看，对产品 1 的需求来自三个方面：两部类简单再生产需要补偿的用作生产资料的产品 1；两部类追加的用作生产资料的产品 1（分别为 $\Delta C_{11}$ 和 $\Delta C_{12}$）；对产品 1 的外生需求。对产品 2 的需求来自四个方面：两部类简单再生产需要补偿的用作生产资料的产品 2；两部类追加的用作生产资料的产品 2（分别为 $\Delta C_{21}$ 和 $\Delta C_{22}$）；两部类工人对消费资料的需求；对产品 2 的外生需求。两部类的供求平衡条件分别为：

$$p_1 X_1 = p_1 a_{11} X_1 + p_1 a_{12} X_2 + \Delta C_{11} + \Delta C_{12} + s_1 Y_1 \qquad (5)$$

$$p_2 X_2 = p_2 a_{21} X_1 + p_2 a_{22} X_2 + \Delta C_{21} + \Delta C_{22} + w(1 - s_w)(Y_1 + Y_2) + s_2 Y_2 \qquad (6)$$

令 $x = \dfrac{p X_1}{X_2}$，该变量反映了产业结构。由于中间投入系数和产品价格不变，所以 $\Delta C_{21} = \dfrac{p_2 a_{21}}{p_1 a_{11}} \Delta C_{11}$、$\Delta C_{22} = \dfrac{p_2 a_{22}}{p_1 a_{12}} \Delta C_{12}$。令 $\dfrac{\Delta C_{11}}{p_1 a_{11} X_1} = g_1$、$\dfrac{\Delta C_{12}}{p_1 a_{12} X_2}$

---

① 当出现技术进步或有关价格的政策发生变化时，两部类贸易条件就会变化。这种参数变化可以通过比较静态分析判断它对模型内生变量的影响。

$=g_2$。$g_1$ 和 $g_2$ 这两个变量可以分别代表部类 I 和部类 II 的总产值增速。式（5）和式（6）结合式（1）和式（2），经过化简可得：

$$a_{21}\frac{x}{p} + l_1q_1x(1-s_1) = pa_{12}(1+g_2) + a_{11}xg_1 \tag{7}$$

$$pa_{12} + l_2q_2[1-s_2-w(1-s_w)] = a_{21}\frac{x}{p}(1+g_1) + a_{22}g_2 + w(1-s_w)l_1q_1x \tag{8}$$

给定产业结构、贸易条件和投入系数，式（7）和式（8）中存在 $g_1$、$g_2$ 和 $w$ 三个内生变量。求解内生变量需要增加一个条件。以下我们说明两种增加条件的方式，这两种方式分别对应平衡增长和不平衡增长。

## （二）平衡增长

平衡增长是指两部类以相同的速度增长。在平衡增长的状态下，两部类的总产值也以同样的速度增长，因此 $x$ 保持不变。两部类的净产值、可变资本和剩余价值都以相同的速度增长。平衡增长需要满足的条件是：

$$g_1 = g_2 = g_b \tag{9}$$

其中，$g_b$ 为平衡增长率。根据式（7）和式（9）可得：

$$g_b = \frac{a_{21}\frac{x}{p} + l_1q_1x(1-s_1) - pa_{12}}{a_{11}x + pa_{12}} \tag{10}$$

在满足扩大再生产必要条件的情况下，$g_b>0$。令平衡增长情况下劳动报酬份额为 $w_b$。由式（8）和式（10）可得：

$$w_b = \frac{pa_{12} + l_2q_2(1-s_2) - a_{21}\frac{x}{p} - \left(a_{21}\frac{x}{p} + a_{22}\right)g_b}{(1-s_w)(l_1q_1x + l_2q_2)} \tag{11}$$

我们用马克思的经典数值例子对平衡增长的存在性进行验证。这一

数值例子相当于 $s_1 = s_2 = s_w = a_{21} = a_{22} = 0$ 的情况。第一年的情况表示为：

Ⅰ  $4000c + 2000y = 6000$
Ⅱ  $1500c + 1500y = 3000$

由于劳动报酬份额在模型中是内生变量，因此以上等式中净产值是一个整体 $y$。根据式（10）和式（11）计算，可得 $g_b = 0.091$、$w_b = 0.857$。令 $W$ 代表工资总额，它是原有可变资本与追加可变资本之和。第一年的情况可重新表示为：

Ⅰ  $4000c + 1714W + 286\Delta c = 6000$
Ⅱ  $1500c + 1286W + 214\Delta c = 3000$

两部类用于追加不变资本的积累基金总计 500，其中部类Ⅰ追加的不变资本为 364，部类Ⅱ追加的不变资本为 136。这里每个部类的积累与本部类剩余价值不相等，但积累总额与剩余价值总额相等。由于中间投入与净产值之比不变，所以第二年情况变为：

Ⅰ. $4364c + 2182y = 6546$
Ⅱ. $1636c + 1636y = 3272$

所有参数均未变化，因此第二年的平衡增长率和劳动报酬份额都保持不变，整个经济将保持平衡增长率持续增长下去。

### （三）不平衡增长

平衡增长并不是国家最优的选择。首先，当经济处于工业化的初级阶段时，$x$ 比较小，平衡增长只能维持而不能发展产业结构，无法实现工业化。并且，当 $x$ 非常小时，会出现不满足扩大再生产必要条件的情况，导致 $g_b < 0$，此时平衡增长显然是不合适的。其次，由式（10）可以证明，当 $x$ 越大时，对应的 $g_b$ 就越大。如果国家希望在未来达到一个更高的平衡增长率，那么就会在发展的初级阶段选择偏离平衡增长。最后，不平衡增长会导致两部类增长率都上升[①]，因此它是一种更为有

---

① 见图 2 中的数值模拟结果。

效的稳增长政策,也更有利于实现高速经济增长。所以,即使在经济已经完成工业化的情况下,当经济遭受负面冲击因而国家需要稳增长时,不平衡增长也可能出现。

按照 $g_1$、$g_2$、$g_b$ 三者之间的关系,我们区分经济增长的三种状态。第一,当 $g_1 > g_b$ 时,经济处于不平衡增长状态。为了实现工业化或者提高未来的平衡增长率,国家优先发展部类 I,选择 $\bar{g}_1$ 作为部类 I 的目标增长水平,且 $\bar{g}_1 > g_b$。两部类供求平衡条件即式(7)和式(8)只剩 $g_2$ 和 $w$ 两个内生变量。可以证明,当 $\bar{g}_1 > g_b$ 时必然有 $g_2 < g_b$。第二,当 $g_1 = g_b$ 时,经济处于平衡增长状态,这种状态是不平衡增长的参照基准。第三,当 $g_1 < g_b$ 时,经济处于优先发展部类 II 的状态。这种状态的出现是因为不平衡增长不能持续(下文将讨论不能持续的原因),国家对产业结构进行调整。在这种状态中,国家仍然选择部类 I 的增长目标 $\bar{g}_1$,但 $\bar{g}_1 < g_b$。同样,两部类供求平衡条件决定 $g_2$ 和 $w$。可以证明,当 $\bar{g}_1 < g_b$ 时必然有 $g_2 > g_b$。

当国家外生给定 $\bar{g}_1$ 时,式(7)和式(8)变为:

$$a_{21}\frac{x}{p} + l_1 q_1 x(1 - s_1) = p a_{12}(1 + g_2) + a_{11} x \bar{g}_1 \tag{12}$$

$$p a_{12} + l_2 q_2 [1 - s_2 - w(1 - s_w)] = a_{21}\frac{x}{p}(1 + \bar{g}_1) + a_{22} g_2 + w(1 - s_w) l_1 q_1 x \tag{13}$$

由此得到 $g_2$ 和 $w$ 的表达式:

$$g_2 = \frac{a_{21}\frac{x}{p} + l_1 q_1 x(1 - s_1) - a_{11} x \bar{g}_1}{p a_{12}} - 1 \tag{14}$$

$$w = \frac{p a_{12} + l_2 q_2 (1 - s_2) - a_{21}\frac{x}{p}(1 + \bar{g}_1) - a_{22} g_2}{(1 - s_w)(l_1 q_1 x + l_2 q_2)} \tag{15}$$

由上式可以看出,只要 $\bar{g}_1$ 不超过一定点,$g_2$ 就为正,且 $\bar{g}_1$ 越大,$g_2$

就越小。①

以下我们仍然用马克思的数值例子对优先发展部类Ⅰ的可能性进行验证。在这一例子中，$\bar{g}_1$不能超过 0.125 的最高限②，也不能低于平衡增长率 0.091，因此我们假设国家设定的部类Ⅰ增速目标为平衡增长率和最高限增长率的均值 0.108。根据式（14）得到 $g_2 = 0.045$。在数值例子中，由于 $a_{21} = a_{22} = 0$，所以劳动报酬份额不受国家政策目标的直接影响③，可得 $w = 0.857$。两部类用于追加不变资本的剩余价值仍然是 500，但其中部类Ⅰ追加的不变资本为 432，部类Ⅱ追加的不变资本为 68。第二年情况变为：

Ⅰ　$4432c + 2216y = 6648$
Ⅱ　$1568c + 1568y = 3136$

在第二年，反映产业结构的变量 $x$ 从 2 提高至 2.120，导致平衡增长率从 0.091 上升至 0.108，劳动报酬份额从 0.857 下降至 0.829。$\bar{g}_1$ 的上限从 0.125 上升为 0.146。假设此时国家仍然把部类Ⅰ增速的目标设定为平衡增长率和最高限增长率的均值，则增速目标从 0.108 上升为 0.127，$g_2$ 从 0.045 上升为 0.054。

图 2 以马克思的数值例子作为初始情况，分别模拟了优先发展部类Ⅰ和优先发展部类Ⅱ两种情况。在优先发展部类Ⅰ的情况中，我们假设国家根据平衡增长率和最高限增长率的均值设定部类Ⅰ的增速目标。可以看到，不平衡增长提高了部类Ⅰ在经济中的比重，使平衡增长率上升，劳动报酬份额下降。在优先发展部类Ⅱ的情况中，我们假设国家根据 0.9 倍的平衡增长率设定部类Ⅰ的增速目标。此时，部类Ⅰ的比重下降，平衡增长率下降，劳动报酬份额上升。

---

① 根据式（14）和式（15）可分析资本有偏型技术进步对部类Ⅱ增速和劳动报酬份额的影响。假定资本有偏型技术进步表现为 $a_{11}$ 上升，$l_1$ 下降，$q_1$ 上升，$l_1q_1$ 下降。可知，部类Ⅱ增速会下降，劳动报酬份额会上升。但动态来看，部类Ⅱ增速下降会提高 $x$，最终导致劳动报酬份额下降。
② 如果部类Ⅰ的增速为 0.125，那么部类Ⅰ追加的不变资本为 500，而全部可追加的生产资料价值为 500，此时部类Ⅱ的增速为 0。因此，0.125 是部类Ⅰ增速的最大值。
③ 但在动态过程中，不平衡增长会导致产业结构重工业化程度提高，要求劳动报酬份额下降。

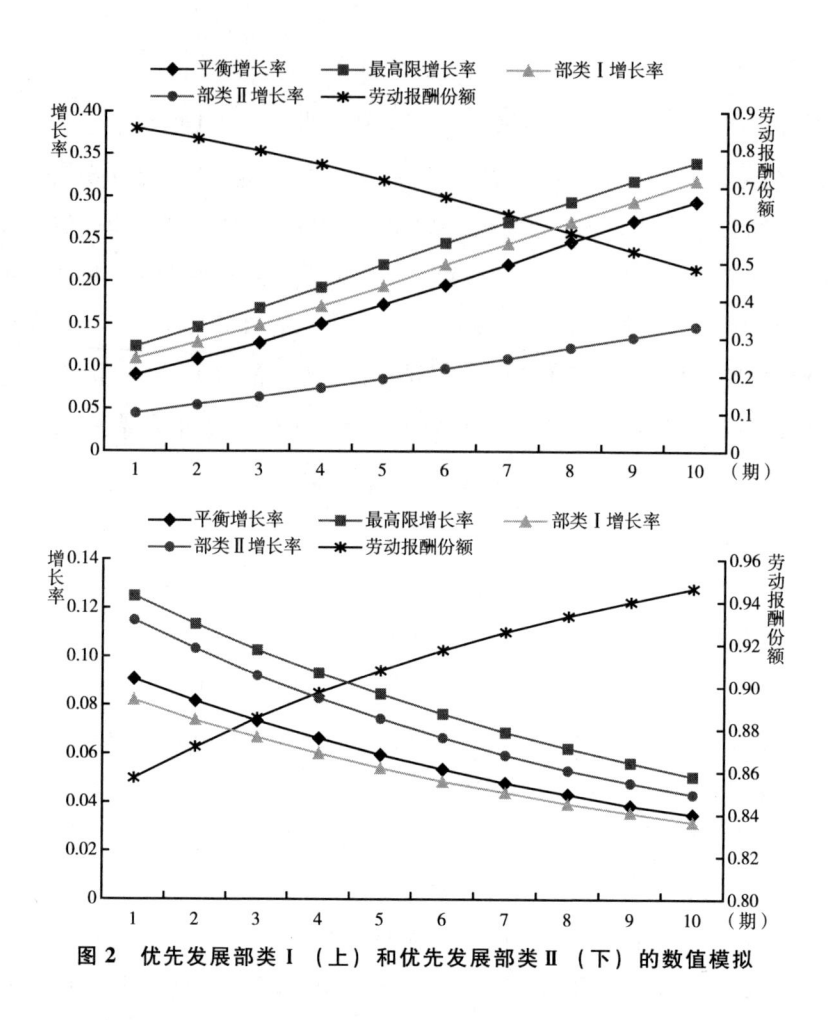

图 2 优先发展部类Ⅰ（上）和优先发展部类Ⅱ（下）的数值模拟

以上分析揭示出几点启示。第一，国家的剩余动员能力对工业化至关重要。没有这种能力，中国必然陷入一种低收入陷阱之中。在金融体系不发达的情况下，对剩余的动员必然需要国家的作用。这种动员剩余的能力必然要求国家成为重要的剩余占有者，因此国有企业的存在在很大程度上体现了动员剩余的要求。第二，国家对分配的影响能力对实行不平衡发展战略也很重要。如果国家对分配没有影响，那么重工业增长目标就只能去适应分配，不平衡增长也就无法实行。产业结构和分配结构是相互联系的；国家不能只调整产业结构而不调整分配结构，也不能只调整分配结构而不调整产业结构。第三，以军事支出为代表的国家支出的减少（即降低 $s_1$）可以在不改变部类 Ⅱ 增长率和劳动报酬份额的情况下提高部类 Ⅰ 的增长率。第四，如果部类 Ⅱ 企业存在出口市场，出口需求扩大的效果等同于 $s_2$ 上升或 $s_w$ 下降，这会降低满足均衡条件的劳动报酬份额。第五，国家实行价格剪刀差（即提高 $p$）可以在保持劳动报酬份额不变的情况下提高部类 Ⅰ 增速，但这会导致部类Ⅱ增速下降。

### （四）不平衡增长的周期性

不平衡增长状态是无法维持的。这是因为国家既追求经济发展目标，也追求人民生活水平的提高。后一目标要求劳动报酬份额应保持在一个合理范围内。经济发展的最终目标是提高人民生活水平，但不平衡增长导致产业结构变化，进而要求劳动报酬份额下降。不平衡增长提高了部类 Ⅰ 占经济的比重，而为了实现部类 Ⅰ 的供求平衡，必然要相应增加对产品 1 的需求；而在净产值中，对产品 1 的需求即投资，在工人储蓄率不变的情况下，投资与工资总额是此消彼长的关系，投资的增加必然导致劳动报酬份额的下降。投资占净产值的比重增加又会导致产出以更高速度增长。当经济优先发展部类 Ⅱ 时，劳动报酬份额就会不断上升，产出增速就会越来越低。

不平衡发展会通过产业结构的变化导致劳动报酬份额下降；不仅如此，积累会带来劳动生产率的提高，且部类 Ⅰ 的劳动生产率增速很可能快于部类 Ⅱ，这会进一步导致劳动报酬份额下降。因此，国家出于追求人民生活水平提高的目的，会随着劳动报酬份额的下降而调整部类 Ⅰ 的增速目标，逐渐从优先发展部类 Ⅰ 过渡到优先发展部类 Ⅱ。我们假设国家有一个可以接受的劳动报酬份额底线 $w^*$。这一底线可被视为历史形成的结果，它是模型的一个外生变量。[①] 国家根据现实中的劳动报酬份

---

① 我们可以从国家使用资本性收入实行再分配的能力角度对这一底线的存在进行解释。假定国家可以通过资本性收入的再分配提高人民生活水平，但国家的这一能力是有限的。如果劳动报酬份额低于上述底线，即使国家能够实行一定程度的再分配，人民生活水平的提高也不可避免落后于经济增长。此时，国家只能调整增长战略。

额与该底线之间的差距对部类Ⅰ的增速目标进行调整。对于任意一个变量 $Z$，我们用 $\dot{Z}$ 表示 $\dfrac{\mathrm{d}Z}{\mathrm{d}t}$，即变量 $Z$ 随时间的变化；用 $\hat{Z}$ 表示 $\dfrac{\dot{Z}}{Z}$，即变量 $Z$ 随时间 $t$ 变化的变化率。我们把部类Ⅰ增速目标的调整规则表示为：

$$\dot{\bar{g}_1} = -\mu_0 + \mu_1(w - w^*) \tag{16}$$

在上式中，$\dot{\bar{g}_1}$ 表示部类Ⅰ增速目标随时间的变化，$\mu_0$ 和 $\mu_1$ 都是正的参数。这一规则的含义是：如果劳动报酬份额高于劳动报酬份额底线但已接近该底线时（即 $w^* < w < w^* + \dfrac{\mu_0}{\mu_1}$），那么国家就会下调部类Ⅰ的增速目标（即 $\dot{\bar{g}_1} < 0$）；反之，如果劳动报酬份额显著高于劳动报酬份额底线（即 $w > w^* + \dfrac{\mu_0}{\mu_1}$），那么国家就会上调部类Ⅰ的增速目标；劳动报酬份额恰好等于底线的情况是国家调整部类Ⅰ增速目标的临界值。根据式（14）和式（15），$g_2$ 和 $w$ 可分别表示为关于 $\bar{g}_1$ 和 $x$ 的函数。我们分别用 $\varphi$ 和 $v$ 表示这两个函数。同时，根据 $x$ 的定义，$x$ 的增长率等于 $\bar{g}_1$ 和 $g_2$ 之差。因此：

$$\dot{\bar{g}_1} = -\mu_0 + \mu_1[v(\bar{g}_1, x) - w^*] \tag{17}$$

$$\dot{x} = \bar{g}_1 - g_2 = \bar{g}_1 - \varphi(\bar{g}_1, x) \tag{18}$$

以上两式构成了一个动态系统。在一个以 $\bar{g}_1$ 为横轴，以 $x$ 为纵轴的坐标系中，该系统的均衡点表示为 $(\bar{g}_1^0, x^0)$。该均衡点满足以下条件：

$$v(\bar{g}_1^0, x^0) = \dfrac{\mu_0}{\mu_1} + w^* \tag{19}$$

$$\varphi(\bar{g}_1^0, x^0) = \bar{g}_1^0 \tag{20}$$

式（19）说明均衡点中的劳动报酬份额是一个略高于 $w^*$ 的常数。令 $f(\bar{g}_1, x) = \dot{\bar{g}}_1$，$h(\bar{g}_1, x) = \dot{x}$。经过线性化后，该动态系统的雅可比矩阵表示为：

$$\mathbf{J} = \begin{pmatrix} f_{\bar{g}_1}(\bar{g}_1^0, x^0) & f_x(\bar{g}_1^0, x^0) \\ h_{\bar{g}_1}(\bar{g}_1^0, x^0) & h_x(\bar{g}_1^0, x^0) \end{pmatrix}$$

可以判断，矩阵的迹 tr（**J**）<0，矩阵的行列式 det（**J**）>0，因此均衡点具有渐进稳定性。图 3 给出了动态系统的相图，说明在 $\bar{g}_1$-$x$ 坐标系中应存在逆时针运动的轨线。如果模型参数进一步满足 tr（**J**）$^2$<4det（**J**）这一条件，那么均衡点为焦点。此时，在 $\bar{g}_1$-$x$ 坐标系中，任何偏离均衡点的起点都会以逆时针方向螺旋式运动并逐渐趋向于均衡点。因此，下文将展示状态变量在 $\bar{g}_1$-$x$ 坐标系内的运动轨迹，该轨迹将在经验上判断模型是否满足 tr（**J**）$^2$<4det（**J**）这一条件。此外，我们还通过参数赋值模拟的方法证明，在正常情况下，该条件成立。①

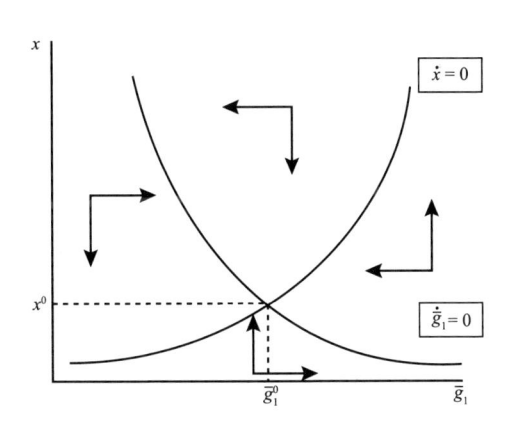

**图 3　动态系统的相图**

---

① 有关渐进稳定性和运动轨迹的判定涉及参数的取值，这里限于篇幅，没有列示。我们将相关讨论放在《数学附录》中，对此感兴趣的读者可访问《世界经济》网站（www.jweonline.cn）2021 年第 6 期在线期刊中本文的补充材料。后文类似情况简称"见网站"。

需要说明的是：在许多情况下，经济周期模型对应的是极限情况，但我们在 Barbosa-Filho 和 Taylor（2006）、Stockhammer 和 Michell（2017）的研究中发现，他们将上述螺旋式运动过程也称为"周期"。因此，本文使用了周期的提法，以反映产业结构和分配结构上升与下降交替变动的历史现象。按照模型预测，我们在现实中应该观察到两种并行的运动。一种是经济从偏离均衡点按逆时针方向旋转并趋向于均衡点，另一种是均衡点随着参数的变化而发生位移。由于两种运动同时发生，实际观察到的很可能是在经济尚未达到均衡点之前，均衡点就已经移向了新的位置。

之前我们已经说明，本文把不平衡增长周期视为一种中期波动，进而假设 $g_2$ 和 $w$ 能自动满足均衡条件，但是并未讨论是什么机制使它们分别达到均衡点。分析 $g_2$ 和 $w$ 达到均衡点的机制需要把视角从中期波动转向短期波动。我们可以设想一种存在于短期波动中的调整机制。在短期中，$g_2$ 和 $w$ 的大小取决于特定的机制，比如在市场经济中 $g_2$ 取决于部类 II 企业的赢利预期，$w$ 则受制于劳动力市场的供求情况。因此，短期中它们很可能偏离中期均衡点。假设国家知道 $g_2$ 和 $w$ 在中期波动中的均衡点，并且通过宏观调控对 $g_2$ 和 $w$ 进行调整，使它们逐渐趋向于中期均衡点。一种可能的调整机制是 $\dot{g}_2 = \lambda [\varphi(\bar{g}_1, x) - g_2]$ 和 $\dot{w} = \gamma [v(\bar{g}_1, x) - w]$，其中 $\lambda$ 和 $\gamma$ 为正的参数。这两个方程与式（17）以及式（18）构成了存在于短期波动中的四维动态系统。我们对这一系统均衡点的稳定性分析说明，在参数满足一定条件的情况下，均衡点仍然是渐进稳定的。

即使在市场经济中，国家仍然有能力通过宏观调控对 $g_2$ 和 $w$ 进行调整。在市场经济条件下，部类 II 企业以非公有制企业为主，但国家在融资、土地等方面制约着部类 II 企业的增速。国家仍然有效掌控规模最大的国有企业，这些国有企业集中在关系国计民生的重要行业，国家通过这些国有企业也能够间接影响部类 II 增速。在分配方面，国家可以通过制定最低工资和工资指导价等政策手段影响企业工资水平。就业优先政策和乡村振兴战略都可以降低劳动者失业成本，间接提高劳动者的市场谈判力。虽然市场经济条件下国家对 $g_2$ 和 $w$ 的调整不可能一蹴而就，但仍然存在有效的调整机制。

## 四 不平衡增长周期性的经验检验

本节研究的总体思路是考察部类增速、产业结构和分配结构三者之间是否具有上一节模型所预测的相互作用。为了实现这一目的，本文采用了 Sims（1980）提出的结构向量自回归（structural vector autoregressive，SVAR）方法。该方法将相关变量纳入一个线性系统，同时考察不同经济变量之间的联动关系，适合我们的经验分析思路。我们纳入的经济变量有三个：一是部类Ⅰ（总产值）增速 $g_1$，它是国家宏观调控的主要目标之一，体现了国家发展经济的动机；二是部类Ⅰ与部类Ⅱ的总产值之比 $x$，反映了产业结构；三是两部类劳动报酬份额 $w$，反映了经济总体的分配结构。需要说明的是，在此不考虑部类Ⅱ增速 $g_2$，这是因为产业结构本来就是两部类以不同速度增长的结果，$x$ 的变化已经包含 $g_2$ 的信息。

### （一）变量衡量方法和数据来源

"部类"原本是马克思在《资本论》第二卷为了理论分析提出的概念，与现实统计中的行业划分有很大不同。使用现实统计数据进行部类划分固然可行（李帮喜等，2019），但不得不对数据进行加工，有可能出现不同研究者采用差别很大的加工方法的问题。本文自模型部分起就采用了另一种思路，即通过扩展马克思的两部类模型，使模型更贴近现实统计中的行业划分。所以在模型中，即使一个行业既生产生产资料，也生产消费资料（比如农业），我们也仍然将该行业归为部类Ⅱ的一部分。

在经验研究中，我们采取两种方法定义部类Ⅰ和部类Ⅱ。第一种方法将部类Ⅰ定义为统计中的重工业，而将部类Ⅱ定义为轻工业和农业之和。[①] 根据统计定义，重工业就是以生产资料为产品的工业部门，而轻工业主要生产消费资料，但其产品也可用作原材料等生产资料。农产品是劳动力再生产的基础，也是计划经济时期经济剩余的重要来源，因此我们将农业也归入部类Ⅱ。需要说明的是，由于农业只有劳动报酬概念而没有工资概念，纳入农业后，两部类劳动报酬既包含工资，也包含务农收入。第二种方法与第一种的不同之处仅仅在于部类Ⅰ增加了建筑业。重工业投资必然伴随着基础设施建设，后者是部类Ⅰ扩张不可或缺的部分。当然，建筑业也与住房建设相关，而住房属于消费资料。考虑到建筑业的这一特殊性，我们仅把第二种方法用于对第一种方法结果稳健性的检验。

在数据方面，《新中国五十年统计资料汇编》提供了1949~1998年重工业、轻工业和农业的总产值。《中国统计年鉴》提供了1999~2017年的农业总产值。但是1998年之后，统计数据只提供规模以上工业企业轻重工业的总产值。因此，我们对1998年之后的轻重工业总产值进行了估算。估算方法是假设轻重工业总产值增速与规模以上工业企业轻重工业总产值增速分别相等，根据1998年轻重工业总产值推算之后年份的轻重工业总产值。在缺失总产值的年份，我们以主营业务收入增速作为推算参数。在缺失轻重工业划分数据的年份，我们把细分行业进行归类，以此估算轻重工业的数据。由此我们得到1949~2017年重工业、轻工业和农业总产值的年度数据，从而得到部类Ⅰ与部类Ⅱ的总产值之比 $x$ 的年度数据。

为了计算部类Ⅰ的增速，我们对重工业总产值进行了价格调整。由

---

[①] 这一对应方法可以得到数据佐证。我们利用2000年和2017年投入产出表数据，计算了重工业行业和轻工业行业的产品各自用作生产资料和消费资料的比例。结果说明，从行业层面来看，重工业行业的产品绝大多数用作生产资料，轻工业行业的产品既用作消费资料，也用作生产资料。

于统计数据缺乏从 1949 年至今的重工业价格指标，我们用工业相关价格指标代替。1951~1977 年、1978~1988 年和 1989~2017 年分别使用农村工业品零售价格指数、工业生产者出厂价格指数和工业生产者购进价格指数。这些价格指数越到后期越能反映实际情况。由于计划经济时期价格变动较少，使用以上替代性的价格指数在早期不会带来较大影响。经过价格调整，我们计算得到 1952~2017 年部类 I （总产值）增速 $g_1$ 的年度数据。

中国统计数据没有提供 1949~1977 年整个经济或分行业的劳动报酬份额数据，也没有提供 2005~2017 年分行业的劳动报酬份额数据。[①] 我们使用的分行业劳动报酬份额数据来自 Qi（2017）的估算结果，并依照该研究的方法补齐了最新数据。该研究估算方法的整体思路是：对 1978 年之前的时期，利用行业工资总额、劳保福利费和农村居民消费估算行业劳动报酬，利用净产值估算行业净增加值；对 2004 年之后的时期，利用行业就业总量、平均工资、农业净增加值和农业税估算行业劳动报酬，并用长期平均固定资产折旧比重和行业增加值估算行业净增加值。两部类劳动报酬份额是两部类劳动报酬之和与净增加值之和的比例。按照这一方法，我们得到 1952~2017 年两部类劳动报酬份额 $w$ 的年度数据。

### （二）描述性统计和数据处理

我们以两种方法展示数据的基本特征。首先，图 4 给出了三个变量在 1952~2017 年的变动趋势。从图 4 可以看出，部类 I 增速较为平稳，而产业结构和劳动报酬份额可能呈现时间趋势。用产业结构和劳动报酬份额分别对时间回归得到的系数估计值具有统计上的显著性，而用部类 I 增速对时间回归得到的系数估计值统计上不显著。[②] 从理论模型来

---

[①] 个别年份投入产出表提供了分配数据，但没有连续的年度数据。
[②] 需要说明的是，直接观察劳动报酬份额可能看不出时间趋势；对此，我们根据回归结果判断它存在时间趋势。

说，产业结构和劳动报酬份额的长期趋势在很大程度上是参数变化和均衡点位移导致的结果。本文最终关注的是这些变量的波动及其周期性，

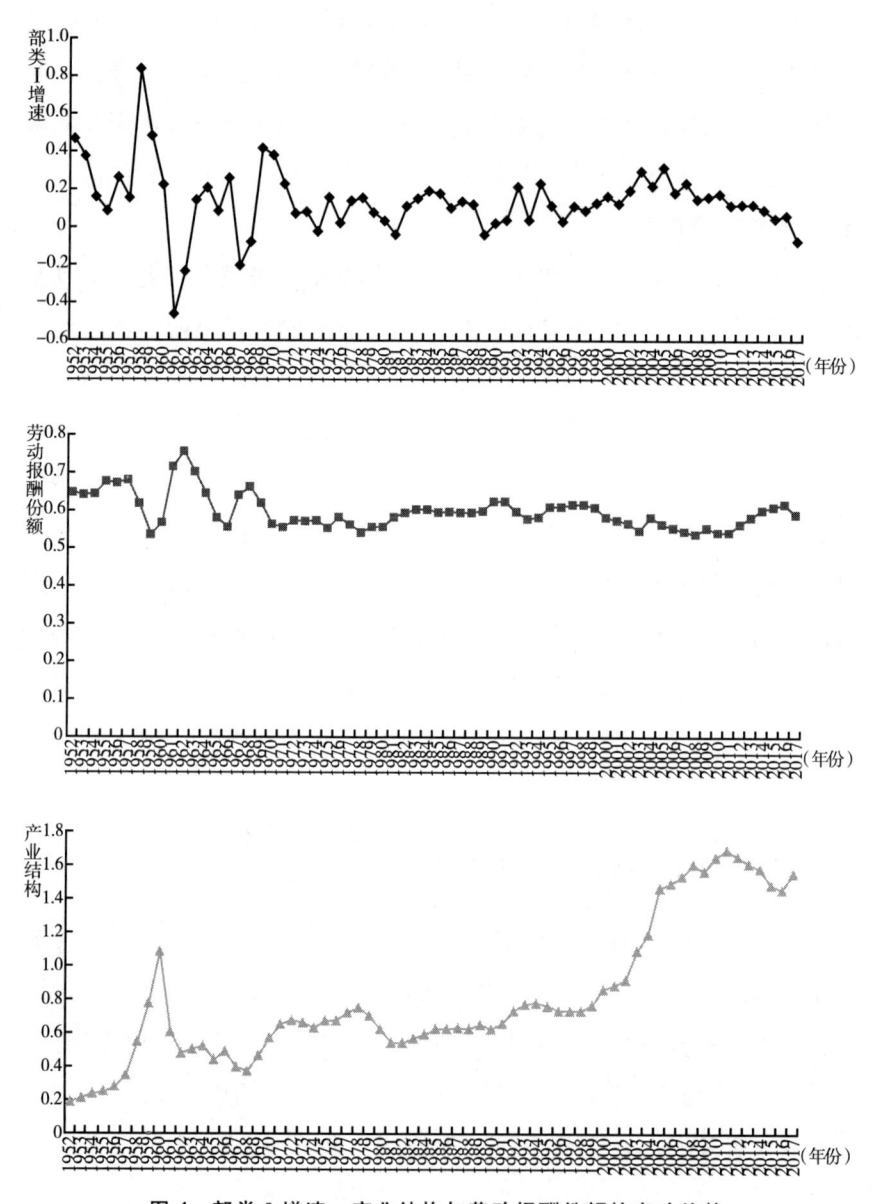

图4 部类I增速、产业结构与劳动报酬份额的变动趋势

而不是它们的长期趋势。所以，我们对产业结构和劳动报酬份额进行去趋势处理，用它们分别对时间回归并取残差。残差项包含我们所关注的有关波动的信息。以下我们用 $\tilde{x}$ 和 $\tilde{w}$ 分别代表经过去趋势处理的产业结构和劳动报酬份额，它们与 $g_1$ 共同构成向量自回归分析的对象。对三个变量进行单位根检验，结果显示：在5%的统计显著性水平下，拒绝存在单位根的原假设。因此，三个变量是平稳变量，满足向量自回归分析的前提。

其次，我们在图5中的 $g_1$-$x$ 象限中绘出二者的动态轨迹，并分四个时期进行展示。根据上一节分析，如果模型参数满足 tr$(\mathbf{J})^2<4\det(\mathbf{J})$ 这一条件，二者应在 $g_1$-$x$ 象限中呈现逆时针旋转的动态轨迹。这一轨迹一方面应在逆时针旋转的过程中趋近于均衡点，而另一方面又会随着均衡点本身的位移而发生变化。均衡点本身的位移是模型参数变化的结果。现实中，投入系数、劳动生产率、部类间的贸易条件、储蓄率、国家税率等发生变化都会导致均衡点的位移。为了让动态轨迹更清晰，我们借鉴 Barbosa-Filho（2016）的方法，使用 HP 滤波对 $g_1$ 和 $x$ 变量进行过滤，并使用过滤后的趋势值展示动态轨迹。

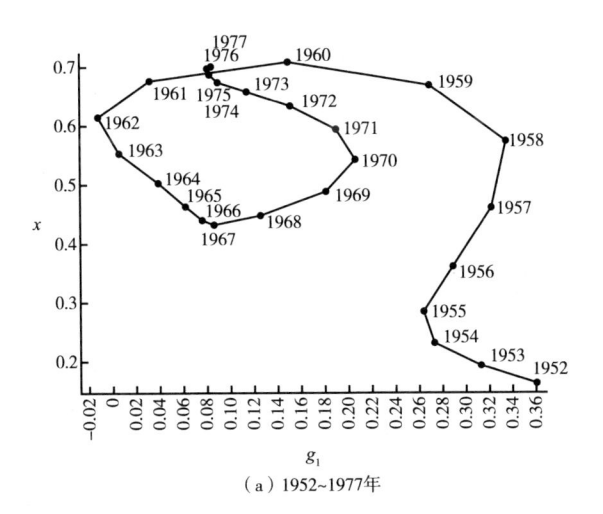

(a) 1952~1977年

(b) 1978~1991年

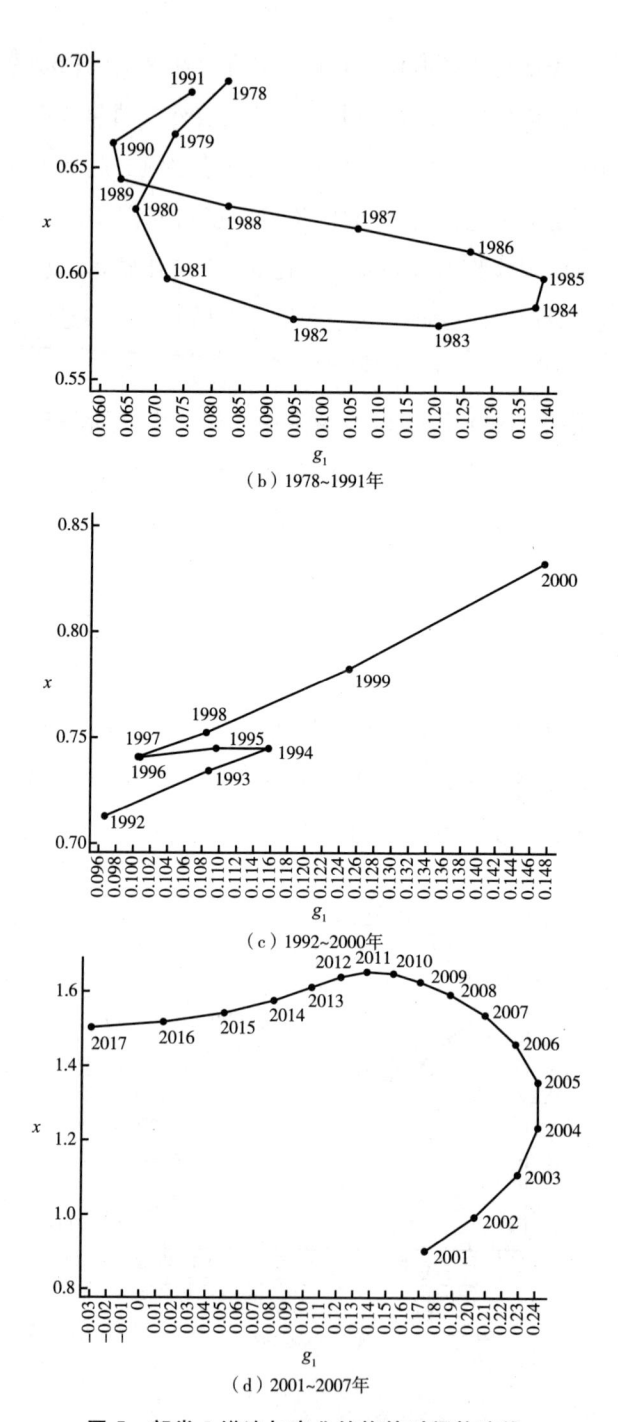

(c) 1992~2000年

(d) 2001~2007年

**图 5　部类 I 增速与产业结构的时间轨迹线**

从图 5 可以看出，在大多数年份，动态轨迹呈现逆时针旋转的形状，支持了我们的理论预测，即模型存在螺旋式收敛过程。50 年代初和 90 年代并未呈现逆时针旋转，但这两个时期都是经济体制发生重大变化的时期。50 年代初是社会主义改造时期，而 90 年代是社会主义市场经济正式建立的时期。当体制发生重大变化时，价格、财税等机制都会发生变化，理应出现参数变化以及均衡点的变化。

值得关注的是，中国在建立社会主义市场经济之后，特别是进入 21 世纪以后，随着非公有制经济和多种分配方式的发展，国家对分配结构的调整能力已不如计划经济时期；并且，国家对产业结构的调整能力相对来说强于对分配结构的调整能力。这使不平衡增长周期相对延长（如图 5 所示），另外，由于产业结构必须与分配结构相匹配，国家两种能力的"失调"会引发价值实现问题，反映为产能过剩等现实问题。但需要说明的是，国家分配结构调整能力的下降是相对于计划经济时期而言的；国家在初次分配中仍然具备较为强大的分配结构调整能力。例如，根据国际劳工组织的数据，中国在 2008~2017 年是全球工资增长最快的国家；其背后的重要原因在于中国自 2005 年以来持续提高最低工资，各地最低工资增长与经济增长保持同步（Qi and Pringle, 2019）。

### （三）脉冲响应方程及相关检验

向量自回归（vector autoregressive, VAR）结果通常以脉冲响应方程、格兰杰因果检验和方差分解三种方式呈现。本文限于篇幅主要报告脉冲响应方程的结果。[①] 根据之前的理论模型，我们对还原形式 VAR 施加因果链 $g_1 \to \tilde{x} \to \tilde{w}$，进而得到结构形式的 VAR。该因果关系意味着 $\tilde{w}$ 对 $g_1$ 与 $\tilde{x}$ 都没有当期影响，而 $\tilde{x}$ 对 $g_1$ 没有当期影响[②]；$\tilde{x}$ 只可能对 $\tilde{w}$

---

[①] 我们将有关格兰杰因果检验和稳健性检验的结果放入《数学附录》，见网站。
[②] 在理论模型中，式（14）说明部类Ⅱ增速是产业结构和部类Ⅰ增速的函数，式（15）说明劳动报酬份额也是产业结构和部类Ⅰ增速的函数。利用式（14），给定上一期的产业结构，当期的产业结构就可以表示为关于部类Ⅰ增速的函数。

有当期影响，而 $g_1$ 对 $\tilde{x}$ 和 $\tilde{w}$ 都可能有当期影响。

之前的理论模型预测，当劳动报酬份额上升时，国家实施不平衡增长战略有了更大的空间，因此会提高部类 I 增速目标。由于国家对部类 I 有较强的控制力，增速目标的提高会反映为现实中增速的提高。模型还预测，部类 I 增速提高必然会导致产业结构趋向重工业化，这必然要求劳动报酬份额下降。由于国家有能力对分配结构进行调整，当部类 I 增速提高时，我们理应观察到现实中劳动报酬份额的下降。所以，在脉冲响应方程中，我们重点关注 $\tilde{w}$ 的上升冲击对 $g_1$ 产生的影响和 $g_1$ 的上升冲击对 $\tilde{w}$ 产生的影响。图 6 是脉冲响应方程的结果。可以看出，$\tilde{w}$ 的上升会导致 $g_1$ 在第 2 期和第 3 期出现明显上升（第 1 行第 2 个子图）；反过来，$g_1$ 的上升导致 $\tilde{w}$ 在当期有明显下降（第 2 行第 1 个子图）。因此，模型的预测得到了支持。

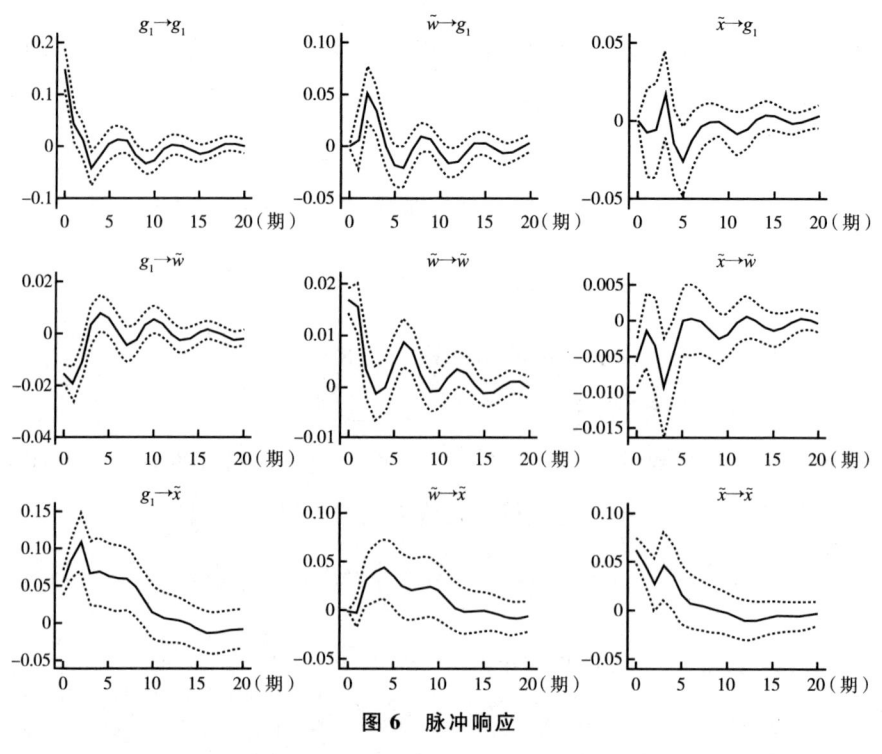

图 6 脉冲响应

注：虚线显示了 90% 的置信区间。

另外，我们对 SVAR 结果进行了相关检验。首先，格兰杰因果检验显示：在 10% 的统计显著性水平上，$g_1$ 是 $\tilde{x}$ 的格兰杰原因，也是 $\tilde{w}$ 的格兰杰原因；$\tilde{x}$ 是 $\tilde{w}$ 的格兰杰原因，但不是 $g_1$ 的格兰杰原因；$\tilde{w}$ 是 $g_1$ 的格兰杰原因，但不是 $\tilde{x}$ 的格兰杰原因。这些结果与我们的理论相一致。其次，我们对 SVAR 结果进行诊断，说明模型满足稳定性条件，且残差不存在自相关性。最后，我们用前文提到的第二种衡量部类的方法得到的另一组数据重复了以上经验研究，结果证明以上结果具有稳健性。

## 五 结论与讨论

本文从长期历史视角考察中国经济的发展经验，关注产业结构和分配结构的相互影响及其周期性，并基于马克思社会总资本再生产理论进行了分析。我们认为，不平衡增长有利于中国摆脱低水平收入陷阱，能提高未来的平衡增长率，也能满足国家稳增长的宏观目标。不平衡增长具有周期性，这主要是因为国家具有促进经济发展和提高人民生活水平的双重目标，而优先发展重工业不可避免导致人民生活水平的提高落后于经济发展，表现为劳动报酬份额下降，于是国家必须对发展方式进行调整，促进劳动报酬份额的回升。因此，重工业增长率、轻工业增长率、产业结构以及劳动报酬份额这四个变量都呈现周期性波动；并且，劳动报酬份额的上升对重工业增速上升具有促进作用，而重工业增速上升对劳动报酬份额具有抑制作用。从这一视角来看，当前中国经济正处于一个不平衡增长周期的后半期，其特点是重工业增速放缓和劳动报酬份额上升。因此，我们现在所面临的经济增长放缓和分配结构有利于劳动要素的变动是中国长期经济发展模式的正常结果，值得我们以积极的态度去面对。

本文构建的两部类再生产模型还可以从多个方面扩展，我们将这些扩展留给将来的研究。这些有待扩展的领域也说明了政治经济学基础理论强大的生命力和重大的现实意义。其一，模型可以引入 Kaldor-Verdoorn 内生技术进步，把劳动生产率增速刻画为部类增速的函数，用来考察技术进步对不平衡增长周期的影响。[①] 其二，在中国经济参与全球化的背景下，中国企业的国际竞争力受到本国劳动生产率及劳动报酬份额的影响，因此出口需求可以内生化。其三，模型可以进一步设定成本加成价格机制，使部类间贸易条件内生化，以此分析垄断和通胀问题。

**参考文献**

陈璋，黄彪．2013．"引进式技术进步方式"下的中国经济增长与不平衡结构特征［J］．经济理论与经济管理，(3)．

崔晓露．2013．两部门扩大再生产模型探讨——基于马克思社会再生产理论［J］．经济问题，(5)．

邓宏图，徐宝亮，邹洋．2018．中国工业化的经济逻辑：从重工业优先到比较优势战略［J］．经济研究，(11)．

多马．1983．经济增长理论［M］．郭家麟，译．北京：商务印书馆．

冯金华，孟捷．2019．投资品部类的自主积累和增长在何种条件下是可能的——基于马克思再生产图式的考察［J］．中国经济问题，(4)．

干春晖，郑若谷，余典范．2011．中国产业结构变迁对经济增长和波动的影响［J］．经济研究，(5)．

龚刚，高阳．2013．理解商业周期：基于稳定和非稳定机制的视角［J］．经济研究，(11)．

龚刚，林毅夫．2007．过度反应：中国经济"缩长"之解释［J］．经济研究，(4)．

赫希曼．1991．经济发展战略［M］．曹征海，潘照东，译．北京：经济科学出版社．

简新华．2005．论中国的重新重工业化［J］．中国经济问题，(5)．

---

① 本文没有直接考虑技术进步，但这不会影响论文的主要结论。在其他条件不变的情况下，劳动生产率的提高会加剧劳动报酬份额的下降；不同部类劳动生产率提高速度的不同会加剧产业结构的改变。技术进步为分配结构和产业结构的变化增加了新的变数，但并未在本质上改变分配结构和产业结构之间的关系。

李帮喜，赵奕菡，冯志轩.2019.新中国70年的经济增长：趋势、周期及结构性特征［J］.管理世界，（9）.

李海明，祝志勇.2012.扩大再生产的动态最优模型——马克思经济增长理论的一个解说［J］.经济科学，（6）.

林晨，陈斌开.2018.重工业优先发展战略对经济发展的长期影响——基于历史投入产出表的理论和实证研究［J］.经济学（季刊），（2）.

马建堂.1990.周期波动与结构变动［M］.长沙：湖南教育出版社.

孙广生.2006.经济波动与产业波动（1986~2003）——相关性、特征及推动因素的初步研究［J］.中国社会科学，（3）.

武力，温锐.2006.1949年以来中国工业化的"轻、重"之辨［J］.经济研究，（9）.

杨坚白.1961.试论农业、轻工业、重工业比例和消费、积累比例之间的内在联系（上）［J］.经济研究，（12）.

杨坚白.1962.试论农业、轻工业、重工业比例和消费、积累比例之间的内在联系（下）［J］.经济研究，（1）.

姚洋，郑东雅.2008.重工业与经济发展：计划经济时代再考察［J］.经济研究，（4）.

余永定.1982.从FMD模型到社会主义经济增长模型［J］.世界经济，（12）.

袁江，张成思.2009.强制性技术变迁、不平衡增长与中国经济周期模型［J］.经济研究，（12）.

张新华.1988.经济波动中的产业结构变化［J］.管理世界，（2）.

赵旭杰，郭庆旺.2018.产业结构变动与经济周期波动——基于劳动力市场视角的分析与检验［J］.管理世界，（3）.

朱殊洋.2008.两大部类最优均衡积累率的确定——基于马克思双线性模型的考察［J］.探求，（5）.

Barbosa-Filho N H, Taylor L. 2006. Distributive and demand cycles in the U.S. economy: A structuralist Goodwin model [J]. *Metroeconomica*, 57 (3).

Barbosa-Filho N H. 2016. Elasticity of substitution and social conflict: A structuralist note on Piketty's *Capital in the Twenty-first Century* [J]. *Cambridge Journal of Economics*, 40 (4).

Foley D K, Michl T R, Tavani D. 2018. *Growth and Distribution* [M]. Cambridge: Harvard University Press.

Fujita S. 2019. Mark-up pricing, sectoral dynamics, and the traverse process in a two-sector Kaleckian economy [J]. *Cambridge Journal of Economics*, 43 (3).

Goodwin R M. 1967. A growth cycle [M] // Feinstein C H, ed. *Socialism, Capitalism and Economic Growth*. Cambridge: Cambridge University Press.

Lavoie M. 2014. *Post-Keynesian Economics: New Foundations* [M]. Cheltenham: Edward Elgar.

Qi H. 2017. Dynamics of the rate of surplus value and the "new normal" of the Chinese economy [J]. *Research in Political Economy*, 32 (1).

Qi H, Pringle T. 2019. A review of labour practices in China with a focus on construction and garment industries in the context of China's "going out" policy [R]. SOAS IDCEA Working Paper No. 6.

Rosenstein-Rodan P N. 1943. Problems of industrialisation of eastern and south-eastern Europe [J]. *The Economic Journal*, 53.

Sims C A. 1980. Macroeconomics and reality [J]. *Econometrica*, 48 (1).

Skott P. 1989. *Conflict and Effective Demand in Economic Growth* [M]. Cambridge: Cambridge University Press.

Stockhammer E, Michell J. 2017. Pseudo-Goodwin cycles in a Minsky model [J]. *Cambridge Journal of Economics*, 41 (1).

# 区际贸易、价值转移与区域平衡发展[*]
## ——一个政治经济学的视角

乔晓楠 李欣 郝嘉鹏[**]

**摘 要**：本文提出"区域价值创造—区域价值交换—区域价值转移—区域价值分配—区域发展平衡性"的政治经济学分析框架，通过分别研究生产部门和非生产部门区际贸易的价值转移机制，运用基于投入产出数据测算区际贸易价值转移的方法，对2012年、2015年、2017年的区域价值转移情况进行计算。研究发现，生产部门与非生产部门区际贸易所导致的价值转移量占全国价值创造总量的比重为1.7%~2.1%。其中，东部区域多实现价值净转入，而中西部和东北区域价值则多被净转出，因此东部区域价值分配占比高于价值创造占比，而中西部和东北区域价值分配占比低于价值创造占比。进一步，结合区域人均GDP人口加权变异系数与基尼系数的计算发现，党的十八大以来中国区域经济发展不平衡程度显著下降。并且，利用面板数据模型可以验证区域分配价值对区域GDP存在显著的正向影响，进而为认识区域平衡发展提供一个政治经济学的新视角。

---

[*] 原文发表于《数量经济技术经济研究》2022年第11期。
[**] 乔晓楠，南开大学经济学院、中国特色社会主义经济建设协同创新中心教授；李欣，南开大学经济学院博士研究生；郝嘉鹏，中国信达资产管理股份有限公司陕西省分公司业务副经理。

**关键词：** 区际贸易　区域价值转移　区域平衡发展

# 一　引言

进入新发展阶段，人民日益增长的美好生活需要与不平衡不充分发展之间的矛盾成为中国社会的主要矛盾，而区域不平衡发展就是主要矛盾的具体体现之一。向第二个百年奋斗目标迈进，需要在实现高质量发展的同时扎实推进共同富裕，不断增强区域发展的平衡性。党的二十大报告强调，健全基本公共服务体系，提高公共服务水平，增强公共服务的均衡性和可及性，扎实推进共同富裕。若要拿出有效促进区域平衡发展的思路与对策，首先需要在正确判断区域发展差距现状的基础上，找到影响区域平衡发展的关键因素及其作用机制。

对此，已有研究多基于西方经济学的分析框架展开讨论，其核心逻辑主要包括区域经济增长与区域资源配置两个方面。前者基于宏观经济学中的经济增长理论，强调区域间技术与要素差异所导致的增长绩效与产业结构差异，而后者则基于微观经济学中的一般均衡理论，讨论包括资本流动、劳动力流动、土地供应、优惠政策、区域发展战略等制度与政策层面的因素对资源错配以及空间均衡的影响。

与西方经济学的研究不同，本文尝试基于马克思主义政治经济学进行分析。政治经济学主张以社会再生产的思维审视经济发展，其过程体现为包括生产、分配、交换、消费等环节的经济循环，并且伴随着积累所推动的扩大再生产，经济结构也将持续调整。因此，对区域发展平衡性的研究也需要从国内整体扩大再生产和经济循环的角度去考察，避免将每个区域视为一个相对孤立的个体去考虑其发展差异。因此，本文的核心逻辑为：区域之间存在广泛的经济联系，这使得各区域在一定时期内所创造的部分价值通过区际贸易发生价值转移，从而使得价值在各个区域层面进行再分配。从微观层面来看，区域创造的价值未必等于该区域最终获得的价值；从宏观层面来看，区域间的价值转移直接影响各区域发展的平衡性。

进一步分析，政治经济学主张劳动价值论，从而形成对生产劳动与非生产劳动的划分，并延伸出生产部门与非生产部门的划分。由于生产部门贸易与非生产部门贸易转移价值的方式不同，部门结构差异直接影响区域价值转移的特征。当然，本文并不否认技术、资本、劳动力、土地、制度政策等因素的影响，但主张应将上述因素置于区域生产部门与非生产部门的积累及扩大再生产过程中进行考察，并分析它们对区域经济结构以及该区域在国内大循环中地位的影响，进而形成"区域价值创造—区域价值交换—区域价值转移—区域价值分配—区域发展平衡性"的研究逻辑链条。对应上述理论逻辑，本文还提出一套利用区域投入产出表开展经验研究的方法。

因此，本文的创新点体现为运用政治经济学的基本原理对社会再生产过程中价值层面的经济循环进行考察，不仅揭示出国内大循环中区际贸易导致价值转移的机制，而且进一步计算分析了区域价值转移的现状及其对区域平衡发展的影响。

## 二 文献评述

长期以来，区域发展不平衡问题被学界广泛关注。常用来测度区域发展不平衡的指标包括极差、标准差、变异系数、泰尔指数、基尼系数等（Parikh，1982；Dagum，1997；Fujita and Hu，2001；Rodriguez-Pose and Ezcurra，2010）。其中，极差、标准差、变异系数能够衡量区域经济发展水平的绝对差异与相对差异，而泰尔指数和基尼系数则可以进一步分解出组内差异和组间差异（宋德勇，1998；冯长春等，2015）。此外，伴随空间计量经济学的发展，空间马尔科夫链和探索性空间数据分析（exploratory spatial data analysis，ESDA）等方法也被引入区域发展不平衡的研究之中（Gallo and Ertur，2003；Yamamoto，2008；闫涛等，

2019；燕安，2020）。

众多学者对中国区域发展情况进行实证分析，并且存在一定的理论分歧。简而言之，对自改革开放之初至20世纪末的情况存在共识，认为中国区域发展不平衡的程度"先降后升"，而对进入21世纪之后的情况则存在不同的看法。

对于"先降后升"的阶段，学者们从不同层面进行分析。杨开忠（1994）基于人均国民收入变异系数展开计算，结果显示自改革开放至20世纪90年代初期不平衡程度有所下降，而此后至90年代末差距则显著扩大。李小建和乔家君（2001）基于中国县级GDP数据进行测度，发现1990~1999年沿海与内陆差距扩大。周玉翠等（2002）利用人均GDP标准差和标准差系数所进行的测度表明，1990~2000年省际差异扩大，沿海与内陆发展不平衡问题突出。针对省级数据，还有研究采用泰尔指数一阶分解的方法考察东中西三大区域的经济发展差距，也得出"先降后升"的类似结论（宋德勇，1998；蔡昉和都阳，2000；陈秀山和徐瑛，2004）。

对于2000年之后的阶段，部分学者认为中国区域经济发展差距进一步扩大。芦惠等（2013）基于地级市数据，利用基尼系数、泰尔指数一阶分解、极化指数进行计算，发现2000~2010年中国区域经济极化程度总体提高。关兴良等（2012）基于空间场能和ESDA方法的研究印证了上述观点。但是，与此相对，更多的学者则对2000年以来中国区域经济平衡发展持乐观态度。覃成林等（2011）使用人口加权变异系数分析2001~2009年中国区域经济发展不平衡的变化过程，发现该时期区域经济发展不平衡以2004年为拐点"先升后降"。冯长春等（2015）基于2000~2012年的人均GDP数据，采用泰尔指数二阶分解和ESDA方法进行分析，同样发现该时期区域经济发展差距以2004年为界开始持续缩小。孙久文和姚鹏（2014）的研究也支持上述观点，认为2004年以来，西部大开发、振兴东北老工业基地、中部崛起等战略的提出与实施缩小了区域发展差距。董雪兵和池若楠（2020）运用空间计量的方法亦证实中国区域经济自2004年以来有明显收敛的趋势。闫涛等（2019）基于人均GDP数据，采用变异系数、空间自相关模型与空间马尔科夫模型的分析表明，2001~2016年中国四大区域的城市经济发展差异逐渐缩小。因此，结合前一阶段的情况，大多数研究表明，中国区域经济发展不平衡问题自改革开放以来经历"缓解—加剧—趋于缓和"的动态演变过程。

已有文献对中国区域经济发展不平衡的原因也进行了深入探讨。陈惠雄（2004）认为产业技术进步将带动主导性资源更替并引起区域发展不平衡。陈飞翔等（2007）认为要素投入的锁定效应会导致区域发展不平衡，而改革开放则加剧了该效应。覃成林等（2011）从产业角度分析区域经济发展不平衡的原因，指出工业发展差距的影响最为重要。陈钊和陆铭（2002）则指出，人力资本差距是影响区域发展不平衡的重要因素。此外，市场分割、人口流动受限也将抑制区域经济在集聚中走向平衡（陆铭，2017）。部分学者进一步从多视角出发，对区域不平等问题展开分析。例如，王小鲁和樊纲（2004）从资本流动、外资优惠政策、人力资本、市场化程度等方面解释区域经济发展不平衡的成因。孙久文和石林（2018）则将区域经济发展不平衡的原因归结为城市极化效应、发展权利失衡以及要素禀赋不均。孙志燕和侯永志（2019）强调技术更新导致要素空间集聚规模扩大，先发优势转化为要素聚集能力，并结合地区竞争博弈分析区域经济发展不平衡的机制。董雪兵和池若楠（2020）认为，创新能力差距、人力资本流向和营商环境是加剧中国南北经济发展不平衡的主要因素。

目前，基于马克思主义政治经济学对中国区域经济发展不平衡的研究相对较少。冯志轩等（2020）利用劳动价值论和资本循环理论，将政治经济学不平衡发展理论的生产框架和交换框架统一，从价值生产、价值实现和资本积累三个过程及其互动角度出发，对中国区域发展不平衡问题进行说明。此外，很多研究从国际价值转移的维度探讨世界体系之中不同国家经济发展不平衡的问题，这也为研究中国区域经济发展不平衡提供了新思路。例如，Emmanuel（1972）就较早地关注到国际贸易将导致国际价值转移，进而使得各国新创造价值在国家层面进行再分配，并进一步提出不平等交换理论。乔晓楠等（2019）的研究显示，产业结构转型和贸易结构优化有助于缓解中国在国际贸易中价值转出的问题。并且，也有学者专门对非生产部门的价值转移问题开展研究，比如乔晓楠和李欣（2020）测度了中国非生产部门的价值分割，发现中国 2000~2014 年所创造的价值总量有 7%~10% 被本国非生产部门分割，而乔晓楠等（2021）对国际贸易进行的测算表明，世界每年创造的价值总量中，有 10% 左右通过非生产部门国际贸易方式在各国之间进行再分配。

综上所述，以政治经济学作为理论基础，从扩大再生产与经济循环的角度考察区域经济发展及其不平衡的研究还相对较少，特别是尚未有文献针对生产部门与非生产部门区际贸易所导致的价值转移对区域经济发展不平衡的影响展开分析，这也就为本文留下探索的空间。

## 三 理论分析

### （一）分析框架概述

政治经济学将经济发展视为一个社会再生产的过程。由于经济社会的运行与发展离不开物质生产，生产环节无疑在社会再生产与经济循环中居于重要位置，这也就决定了在考察区域平衡发展时，需要从生产环节出发，基于价值创造来分析区域之间的发展差异。虽然生产具有第一性，但不可否认的是，经济循环中的其他环节也同样会对区域发展产生重要的影响。例如，特定区域生产的物质产品未必全部用于本地的消费与积累，不同区域之间通常基于生产分工开展广泛的区际贸易。

劳动价值论认为商品的价值体现为无差别的人类劳动，商品交换的本质就是人类劳动的交换。因此，作为全国范围的跨区域商品交换，区际贸易的本质则是跨区域劳动交换。相应地，也应将区际贸易从货币计量还原为劳动时间计量。计量方式的转换有利于考察伴随着区际贸易所发生的区域价值转移。由于区域价值转移使某个区域在一定时期内创造的价值量可能与最终获得的价值量存在差异，即区际贸易所带来的价值转移导致全国范围内的价值再分配，进而使得区域价值转移成为影响区域平衡发展的重要因素。

基于以上逻辑，本文提出"区域价值创造—区域价值交换—区域价值转移—区域价值分配—区域平衡发展性"的分析框架，进而在强调区域价值创造的基础上，进一步将区际贸易的价值再分配效应纳入对区域平衡发展的考察之中。该分析框架立足于国内大循环，关注构建全国统一大市场条件下的区域平衡发展问题。因此，需要基于政治经济学的基本原理，讨论不同类型的区际贸易及其价值转移的机制与性质。

### （二）价值创造

生产是经济社会运行的基础，它不仅生产出使用价值，而且创造出价值。但是，并非所有的经济活动均创造价值，这一点体现出政治经济学与西方经济学的差异。现在应用的国民经济核算体系将所有产业部门均纳入 GDP 的统计之中，而从政治经济学的劳动价值论出发，以是否进行价值创造作为标准，可将产业部门区分为生产部门与非生产部门。其中，生产部门创造价值，非生产部门则不创造价值，而是分割由生产部门创造的价值。因此，需要将两者区别对待、分类研究。

生产部门和非生产部门的概念与生产劳动和非生产劳动相关。就生产劳动与非生产劳动的区分而言，Savran 和 Tonak（1999）从三个层次进行了细致说明。马克思指出，再生产过程本身就包含非生产职能，相应从业者的劳动不创造价值，属于生产过程中的非生产费用。综合马克思的相关表述与国民经济核算体系中的产业划分，农业、制造业、采掘业、建筑业以及运输业都属于生产部门。其中，运输业虽然服务于商品流通环节而非商品生产环节，但马克思指出，商品的运输业表现为生产过程在流通过程中的继续，且改变了商品的空间属性，因此也应当成为一个独立的生产部门，并形成生产资本的一个特殊的投资领域。此外，需要注意的是，教育与医疗也属于生产部门。一方面，教师和医生所提供的服务与专门化劳动能力或保持劳动能力相关，因此购买这些服务的费用也属于劳动能力的再生产费用；另一方面，教育与医疗使得劳动能力得以再生产，因此也参与了价值创造。与产业资本相对，马克思明确指出商业资本与金融资本所涉及的领域都属于非生产部门。此后，很多学者也都沿用了上述部门分类。例如，Wolff（1977）认为商品流通、金融、保险、房地产等产业都属于非生产部门，而建筑业属于生产部门，其性质与房地产不同。此外，一些社会服务、私人服务等行业也属于非生产部门。

综上所述，如果要比较不同区域的价值创造规模，就需要比较不同区域生产部门所创造的价值量。并且，由于生产部门与非生产部门在是否创造价值方面存在差异，因此生产部门贸易与非生产部门贸易及其价值转移机制也将有所不同，而这样的贸易分类方式明显区别于常规的货物贸易与服务贸易划分方式。

### （三）生产部门区际贸易及其价值转移机制

生产部门自身创造价值。当其产品销售与价值实现扩展到全国市场时，商品的价值标准将发生两个关键性的转化。第一个转化为由区域价值转化为全国价值，该转化主要由价值规律在全国市场上所发生的作用支配。在地区内部，商品的价值由该地区社会必要劳动时间决定，体现该地区所有个别劳动时间的平均水平。在全国市场中，价值规律使得区域价值转化为全国价值。全国价值体现着不同地区或高或低的区域价值的平均水平，并且构成全国市场的价值标准。第二个转化为全国价值进一步转化为全国生产价格，这一过程主要通过市场机制下的利润率平均化机制实现。全国生产价格既是生产价格形成机制的拓展，也是利润率平均化规律作用于全国市场的产物。

生产部门贸易所涉及的区域价值转移主要与全国价值向全国生产价格的转化相关。此时，一个地区生产部门在生产中所付出的劳动与其通过跨区域劳动交换所实际获得的劳动可能不再相等。对于资本有机构成较高的产业部门，产品的生产价格可能高于其价值，使它们能够以较少时间的劳动交换到较多时间的劳动，从而使得上述产业部门相对集中的区域通过区际贸易转移获得其他地区生产的价值。

上述生产部门贸易的价值转移机制，Emmanuel（1972）曾在其研究中予以系统阐述，并将之归纳为不平等交换理论。具体而言，Emmanuel 所提出的不平等交换可分为两类：第一类是广义不平等交换，为工资相等而资本有机构成不等所引起的价值转移；第二类为狭义不平等交换，为工资和有机构成都不相等所引起的价值转移。Emmanuel 并不认为广义不平等交换是真正意义上的不平等交换，原因在于，资本有机构成受各产业部门技术特点的影响，在任何生产模式下资本有机构成的差异都是不可避免的，因此广义不平等交换广泛存在于各类商品交换之中，是客观生产条件所决定的必然现象。与此不同的是，工资水平的差异来源于距离或国界所导致的劳动力要素不完全竞争，由制度上的因素导致。因此，Emmanuel 认为，两类不平等交换存在"质"的差异。由于中国国内具有相对统一的劳动力市场，资本与劳动力可以流动，因此，在中国生产部门区际贸易中，由技术差异决定的资本有机构成差异才是导致价值转移的关键因素。① 综上可以发现，对于本文所研究的中国区域价值转移，本质是由区域生产的结构性因素导致的价值再分配，不应将之视为"不平等交换"。

### （四）非生产部门区际贸易及其价值转移机制

非生产部门区际贸易的价值转移机制不同于生产部门。非生产部门

---

① 当然，不可否认的是，一国内部也可能存在市场分割或者制度限制等因素，从而影响劳动力的空间迁移，但是劳动力跨区域迁移的便利性还是要远强于跨国迁移的情况。

自身并不创造价值，而是从生产部门分割价值。马克思在分析"商业资本"时就明确指出非生产部门利润的性质：商业资本不生产剩余价值，而是以平均利润的形式，获得总生产资本所生产的部分剩余价值。换言之，商业纯粹流通费用既不创造价值又不创造剩余价值，因此该费用只能通过商品售卖价格的加成形式来实现，其本质为预付在这项费用上的资本，要以商业利润形式分割一部分产业资本的剩余价值，进而导致产业资本的利润减少。对于非生产部门工资的性质，以"商业工人"为例，一方面商业工人的工资也是其劳动力的价值，即由劳动力的再生产费用决定，另一方面雇用商业工人所付出的工资，并不直接创造新的剩余价值，只是实现已经创造出来的价值，但也同时增加了产业资本的支出与预付资本量，因此会降低利润率。由此可见，非生产部门工人的工资是社会总剩余价值的扣除。

从社会总资本运动的角度来看，非生产部门的利润与工资均来源于投资于生产部门的资本所获得的剩余。一个地区向其他地区提供非生产部门的服务，相当于该地区转移了其他地区生产部门所创造的价值。具体而言，这种跨区域的价值转移可以通过三种方式实现。一是非生产部门的直接价值转移，即在特定的投入产出关系下向另一个地区的生产部门提供一定数量的收费服务，以此从其他地区生产部门的利润中直接转移部分价值作为自身的收入。二是非生产部门的间接价值转移，即通过向其他地区劳动力再生产的消费过程提供服务获得收入，由于劳动力消费所花费的收入又源于他们在生产过程中所创造的价值，这种方式转移的价值依然来自其他地区生产过程的价值创造，进而可以将之理解为间接价值转移。以上两种价值转移方式均是针对其他地区的生产部门，除此之外，还可以通过向其他地区的非生产部门提供服务来转移价值，虽然非生产部门自身并不创造价值，但是能够分割本地区生产部门的价值，因此向其他地区的非生产部门提供服务也是一种迂回的跨区域价值转移方式。当然，对于非生产部门区际贸易价值转移量的测度也应以全国价值作为标准。

### (五) 区域价值分配与区域平衡发展

区际贸易导致了区域价值转移，后者可理解为各个区域在价值创造的基础上进行的价值再分配。基于价值再分配之后的价值规模进行评估，有助于更加精准地反映区域经济发展水平。对此，还需要补充说明三点。

第一，价值标准问题。如果从价值尺度来考察区域生产与区际贸易，那么必然涉及价值标准的选择。由于各个区域的生产效率彼此之间存在差异，并且也不同于全国平均的生产效率，所以"全国价值"与"区域价值"的关系就类似于国内市场中的"社会必要劳动时间"与"个别劳动时间"的关系。因此，"区域价值"是不具有可比性的，更加科学的方法应该是以体现全国平均生产效率的"全国价值"作为统一的价值标准进行测度。

第二，横向比较与纵向比较问题。所谓横向比较，是针对同一时期不同区域之间的比较，而纵向比较则是针对同一区域不同时期之间的比较。如果基于全国价值计算不同时期与不同区域的价值创造量、价值转移量以及价值分配量，那么横向比较是可行的，而纵向比较则存在问题。原因在于，每个时期的技术水平是确定的，但是不同时期的技术水平存在差异。例如，从 $t$ 期到 $t+1$ 期，技术进步导致生产单位商品所消耗的劳动时间减少，那么这两期的价值量实际上是不具可比性的，即在价值绝对量减少的同时使用价值绝对量可能增加。为了解决这个问题，可以计算不同区域的价值量在全国价值总量中的占比，这个相对指标将同时适用于横向比较与纵向比较。

第三，区域平衡发展问题。对于区域平衡发展存在两种不同的观点。第一种观点同时兼顾区域经济总量与区域经济人均量的双重平衡，另一种观点则仅关注区域经济人均量的相对差异，并认为区域经济总量差异的扩大具有合理性。两种观点的本质区别在于是否认同生产的空间集聚具有必要性。本文基于空间政治经济学的观点，承认生产集聚对生产效率的提升作用，并在人均意义上，基于相对区域经济差距的角度来理解区域平衡发展。但是，本文强调，在促进生产集聚的同时，生产迁出区域的价值丧失问题也应当得到重视。

## 四　数据说明与计算方法

### （一）数据说明

本文使用中国碳核算数据库（Carbon Emission Accounts and Datasets，CEADs）研究团队编制的 2012 年、2015 年以及 2017 年中国区域投入产出表①。该表包括 31 个省级区域以及 42 个产业部门，并且可将全部产业部门划分为 33 个生产部门和 9 个非生产部门。其中，生产部门包括农业、采掘业、制造业、公用事业、建筑业、运输业、住宿餐饮业、科研、教育、卫生等产业部门，非生产部门则包括批发零售业、计算机信息服务业、金融业、房地产业、租赁业、文娱业、公共服务、社会保障等产业部门。

为了计算价值与生产价格，需要对上述区域投入产出表进行以下三个方面的数据补充与处理。一是为进行价值计算，需要匹配劳动时间数据。查询《中国劳动统计年鉴》，获取各产业部门平均年工资数据，结合区域投入产出表中的劳动报酬，近似求出各产业部门劳动者人数，假设劳动者每年工作 52 周，每周工作 5 天，每天工作 8 个小时，从而计算出各部门总劳动小时数。二是分解中间品进口数据。该区域投入产出表中仅包括各产业部门进口中间品总量，而没有包含进口品所属部门的具体数据。因此，假设进口中间品结构与国内中间品结构一致，进而估算投入系数矩阵。三是针对城乡消费差异与区域消费差异进行处理。本文基于各区域的农村居民与城镇居民的消费数据，分别估算各区域农业

---

① 该区域投入产出表存在小幅误差，表现为总投入与总产出不完全相等。对此，本文根据常规方式，在最终需求的出口项中加以处理，进而不影响投入系数与计算结果。

部门与非农业部门劳动者的消费结构，并结合各产业部门工资数据，进一步估算工人工资消费矩阵，从而使得工资消费计算结果同时涵盖城乡、区域、产业三个关键维度的差异。此外，对生产劳动与非生产劳动的划分以及简单劳动与复杂劳动的处理，本文沿用已有文献的做法（乔晓楠等，2021）。

### （二）价值量及生产价格计算方法

本文需要对全国层面各个产业部门的价值量与生产价格进行计算。其中，价值计算只考虑生产部门，而生产价格计算则同时包括生产部门与非生产部门。Okishio（1959）假设所有部门单位产品的价值量均由生产中所投入的物化劳动与活劳动相加而得，基于生产投入系数就可求解单位产品所包含的价值量。Ochoa（1989）则进一步考虑固定资产折旧等因素。本文在上述研究的基础上，利用"斯拉法—置盐—中谷"（Sraffa-Okishio-Nakatani，SON）方法处理固定资本问题。所谓的SON方法，本质为包含固定资本且内生折旧率的计算方法（Sraffa，1960；Okishio and Nakatani，1975；Li，2017）：

$$(\mathbf{A} + \mathbf{D})\boldsymbol{\lambda} + \mathbf{L} = \boldsymbol{\lambda}, \boldsymbol{\lambda} = (\mathbf{I} - \mathbf{A} - \mathbf{D})^{-1}\mathbf{L} \tag{1}$$

$$\mathbf{p} = \mathbf{M}(r)\mathbf{p}, \mathbf{M}(r) = [\boldsymbol{\varphi}(r) + r\mathbf{I}]\mathbf{K} + (1+r)(\mathbf{A} + \mathbf{bL}), \varphi_i(r) = \frac{r}{(1+r)^{\tau_i} - 1} \tag{2}$$

$$\mathbf{x}\boldsymbol{\lambda} = \mathbf{x}'\mathbf{p} \tag{3}$$

式（1）给出价值量的计算方法。**A**与**D**分别为中间投入系数矩阵与固定资本折旧系数矩阵，表示生产单位产品所需要的中间投入产品量与固定资本折旧产品量。**λ**表示单位产品所包含的劳动小时，于是（**A+D**）**λ**可视为生产单位产品所需要的物化劳动投入总量。**L**为劳动小时投入系数矩阵，表示生产单位产品所需要的活劳动投入总量①。于是 (A+D) λ+L 即单位产品所包含的总劳动小时，与等式右侧的 λ 相等。利用 Leontief 逆矩阵容易求解 λ。

上述模型要求根据反映实物投入的系数矩阵进行计算，但是由于实物型投入产出数据难以获得，因此借助 Marelli (1983) 的方法以市场价格调整的价值型投入矩阵进行替代，计算所得价值量系数 λ 可理解为单位货币所包含的价值量。

基于式 (1) 可以分别计算区域价值与全国价值，二者计算的原理相同，但是计算时所采用的矩阵存在差异。假设一国有 $u$ 个地区，每个地区有 $m$ 个生产部门、$n$ 个非生产部门。区域价值基于各区域的 A、D、L 进行计算，此时式 (1) 中的 A 和 D 均为 $um \times um$ 维的矩阵，而 L 则为 $um \times 1$ 维的矩阵。全国价值基于特定时期全国平均水平的 A、D、L 进行计算，因此需要通过加总合并消除投入产出表中的区域维度，而仅保留产业部门维度，从而反映出全国平均的生产水平。此时式 (1) 中的 A 和 D 将为 $m \times m$ 维的矩阵，而 L 为 $m \times 1$ 维的矩阵。

基于式 (2) 与式 (3) 可以对全国的生产价格进行计算，它经过全国范围的利润率平均化过程形成，因此计算也采用加总合并之后消除区域维度的投入产出表。以 p 表示 $m' \times 1$ 维的生产价格向量，其中 $m' = m+n$；以 x 表示 $1 \times m$ 维的生产部门总产出向量，x' 表示 $1 \times m'$ 维的包含所有部门的总产出向量；$r$ 表示平均利润率；I 表示单位矩阵；b 表示实物工资向量；M 为广义投入系数矩阵，M 为 $r$ 的函数。生产价格等于预付资本乘以 $1+r$，即等量资本获得等量利润，它包括流动不变资本投入、活劳动再生产所消耗的物质产品投入、固定不变资本投入三个部分。K 表示固定资本存量系数矩阵，$\varphi_i$ 表示固定资本的折旧率，$\varphi(r)$ 为 $\varphi_i$ 的对角矩阵，$\tau_i$ 表示固定资本使用年限。

由于折旧的经济影响既表现为成本，又表现为投资的来源，因此

---

① 此处由于原投入产出表中缺失劳动投入时间数据，因此对它进行估算，估算方法参见前文数据说明部分。

SON方法的实质是将固定资本折旧率内生为利润率的函数，即$\varphi_i(r)$。当$r \geqslant 0$时，$\mathbf{M}(r)$为非负矩阵。$\mathbf{p}$可视为$\mathbf{M}(r)$特征值为1时所对应的特征向量。且根据Perron-Frobenius定理，非负的特征向量$\mathbf{p}$具有经济含义并且唯一。因此，使得$\mathbf{M}$的特征值为1的$r$与对应的$\mathbf{p}$就分别为既定经济系统的平均利润率与相对生产价格。由于此处$\mathbf{p}$为特征向量，其任意线性组合仍为原特征值的特征向量，因此需要结合式（3）确定具有唯一值的生产价格，此时生产价格总量与价值总量相等。需要注意的是，式（3）左侧总价值的计算仅考虑生产部门，而右侧总生产价格的计算既包括生产部门又包括非生产部门。从式（3）的左侧，即价值层面来看，非生产部门不能创造价值，因此不能直接从商品价值中得到补偿；而从式（3）的右侧，即生产价格层面来看，则是通过直接或者间接分割的形式来实现生产部门向非生产部门的价值转移（乔晓楠和李欣，2020）。

### （三）生产部门区际贸易与非生产部门区际贸易价值转移的测度

基于前文的理论分析，以下标$k$表示地区，以下标$i$表示生产部门，以下标$j$表示非生产部门。$dv$表示区域价值，$nv$表示全国价值，$np$表示全国生产价格。首先，对生产部门区际贸易导致价值转移的测度方法进行说明。某一地区生产部门区际贸易的价值转移，主要通过全国价值与全国生产价格的差额体现。在对其他地区出售商品的贸易中，如果全国生产价格高于全国价值，则该地区可以实现价值转入；如果全国生产价格低于全国价值，则价值被转出。在从其他地区购买商品的贸易中，如果全国生产价格高于全国价值，则意味着该地区付出更多价值量才完成商品交换，从而价值被转出；如果全国生产价格低于全国价值，则意味着该地区付出较少的价值量就可完成商品交换，从而实现价值转入。

设$k$地区售出的$i$生产部门商品量为$EX_{ki}$，$k$地区购入的$i$生产部

门商品量为 $IM_{ki}$，则 $k$ 地区 $i$ 生产部门区际贸易的净售出商品量为 $NETEX_{ki}$，参见式（4）。设 $k$ 地区在生产部门区际贸易中所实现的价值转移为 $DEVS_k$，参见式（5）。式（5）为正时表示该地区在生产部门区际贸易中获益，为负时表示受损。需要注意的是，测度区域价值转移并进行区域比较时需要遵循统一的价值标准，因此由地区与全国平均生产效率差异导致的区域价值与全国价值的差异暂时不在考察范围之内。

$$NETEX_{ki} = EX_{ki} - IM_{ki} \tag{4}$$

$$DEVS_k = \sum_{i=1}^{m} NETEX_{ki} \times (np_i - nv_i) \tag{5}$$

其次，对非生产部门区际贸易价值转移的测度方法进行说明。设 $k$ 地区售出的 $j$ 非生产部门服务量为 $UEX_{kj}$，$k$ 地区购入的 $j$ 非生产部门服务量为 $UIM_{kj}$，则 $k$ 地区 $j$ 非生产部门的净售出服务量为 $NETUEX_{kj}$，参见式（6）。某个区域非生产部门服务的出售可视为该区域转移获得的全国价值量，而非生产部门服务的购买则可视为被其他区域转移失去的全国价值量。因此，其差值可视为该地区在非生产部门贸易中获得的全国价值净转移量。令 $k$ 地区在 $j$ 非生产部门的区际贸易中所实现的价值转移为 $DEUVS_{kj}$，则可得式（7）。

$$NETUEX_{kj} = UEX_{kj} - UIM_{kj} \tag{6}$$

$$DEUVS_k = \sum_{j=1}^{n} NETUEX_{kj} \times np_j \tag{7}$$

最后，综合生产部门区际贸易与非生产部门区际贸易各自的全国价值转移量，就可对某一区域整体的价值转移情况进行考察。

## 五 经验分析

### （一）区域价值创造

在此考察中国区域价值创造情况。表 1 给出各区域价值创造的规模及其占比。从表 1 中可获得以下主要发现：2012 年、2015 年、2017 年，东部区域价值创造量占全国价值创造总量的比例分别为 51.93%、51.30%、51.21%，中部区域分别为 20.91%、22.59%、23.15%，西部区域分别为 18.14%、18.62%、19.21%，东北区域分别为 9.02%、7.50%、6.43%。综合来看，东部地区的占比相对稳定，中西部地区占比有小幅上升，而东北地区占比下降趋势明显。其中，山东、江苏、广东价值创造规模较大，三省价值创造总量的全国占比达到 30% 左右。

表 1 区域价值创造及其占比

单位：万个小时，%

| 省份 | 2012 年 价值创造 | 占比 | 2015 年 价值创造 | 占比 | 2017 年 价值创造 | 占比 |
|---|---|---|---|---|---|---|
| 北京 | 6101235.545 | 2.015 | 4814406.386 | 1.862 | 4807295.630 | 2.066 |
| 天津 | 5792039.567 | 1.913 | 4925937.277 | 1.905 | 4440640.778 | 1.909 |
| 河北 | 14266674.478 | 4.712 | 10453968.347 | 4.043 | 9752009.312 | 4.192 |
| 山西 | 4837578.701 | 1.598 | 3387264.077 | 1.310 | 3269008.230 | 1.405 |
| 内蒙古 | 7156091.166 | 2.364 | 4998181.315 | 1.933 | 3718150.808 | 1.598 |
| 辽宁 | 13991272.541 | 4.621 | 8733024.646 | 3.377 | 5624278.506 | 2.417 |
| 吉林 | 6561243.571 | 2.167 | 5432081.814 | 2.101 | 4636197.073 | 1.993 |
| 黑龙江 | 6746684.264 | 2.228 | 5226091.919 | 2.021 | 4693817.314 | 2.017 |
| 上海 | 8704249.875 | 2.875 | 6193537.803 | 2.395 | 5811972.009 | 2.498 |
| 江苏 | 30877715.000 | 10.199 | 26117329.583 | 10.100 | 21943582.859 | 9.432 |
| 浙江 | 19091413.752 | 6.306 | 15492550.855 | 5.991 | 13451687.282 | 5.782 |
| 安徽 | 10071864.438 | 3.327 | 10256378.234 | 3.966 | 9708430.531 | 4.173 |
| 福建 | 10668844.405 | 3.524 | 10016122.715 | 3.873 | 10039575.307 | 4.315 |
| 江西 | 7345086.873 | 2.426 | 6322649.574 | 2.445 | 6164842.295 | 2.650 |
| 山东 | 32349910.532 | 10.685 | 27882561.548 | 10.783 | 26104866.517 | 11.220 |
| 河南 | 18541069.258 | 6.124 | 17348318.366 | 6.709 | 16323350.122 | 7.016 |
| 湖北 | 11707560.894 | 3.867 | 11492162.845 | 4.444 | 9888051.640 | 4.250 |
| 湖南 | 10809660.222 | 3.570 | 9598029.370 | 3.712 | 8510835.212 | 3.658 |
| 广东 | 27777995.376 | 9.175 | 25402832.062 | 9.824 | 21537085.503 | 9.257 |
| 广西 | 6856074.866 | 2.265 | 6420889.317 | 2.483 | 5556149.609 | 2.388 |
| 海南 | 1598329.386 | 0.528 | 1343476.167 | 0.520 | 1254894.930 | 0.539 |
| 重庆 | 4968229.558 | 1.641 | 5308209.523 | 2.053 | 4879479.755 | 2.097 |

续表

| 省份 | 2012年 价值创造 | 占比 | 2015年 价值创造 | 占比 | 2017年 价值创造 | 占比 |
| --- | --- | --- | --- | --- | --- | --- |
| 四川 | 13111131.515 | 4.331 | 10529752.800 | 4.072 | 10252709.824 | 4.407 |
| 贵州 | 3015408.498 | 0.996 | 3677716.648 | 1.422 | 3785991.697 | 1.627 |
| 云南 | 5144685.293 | 1.699 | 4764891.853 | 1.843 | 4382878.882 | 1.884 |
| 西藏 | 270993.368 | 0.090 | 159695.465 | 0.062 | 281033.133 | 0.121 |
| 陕西 | 6173298.047 | 2.039 | 5234636.407 | 2.024 | 5373856.357 | 2.310 |
| 甘肃 | 2804375.302 | 0.926 | 2370413.752 | 0.917 | 1773260.684 | 0.762 |
| 青海 | 699349.576 | 0.231 | 580125.235 | 0.224 | 619139.959 | 0.266 |
| 宁夏 | 1109147.053 | 0.366 | 1032543.087 | 0.399 | 881564.950 | 0.379 |
| 新疆 | 3610617.561 | 1.193 | 3068707.533 | 1.187 | 3189135.335 | 1.371 |

价值创造量由劳动投入量决定，后者又可分为物化劳动投入量与活劳动投入量。价值创造规模较大的区域，劳动投入规模也必然处于较高水平。仍以山东、江苏、广东为例，三省物化劳动投入量占全国物化劳动投入总量的比例达到34%，而三省活劳动投入量占全国活劳动投入总量的比例达到24%，进而体现出生产的空间集聚。

### （二）生产部门区际贸易及其区域价值转移

在此对生产部门区际贸易加以讨论分析。表2给出各区域生产部门区际贸易净转移价值量及其占总转移价值量的比例，价值净转移量为正值表示该地区通过生产部门区际贸易实现价值转入，负值表示该地区在生产部门区际贸易中被价值转出。从表2中可获得以下主要发现：2012年、2015年、2017年，生产部门区际贸易占全国整体区际贸易的比例分别为53.3%、49.1%、50.8%。同期，由生产部门区际贸易导致的区域价值转移量占全国价值创造总量的比例分别为1.7%、1.6%、1.3%，此间有下降趋势。从区域结构来看，约一半的省份通过生产部门区际贸易实现价值净转入，它们主要集中于东部区域；另一半省份在生产部门区际贸易中被价值净转出，它们主要集中于中西部和东北区域。此外，部分省份在生产部门区际贸易中的价值转移情况发生变化，反映出相应区域生产部门结构的变动特征。例如，湖北在 2012 年的生产部门区际贸易中为价值净转出状态，2015 年起则转变为价值净转入状态；吉林在 2017 年由价值净转出变为价值净转入状态；内蒙古与青海在 2012 年和 2015 年均处于价值净转入状态，在 2017 年转变为价值净转出状态。

表 2　生产部门区际贸易导致的区域价值转移

单位：万个小时，%

| 省份 | 2012 年 价值净转移量 | 价值转入（转出）占比 | 2015 年 价值净转移量 | 价值转入（转出）占比 | 2017 年 价值净转移量 | 价值转入（转出）占比 |
| --- | --- | --- | --- | --- | --- | --- |
| 北京 | 371738.334 | 7.345 | 259193.047 | 6.340 | 305294.287 | 10.536 |
| 天津 | 363123.423 | 7.175 | 358734.105 | 8.775 | 286493.237 | 9.887 |
| 河北 | -225791.196 | -4.462 | -302924.920 | -7.410 | -144148.557 | -4.975 |
| 山西 | 202674.877 | 4.005 | -6904.847 | -0.169 | 251467.156 | 8.678 |
| 内蒙古 | 207058.958 | 4.091 | 104039.122 | 2.545 | -162021.621 | -5.592 |
| 辽宁 | 334952.281 | 6.618 | -239836.363 | -5.867 | 27471.918 | 0.948 |
| 吉林 | -552465.692 | -10.916 | -439802.726 | -10.758 | 131315.307 | 4.532 |
| 黑龙江 | -723128.163 | -14.289 | -782173.850 | -19.133 | -511081.129 | -17.638 |
| 上海 | 650552.398 | 12.855 | 428470.127 | 10.481 | 6000.287 | 0.207 |
| 江苏 | 5433.908 | 0.107 | 57319.303 | 1.402 | 432773.337 | 14.936 |
| 浙江 | 217503.377 | 4.298 | 68233.262 | 1.669 | 272003.751 | 9.387 |
| 安徽 | -459374.986 | -9.077 | 124848.068 | 3.054 | -93953.778 | -3.242 |
| 福建 | 71740.260 | 1.418 | 82972.947 | 2.030 | 202126.687 | 6.976 |
| 江西 | -126964.160 | -2.509 | -34389.712 | -0.841 | -71482.688 | -2.467 |
| 山东 | 1866644.835 | 36.884 | 819232.260 | 20.040 | 243325.893 | 8.398 |
| 河南 | -439228.887 | -8.679 | -29894.822 | -0.731 | -244000.100 | -8.421 |
| 湖北 | -124346.493 | -2.457 | 201492.070 | 4.929 | 62833.365 | 2.168 |
| 湖南 | -570816.229 | -11.279 | -421840.234 | -10.319 | -150011.715 | -5.177 |
| 广东 | 670907.779 | 13.257 | 1236200.172 | 30.239 | 593268.410 | 20.474 |
| 广西 | -425788.534 | -8.413 | -403496.874 | -9.870 | -309423.518 | -10.679 |
| 海南 | -250653.613 | -4.953 | -239138.300 | -5.850 | -225361.349 | -7.778 |
| 重庆 | 54261.684 | 1.072 | 246143.072 | 6.021 | 64599.324 | 2.229 |
| 四川 | -43755.738 | -0.865 | -35967.372 | -0.880 | -19911.089 | -0.687 |

续表

| 省份 | 2012 年 价值净转移量 | 2012 年 价值转入(转出)占比 | 2015 年 价值净转移量 | 2015 年 价值转入(转出)占比 | 2017 年 价值净转移量 | 2017 年 价值转入(转出)占比 |
|---|---|---|---|---|---|---|
| 贵州 | -155886.746 | -3.080 | -286015.900 | -6.996 | -275001.449 | -9.491 |
| 云南 | -226768.950 | -4.481 | -213762.090 | -5.229 | -292859.886 | -10.107 |
| 西藏 | 1802.833 | 0.036 | 8036.235 | 0.197 | 4488.143 | 0.155 |
| 陕西 | -240113.716 | -4.745 | -218860.100 | -5.354 | -193400.693 | -6.675 |
| 甘肃 | -148091.868 | -2.926 | -165958.906 | -4.060 | -46540.686 | -1.606 |
| 青海 | 5406.787 | 0.107 | 49913.501 | 1.221 | -2648.824 | -0.091 |
| 宁夏 | 37061.869 | 0.732 | 43233.387 | 1.058 | 14135.488 | 0.488 |
| 新疆 | -347688.630 | -6.870 | -267093.659 | -6.534 | -155749.507 | -5.375 |

生产部门区际贸易导致的价值转移主要受到两个因素影响：一为相应年份各生产部门全国价值与全国生产价格的相对大小，二为该区域各生产部门在区际贸易中售出量与购入量的结构特征。以内蒙古为例，2012 年内蒙古在生产部门区际贸易中处于价值净转入状态；2015 年仍为价值净转入，但净转入量显著下降；2017 年则变为价值净转出状态。原因包括两个方面。首先，2012 年，在金属冶炼和加工部门的区际贸易中，内蒙古的售出量是购入量的 26.86 倍，保持着明显的净售出状态，且此时该部门的生产价格显著高于价值，因此该部门在 2012 年为内蒙古贡献了较大规模的价值净转入，其净转入量与当年内蒙古生产部门贸易总净转入价值量的比值达到 60.31%。但此后该部门生产价格与价值的差值快速缩小，由 2012 的 0.006 降至 2015 年的 0.004，2017 年进一步降至 0.001，从而降低了该部门在贸易中的价值转入能力。同时，该部门的净售出量也不断下降，2017 年降至 2012 年的一半。其次，内蒙古在 2012 年与 2015 年农林牧渔部门区际贸易中的购入量始终大于售出量，且该部门的生产价格显著低于价值，从而使得该部门贡献了规模较大的价值净转入。但 2017

年该部门的贸易状态由净购入转变为净售出，且此时该部门的生产价格仍低于价值，从而使得内蒙古出现了规模较大的价值净转出。

在以上因素影响下，虽然研究期间内蒙古部分其他部门的价值净转入量有所上升，但仍无法扭转其由价值净转入变为价值净转出的趋势。归纳而言，内蒙古价值转移状态改变的原因可以概括为：一方面，主要优势部门生产价格与价值的差值不断缩小，削弱了它在区际贸易中的价值转移能力；另一方面，生产价格高于价值的主要贸易部门净售出量不断下降，且生产价格低于价值的主要贸易部门由净购入变为净售出状态。当然，以上思路也适用于其他区域生产部门区际贸易价值转移的分析。

### （三）非生产部门区际贸易及其区域价值转移

在此对非生产部门区际贸易加以讨论分析。表3给出各区域非生产部门区际贸易净转移价值量及其占总转移价值量的比例，价值净转移量为正值表示该地区通过非生产部门区际贸易实现价值转入，负值表示该地区在非生产部门区际贸易中被价值转出。从表3中可获得以下主要发现：2012年、2015年、2017年，非生产部门区际贸易占全国整体区际贸易的比例分别为46.7%、50.9%、49.2%。同期，由非生产部门区际贸易导致的区域价值转移量分别占全国价值创造总量的0.58%、0.84%、0.79%，其规模小于生产部门区际贸易导致的价值转移，但是占比呈现波动上升的特点。从区域结构来看，约一半的省份通过非生产部门区际贸易实现了价值净转入，主要集中于东部区域；另一半的省份在非生产部门区际贸易中被价值净转出，主要集中于中西部和东北区域。此外，较多省份在非生产部门区际贸易中的价值转移情况发生了变化，表明中国地区间经济交换关系处于动态变化之中。例如，研究期间，辽宁由价值净转入变为价值净转出，而天津则由价值净转出变为价值净转入。

表3 非生产部门区际贸易导致的区域价值转移

单位：万个小时，%

| 省份 | 2012年 价值净转移量 | 2012年 价值转入（转出）占比 | 2015年 价值净转移量 | 2015年 价值转入（转出）占比 | 2017年 价值净转移量 | 2017年 价值转入（转出）占比 |
|---|---|---|---|---|---|---|
| 北京 | 372382.036 | 21.094 | 141317.794 | 6.515 | 49448.825 | 2.683 |
| 天津 | -72967.935 | -4.133 | -53631.523 | -2.473 | 78727.287 | 4.272 |
| 河北 | -121027.503 | -6.856 | -50586.339 | -2.332 | 115419.817 | 6.264 |
| 山西 | -14001.222 | -0.793 | 114523.070 | 5.280 | -47991.118 | -2.604 |
| 内蒙古 | -146039.117 | -8.272 | -77217.296 | -3.560 | -278371.171 | -15.107 |
| 辽宁 | 69247.951 | 3.923 | 328878.974 | 15.163 | -83242.157 | -4.517 |
| 吉林 | -58511.818 | -3.314 | -96182.807 | -4.434 | 8324.166 | 0.452 |
| 黑龙江 | -106618.326 | -6.039 | 13408.177 | 0.618 | -120968.980 | -6.565 |
| 上海 | 167068.715 | 9.464 | 109260.589 | 5.037 | 394723.404 | 21.421 |
| 江苏 | 473184.293 | 26.804 | 450840.086 | 20.786 | 187388.310 | 10.169 |
| 浙江 | 64985.328 | 3.681 | 139067.626 | 6.412 | 254250.694 | 13.798 |
| 安徽 | -304555.167 | -17.252 | -665576.798 | -30.686 | -134683.236 | -7.309 |
| 福建 | -29966.248 | -1.697 | 11784.243 | 0.543 | 10751.110 | 0.583 |
| 江西 | -14355.623 | -0.813 | 40317.097 | 1.859 | -16629.742 | -0.902 |
| 山东 | 284827.565 | 16.134 | 488337.474 | 22.515 | -61459.505 | -3.335 |
| 河南 | -522361.273 | -29.589 | -355668.216 | -16.398 | -477938.442 | -25.937 |
| 湖北 | 31292.168 | 1.773 | -11570.465 | -0.533 | 111478.331 | 6.050 |
| 湖南 | 73022.318 | 4.136 | 48402.861 | 2.232 | 102301.978 | 5.552 |
| 广东 | -128646.639 | -7.287 | -358960.543 | -16.550 | 230468.644 | 12.507 |
| 广西 | -63668.690 | -3.607 | -103286.321 | -4.762 | -21946.809 | -1.191 |
| 海南 | 16730.952 | 0.948 | 15704.842 | 0.724 | -154250.182 | -8.371 |
| 重庆 | 4317.583 | 0.245 | -258332.215 | -11.910 | -127797.164 | -6.935 |
| 四川 | 62062.792 | 3.516 | 98891.400 | 4.559 | 141064.743 | 7.655 |
| 贵州 | 58285.646 | 3.302 | -21109.715 | -0.973 | 32571.852 | 1.768 |
| 云南 | 70124.585 | 3.972 | 99062.159 | 4.567 | -61111.381 | -3.316 |
| 西藏 | -6627.144 | -0.375 | 11522.106 | 0.531 | 3676.642 | 0.200 |
| 陕西 | -67036.961 | -3.797 | -64845.096 | -2.990 | 112481.339 | 6.104 |
| 甘肃 | 17830.381 | 1.010 | 57669.958 | 2.659 | 9644.967 | 0.523 |
| 青海 | -26168.614 | -1.482 | -22129.314 | -1.020 | -35060.213 | -1.903 |
| 宁夏 | -1684.287 | -0.095 | -11909.963 | -0.549 | -93726.954 | -5.086 |
| 新疆 | -81125.745 | -4.595 | -17981.845 | -0.829 | -127545.055 | -6.922 |

在非生产部门区际贸易中，一个地区通过向其他地区出售本地非生产部门服务的方式分割价值，同时也购入其他地区非生产部门的服务从而被分割价值，正负两类价值转移的总和则决定了该地区在非生产部门区际贸易中的价值总转移状态。因此，非生产部门区际贸易价值转移的主要影响因素为特定地区非生产部门在区际贸易中的售出量与购入量。以辽宁为例，非生产部门区际贸易的价值转移状态由净转入变为净转出，最主要的影响部门为信息传输软件服务部门。该部门在区际贸易中的购入量始终大于售出量，且净购入量不断增加，2017年净购入量达到2012年的8.71倍，从而使得该部门在区际贸易中大幅净转出价值。同期，辽宁的金融部门、房地产部门与租赁商务服务部门也逐渐由净售出状态转变为净购入状态，使得它在非生产部门区际贸易中由价值净转入转变为净转出状态。天津由净转出变为净转入的主要原因为租赁商务服务部门与房地产部门贸易状态的变化，其中前者自2015年起由净购入转变为净售出状态，后者则自2017年起由净购入转变为净售出状态。

### （四）区域价值转移与区域价值分配

生产部门与非生产部门的区际贸易导致区域价值转移，而区域价值转移使得各区域所创造价值实现了区域间再分配。表4给出经过区域价值转移之后各区域最终分配的价值量及其占比。从表4中可获得以下主要发现：2012年、2015年、2017年，生产部门与非生产部门两类区际贸易导致的总区域价值转移量占全国价值创造总量的比例分别为2.02%、1.86%、1.78%，呈现下降趋势。虽然非生产部门区际贸易价值转移量占价值创造总量的比例在上升，但由于生产部门区际贸易价值转移量占比的降幅更大，因此总体占比依然有所降低。从价值分配方面来看，2012年、2015年、2017年，东部区域价值分配量占全国价值创造总量的比值分别为53.51%、52.71%、52.53%，中部区域分别为20.16%、22.20%、22.85%，西部区域分别为17.66%、18.06%、

18.43%，东北区域分别为 8.67%、7.03%、6.19%。东北区域占比降幅较为明显，东部区域占比小幅下降，中部及西部区域占比则有所上升。

**表4 区域价值分配及其占比**

单位：万个小时，%

| 省份 | 2012年 价值分配 | 占比 | 2015年 价值分配 | 占比 | 2017年 价值分配 | 占比 |
|---|---|---|---|---|---|---|
| 北京 | 6845355.915 | 2.261 | 5214917.227 | 2.017 | 5162038.742 | 2.219 |
| 天津 | 6082195.055 | 2.009 | 5231039.859 | 2.023 | 4805861.302 | 2.066 |
| 河北 | 13919855.779 | 4.598 | 10100457.088 | 3.906 | 9723280.572 | 4.179 |
| 山西 | 5026252.356 | 1.660 | 3494882.299 | 1.352 | 3472484.268 | 1.493 |
| 内蒙古 | 7217111.007 | 2.384 | 5025003.142 | 1.943 | 3277758.015 | 1.409 |
| 辽宁 | 14395472.772 | 4.755 | 8822067.256 | 3.412 | 5568508.266 | 2.393 |
| 吉林 | 5950266.060 | 1.965 | 4896096.281 | 1.893 | 4775836.545 | 2.053 |
| 黑龙江 | 5916937.774 | 1.954 | 4457326.246 | 1.724 | 4061767.205 | 1.746 |
| 上海 | 9521870.988 | 3.145 | 6731268.519 | 2.603 | 6212695.701 | 2.670 |
| 江苏 | 31356333.200 | 10.357 | 26625488.971 | 10.297 | 22563744.506 | 9.698 |
| 浙江 | 19373902.456 | 6.399 | 15699851.743 | 6.071 | 13977941.728 | 6.008 |
| 安徽 | 9307934.284 | 3.074 | 9715649.504 | 3.757 | 9479793.518 | 4.075 |
| 福建 | 10710618.417 | 3.538 | 10110879.905 | 3.910 | 10252453.105 | 4.407 |
| 江西 | 7203767.091 | 2.379 | 6328576.960 | 2.447 | 6076729.866 | 2.612 |
| 山东 | 34501382.931 | 11.396 | 29190131.282 | 11.288 | 26286732.905 | 11.299 |
| 河南 | 17579479.098 | 5.806 | 16962755.328 | 6.560 | 15601411.580 | 6.706 |
| 湖北 | 11614506.569 | 3.836 | 11682084.450 | 4.518 | 10062363.336 | 4.325 |
| 湖南 | 10311866.311 | 3.406 | 9224591.997 | 3.567 | 8463125.475 | 3.638 |
| 广东 | 28320256.516 | 9.354 | 26280071.691 | 10.163 | 22360822.557 | 9.611 |
| 广西 | 6366617.643 | 2.103 | 5914106.122 | 2.287 | 5224779.282 | 2.246 |
| 海南 | 1364406.725 | 0.451 | 1120042.709 | 0.433 | 875283.399 | 0.376 |
| 重庆 | 5026808.824 | 1.660 | 5296020.380 | 2.048 | 4816281.914 | 2.070 |
| 四川 | 13129438.569 | 4.337 | 10592676.827 | 4.096 | 10373863.479 | 4.459 |
| 贵州 | 2917807.397 | 0.964 | 3370591.033 | 1.303 | 3543562.099 | 1.523 |
| 云南 | 4988040.929 | 1.648 | 4650191.921 | 1.798 | 4028907.614 | 1.732 |
| 西藏 | 266169.057 | 0.088 | 179253.807 | 0.069 | 289197.817 | 0.124 |
| 陕西 | 5866147.370 | 1.938 | 4950931.210 | 1.915 | 5292937.002 | 2.275 |

续表

| 省份 | 2012 年 价值分配 | 占比 | 2015 年 价值分配 | 占比 | 2017 年 价值分配 | 占比 |
|---|---|---|---|---|---|---|
| 甘肃 | 2674113.815 | 0.883 | 2262124.803 | 0.875 | 1736364.964 | 0.746 |
| 青海 | 678587.749 | 0.224 | 607909.423 | 0.235 | 581430.921 | 0.250 |
| 宁夏 | 1144524.635 | 0.378 | 1063866.510 | 0.411 | 801973.484 | 0.345 |
| 新疆 | 3181803.185 | 1.051 | 2783632.029 | 1.076 | 2905840.773 | 1.249 |

价值分配占比的变动应从价值创造与价值转移两个方面来分析。此处以分配占比出现明显下降的东北区域为例，从价值转移来看，东北区域在区际贸易中虽然总体处于价值净转出状态，但其净转出状况已有所改善，2017 年净转出价值量降至 2012 年的一半左右，因此其价值分配占比下降的主要原因在于价值创造占比持续下降。

在表 1 与表 4 的基础上，计算各地区价值分配占比与价值创造占比之差，可考察总体价值净转移情况。若差为正值表示该地区分配价值量大于创造价值量，即实现了价值净转入，而负值表示该地区分配价值量小于创造价值量，即该地区价值被净转出。图 1 给出各区域净转移价值量的情况。结合图 1 与区域价值创造结构进行分析，可获得以下主要发现：统计期间，东部区域价值分配占比高于价值创造占比，实现价值转入，而中西部和东北区域价值分配占比低于价值创造占比，被价值转出。从具体区域来看，北京、天津、上海一直保持着较强的价值转入能力，而海南、黑龙江、新疆、广西则常年面临价值转出的问题。值得关注的是，山东价值转入量占全国价值创造量的比例降幅较大，从 2012 年的 0.71% 降至 2017 年的 0.08%，而广东价值转入量占比则大幅提升，从 2012 年的 0.18% 升至 2017 年的 0.35%。河北、安徽、湖南、陕西、甘肃等地区虽然在区际贸易中仍持续处于价值转出的状态，但情况有所改善；吉林、湖北、西藏实现了从价值转出到价值转入的转变；内蒙古、辽宁、宁夏、重庆则由价值转入变为价值转出。

图 1 各区域净转移价值量

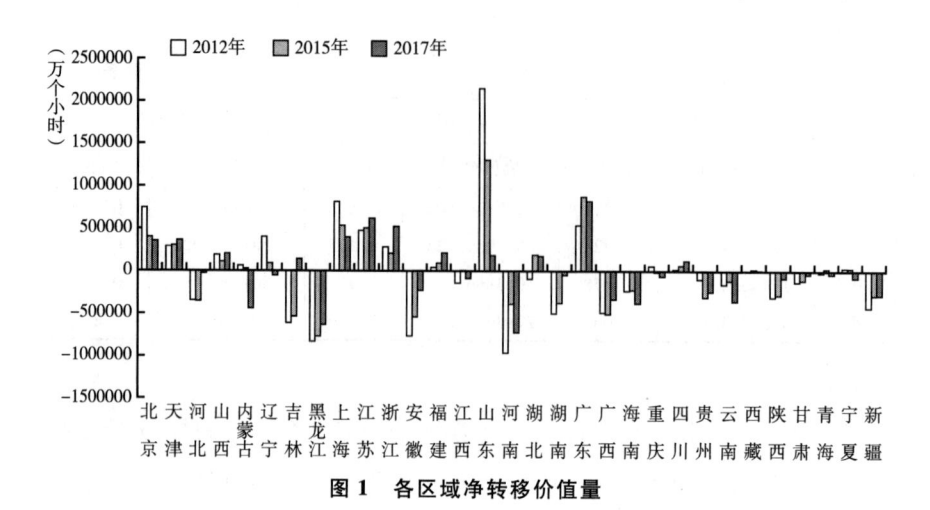

## （五）区域经济发展不平衡

基于人均 GDP 计算人口加权变异系数和基尼系数，是区域经济发展不平衡的主要测度方式之一。其中，人口加权变异系数的计算方法参见式（8），$CV$ 表示人口加权变异系数，$y_k$ 为第 $k$ 个区域人均 GDP，$\bar{y}$ 为各区域人均 GDP 均值，$h_k$ 代表各区域人口总数，$h$ 代表全国总人口。$CV$ 越大表示区域经济发展不平衡程度越高。基尼系数的计算方法参见式（9），$G$ 代表基尼系数，$H_w$ 和 $Y_w$ 分别代表人口累计百分比和 GDP 累计百分比，下标 $w$ 是按各省份人均 GDP 从低到高排序的序数值。$G$ 越大表示区域经济发展不平衡程度越高。

$$CV = \frac{1}{\bar{y}} \sqrt{\sum_{k=1}^{u} (y_k - \bar{y})^2 \times \frac{h_k}{h}} \tag{8}$$

$$G = 1 - \sum_{w=1}^{u} (H_w - H_{w-1})(Y_w + Y_{w-1}) \tag{9}$$

利用以上方法评估区域经济发展不平衡程度及其变化趋势的文献众多。例如，陈秀山和徐瑛（2004）采用省份人均 GDP 数据测算 1970~2002 年中国基尼系数的变化情况，发现基尼系数在 1970~1976 年从

0.244 持续上升至 0.276，1977 年起逐渐下降，并在此后较长时间内维持在 0.22 左右的水平，1992 年后再度回升，2002 年的基尼系数达到 0.267。孙久文和姚鹏（2014）采用省份人均 GDP 数据计算 1978~2012 年中国基尼系数和加权变异系数，发现两者走势具有极大相似性。以 1990 年和 2004 年为界，两者均呈现"下降—缓慢上升—下降"的趋势。2012 年，基尼系数和变异系数分别降至 0.104 和 0.380。芦惠等（2013）利用地级行政单元人均 GDP 数据测算 2000~2010 年中国的基尼系数，结果显示这一时期基尼系数从 0.383 上升至 0.441，区域经济差距不断扩大。覃成林等（2011）计算 2001~2009 年以省份人均 GDP 为基础的人口加权变异系数，发现这一时期区域发展不平衡程度以 2004 年为界，呈现先较快上升，再缓慢下降、趋于平稳的过程，从起初的 0.347 增长到最高点 0.400，再下降到 0.3697。

本文延续已有文献的计算结果，针对 2012~2020 年中国省份的人均 GDP 人口加权变异系数与基尼系数进行了计算，以观察党的十八大以来中国区域经济平衡发展的变化趋势，结果参见图 2 和图 3。2012~2020 年，中国省级区域人均 GDP 人口加权变异系数持续下降，从 0.392 下降到 0.380，省份人均 GDP 基尼系数整体上呈现先下降、后上升、再下降的趋势，从 0.229 下降至 0.224。以上两个指标的变化趋势接近，表明中国特色社会主义进入新时代以来，中国区域经济发展协调性显著增强，不平衡情况有所改变。

### （六）区域价值转移对区域经济发展不平衡的影响

根据前文理论分析，区际贸易导致的价值转移将使得某个地区特定时期内生产价值量与最终分配价值量存在差异，表现为全国范围的价值再分配，进而成为影响区域平衡发展的重要因素。基于此，可以提出区域最终分配价值量会对区域 GDP 产生正向影响的理论假说[①]。

---

[①] 因为特定区域的人口数量确定，所以验证区域最终分配价值量将对区域 GDP 产生正向影响即可。

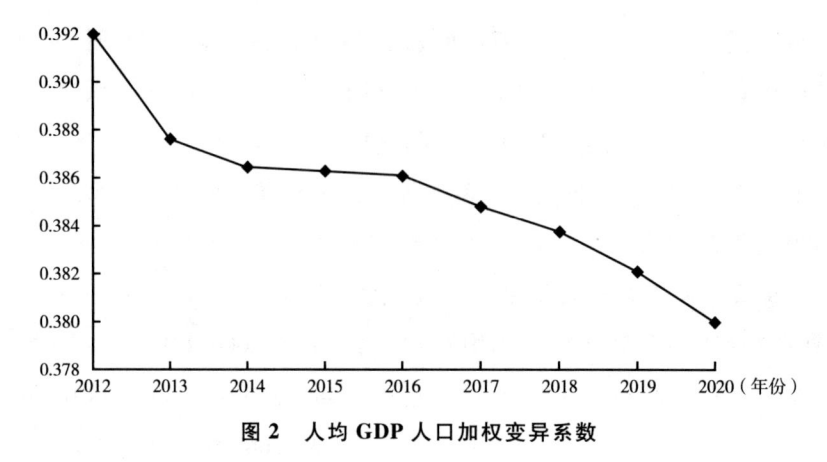

**图 2　人均 GDP 人口加权变异系数**

资料来源：根据国家统计局（http://www.stats.gov.cn/）数据计算。

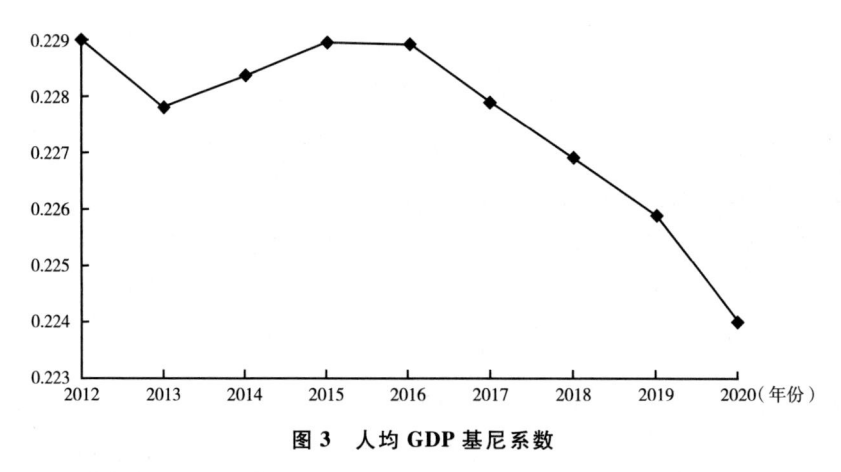

**图 3　人均 GDP 基尼系数**

资料来源：根据国家统计局（http://www.stats.gov.cn/）数据计算。

因此，本文构建面板数据模型，采用区域价值转移后各个地区最终分配价值量和 GDP 分别作为区域价值转移和地区经济发展水平的代理变量，利用 2012 年、2015 年、2017 年中国 31 个区域面板数据进行分析，参见式（10）。其中，被解释变量为 $gdp$，解释变量为最终分配价值量 $avl$，下标 $k$ 表示地区，$t$ 表示时间，$\gamma$ 表示时间固定效应，$\mu$ 表示随机误差项。

$$gdp_{kt} = \alpha_0 + \alpha_1 avl_{kt} + \gamma_t + \mu_{kt} \qquad (10)$$

此处采用时间固定效应模型进行回归，表5报告了实证结果。结果显示，区域最终分配价值量在1%的显著性水平下对区域GDP有显著正向影响，进而可以验证理论假说。

表5 基础回归结果

| 变量 | 系数 |
| --- | --- |
| $avl$ | 23.301*** |
|  | (1.123) |
| 时间固定 | 是 |
| 常数项 | -3.813e+07*** |
|  | (1.833e+07) |
| 样本量 | 93 |
| $R^2$值 | 0.835 |

注：\*、\*\*、\*\*\*分别表示在10%、5%、1%的水平上显著，括号内的值为稳健标准误；余表同。

数据来源：根据国家统计局（http://www.stats.gov.cn/）数据计算。

进一步，本文分别采用GDP对数和区域GDP全国占比作为被解释变量，最终分配价值量对数和区域最终分配价值量的全国占比作为解释变量进行回归，从而进行稳健性讨论。ln$gdp$和ln$avl$分别为GDP对数和最终分配价值量对数，$gdpp$和$vlp$分别表示区域GDP全国占比和区域最终分配价值量全国占比，回归结果与基础回归结果基本一致。

表6 稳健性讨论

| 变量 | ln$gdp$ | $gdpp$ |
| --- | --- | --- |
| ln$avl$ | 0.884*** |  |
|  | (0.021) |  |
| $vlp$ |  | 0.865*** |
|  |  | (0.032) |
| 时间固定 | 是 | 是 |
| 常数项 | 4.851*** | 0.004** |
|  | (0.331) | (0.002) |
| 样本量 | 93 | 93 |
| $R^2$值 | 0.954 | 0.890 |

数据来源：根据国家统计局（http://www.stats.gov.cn/）数据计算。

## 六　总结与启示

基于马克思主义政治经济学的基本原理，本文构建了"区域价值创造—区域价值交换—区域价值转移—区域价值分配—区域发展平衡性"的分析框架。首先，本文将区际贸易还原为跨区域的劳动交换，在厘清生产部门和非生产部门概念的基础上，分别探讨了生产部门区际贸易和非生产部门区际贸易的价值转移机制，进而提出运用投入产出数据测算中国区际贸易价值转移的方法。然后，本文利用该方法对2012年、2015年、2017年中国31个省级区域价值创造、生产部门区际贸易价值转移、非生产部门区际贸易价值转移、区域价值分配情况进行经验分析。

一是在区域价值创造方面，东部区域价值创造的全国占比达到50%以上，中部区域达到20%以上，西部区域低于20%，而东北区域低于10%。二是生产部门区际贸易与非生产部门区际贸易所导致的价值转移量占全国价值创造总量的比值为1.7%~2.1%，且呈现逐渐降低的趋势。其中，生产部门区际贸易价值转移量占比略高，但呈现下降趋势，而非生产部门区际贸易价值转移量占比相对略低，但呈现上升趋势。三是在区域价值分配方面，东部区域多实现价值净转入，而中西部和东北区域价值则多被净转出，因此东部区域价值分配占比高于价值创造占比，而中西部和东北区域价值分配占比低于价值创造占比。四是在区域平衡发展方面，计算2012~2020年人均GDP的人口加权变异系数和基尼系数可以发现，党的十八大以来，中国区域经济发展不平衡程度显著下降。同时，面板数据的计算结果表明，区域价值分配量会对区域GDP产生显著的正向影响。以上四点发现为本文构建的分析框架提供了经验证据。

推进共同富裕要求增强区域发展的平衡性，而区际贸易所导致的区域价值转移又会影响区域价值分配。无论是生产部门还是非生产部门，区际贸易导致的价值转移均同特定区域的产业结构有关。由于生产集聚能够实现规模效应并提升效率，因此建立全国统一大市场，促进生产集聚与区域分工，有利于实现效率变革与高质量发展。然而，在提升效率的基础上进一步实现区域协调发展，则还需统筹以下相关政策。一是引导"生产的空间格局"与"空间格局的生产"相适应，在促进产业集聚的同时谨慎投资"硬性"基础设施，避免因产业迁移造成固定资产的价值丧失。二是以产业集聚带动经济与人口的空间集聚，进而在经济总量空间不平衡的基础上实现人均量的平衡，形成兼顾效率与平衡的可行发展路径。三是结合区域分工、粮食安全、生态涵养与新能源开发等主体功能强化区域间政府的转移支付。

本文从国内经济循环的角度切入，讨论区域价值转移对区域平衡发展的影响。当然，上述分析仅限于区际贸易中的价值转移，而尚未针对其他渠道，如跨区域投资、转移支付等渠道所导致的区域价值转移进行专门分析，因此未来仍有进一步深化研究的空间。此外，将国内的区际贸易与国际贸易结合起来，并且考虑中国的经济体量，基于大国假设，可以尝试将中国不同区域参与国际分工与商品交换的特征纳入对国家价值的决定机制中，这有助于进一步深化对国内国际双循环的理解。[①]

**参考文献**

蔡昉，都阳．2000．中国地区经济增长的趋同与差异——对西部开发战略的启示［J］．经济研究，（10）．

陈飞翔，黎开颜，刘佳．2007．锁定效应与中国地区发展不平衡［J］．管理世界，（12）．

陈惠雄．2004．资源层次、经济重心与区域经济的多元合作发展［J］．中国工业经济，（8）．

---

① 感谢审稿人对本文未来深化研究方向以及结合海关数据处理投入产出表方法的启发性建议。

陈秀山，徐瑛．2004．中国区域差距影响因素的实证研究［J］．中国社会科学，（5）．

陈钊，陆铭．2002．教育、人力资本和兼顾公平的增长——理论、台湾经验及启示［J］．上海经济研究，（1）．

董雪兵，池若楠．2020．中国区域经济差异与收敛的时空演进特征［J］．经济地理，（10）．

冯长春，曾赞荣，崔娜娜．2015．2000年以来中国区域经济差异的时空演变［J］．地理研究，（2）．

冯志轩，李帮喜，龙治铭，等．2020．价值生产、价值转移与积累过程：中国地区间不平衡发展的政治经济学分析［J］．经济研究，（10）．

关兴良，方创琳，罗奎．2012．基于空间场能的中国区域经济发展差异评价［J］．地理科学，（9）．

李小建，乔家君．2001．20世纪90年代中国县际经济差异的空间分析［J］．地理学报，（2）．

芦惠，欧向军，李想，等．2013．中国区域经济差异与极化的时空分析［J］．经济地理，（6）．

陆铭．2017．城市、区域和国家发展——空间政治经济学的现在与未来［J］．经济学（季刊），（4）．

乔晓楠，冯志轩，张坷坷．2019．理解中国的贸易顺差：一个政治经济学的视角［J］．当代经济研究，（12）．

乔晓楠，李欣．2020．非生产部门的价值分割：理论逻辑与经验证据［J］．政治经济学评论，（4）．

乔晓楠，李欣，秦梦月．2021．非生产部门的国际贸易：理论基础与全球格局［J］．当代经济研究，（3）．

覃成林，张华，张技辉．2011．中国区域发展不平衡的新趋势及成因——基于人口加权变异系数的测度及其空间和产业二重分解［J］．中国工业经济，（10）．

宋德勇．1998．改革以来中国经济发展的地区差距状况［J］．数量经济技术经济研究，（3）．

孙久文，石林．2018．我国区域经济发展不平衡的表现、原因及治理对策［J］．治理现代化研究，（5）．

孙久文，姚鹏．2014．基于空间异质性视角下的中国区域经济差异研究［J］．上海经济研究，（5）．

孙志燕，侯永志．2019．对我国区域不平衡发展的多视角观察和政策应对［J］．管理世界，（8）．

王小鲁，樊纲．2004．中国地区差距的变动趋势和影响因素［J］．经济研究，（1）．

闫涛，张晓平，陈浩，等．2019．2001—2016年中国地级以上城市经济的区域差异演变[J].经济地理,(12).

燕安.2020.中国区域经济差异的时空演进[J].统计与决策,(20).

杨开忠.1994.中国区域经济差异变动研究[J].经济研究,(12).

周玉翠,齐清文,冯灿飞.2002.近10年中国省际经济差异动态变化特征[J].地理研究,(6).

Dagum C. 1997. A new approach to the decomposition of the Gini income inequality ratio[J]. *Empirical Economics*, 22(4).

Emmanuel A. 1972. *Unequal Exchange: A Study of the Imperialism of Trade*[M]. New York: Monthly Review Press.

Fujita M, Hu D. 2001. Regional disparity in China 1985-1994: The effects of globalization and economic liberalization[J]. *The Annals of Regional Science*, 35(1).

Gallo J, Ertur C. 2003. Exploratory spatial data analysis of the distribution of regional per capita GDP in Europe, 1980-1995[J]. *Papers in Regional Science*, 82(2).

Li B. 2017. *Linear Theory of Fixed Capital and China's Economy: Marx, Sraffa and Okishio*[M]. Berlin: Springer.

Marelli E. 1983. Empirical estimation of inter-sectoral and interregionl transfers of surplus value: The case of Italy[J]. *Journal of Regional Science*, 23(1).

Ochoa E M. 1989. Values, prices, and wage-profit curves in the U.S. economy[J]. *Cambridge Journal of Economics*, 13(3).

Okishio N. 1959. Measurement of the rate of surplus value[J]. *Economic Review*, 10(4).

Okishio N, Nakatani T. 1975. Profit and surplus labor: Considering the existence of the durable equipments (in Japanese)[J]. *Economic Studies Quarterly*, 26(2).

Parikh A. 1982. Decomposition of inequality measures and a comparative analysis[J]. *Empirical Economics*, 7(1).

Rodriguez-Pose A, Ezcurra R. 2010. Does decentralization matter for regional disparities? A cross-country analysis[J]. *Journal of Economic Geography*, 10(5).

Savran S, Tonak A. 1999. Productive and unproductive labour: An attempt at clarification and classification[J]. *Capital & Class*, 23(2).

Sraffa P. 1960. *Production of Commodities by Means of Commodities: Prelude to a Critique of Economic Theory*[M]. Cambridge: Cambridge University Press.

Wolff E N. 1977. Unproductive labor and the rate of surplus value in the United States, 1947-1967[J]. *Research in Political Economy*, (1).

Yamamoto D. 2008. Scales of regional income disparities in the USA 1955-2003[J]. *Journal of Economic Geography*, 8(1).

# 马克思流通时间的理论、模型和测算方法初探*
## ——一个资本循环视角

裴 宏 王诗榁**

**摘 要**：流通时间在流通问题的研究中居于关键地位，但相关研究多年来存在理论基础与实证方法相对割裂的问题。为了解决这一问题，本文在对马克思主义经济学流通理论和概念进行梳理、整合和扩展的基础上，以资本循环理论为视角对流通时间的理论模型和测算方法进行研究。并根据这一方法，使用省级面板数据对流通时间进行了试算，发现我国的流通时间在不同区域发展趋势不相同、整体而言平稳中略有上升；初步验证了资本周转速度的加快、批发业和运输条件的发展有助于缩短流通时间。此外，本文还分析了流通时间与产销率、消费时间与储蓄率的关系，并讨论了不同计算方法的优势与不足。

**关键词**：流通时间 资本循环 可计量模型

---

\* 原文发表于《经济学动态》2022 年第 1 期。
\*\* 裴宏，福州大学经济与管理学院副教授；王诗榁，福州大学经济与管理学院副研究员。

## 一 引言

流通体系在国民经济中发挥着基础性作用。在构建以国内大循环为主体、国内国际双循环相互促进的新发展格局中，建设现代流通体系是一项重要的战略任务。但与流通在实践中的重要性相比，关于商品流通的理论研究相对滞后，尤其是马克思主义流通理论的研究已较大程度地落后于实践发展（谢莉娟和王晓东，2021）。因此，近期一些研究者试图回归流通经济的理论本源，从马克思商业资本理论（宋则，2018）、劳动价值理论（王晓东和谢莉娟，2020）、社会总资本循环（谢莉娟和王晓东，2021）等角度对商品流通的基础理论进行重新梳理。

马克思在分析中始终将流通置于社会再生产的框架中，生产、分配、交换和消费是经济体系运行的四个环节，四者彼此联系、贯通和不可分割，脱离了资本循环与社会再生产就无法准确全面地认识流通。强调价值生产和价值实现的辩证统一、生产和流通的辩证统一，体现了马克思主义经济学有别于西方经济学的科学之处。通过《资本论》第一卷（生产过程）、第二卷（流通过程）及第三卷（生产和流通过程的统一），马克思构建了贯通生产和流通的再生产分析框架，这是马克思在经济学分析范式上的重要突破和贡献。

尽管流通问题在马克思的分析框架中如此重要，但现有马克思主义经济学的数理模型和经验研究，主要还是以线性生产模型和投入产出方法为基础展开的（冯志轩和乔晓楠，2019），该方法的思想来源主要是社会总资本再生产理论和生产价格－平均利润率理论，因此平衡和增长问题是现有研究的主要落脚点。在一定意义上可以说，目前对马克思主义流通理论的研究和发展，无论是在经济思想、数学建模还是在经验研究上都有待进一步深化。

流通时间在流通问题的研究中居于关键地位。流通时间是影响经济循环顺畅、生产和投资不断继起的重要因素，对生产资本发挥职能、实现积累都具有重要作用。早在20世纪80年代，学者便将"节约流通时间"视作社会主义基本经济规律之一，认为它对于提高社会经济效益有着较大作用（薛家骥和李宗金，1980；许学武，1988），及至近年来它仍然被认为是流通组织创新的核心（崔向阳，2015）。而从我国当前的经济发展现实来看，在新冠疫情等多种因素冲击下，我国经济发展面临需求收缩、供给冲击、预期转弱三重压力，畅通国内大循环、突破供给约束堵点是当前经济工作的重点，而缩短流通时间则是其中的重要表现。

对流通时间的测算与分析是准确认识流通发展现状、评价经济循环畅通程度、推动流通经济研究未来发展的关键之一。但是，与流通时间的基础性与重要性相比，对它的测算与实证研究相对不足。在研究方法上，由于缺乏与马克思主义流通理论相适应的理论模型和经验研究框架，现有文献主要采取DEA、生产率核算（如LP、ACF）等基于新古典经济学生产函数的方法对流通效率（王晓东和王诗桦，2016）、流通费用（谢莉娟等，2021）、市场统一程度（张昊，2020）等概念进行测算，但这些研究不能替代对流通时间的考察。例如，流通费用与流通中商品资本的总量相关，流通费用的绝对高低并不能完全反映流通职能执行的好坏与流通时间的长短。

在上述背景下，本文对马克思主义经济学中的流通概念[①]进行了梳理、整合和扩展，借鉴近年来将马克思资本循环理论应用于研究我国经济发展的思路（冯志轩等，2020；李帮喜等，2021），探索流通时间的测算模型和方法，并根据我国数据进行了试算。同时，本文探讨流通时间所使用的分析框架在经过扩展后，可以更一般地作为从马克思主义经济学视角分析各类流通问题的基本框架，以期为后续实证研究的开展提供借鉴。

---

① 对流通概念的详细讨论参见谢莉娟和王晓东（2021），第二部分我们也将对此进行专门讨论。

## 二 文献综述

流通时间是马克思主义政治经济学的概念,狭义的流通时间指商品资本转化为货币资本并进一步再投资为生产资本所经历的时间,广义的流通时间指生产时间和流通时间的总和。流通时间是影响经济循环顺畅、生产和投资不断继起的重要因素,相关研究以理论分析与质性研究为主(杜禹,1980;许学武,1988;周丽群,2017)。由于缺乏适当的基础理论模型以及对应的测算模型(特别是考虑到我国的统计口径),在定量研究中,研究者通常关注流通费用、流通效率、市场统一程度、渠道长度等因素,几乎没有对流通时间的定量研究。

例如,在流通费用的研究中,研究者将财务指标转化为纯粹流通费用与生产性流通费用,从而评价流通费用的高低(谢莉娟等,2021)。在流通效率的研究中,研究者通过DEA方法,以流通的综合投入与综合产出对比进行测算,并分析其影响因素(王晓东和王诗桦,2016)。在市场统一程度的研究中,则以一价定律为理论基础,通过价格法等方式进行测算(张昊,2020)。从理论内涵而言,流通费用、流通效率、市场统一程度等与流通时间有所区别,无法解决流通时间本身的研究困境。从研究框架的统一性而言,流通效率等概念在具体问题上可以视作评价流通过程的指标,但在将它们与马克思主义流通理论结合的过程中依然需要克服不少困难,特别是LP、ACF等生产率的主流测算方法既与生产函数设定相关(这一生产函数与马克思主义政治经济学的相容性有待进一步探讨),同时也偏向于对生产过程的刻画,而与流通过程并不完全一致。

因此,对于推动流通时间相关研究的进一步发展,前提与基础便在于对流通时间进行测算。马克思资本循环理论及其数理模型为测算流通时间提供了研究框架。对于资本循环,目前有两种建模思路,即传统的"容器法"和近十年来兴起的"要素法",前者以资本循环中的商品资本、生产资本和货币资本等高度抽象的概念为操作对象，后者以资产负债表中的现金、固定资本等更具体的概念为操作对象，以不同的形式研究资本的运动和积累过程。① 而对于流通时间的研究，则基本上是基于容器法进行的，因此本文对资本循环模型的讨论均是围绕容器法展开的。

最早通过资本循环模型讨论流通时间的是 Foley（1986），他的模型是后来绝大多数资本循环模型的原型。Foley 将资本循环中耗费的时间描述为一种"时滞"（lag）。生产时间是价值停留在生产资本中、没有立即转化为商品资本的时滞；他又将流通时间分别描述为"实现时滞"（realization lag）和"融资时滞"（financial lag），前者是价值停留在商品资本中的延迟，而后者是指价值停留在货币资本中的延迟。

在资本循环模型的早期版本中，人们将这些时滞理解为一次性的时间延迟，用差分微分方程描述含有时滞的资本循环。后来的文献将模型进行了一般化推广，改为使用卷积进行描述。但由于卷积分析比较复杂，因此在实际研究中目前人们基本上还是使用早期的差分微分方程模型。这一类研究近年来比较有代表性的有 Santos（2011）、Basu（2014）和 Vasudevan（2016）。

这种传统模型在理论层面具有诸多局限性，和本文关系最为密切，也是最重要的。首先，现有文献将资本循环中的时间因素理解为一种时滞，只是作为研究诸如经济不稳定性等问题的一种技术处理手段，真正意义上的生产时间和流通时间范畴本身并不是研究的对象。现有资本循环文献既缺乏对流通时间内涵的阐释，也缺乏在当代经济条件下对流通时间规律的探讨。其次，对于用卷积函数表示流通时间这一处理方法的经济意义也缺乏模型化的、深入的解释。

传统模型也缺乏面向应用的转化，与现实分析还有很大距离，尚需将理论模型进一步转化为可实际测算的模型。其中的重要问题是，传统

---

① 对资本循环建模的详细介绍，可以参见裴宏和李瑞钦（2020）。

的时滞概念仅具有工具意义,如何将之转化为具有现实意义的变量并不明确,目前为止只有少数试探性研究。其中较为成熟的是 Matthews (2000),此后研究便陷入了停滞。该研究是本文的重要参考,但仍有如下局限性:首先,该文献的目标不是研究流通问题,对流通本身和相关范畴的阐述不足,方法论层面的理论解说也不充分;其次,估算过程很复杂,包含很多和资本循环的时间结构及流通本身无关的内容;最后,该方案无法直接应用于对流通问题的研究,需要改进。

因此,本文的边际贡献在于:(1)较为全面地从资本循环理论的角度对流通及流通时间的内涵进行了阐述,并特别强调了"次级循环"的影响;(2)对现有的资本循环模型文献进行了一定程度的整合,并对其中反映流通时间的指标进行了更明确的理论界定;(3)提出了针对性的、精炼的且具有操作性的流通时间估算模型,并进行了初步的试算;(4)基于试算结果对我国近年来的流通时间问题进行了试探性的讨论。

## 三 马克思主义经济学流通时间学说的内涵

### (一)《资本论》中流通时间学说的基本内容

尽管马克思在《资本论》第一卷中已对简单商品流通进行了分析,但他对流通及流通时间的具体界定和认识主要不是从简单商品流通的角度说的,而是以《资本论》第二卷的资本循环和周转为背景展开的。"流通时间"有广义和狭义两个层次。狭义的流通时间就是通常所指的资本周转时间中与生产时间相对的部分,即商品资本转化为货币资本并进一步再投资为生产资本所经历的时间;广义上的流通时间则是指生产时间和流通时间的总和,即资本周转的总时间,马克思将之称为资本的总流通时间(胡钧和王生升,2012)。

在《资本论》中,马克思将狭义流通从广义流通中分离出来专门进行研究，因此"流通（时间）"通常来说就是指狭义流通（时间）。马克思将（狭义）流通时间划分为"销售时间"和"购买时间"两个部分，对应了资本循环中"商品资本→货币资本→生产资本"的时间流动。他进一步从四个方面讨论了流通时间的决定因素：（1）地理空间距离；（2）交通运输条件；（3）供货契约或者说商业信用的规模[1]；（4）为了再生产而必需的货币准备金和原材料储备[2]。可见，马克思主要是从交易技术的角度阐述流通时间的来源和长短，由此他进一步认为流通时间会随着交易技术和条件的变化而变化，甚至可能接近于零[3]。

马克思认为，流通时间的延长对生产资本发挥职能、实现积累起到的是"消极限制的作用"。[4] 这是因为在资本循环的总过程中，流通过程只是货币商品经济条件下，剩余价值实现资本化不得不克服的环节。流通时间的延长往往意味着价值实现上更复杂的不确定性和更大的纯粹流通费用，因此"生产的连续性要求最大限度缩短流通时间"（谢莉娟和王晓东，2021）。但是应当强调的是，马克思从未否认流通过程对资本积累和经济增长的作用；事实上，正是通过资本循环中的流通环节，生产过程中所创造的价值和剩余价值才能得以实现并进一步转化为资本积累。在货币商品经济条件下，没有顺畅、精准的流通过程，就不可能实现扩大再生产和经济增长。

### （二）马克思流通时间学说应用于当代流通问题研究中的一些补充

虽然马克思对流通时间的分析主要是以19世纪资本主义商品-资本流通为研究对象、以较为抽象地解说资本循环过程为理论目的而展开

---

[1] 马克思：《资本论》（第二卷），人民出版社，2004，第277~281页。
[2] 马克思：《资本论》（第二卷），人民出版社，2004，第281~284页。
[3] 马克思：《资本论》（第二卷），人民出版社，2004，第142页。
[4] 马克思：《资本论》（第二卷），人民出版社，2004，第142页；马克思：《资本论》（第三卷），人民出版社，2004，第937页。

的，但对于人们认识、测算当今货币商品经济中的流通时间具有重大的指导意义。同时，我们也需要根据移动支付、电子商务等现实情况，在保持资本循环理论基础和整体框架不变的前提下，在实际测算过程中结合具体情境对模型细节加以补充和发展。

首先，马克思将流通时间划分为销售时间和购买时间，这是从资本形态变化的视角来看的，即从资本循环过程来看，资本运动依次经历了"生产时间—销售时间—购买时间"的过程。但还应当认识到，在社会总资本的循环过程中，不同个别资本的循环是互相交织在一起的，对于一个资本来说是商品资本转化为货币资本的过程，对于另外一个资本而言则是货币资本转化为生产资本的过程。因此，在今天从宏观经济的角度对流通时间加以研究和测算时，应当从销售时间和购买时间相统一的角度加以把握：流通时间一方面是商品资本出售、价值实现的时间，另一方面同时又是货币资本进行投资的时间；不应当将宏观上的"买"和"卖"视作两个相互独立、时间上前后继起的时间和阶段。①

其次，马克思在《资本论》中讨论资本循环时，既是研究资本一般的循环，又是研究单个资本的循环，因此他对流通时间的分析，同样既是站在资本一般的角度，又是站在单个资本流通的角度展开的。这是一种理论抽象。但在对现实问题的研究中，对宏观资本循环和微观资本循环的研究方案又不完全一样。对于单个、微观资本循环的过程，基本上可以按照马克思所刻画的三个环节直接加以研究。而在宏观上，由于宏观问题是大量微观资本循环的总反映，因此总资本循环中的各个环节无论是在数据上还是在经济过程上都不是彼此独立的，而是互相交织在

---

① 此处并非否定宏观资本循环中"商品资本转化为货币资本"同"货币资本转化为生产资本"两个过程仍具有相对独立性，而是更重在强调二者在宏观层面的内在关联，即不能简单地用单个资本循环过程来类比总资本循环过程的宏观特征。在高度简化和抽象的模型下，宏观上的销售时间和购买时间是一致的，但在更复杂和现实的设定中（比如包含金融系统、固定资本周转等），二者在量上的动态关系则比较复杂。无论如何，在宏观上，销售时间和购买时间都是研究流通时间的不同视角，不会呈现微观中"销售时间+购买时间=流通时间"的关系。从价值实现的角度研究流通时间，并非主张销售时间必然等价于购买时间，后文会做进一步说明。

一起的。所以，在利用马克思资本循环理论研究宏观经济问题时，应当从"价值生产""价值实现"和"再投资"三个不同的循环视角来研究影响总循环的不同经济因素。本文对流通时间的估算，正是站在全国或者省份的宏观层面，从价值实现的视角研究总资本循环或者说宏观经济增长中的流通问题。①

再次，流通是"资本从它离开生产过程到它再回到生产过程这一整个时期"（谢莉娟和王晓东，2021），流通过程其实是多个维度的商品-资本运动过程。第一个维度是交换价值意义上的流通。由于今天往往采用银行电子账户的方式进行即时交易，因此这个意义上的流通时间主要受商业决策和谈判过程的影响。第二个维度是使用价值意义上的流通。商品资本最终转化为生产资本实现再生产，除了货币意义上的交易需要完成以外，商品在物的意义上也要通过完整的运输、装置、调试等"在途"时间才能最终真正成为生产资本（可变资本的投资也要经历相应的培训等时间）。这个意义上的流通时间主要受技术性因素和其他摩擦的影响。虽然在马克思的抽象分析中，交换价值和使用价值的流通是资本形态转化过程中相统一的两个方面，但亦不否认二者具有一定的相对独立性（比如在固定资本的周转中），其流通时间或有重叠或互有先后，对资本循环产生影响的方式亦不尽相同。因此，可以将二者看作两个独立的部分：一是商品资本等待销售、价值实现所需要的时间，二是货币交易已经完成但在发挥生产资本职能之前所必须等待的时间。可以将前者称为"交换价值流通时间"，将后者称为"使用价值流通时间"。当马克思从运输的角度谈及流通时间时，就是从使用价值流通时间的角度讨论的。

复次，马克思主要从交易技术的角度阐释流通时间的影响因素，甚至提出交易技术的发展将使流通时间趋近于零。这一点事实上应当结合《资本论》第二卷的理论目的和19世纪的时代背景来理解。从理论目

---

① 当然，本文的方法原则上也可应用于企业层面的微观资本循环及相应流通时间的研究。

的来看，《资本论》第二卷中两次专门谈及流通时间：第一次是在资本循环中，第二次是在（作为资本循环进一步延伸的）资本周转中，两个部分的理论重点均在于阐述资本流通的意义以及影响资本积累的时间因素和动态结构，此时从技术视角来界定流通时间能更好地简化分析。从时代背景来看，在19世纪的欧洲，交易结算、货运技术和市场隔离仍然是制约商品-资本流通从而制约资本积累的重要因素，因此马克思对交易技术进步加速资本流通的积极影响加以特别强调。但在今天，流通时间既由客观交易技术决定，同时又是与各种经济因素相互影响且变化剧烈的内生变量；甚至在一定意义上可以说，至少在短期中，流通时间更主要地取决于企业和消费者的投资和消费意愿。① 流通时间既决定了价值实现过程，又是价值实现过程的反映——这也是对流通时间进行测算的理论意义之一。

最后，马克思对可变资本投资及其货币回流过程阐述不多。结合19世纪的历史条件，马克思往往假设货币工资立即转化为劳动力再生产所必需的消费资料，不存在储蓄和其他金融支出，从而可以认为在货币资本转化为生产资本的过程中，不仅不变资本投资立即转化为对生产资料的需求，可变资本投资也立即转化为对消费资料的需求，二者在资本循环上和对流通的影响上具有很大的相似性。但是在今天，可变资本投资及其回流过程有别于不变资本，构成了主资本循环之外的次级循环过程。具体来说，不变资本投资在支出时就立即形成对生产资料的购买，实现商品流通和货币回流；而工资和股利分红则会以银行储蓄或家庭金融投资等方式进入并暂时停留在金融空间，无法立即实现货币回流、完成商品流通。本文的"消费时间"特指将从家庭获得货币收入开始到这些货币最终转化为对消费品的有效需求，从而实现回流的时间，这也就是货币停留于次级循环中的时间。显然，"消费时间"（进

---

① 事实上，马克思也曾说道："在其他条件相同的情况下，同一个单个资本的出售期间，随着市场情况的一般变动或者随着特殊生产部门的市场情况的变动而变动。"参见：马克思《资本论》（第二卷），人民出版社，2004，第277页。

而更一般的"次级循环时间")越长,企业的货币回流就越慢,生产出来的价值就越难立即在市场上找到实现自己的货币,从而最终延长了主资本循环的流通时间。

**(三) 马克思主义经济学流通 (时间) 概念的复杂性及本文对相关概念的界定**

在马克思使用"流通"一词时它本身就具有不同含义,不同含义下的流通亦有所重叠及区别。从测算方法严谨性角度考虑,有必要对"流通"一词的概念进行辨析,并界定本文所测算的流通时间。

在现有的流通经济学文献中,人们往往将马克思所指的"流通"归为两个大维度:(1) 简单商品流通;(2) 资本流通 (谢莉娟和王晓东,2021)。其中,简单商品流通维度是指商品生产和以使用价值为目的的商品交换过程的总和,在实际研究中又以后者为主要关注点。而资本流通维度则是以资本循环为视角分析流通,包含前文所述的广义和狭义两个层次。广义流通即完整的资本循环过程,而狭义流通则特指资本循环中生产过程之外的部分。人们还对狭义流通进一步划分,将其中的"商品资本转化为货币"以及"货币转化为原料和劳动资料",即对"物"的买卖过程称为"大流通"(商业资本问题被收纳在"大流通"之中),而将狭义流通中"货币同劳动力相交换"的过程称为"小流通"。流通经济学主要研究的是第一个维度以及第二个维度中的"大流通"过程,也就是说,主要是从"物"的买卖 (无论是作为资本流通还是简单商品流通) 角度来阐释流通问题。

本文结合马克思资本循环框架,对上述研究传统进行了整合和扩展。本文所界定的流通就是商品资本在市场交换中价值实现的过程,而流通时间就是商品资本价值实现所需要的时间。采用这一界定有以下几个方面的原因。

首先,体现了马克思资本循环理论对流通过程价值实现属性 (与生产过程的价值创造属性相对应）的强调，马克思本人认为在流通时间中，销售时间是"相对地说最有决定意义的部分"[①]。

其次，从马克思主义流通理论的研究传统来说，延续了从"物"的角度进行研究的传统。对价值实现意义上的流通时间的测算，既强调了流通时间的资本循环和再生产内涵，又契合了流通经济学研究中的传统思路和迫切需求，能最大限度地和现有研究相结合。

再次，在实际测算方法上，采取这种界定方式也更为清晰简明。流通其实涉及两个循环：马克思在《资本论》中所谈的主循环及由其派生的、马克思未明确阐述的次级循环，二者的买卖过程互相交织，产生了极为复杂的流通关系。尽管"买"和"卖"是流通过程的两面，原则上人们既可以从"买"也可以从"卖"的过程角度研究流通（时间），但由于存在次级循环因素，"购买时间"和"销售时间"之间存在动态不一致性，即某一时刻商品资本的出售，不必然等于该时刻货币资本的支出（尽管一定等于对商品资本的购买）。从"购买/投资"的角度来研究流通时间，无法清晰地把握价值实现的内涵；而"销售/融资"的方面则既包括"大流通"过程，又包括"小流通"所派生的消费需求，能更直接地反映流通过程的价值实现属性。

最后，由于马克思流通学说的整体性，无论是广义流通时间还是狭义流通时间，都可以纳入资本循环框架进行统一阐释，在建模和测算方法上也并无本质差别。因此，尽管本文在具体测算上是从价值实现的角度讨论狭义流通时间，但基本方法可以很容易地推广到对货币资本转化为生产资本的时间，乃至广义流通时间的研究中去。[②]

---

[①] 马克思：《资本论》（第二卷），人民出版社，2004，第276页。
[②] 为了行文和阅读的方便，在后文中仍然按照目前文献和生活实践中的习惯，用"流通（时间）"特指"狭义流通（时间）"，而其中"小流通"所派生的价值实现问题专门从次级循环的角度加以阐释。

## 四 流通时间的基本分析和测算框架：资本循环模型

如前所述，在马克思主义经济学中，人们通过资本循环模型对狭义流通时间（同时也可以对生产时间，从而广义流通时间）进行刻画。现有常见模型（下文简称为"标准模型"）是用"生产时滞"（production lag）来刻画生产时间，用实现时滞和融资时滞来刻画流通时间。这里的时滞是指在资本循环过程中，价值在从一种资本形态转化为另外一种形态前停留的时间。例如，生产资本创造出的价值凝结在商品中后，它要以商品资本的形态等待一段实现时滞才能转化为货币资本；而在商品出售后，价值要以货币资本的形态等待一段融资时滞再投资为生产资本；生产资本在形成后要经历一段生产时滞，才能创造及转移价值到商品资本中去。

在标准模型的近期发展中，人们通过"价值转移函数"（下文简称"转移函数"）的形式一般化了上述的时滞概念。具体来说，若设 $t$ 时刻的资本支出流（outlay flow）为 $C_t$，那么 $t$ 时刻产出的价值流 $P_t$ 为：

$$P_t = \int_{-\infty}^{t} (1 + q_\tau) \chi_{t-\tau} C_\tau d\tau \tag{1}$$

式中 $\chi_{t-\tau}$ 为价值转移函数，$q_\tau$ 为价值增殖率。转移函数的意思是，在 $\tau$ 时刻支出的货币资本 $C_\tau$ 的价值中在 $t-\tau$ 时刻"转移"到生产资本上的份额为 $\chi_{t-\tau}$，这蕴含 $\int_0^\infty \chi_\tau d\tau = 1$。[①] 价值增殖率 $q_\tau$ 反映了价值生产环节在 $\tau$ 时刻创造并凝结在商品资本中的价值增殖。注意到，价值增殖率和利润率是两个不同的概念，价值增殖率反映的是价值生产的技术性特征，只有在生产出来的价值完全出售、实现为货币后，价值增殖率才转化为等量的利润率。

---

[①] 这里使用标准模型中的表述。这一设定在理论上不够精确，但从应用的角度来说是可行的。

当 $\chi_{t-\tau}$ 取不同形式时，式（1）就可以写为各种具体的数学形式。由于从数学的角度来说，可以将 $\chi_{t-\tau}$ 看作一种概率分布，因此式（1）表达了一个卷积计算。根据卷积的定理，当 $\chi_{t-\tau}$ 为狄拉克函数时，式（1）就退化为价值增殖的传统形式 $P_t = (1+q_t) C_t$；而当 $\chi_{t-\tau}$ 为延迟狄拉克函数形式时，式（1）就可以写为含有时滞的价值增殖方程 $P_t = (1+q_{t-T_P}) C_{t-T_P}$，其中 $T_P$ 为前文所说的生产时滞。[①]

在标准模型中，人们常用这一等式作为刻画生产时间的理论形式。但应当认识到的是，由于在标准模型中，人们往往没有明确刻画资本支出流量和生产资本存量之间的转换关系，因此严格来讲，这里的生产时滞 $T_P$ 其实包含两层含义：一是从货币资本支出到形成生产资本所必要的转化时间，这一部分其实是属于流通时间的范畴（后文具体解释）；二是本来理论意义上的生产时间。可见，标准模型用生产时滞 $T_P$——或者更一般地说转移函数 $\chi_{t-\tau}$——所表达的生产时间，本质上只是在特定研究场景和对象下的一种模型意象，和理论意义上的生产时间并没有对应关系。"转移函数"所说的"价值转移"并不是指劳动价值论意义上的价值转移，和生产时间等理论范畴也不存在严格关联，而只是一种建模方法。所以，在不同场景下，转移函数具有不同的含义，应当结合实际情况加以解释。

同理，在价值实现环节有：

$$S_t = \int_{-\infty}^{t} \gamma_{t-\tau} P_\tau d\tau \tag{2}$$

式中的 $\gamma_{t-\tau}$ 即价值实现上的"转移函数"，表达的是 $\tau$ 时刻生产出的价值流 $P_\tau$（凝结在商品资本的形态上）在 $t-\tau$ 时刻转化为货币资本的份额，并且有 $\int_0^\infty \gamma_\tau d\tau = 1$。同样，此处"转移函数"的内涵也应当从建模

---

① 狄拉克函数 $\delta$ 是一个广义函数，该函数除了零点以外取值均为零，而在整个定义域上积分为 1。狄拉克函数 $\delta$ 的卷积具有如下性质：$x(t) * \delta(t) = x(t)$。延迟狄拉克函数 $\delta(t-t_0)$ 的卷积具有如下性质：$x(t) * \delta(t-t_0) = x(t-t_0)$。这里的 * 号表示卷积运算。

的角度进行把握，因为就马克思劳动价值论和资本循环理论来说，商品资本向货币资本的转化本身不存在"价值转移"，只是价值从一种外在形式向另一种外在形式的转换。在式（2）中，如果 $\gamma_{t-\tau}$ 取狄拉克函数的形式，则有 $S_t = P_t$，这反映了所有生产出来的价值立即在市场上完全实现的情形，也是最传统的理论情形；而如果 $\gamma_{t-\tau}$ 取延迟狄拉克函数的形式，则有 $S_t = P_{t-T_R}$，其中 $T_R$ 即实现时滞，这意味着所有生产出来的商品必须在耗费 $T_R$ 的时间后才能出售并实现其价值。因此，$T_R$ 在微观上是销售时间，在宏观上就是从价值实现视角观察的流通时间。

资本循环的第三个阶段是货币资本再次生产资本化的环节，理论上讲有：

$$C_t = \int_{-\infty}^{t} \psi_{t-\tau}(S_\tau - \Pi_\tau) d\tau \tag{3}$$

这里的 $\Pi_\tau$ 为 $\tau$ 时刻实现的价值流 $S_\tau$ 中以股利分红等形式转化为家庭消费的部分，从而 $\psi_{t-\tau}$ 为 $\tau$ 时刻的销售额（扣除分红后的余额）在 $t-\tau$ 时刻用于投资或者说转化为资本支出的部分。容易检验，如果 $\psi_{t-\tau}$ 采取狄拉克函数形式，式（3）就退化为传统的资本积累模型；而若采用延迟狄拉克函数形式，则有 $C_t = S_{t-T_F} - \Pi_{t-T_F}$，其中 $T_F$ 即融资时滞，反映了任意时刻的销售收入必须经过 $T_F$ 的时间——可以解释为投资前必要的决策和财务等工作所需要的时间，才能转化为实际投资支出。因此，在标准模型中，$T_F$ 也是流通时间的反映。

另外，式（3）所反映的投资过程还会派生出次级循环过程，即货币工资和利润收入转化为消费品的过程也存在时滞，理论上可以用下式表示：

$$Z_t = \int_{-\infty}^{t} \omega_{t-\tau}(W_\tau + \Pi_\tau) d\tau \tag{3'}$$

其中 $W_\tau$ 为 $\tau$ 时刻所支付的货币工资，$\omega_{t-\tau}$ 为 $\tau$ 时刻的家庭收入（包括工资收入和股利分红）在 $t-\tau$ 时刻用于消费的部分。同样，如果 $\omega_{t-\tau}$ 采取狄拉克函数形式，式（3'）就退化为古典消费假设，即家庭收入在当期完全转化为消费品购买，此时就不存在次级循环问题；而若采用延迟冲激函数的形式，则有 $Z_t = W_{t-T_C} + \Pi_{t-T_C}$，其中 $T_C$ 为"消费时间（时滞）"，反映了任意时刻的家庭收入必须暂时储蓄起来经过 $T_C$ 的时间才用于购买生活资料。消费时间是总流通时间的重要决定因素之一。

式（1）~式（3'）就构成了在资本循环框架下刻画资本周转时间的基本模型，也是本文提出的流通时间测算方法的基本原理。

## 五 流通时间的测算方法

根据前文的分析，流通时间可以从交换价值和使用价值两个维度进行研究。但在"交换价值流通时间"和"使用价值流通时间"二者之中，对"交换价值流通时间"的估算在理论和实践上更为重要。这主要有以下几个方面的原因。第一，马克思研究流通过程的目的在于考察资本循环 $G—W\cdots P\cdots W'—G'$ 的规律，其理论旨趣在于强调商品和货币的交换和相互转化过程。而"使用价值流通时间"固然是流通时间的客观组成部分也是物质基础，但由于主要表现为生产和交换过程中技术上的"流程性环节"，因此在流通问题中处于较不重要的地位。第二，在凯恩斯之后，"需求"与"供给"的二分法分析框架更为明显，"有效需求"成为"生产"的对应物，人们往往将流通视作需求的一个因素加以把握。"交换价值流通时间"反映的是投资和消费意愿所决定的货币回流和价值实现，因此具有更重大的理论和现实意义。第三，在现实中，"使用价值流通时间"主要表现为一种技术特征，可以直接通过运输时间、建筑时间等现实条件进行更为具体、准确和多维度的考察；相反，基于宏观经济模型估算一个抽象的、笼统的"使用价值流通时间"的理论和实践意义不大。第四，"使用价值流通时间"通常比较短，在以年为尺度的宏观考察中，它对资本循环的影响相对并不明显。第五，在现有的数据条件下，若要对"使用价值流通时间"进行测算，还需要对货币和物量进行换算（如对中间投入品支出、固定资本存量及折旧等数据进行多步骤的估算），这将极大地降低和弱化测算结果的精度和意义。因此，下文选择围绕"交换价值流通时间"讨论估算方法并进行实例测算。①

在次级循环流通时间的估算上，尽管次级循环是一个非常一般的概念，但由于一方面家庭收入和消费所产生的金融循环是次级循环的典型形态，另一方面家庭消费在国民收入和经济增长中具有极其重要的地位，同时考虑到数据可得性问题，所以下文以"消费时间"为例分析次级循环的流通时间的估算方法。同样，这一方法也可以类似地推广到对其他次级循环流通时间的估算中。

### （一）流通时间的测算方法

前文已经说明，本文选择以价值实现为视角探讨流通时间问题，因此式（2）是本文提出的估算方法所依赖的基本方程，从而实现时滞 $T_R$ 是本文所测算的流通时间概念在理论上的表达。②

现有的资本循环文献从式（2）这个一般性卷积表达式出发，采用"先进先出"的理想假设简化分析，并假设转移函数退化为时滞为 $T_R$ 的狄拉克函数这一特殊情形，推导出实现时滞 $T_R$ 在理论上满足：③

$$\dot{T}_R = 1 - \frac{S_t}{P_{t-T_R}} \tag{4}$$

但是在现有的数据条件下，上述理论公式难以直接加以利用，因此需要根据其基本思想重新构建流通时间的测算原理。

---

① 事实上，在数据条件允许的情况下，对"交换价值流通时间"的估算方法可以完全相同地"移植"到对"使用价值流通时间"的估算中。
② 如前所述，原则上讲，也可以不选择以价值实现为视角，而是以企业"再投资"过程为视角来研究流通过程，那么就应当选择式（3）作为基本方程，此时融资时滞 $T_F$ 则成为流通时间概念的理论表达。但由于次级循环问题等多个原因，这个分析进路在理论上和数据上都更为困难，适合研究的问题也和本文略不相同。
③ 由于模型设定的问题，现有文献中所采用的形式和式（10）略有不同，但本质相同。关于式（10）的介绍可以参见 Santos（2011）。

微分方程（4）的核心思想是，基于"先进先出"的假设，任意时刻形成的商品资本，都必须等到该时刻所有现存的商品资本都已经出售后，才能实现向货币资本的转化。这是一个比较强的简化假设，虽然在理论推导上具有较大的意义，但在实际中，商品资本向货币资本的转化并不绝对服从"先进先出"的排队原则，而是具有很强的随机因素。因此，本文采用的方法是假设第 $i$ 个部门或地区的商品销售是一个随机变量，但在时间上满足分布 $\gamma_{t-\tau}^{R[i]}$，该分布决定了 $\tau$ 时刻生产的商品资本中有多少比例在经过 $t-\tau$ 时间后实现为货币收入，即仍采用式（2）的一般性形式：

$$S_t^{[i]} = \int_{-\infty}^{t} \gamma_{t-\tau}^{R[i]} P_\tau^{[i]} \mathrm{d}\tau \tag{5}$$

来描述价值实现过程，其中 $\gamma_{t-\tau}^{R[i]}$ 即价值实现的转移函数。

对于式（5）中 $\gamma_{t-\tau}^{R[i]}$ 的具体形式，由于在现实中，总商品的出售不会是（如冲激函数表达的那样）经过固定时间后一次性完成的，一般来说会经历"逐步出售——大批量出售——剩余部分零星出售"的销售过程，从而单位时间的销售量或者说分布 $\gamma_{t-\tau}^{R[i]}$ 就呈现倒 V 形的特征。[①] 因此，本文借鉴 Matthews（2000）的研究，假设它满足 $R=2$ 的负二项分布的形式：

$$\gamma_{t-\tau}^{R[i]} = \frac{(t-\tau+1)!}{(t-\tau)!} (1-\lambda_R^{[i]})^2 (\lambda_R^{[i]})^{t-\tau} \tag{6}$$

---

① 事实上，从几何形态来看，理想情况下的延迟狄拉克函数可以看作倒 V 形函数的极限情形。而从实践来看，根据生产和销售模式的不同，每种商品销售过程所表现出的倒 V 形分布也不同。例如，在订单制的产销模式下，商品生产出来后大多能在较短的时间内集中完成销售，只留极少量库存在后期零星出售。这在理论上，既可以看作峰值非常集中且接近纵坐标轴的倒 V 形分布，也可以理想化地看作销售密度随时间不断衰减的几何分布。事实上，后文展示了，本文模型也可以通过改变参数以几何分布来反映原材料和中间投入品等生产资料的销售过程，具有较强的一般性。因此可以认为，本模型是从宏观的角度，抽象地研究商品资本在平均意义上的倒 V 形价值实现特征。

其中$\lambda_R$为负二项分布的外生参数,表示商品售卖失败发生的概率。① 该转移函数具备这样的特征:随着时间间隔$t-\tau$的扩大,价值转移份额呈现倒V形。这意味着,某一时刻生产的商品资本会随着时间的推移,以越来越高的密度转化为货币资本,在达到顶峰后再逐步降低。

参数$\lambda_R$决定了或者说间接地反映了价值实现所需要的流通时间。人们也可以从负二项分布的角度对此加以解释。作为负二项分布的参数,$\lambda_R$在数学上的本意为某一事件"发生"的概率,在本模型中$\lambda_R$的直接意义是"价值转移失败"这一事件"发生"的概率。由于总商品资本转化为货币,不是经过一个固定时间后一次性完成的,而是以随机分布的形式逐步完成的,因此(平均)流通时间和商品的销售分布是同一个事情的两面。从微观来看,可以将$1-\lambda_R$看作单个商品成功出售的概率,但从宏观来看,它又反映了总商品中在特定时刻得以出售的份额。也就是说,任意$\lambda_R$明确了产品价值$P$中有$1-\lambda_R$的份额"成功"地在当年实现为货币资本。因此,$\lambda_R$越高就意味着平均起来的流通时间越长。② 根据$R=2$的负二项分布的性质,其期望值为$\dfrac{2\lambda_R}{1-\lambda_R}$,该数值可视作流通时间的"平均"长度。当然应当认识到,流通时间估算中所使用的具体函数形式(比如这里使用的负二项分布),纯粹是一种主观选择的拟合方法而不是理论推导的结果,我们不能直接从负二项分布的数学意义来理解转移函数的经济学内涵。

基于上述设定,式(5)可以写成如下形式:

---

① 应当认识到,估算模型选择总是面临经济学基础、现实准确性和数据可操作性三者的权衡。本文采用负二项分布有以下三个原因:一是该模型能较好地匹配理想条件下的理论分析,二是它能较好地转化为可操作的、成熟的时滞计量模型,三是因为它具有较强的扩展性和一般性(可以选择不同的$R$值以体现不同的时滞特征及精度)。同时,为了进一步验证本文方法和结果的合理性,本文还从多个角度进行了稳健性检验。当然,本文提出的方法只是一个初步探索,在未来的研究中,值得对模型和参数的具体设定进行进一步研究。

② 在这个意义上,流通时间既反映了循环的流畅程度(价值实现的时滞),又反映了生产的"过剩"程度。

$$S_t^{[i]} = \sum_{\tau=-\infty}^{t} \frac{(t-\tau+1)!}{(t-\tau)!} (1-\lambda_R^{[i]})^2 (\lambda_R^{[i]})^{t-\tau} P_\tau^{[i]} \tag{7}$$

我们可以通过式（7）来测算$\lambda_R$从而估算流通时间。从技术上讲，对$\lambda_R$的测算实际上就是Pascal滞后项的问题，因此利用Pascal延迟的性质，可以根据式（7）进一步写出更适合测算的形式：

$$S_t^{[i]} = 2\lambda_R^{[i]} S_{t-1}^{[i]} - (\lambda_R^{[i]})^2 S_{t-2}^{[i]} + (1-\lambda_R^{[i]})^2 P_t^{[i]} \tag{8}$$

当我们利用式（8）进行估计时，$P_t$和$S_t$对应的数据口径应当一致。不同数据口径下估算得到的$\lambda_R$的数值和理论内涵也略有不同，应当根据实际研究需要进行选择和解释。

值得指出的是，在实际测算中根据情况不同也可以用$R=1$的负二项分布（即几何分布）来替代式（6），即假设$\gamma_{t-\tau}^{R[i]}$满足：

$$\gamma_{t-\tau}^{R[i]} = (1-\lambda_R^{[i]})(\lambda_R^{[i]})^{t-\tau} \tag{9}$$

和式（6）相比，式（9）假设任意时刻生产的价值将以$\lambda_R$为比例，以等比递减的方式逐年实现为货币资本。此时对应的测算等式应当由式（8）改写为：

$$S_t^{[i]} = \lambda_R^{[i]} S_{t-1}^{[i]} + (1-\lambda_R^{[i]}) P_t^{[i]} \tag{10}$$

在实际应用中，究竟是应该选择式（8）还是选择式（10）进行拟合，应当从理论分析、实践经验以及统计条件等多角度进行综合考虑。

### （二）"消费时间"的测算方法

由式（4）可知，在价值生产$P_t^{[i]}$给定的情况下，流通时间取决于对商品的总需求。总需求提高，流通时间就缩短；总需求降低，流通时间就延长。总需求分为四个部分：企业的不变资本投资、家庭消费、政府购买、净出口。其中，家庭消费又可以进一步划分为通过工资收入进行的消费、通过资产性收入进行的消费以及通过银行贷款进行的消费。在这些价值实现途径中，企业的不变资本支出、净出口和消费贷款都立即形成了对商品资本的需求，从而立即实现了价值；而企业向家庭支付的工资和资产性收入并不能立即转化为需求，而是先转化为家庭的现金资产，然后按照家庭的消费计划缓慢地转化为消费需求。政府购买则比较复杂，由于政府支出既包括立即形成需求的投资性支出部分，也包括提供家庭收入从而形成延迟消费的转移支付部分。

根据上述分析并基于式（3'），记 $t$ 时刻第 $i$ 个部门或地区的销售量即价值的实现量为 $S_t^{[i]}$，则有：

$$S_t^{[i]} = K_t^{[i]} + B_t^{[i]} + NX_t^{[i]} + Gin_t^{[i]} + \int_{-\infty}^{t} \gamma_{t-\tau}^{W[i]} W_\tau d\tau \\ + \int_{-\infty}^{t} \gamma_{t-\tau}^{\Pi[i]} \Pi_\tau d\tau + \int_{-\infty}^{t} \gamma_{t-\tau}^{Gtr[i]} Gtr_\tau^{[i]} d\tau \quad (11)$$

其中 $K_t^{[i]}$ 为企业的不变资本支出，$B_t^{[i]}$ 为消费贷款，$NX_t^{[i]}$ 为净出口，$Gin_t^{[i]}$ 为政府投资，$W_t^{[i]}$ 为家庭的工资收入，$\Pi_t^{[i]}$ 为资产性收入，$Gtr_t^{[i]}$ 为政府的转移支付；工资收入、资产性收入和转移支付的消费转移函数分别为 $\gamma_t^{W[i]}$、$\gamma_t^{\Pi[i]}$ 和 $\gamma_t^{Gtr[i]}$。

严格来讲，工资收入、资产性收入和转移支付三者转化为消费的行为特征各不相同。一般来说，工资收入主要对应于维持家庭成员再生产的基本生活费用，剩余部分转化为储蓄；资产性收入则比较灵活，除了用于生活支出以外，剩余（甚至是主要）部分用于支出较不规律的金融投资以及高金额消费；转移支付则根据其内容和形式，情形更为复杂。但考虑到模型的简化及数据的可用性，而且在现实中，无论什么收入最后都汇入总的家庭账户进行消费，在消费时并没有区分对待，因此本文设工资收入、资产性收入和转移支付的转移函数相同，即假设存在一个总的消费转移函数，并用 $R=2$ 的负二项分布进行拟合，那么有：

$$\gamma_{t-\tau}^{W[i]} = \gamma_{t-\tau}^{\Pi[i]} = \gamma_{t-\tau}^{Gtr[i]} = \frac{(t-\tau+1)!}{(t-\tau)!}(1-\lambda_C^{[i]})^2 (\lambda_C^{[i]})^{t-\tau} \quad (12)$$

从而式（11）可以写为：

$$\bar{S}_t^{[i]} = \sum_{\tau=-\infty}^{t} \frac{(t-\tau+1)!}{(t-\tau)!}(1-\lambda_C^{[i]})^2 (\lambda_C^{[i]})^{t-\tau}(W_\tau^{[i]} + \Pi_\tau^{[i]} + Gtr_\tau^{[i]}) \quad (13)$$

其中，$\bar{S}_t^{[i]} = S_t^{[i]} - K_t^{[i]} - B_t^{[i]} - NX_t^{[i]} - Gin_t^{[i]}$。根据上式可进一步得到：

$$\bar{S}_t^{[i]} = 2\lambda_C^{[i]} \bar{S}_{t-1}^{[i]} - (\lambda_C^{[i]})^2 \bar{S}_{t-2}^{[i]} + (1 - \lambda_C^{[i]})^2 (W_t^{[i]} + \Pi_t^{[i]} + Gtr_t^{[i]}) \quad (14)$$

显然，通过这里的 $\lambda_C^{[i]}$ 求得的消费时间，是将各种类型的家庭收入汇总在一起计算的转化为消费的总的"平均"时间。

除了用式（14）来估计消费时间以外，如果认为在以年为单位的时间尺度下，从全社会总体来看可以近似地认为家庭收入的主要部分立即转化为当年的消费，剩余的部分在未来以相同的比例逐年支出（即不存在一个明显的倒 V 形延迟消费特征），则可以用 $R = 1$ 的负二项分布（几何分布）进行拟合，用下式替换式（12）：

$$\gamma_{t-\tau}^{W[i]} = \gamma_{t-\tau}^{\Pi[i]} = \gamma_{t-\tau}^{Gtr[i]} = (1 - \lambda_C^{[i]})(\lambda_C^{[i]})^{t-\tau} \quad (15)$$

那么式（14）可以替换为如下形式：

$$\bar{S}_t^{[i]} = \lambda_C^{[i]} \bar{S}_{t-1}^{[i]} + (1 - \lambda_C^{[i]})(W_t^{[i]} + \Pi_t^{[i]} + Gtr_t^{[i]}) \quad (16)$$

## 六　对中国流通时间的测算

### （一）中国总商品的价值实现所需要的时间

我们在此使用国家统计局公布的 2008~2017 年[①]省级面板数据（不含港、澳、台地区），基于在第五部分推导出的式（10），即：

$$S_t^{[i]} = \lambda_R^{[i]} S_{t-1}^{[i]} + (1 - \lambda_R^{[i]}) P_t^{[i]}$$

---

① 选择这一时间跨度的原因在于 2017 年后本文使用的一些测算消费时间的数据不再公布（如劳动者报酬），虽然也可使用工资总额等间接替代，但出于算例的严谨性考虑，我们希望尽可能减少对原始数据的估算。虽然这一问题并不影响此处对流通时间的测算时间跨度进一步拉长，但由于本文主要旨在展示方法，因此选择保持二者时间跨度的一致性。当然，在对本方法的实际应用中，应当根据研究的具体情况，对数据选择和估算进行针对性的处理。

对流通时间进行测算。而将式（8）用于后文的稳健性检验。由于现有统计口径中并无直接对应于企业生产和实现价值的度量，因此我们采用如下方式测算：使用主营业务收入衡量企业生产商品资本的销售量$S_t^{[i]}$；使用"主营业务收入+亏损企业利润+期末产成品"近似地反映企业生产的商品资本价值$P_t^{[i]}$，其中主营业务收入表示当期完成销售的商品资本，亏损企业利润代表当期生产却未能成功销售的商品资本，而期末产成品表示当期生产而还未进入销售环节的商品资本。这些数据来自《中国统计年鉴》。

理论上说，可以根据式（10）直接通过代数方法解出$\lambda_R$。表1展示了按照直接求解的方法所得我国分区域的$\lambda_R$（删除了大于1与小于0的异常值）。①

表1 直接计算得到的分区域$\lambda_R$

| 年份 | 全国 | 华北 | 东北 | 华东 | 中南 | 西南 | 西北 |
| --- | --- | --- | --- | --- | --- | --- | --- |
| 2009 | 0.410 | 0.402 | 0.230 | 0.373 | 0.301 | 0.487 | 0.604 |
| 2010 | 0.163 | 0.155 | 0.141 | 0.141 | 0.127 | 0.220 | 0.198 |
| 2011 | 0.215 | 0.213 | 0.181 | 0.218 | 0.166 | 0.239 | 0.270 |
| 2012 | 0.342 | 0.396 | 0.266 | 0.283 | 0.381 | 0.342 | 0.357 |
| 2013 | 0.333 | 0.406 | 0.325 | 0.325 | 0.208 | 0.359 | 0.378 |
| 2014 | 0.431 | 0.538 | 0.422 | 0.377 | 0.336 | 0.419 | 0.569 |
| 2015 | 0.480 | — | — | 0.462 | 0.424 | 0.480 | 0.862 |
| 2016 | 0.484 | 0.509 | 0.475 | 0.476 | 0.421 | 0.416 | 0.663 |
| 2017 | 0.510 | 0.391 | 0.553 | 0.563 | 0.572 | 0.556 | 0.407 |

通过直接求解的方法来计算$\lambda_R$的前提是，理论模型中所假设的参数不变的负二项分布能较好地拟合价值转移。但很多现实因素会使价值转移并不严格地服从理论模型，尤其是相邻年份转移函数的参数$\lambda_R$可能会在随机冲击的影响下产生变化，此时通过$\lambda_R$不变的滞后模型进行直接计算就存在较大的局限性。基于此，另一个估算流通时间的方法是

---

① 这些异常值主要是随机冲击等因素导致的，下文将进一步解释。

在式（10）的基础上加入时间趋势项、截距项和残差等内容以吸收时间序列中的随机因素，通过回归的方式测算$\lambda_R$。因此，估算使用的计量方程为：

$$S_{i,t} - P_{i,t} = \lambda_R(S_{i,t-1} - P_{i,t}) + time_t + C + \varepsilon_{i,t} \qquad (17)$$

相比式（10），用于回归的估算方程增加了时间趋势项$time_t$、截距项$C$和残差项$\varepsilon_{i,t}$。在回归中，我们假设各省份均具有相似的价值实现时间$\lambda_R$，并通过回归的方式求得与各省份"平均"价值实现时间最接近的一致估计量$\hat{\lambda}_R$，而时间趋势项、截距项、残差项则捕捉了可能存在的随机冲击等因素。

式（17）可直接用于计量，后续研究者可根据研究需要与研究设计选择适当的估计方法。此处，我们通过三种不同估算方式作为算例展示估算结果。第一，我们使用了 OLS 方法做了估计，并按照每两年为一子样本的方式进行了划分（如 2008~2009 年和 2009~2010 年）。第二，考虑到回归分析中的解释变量包含被解释变量的滞后项，我们使用了两阶段系统 GMM 进行估计，并按照每两年为一子样本的方式进行了划分。第三，考虑到按照每两年为一子样本进行划分具有一定局限性，我们在两阶段系统 GMM 估计的基础上还进一步引入窗口分析。[①] 窗口分析需要确定适当的窗口期，已有研究认为窗口期 $d$ 取 3 或 4 在信度与

---

① 对于使用两年样本进行的测算而言，较短的时间跨度意味着估计值可能更容易受到数据统计偏误、内生性的影响。若我们延长时间跨度（比如 3 年）则意味着"流通时间不变"（模型中即$\lambda_R$不变）这一假设更难以得到满足，此外也会损失一部分样本信息。窗口分析是出于平衡二者而进行的一种实证设计思路，最初由 Charnes 等（1985）提出，本质上也可视作一种移动平均方法。窗口分析蕴含的思想是：我们没有其他外部信息确知流通时间在多年间是否会发生改变，因此一个相对合理的假设便是它在一个较短的时间内（一个窗口跨度内）会保持一致。但对时间段的选择会使得测算结果具有较强的任意性，比如我们认为流通时间在 4 年内大体一致，就 2014 年的流通时间而言，我们可以选择 2011~2014 年、2012~2015 年、2013~2016 年、2014~2017 年这四个样本进行测算。那么哪一样本的测算结果才是流通时间的真实取值呢？窗口分析的思路认为四个样本均包含 2014 年流通时间的信息，四个样本测算结果的平均反映了 2014 年流通时间的实际情况。

效度方面能取得较好的平衡（王锋和冯根福，2013；王晓东和王诗㭉，2016）。以 $d=3$ 为例，我们将样本以 3 年为界，划分为 2009~2011 年、2010~2012 年、2011~2013 年、2012~2014 年、2013~2015 年、2014~2016 年、2015~2017 年 7 个子样本，此外我们还加入了 2009~2010 年、2016~2017 年这 2 个包含首末年份的子样本，从而最终进行测算的子样本为 9 个。在这 9 个子样本中，我们分别进行了回归分析，并实现了 9 个样本下的 $\lambda_R$ 取值。而后，我们对所有含有某一年份的子样本的估计系数进行平均，以此作为该年份的 $\lambda_R$ 取值。

我们使用三种不同方法计算了全国的 $\lambda_R$，并进一步以 $d=3$ 计算了东中西部[①]的 $\lambda_R$，表 2 列示了测算结果。[②] 可以发现不同测算方法下得出的结果较为相似，进一步计算的相关程度均达到了 0.8 以上。

表 2 采用回归分析方法得到的分区域 $\lambda_R$

| 年份 | 全国OLS | 全国GMM | 全国$d=4$ | 全国$d=3$ | 东部$d=3$ | 中部$d=3$ | 西部$d=3$ |
|---|---|---|---|---|---|---|---|
| 2009 | 0.160 | 0.142 | 0.151 | 0.147 | 0.122 | 0.048 | 0.120 |
| 2010 | 0.156 | 0.148 | 0.159 | 0.149 | 0.126 | 0.051 | 0.123 |
| 2011 | 0.179 | 0.158 | 0.168 | 0.158 | 0.138 | 0.057 | 0.135 |
| 2012 | 0.206 | 0.198 | 0.175 | 0.178 | 0.154 | 0.058 | 0.151 |
| 2013 | 0.242 | 0.235 | 0.183 | 0.190 | 0.157 | 0.064 | 0.167 |
| 2014 | 0.231 | 0.192 | 0.179 | 0.199 | 0.163 | 0.072 | 0.189 |
| 2015 | 0.216 | 0.185 | 0.174 | 0.184 | 0.155 | 0.073 | 0.163 |
| 2016 | 0.182 | 0.202 | 0.178 | 0.188 | 0.159 | 0.060 | 0.120 |
| 2017 |  |  | 0.185 | 0.185 | 0.156 | 0.049 | 0.070 |

---

[①] 本文对东中西部的划分参考国家统计局的划分方式。

[②] 从测算原理来说，理论上全国的 $\lambda_R$ 应当是东中西部各自测算值的加权平均数。但若从回归的结果来看，全国的流通时间的估计值并不绝对是东中西部流通时间估计值的平均值，甚至高于东中西部估计值的最高值。这主要是由于在计量分析中，每一地区都视作全国（或东/中/西部）的代表，取得的是与所有观测值最接近的 $\lambda_R$，而非加权平均的 $\lambda_R$。技术上说，全国的测算样本包含更多的信息，测算结果更为稳健；而分区域的测算样本则体现了更多的波动性与区域特点。具体采何种测算方式应根据具体研究需要进行选择，我们将在稍后部分"（四）对测算方法的进一步讨论"中对此进行讨论与分析。后文的表 5 亦是如此。

此外，在 GMM 估计结果分析中，我们进一步进行了相关检验。在流通时间测算中，在 $d=3$ 的窗口分析中，大多数未能通过 AR（1）与 AR（2）检验；消费时间的测算中，$d=3$ 的窗口分析样本则均通过了 AR（1）与 AR（2）检验，即存在一阶序列相关而不存在二阶序列相关。从 Hansen J 的检验结果来看，在所有子样本回归中仅有 2 个未通过检验，这表明以滞后项为工具变量具有合理性。这一检验结果表明，使用 GMM 估计方法进行的消费时间的测算较为准确。而在进行流通时间测算时，使用 GMM 估计方法则应较为谨慎，我们假定不同区域（甚至全国）具有相同的 $\lambda_R$ 取值，这可能与实际情况不完全相符，从表 1 与表 2 的对比中也可看出这一点。当然，不同测算方法间各有优劣，所依据的假设也不尽相同，采取何种方法进行测算应依据具体的研究目的和研究设计。综合不同的测算结果，我们认为基于 GMM 估计方法测算得出的 $\lambda_R$ 能较好地反映全国或东中西部情况，但各省份的差异性较大，采取回归分析方法得出的"平均值"的代表性有限。

进一步比较表 1 和表 2 可以发现，用直接计算和回归分析方法得到的结果存在一定的出入，我们认为这有两个方面的原因。首先是所用数据本身的缺陷，自于现行数据缺乏能完全准确地反映价值生产和价值实现理论内涵的有效指标，因此采用直接计算的方法肯定会产生不符合理论预期的异常值，这降低了计算的效果。使用条件更好的数据应当能起到一定的改善作用。其次，也是更重要的，是理论模型和实际计算的匹配性问题。本文在模型理论推导中假设了（至少在相邻年份）转移函数保持不变，但现实中由于随机因素的影响，流通时间总是不断变化的，因此采用直接计算的方法不完全符合该模型成立的前提，而采用回归分析的方法，能较好地抹平一些随机因素，更符合参数不变的理论预设。

根据表 2 的数据，我们以 $d=3$ 的窗口分析计算出东中西部三个区域的流通时间（如表 3 所示，取小数点后两位，单位为月）。

表 3  我国各区域流通时间的变化

| 年份 | 全国 | 东部 | 中部 | 西部 |
|---|---|---|---|---|
| 2009 | 2.07 | 1.67 | 0.61 | 1.64 |
| 2010 | 2.10 | 1.73 | 0.64 | 1.68 |
| 2011 | 2.25 | 1.92 | 0.73 | 1.87 |
| 2012 | 2.60 | 2.18 | 0.74 | 2.13 |
| 2013 | 2.81 | 2.23 | 0.82 | 2.41 |
| 2014 | 2.98 | 2.34 | 0.93 | 2.80 |
| 2015 | 2.71 | 2.20 | 0.94 | 2.34 |
| 2016 | 2.78 | 2.27 | 0.77 | 1.64 |
| 2017 | 2.72 | 2.22 | 0.62 | 0.90 |

可以看出，2009~2017年，整体来说，我国的价值实现时间为2~3个月，其间全国来看呈现波动上升的态势。东部、中部地区的价值实现时间有少许上升，而西部地区有少许下降。这在一定程度上可以展示出，我国宏观层面的价值实现时间不长、价值实现情况整体良好，但其变动趋势仍然值得关注。分区域来看，我国东部地区近年来的价值实现问题相对中西部地区更加明显一点。

## （二）中国居民可支配收入转化为消费品购买力所需要的时间

与对流通时间的测算相同，我们使用2008~2017年省级面板数据（不含港、澳、台地区）根据式（16），即：

$$\bar{S}_t^{[i]} = \lambda_C^{[i]} \bar{S}_{t-1}^{[i]} + (1 - \lambda_C^{[i]})(W_t^{[i]} + \Pi_t^{[i]} + Gtr_t^{[i]})$$

对我国消费时间进行测算，而将式（14）用于稳健性检验。本文使用社会消费品零售总额来度量消费品销售量$\bar{S}_t^{[i]}$[①]；使用GDP核算中的劳

---

[①] 由于如下两个原因，本文没有对消费贷款进行专门处理：第一，现有数据中没有分区域的消费贷款数据；第二，现有的消费贷款还款时间跨度大多较短，在以年为单位的统计尺度下，可以将这些贷款消费看作由年度收入支撑的一般性消费。

动者报酬来衡量工资收入 $W_t^{[i]}$；使用居民财产性收入总和衡量资产性收入 $\Pi_t^{[i]}$①；采用财政支出中的教育、社会保障、城乡社区事务之和来衡量转移支付 $Gtr_t^{[i]}$。

类似地，我们同样使用了三种方法进行了估计，估算方程为：

$$\bar{S}_{i,t} - W_{i,t} - \Pi_{i,t} - Gtr_{i,t} = \lambda_C(\bar{S}_{i,t-1} - W_{i,t} - \Pi_{i,t} - Gtr_{i,t}) + time_t + C + \varepsilon_{i,t}$$
(18)

计算结果见表4。

表4 采用回归分析方法得到的分区域 $\lambda_C$

| 年份 | 全国OLS | 全国GMM | 全国 $d=4$ | 全国 $d=3$ | 东部 $d=3$ | 中部 $d=3$ | 西部 $d=3$ |
|---|---|---|---|---|---|---|---|
| 2009 | 0.742 | 0.787 | 0.798 | 0.719 | 0.754 | 0.868 | 0.741 |
| 2010 | 0.749 | 0.795 | 0.809 | 0.732 | 0.762 | 0.871 | 0.744 |
| 2011 | 0.784 | 0.825 | 0.823 | 0.761 | 0.783 | 0.872 | 0.750 |
| 2012 | 0.803 | 0.823 | 0.823 | 0.786 | 0.806 | 0.870 | 0.794 |
| 2013 | 0.804 | 0.844 | 0.823 | 0.770 | 0.780 | 0.835 | 0.802 |
| 2014 | 0.718 | 0.805 | 0.820 | 0.742 | 0.750 | 0.752 | 0.803 |
| 2015 | 0.727 | 0.806 | 0.823 | 0.724 | 0.724 | 0.717 | 0.754 |
| 2016 | 0.804 | 0.814 | 0.821 | 0.734 | 0.729 | 0.658 | 0.750 |
| 2017 |  |  | 0.817 | 0.743 | 0.732 | 0.682 | 0.759 |

同时，我们也用直接计算的方法求解了分区域的 $\lambda_C$（由于篇幅原因未具体展示），其结果与用GMM估计方法所得结果（见表4）较为接近，均处于0.7~0.9的区间内，这表明了估算结果具有较强的稳健性。

根据表4的结果可以计算出各区域的消费时间（如表5所示）。

---

① 国家统计局在2012年及之前公布了城镇居民与农村居民人均财产性收入，本文将人均收入分别乘以城镇或农村年末人口数作为财产性收入之和。2013年后该数据不再公布，我们使用2012年城镇居民或农村居民人均财产性收入占可支配收入的比例，乘以此后各年度可支配收入与年末人口，作为财产性收入之和。

表 5　我国各区域消费时间的变化

单位：年

| 年份 | 全国 | 东部 | 中部 | 西部 |
| --- | --- | --- | --- | --- |
| 2009 | 2.56 | 3.07 | 6.58 | 2.86 |
| 2010 | 2.73 | 3.20 | 6.75 | 2.91 |
| 2011 | 3.18 | 3.61 | 6.81 | 3.00 |
| 2012 | 3.67 | 4.15 | 6.69 | 3.85 |
| 2013 | 3.35 | 3.55 | 5.06 | 4.05 |
| 2014 | 2.86 | 3.00 | 3.03 | 4.08 |
| 2015 | 2.62 | 2.62 | 2.53 | 3.07 |
| 2016 | 2.76 | 2.69 | 1.92 | 3.00 |
| 2017 | 2.89 | 2.73 | 2.14 | 3.15 |

通过表 5 可知，全国消费时间相对稳定，平均消费时间大约为 3 年，即在全国范围内平均来说，家庭的当期货币收入需要经历 3 年左右的时间才能全部转化为消费需求，实现货币回流。[①] 这一消费时间可以略微粗糙地理解为，在不考虑其他支出的情况下，全国当年的总可支配收入中有 20%~25% 在当年立即转化为零售消费支出实现货币回流，剩余部分中的同样比例，即总量的大约 17% 在次年实现回流，依此类推，平均起来要大约 3 年后才能完全回流。而从总收入的 20%~25% 转化为当年的零售消费支出这一点来看，应当认识到，个人消费并不只包含零售消费，剩余 75%~80% 中有一部分会转化为其他支出，一部分在暂时储蓄后转化为家庭资产性购置，这些都不被包含在当年的零售消费中，这也启示我们，对于消费结构产生的消费时间问题，也值得未来更为深入地研究。

从不同区域来看，东部和西部地区的消费时间比较稳定，东部地区略微下降，西部地区略微上升，而中部地区的消费时间在 2009~2017

---

[①] 这是从概率模型的角度说的，不能简单地理解为每一笔家庭收入都在 3 年左右后才完全消费完。而且该具体数值随选取的窗口分析 $d$ 的不同亦略有差异。

年几乎缩短了 2/3，从 6.6 年缩短为 2.1 年；全国各地区的消费时间趋于一致。[①] 和全国总商品价值实现时间的变化相参照，可以初步认为，我国由居民可支配收入引致的消费品流通情况较为稳定（甚至中东部地区还有改善），全国尤其是东部地区的总商品价值实现问题、流通时间的延长可能主要是投资等其他需求因素导致的，当然这还需要未来更进一步的详细研究。

**（三）流通时间影响因素的分析**

本部分我们对流通时间的影响因素做简要分析，同时也为将本文的测算结果应用于实证分析提供一个例子。根据马克思对流通时间影响因素的分析，并结合当代流通经济学的研究成果，我们关注以下三类因素。

第一，工业、批发业、零售业的经营情况，特别是其资本周转速度，这体现了资本循环各环节对流通时间的影响。我们使用了批发与零售业总资产周转率以及工业企业总资产周转率衡量（均为限额以上企业，下同）。第二，流通行业内部的情况，主要是批发行业与零售行业的情况，我们使用了批发业法人单位数量与零售业法人单位数量。它们也在一定程度上体现了流通业内部的分工情况。第三，物流基础设施的情况，我们使用了人均铁路营业里程与内河航道密度（内河航道里程与面积之比）。这种计算方式主要参考了谢莉娟和张昊（2015）的研究，此外物流基础设施也在一定程度上反映了生产性流通费用的情况。以上数据均来自国家统计局。

我们将基于式（10）所得的 $\lambda_R$ 作为被解释变量[②]，以上三类因素作为主要解释变量进行了回归分析，并加入地区生产总值的对数控制了

---

[①] 事实上，我们也用政府总支出替换了这里的三项支出之和进行了检验。计算结果是：在绝对数值上存在符合理论预期的差异（由于在消费量不变的同时作为收入的数据增大，从而计算得到的消费时间平均延长了 5%～15%），同时展示出与主测算相似的时间趋势，因此我们认为主测算结果具有较强的稳健性。

[②] 由于本部分分析中 $\lambda_R$ 属于被解释变量，我们使用了直接计算的方式。

经济的总体情况。由此,回归方程为:

$$\lambda_{R,i,t} = \beta_0 + \beta_1 X_{i,t} + time_t + area_i + C + \varepsilon_{i,t} \quad (19)$$

其中,$\lambda_{R,i,t}$为依据前述方法计算得出的$\lambda_R$;$X_{i,t}$表示回归的主要解释变量组,包括前述提到的三类因素以及作为控制变量的地区生产总值的对数;$time_t$表示时间固定效应,$area_i$表示地区(个体)固定效应。在估计方法选择上,我们使用了个体-时间双重固定效应面板模型,并使用Driscoll-Kraay标准误修正异方差与截面相关问题。同时,考虑到内生性问题,我们也加入了$\lambda_R$的一阶滞后项与二阶滞后项,作为不可观测变量的代理变量(王智波和李长洪,2015),并使用了系统GMM进行了动态面板估计。

回归结果如表6所示,其中第(1)列采用双重固定效应面板模型,第(2)和第(3)列分别采用加入了$\lambda_R$一阶滞后项与一阶、二阶滞后项的动态面板模型。基于三个模型得到了大体相似的结果。

表6 中国流通时间影响因素分析

| 变量 | (1) | (2) | (3) |
| --- | --- | --- | --- |
| 批发与零售业总资产周转率 | -0.0579 *<br>(0.0253) | -0.0532<br>(0.0434) | -0.103 **<br>(0.0438) |
| 工业企业总资产周转率 | -0.304 **<br>(0.129) | -1.311 ***<br>(0.141) | -1.278 ***<br>(0.134) |
| 批发业法人单位数量 | -4.05e-05 **<br>(1.54e-05) | -6.15e-05 ***<br>(1.18e-05) | -6.12e-05 ***<br>(1.33e-05) |
| 零售业法人单位数量 | 5.96e-05 **<br>(2.30e-05) | 6.54e-05 ***<br>(2.30e-05) | 7.38e-05 ***<br>(2.51e-05) |
| 人均铁路营业里程 | -1412 **<br>(494.1) | 2049 ***<br>(737.0) | 909.1<br>(816.0) |
| 内河航道密度 | 16.44 ***<br>(3.030) | 9.064 ***<br>(2.585) | 4.495 *<br>(2.541) |
| ln$GDP$ | -0.572 *<br>(0.293) | 0.285 ***<br>(0.0614) | 0.276 ***<br>(0.0756) |

续表

| 变量 | (1) | (2) | (3) |
|---|---|---|---|
| L.$\lambda_R$ |  | -0.360*** <br> (0.0649) | -0.539*** <br> (0.104) |
| L2.$\lambda_R$ |  |  | -0.217*** <br> (0.0534) |
| $C$ | — | -1.266** <br> (0.499) | -0.703 <br> (0.623) |
| Within-$R^2$ | 0.545 |  |  |
| F-test/Wald $\chi^2$ test | 1566.22*** | 253.19*** | 178.74*** |
| Method | Individual and time fixed panel | System GMM | System GMM |

注：\* 表示 p 值<0.1，\*\* 表示 p 值<0.05，\*\*\* 表示 p 值<0.01；括号中为标准误；截距因加入时间固定效应存在完全共线而被省略。

第一，从工业、批发业、零售业的经营情况来看，总资产周转率上升有助于缩短流通时间，这一情况也与直觉相符。我们认为，企业总资产周转率是企业活力和经营效率的反映，因此社会总流通时间或者说价值实现时间是各微观企业活力的综合反映。微观企业活力越强，社会总流通时间就越短，价值实现和资本循环就越顺畅。考虑到工业企业的平均总资产周转率低于批发零售企业，回归结果表明工业企业的总资产周转率发挥了更大作用。这意味着应进一步激发流通微观主体活力，同时培育效率更高的流通主体，这也与许多研究的观点（王雪峰和荆林波，2021；祝合良等，2021）一致。

第二，从流通行业内部的情况来看，批发企业数量增加有助于减少流通时间，而零售企业数量则有着相反作用。这呼应了最近的一些实证研究成果，即批发业在流通过程中发挥了重要的作用（谢莉娟等，2021）。我们认为这体现了优化流通业结构对流通时间的积极影响。特别是近年来数字化转型、电子商务的重要实践与创新主要集中在零售行业，在构建双循环新发展格局、建立现代流通体系的过程中，更应当重视批发企业的作用。此处值得进一步说明的是，批发企业数量增加对流通时间的积极作用并不等同于它对流通效率的积极作用，亦有实证研究发现了流通渠道长度对流通效率的负面影响（王晓东和王诗桪，2016），这也暗示了现代流通体系建设所面临的权衡与复杂情境——批发企业数量增加有助于价值实现并缩短流通时间，但这可能是以流通效率损失为代价的。做好流通时间与流通效率的权衡、优化商业内部分工，从而实现更高质量的发展应当成为流通业未来发展的重点。

第三，从物流基础设施情况来看，人均铁路营业里程有助于缩短流通时间，但在使用了不同的估计方法后，这一结果并不稳健，因此其真实作用有待后续借助更为严谨的实证研究设计进行检验[①]。而内河航道密度则有助于延长流通时间，这可能是因为内河航道密度高的区域与内河航道密度低的区域相比，前者的地形可能更为崎岖复杂，物流更困难、成本也相对更高，相对不利的地理条件降低了当地产品订单的吸引力，延长了流通时间也即价值实现时间。无论如何，综合来说，我们都认为好的运输条件有助于缩短流通时间，促进经济循环。

第四，我们也对 $\lambda_R$ 滞后项的回归结果做简要说明。第（2）列与第（3）列中，$\lambda_R$ 一阶滞后项与二阶滞后项的回归系数处于区间（-1, 0），这也在一定程度上表明了测算结果的合理性。滞后项的回归系数为负数，这并不宜理解为前一年的流通时间越长而后一年流通时间越短，将之还原为一阶或二阶微分方程后，回归结果表明流通时间呈现较为复杂的波动变化，这也与前文的测算结果一致。

### （四）对测算方法的进一步讨论

**1. 负二项分布中 $R$ 的选择**

在前文中已经说明了，根据商品流通规律不同，转移函数的形态也

---

[①] 一般而言，与物流相关的分析需借助地理层面的工具变量，Faber（2014）提供了一个工具变量的例子。

不同。流通时间既可以用 $R=2$ 的负二项分布进行拟合，也可以用 $R=1$ 的负二项分布（即几何分布）进行拟合，在实际研究中如何选择应当根据情况综合判断。在主测算中，我们使用的是 $R=1$ 的负二项分布进行拟合，这主要是由于如下两个原因。首先，现有的统计数据是以年为单位，在这个时间尺度下，根据我国工业企业的实际产销情况来看，绝大部分产品在当年销售完毕，不存在以年为单位的明显滞后的销售高峰，以几何分布拟合流通时间更为合理。其次，从数据条件来看，使用 $R=2$ 的设定会产生二阶滞后，使得可用的样本集更小。

对于稳健性检验，我们使用 $R=2$ 的负二项分布来测算，作为对主测算结果的检验。[①] 测算方法仍为 GMM 估计结合 $d=3$ 的窗口分析，具体步骤方法和此前一致。值得说明的是，在 $R=2$ 的设定下，$\lambda$ 会有两个解，我们选择更符合经济学意义的解作为测算值。

测算结果是，用二阶滞后的方法来拟合流通时间的效果不好，从全国情况来看，部分年份的测算结果与实际经验及主测算结果相差较大（多年平均误差在 50% 左右）。而该方法对消费时间的测算则与主测算的结果相对较为接近（多年平均误差在 18% 左右）。造成这一差异的原因，除了前文所说的数据条件之外，从经济意义上看可能是：我国居民的储蓄或金融投资倾向较为明显，家庭年收入的相当部分不会在当年转化为消费支出，因此用二阶滞后的方法也可以获得较好的拟合效果；另外，社会总产品中包含很多原材料、中间投入品等不属于社会消费领域的商品，其产品大多在当年就完成出售，这使得社会总产品的流通时间更适合使用一阶滞后进行拟合，二阶滞后效果不好。

因此，究竟应该是用一阶还是二阶滞后进行拟合，取决于研究对象的经济特征以及数据条件，并通过将结论同其他统计指标及现实经验进行比较后综合判断。

### 2. 直接计算和 GMM 估计方法的选择

前文分别使用了直接计算与回归分析两种方法计算流通时间。比较

---

[①] 篇幅原因，测算结果备索。

这两种方法，直接计算的方法加强了结果的波动性，使得研究者更易于捕捉流通时间变化的相关影响；但这种波动性也使得测算结果稳定性减弱，流通时间变化更可能来自随机冲击，这意味着对流通时间影响的解释应更为谨慎，因为它可能来自随机冲击的共变影响而非流通时间本身。而采取回归分析的方法，则通过牺牲波动性加强了测算的稳定性。从实际测算结果来看，这种方法的异常值更少，结果分布也更为平均，当然也可能潜在地弱化了流通时间的实际影响。本质来看，两种方法的取舍对应了统计分析中的 I 类错误与 II 类错误的权衡。

因此，在具体进行实证研究时，我们建议根据研究目的与分析层次进行选择。例如，在使用面板数据、研究流通时间的影响因素时，直接计算方法是更好的选择。此时流通时间作为被解释变量，直接计算方法所得结果能更好地凸显流通时间在不同年份、样本间的波动。反之，使用回归分析方法时，由于多个样本可能取相同的观测值，此时影响因素的波动不能很好地反映或对应于流通时间的波动。而在使用时间序列数据，或研究流通时间对其他经济变量的影响时，回归分析方法则是更好的选择。此时流通时间作为解释变量，回归分析方法的测算结果能更好地控制时间、个体等因素的影响，减少偏相关变量遗漏而引致的估计误差。

### 3. 本文测算结果和其他统计指标的比较

本文所测算的流通时间的数学本质是负二项分布的期望值，由于该值的大小最终取决于参数 $\lambda$，因此可以说对流通时间的测算就是对参数 $\lambda$ 的测算。而参数 $\lambda$ 的数学本质则是：$1-\lambda_R$ 是当年生产的价值实现为货币的"概率"或份额，$1-\lambda_C$ 是当年的家庭收入转化为消费支出的"概率"或份额。在这个意义上，本文测算的流通时间和统计数据中的"产销率"这一概念似乎有一定相关性，而消费时间则与"储蓄率"有相关性。那么，是否可以用产销率和储蓄率替代本文的测算结果呢？①

---

① 产销率与储蓄率均为国家统计局、世界银行公开数据，篇幅所限此处不再列示，而直接进行对比。

首先考察 $1-\lambda_R$ 和产销率的关系。从数值上看，本文使用 GMM 估计得到的 $1-\lambda_R$ 为 85%~96%。而国家统计局 2008~2015 年的主要产品产销率为 80%~106%，大部分产品的产销率为 95%~100%。因此在一定程度上可以说，产销率间接地佐证了本文的测算结果。①但是，作为一个理论概念，产销率和 $1-\lambda_R$ 仍然是不同的。这主要有如下两个原因。（1）产销率是用物理量来核算的，$\lambda_R$ 则是在价值意义上反映生产和销售的关系。（2）产销率是当年销量和产量简单相除的结果，数值上可以是大于零的任何实数；但 $1-\lambda_R$ 反映的是生产出的价值在未来逐年实现的动态结构，理论上必须大于零小于 1。因此，严格来讲，产销率和 $1-\lambda_R$ 在数值上没有直接可比性。

除此以外，相对于产销率，使用 $1-\lambda_R$ 来研究流通问题还具有以下优势：（1）本文方法是基于马克思资本循环理论和模型提出的，理论意义明确且具有较大的可扩展性，可在后续研究中向结构估计等实证模型拓展，而产销率只是一个计算结果，并无太多理论内涵，难以扩展；（2）马克思在资本循环和周转的背景下，主要从价值生产和实现的角度讨论流通问题，因此 $1-\lambda_R$ 比产销率更贴近马克思的原意；（3）产销率往往只有分行业数据且无法加总，统计标准也经常变化，在计量实践上面临很大的局限性；（4）2020 年起统计部门不再发布产销率的数据。

其次考察 $\lambda_c$ 和储蓄率的关系。目前，储蓄率主要有两种界定方式：第一种是以宏观核算数据为视角，基本上反映的是 GDP 构成中的投资占比；第二种是以银行为视角，反映居民存款增量和可支配收入之间的比例关系。显然从经济意义上看，第二种方式界定的居民储蓄率和 $\lambda_c$ 的关系更为密切，因此下文基于居民储蓄率进行讨论。

---

① 产销率数值大于本文测算的 $1-\lambda_R$ 的一个原因可能在于，这里列举的产销率指标主要反映了棉布、钢材、硫酸等原材料或中间投入品，以及汽车和洗衣机等大件生活用品行业的产销情况。这些行业的市场往往较为平稳，因此产销率应高于由 $1-\lambda_R$ 反映的总体平均水平（作为对比，成品糖的产销率只有 75%~85%。）

从数值上看，居民储蓄率低于本文计算所得的$\lambda_C$（低10%~15%），但和$1-\lambda_R$的情形一样，储蓄率和$\lambda_C$之间也并无直接可比性，原因如下：（1）从计算方法上看，居民储蓄率只反映出居民以定期和活期方式存款的意愿，但居民家庭在定期和活期存款之外还有很多其他投资渠道，因此储蓄率可能会高估人们的消费倾向、低估消费时间；（2）从理论内涵上看，消费时间强调的是家庭货币收入通过消费渠道对价值实现的作用，而家庭日常支出中的相当部分（比如房租、教育、医疗、馈赠）并不直接转化为对商品的有效需求，从而对商品流通所产生的实际作用小于储蓄率所反映出来的数值。

除此以外，相对于储蓄率，使用$\lambda_C$研究消费流通问题的优势还在于：（1）$\lambda_C$具有明确的理论内涵和结构化特征，便于进一步扩展；（2）$\lambda_C$是根据统计部门公布的宏观经济数据得出的，在数据量、数据匹配性和泛用性上都更好。

总之，在一定条件下，产销率和储蓄率可以作为反映商品流通环境的一种"代理"指标，但本文提出的方法，能够更准确地反映马克思主义流通理论的内涵，能构建更结构化的分析框架，且在数据上更直接、泛用性更强。

## 七　结论与启示

本文基于马克思主义流通理论和资本循环模型，提出了流通时间的测算方法，并利用中国数据进行了试算。本文所估算的"流通时间"，本质上应视作马克思在《资本论》中所提出的流通时间理论范畴在宏观价值实现意义上的概念化表达，而非对自然时间的实际核算（比如货物运输所实际耗费的在途时间、家庭的银行存款年限等）。

应当指出的是，虽然本文讨论流通时间，是在宏观经济层面从价值实现视角展开的，但其测算原理也适用于对企业层面资本循环和微观流通时间的研究。在企业层面，虽然当代经济的产业链越来越复杂，单个企业很少单独完成某一产品的生产，但只要产品对于微观企业自身而言是一种包含潜在利润在内的商品（可能实际上只是一种专门为下游企业生产的零件），那么理论上就可以通过现金流和产值等指标来估算企业的销售时间或者说价值实现时间。不过，这种估算对微观企业财务实践的边际意义有限，微观企业通常有更详细的数据和财务指标对资本周转情况进行评估。[①]

相对于微观层面的应用，本文所提出方法的主要意义在于，在宏观数据条件有限、真实场景中的流通过程无法追踪和识别、实际流通时间难以直接度量的条件下，该估算对于宏观研究具有较大的理论和应用价值。一方面，在流通经济理论层面，缓解了流通经济研究中理论基础与实证方法相对区隔的问题。本文所提出的模型将流通与社会总资本循环联系起来，这种建模思路可以作为流通经济基础理论——特别是马克思主义经济学基本理论——与流通经济实证方法的衔接。另一方面，将本文测算方法、结论和其他研究对象相结合，也可应用于分析其他宏观经济问题，服务于我国经济高质量发展和畅通国内大循环的相关研究。

尽管本文目标是进行理论和方法层面的研究，但本文亦基于所提出的方法进行了试算。试算的结果展示了本文所提出的方法具有较强的可操作性和稳健性。同时，对试算结果的初步分析也对中国经济高质量发展具有一些启示。

首先，我国的总流通时间不长、价值实现情况良好，尤其是西部地区流通状况近年来有明显改善；但近年来我国，尤其是东部地区，也在一定程度上面临流通时间延长、价值实现困难的压力。从消费端来看，居民可支配收入向消费品需求的转化时间较为稳定，价值实现的压力可能更多地需要从投资等其他需求因素角度进一步考察。因此，从缩短流通时间的角度而言，不仅应充分发挥国内市场的消费潜力，稳定发展投

---

[①] 当然，若从构建马克思主义经济学公司财务理论的角度，这一研究也很有意义，但这超出了本文的讨论范围。

资等其他需求，还应当打通生产、分配、流通、消费各环节，突破供给约束堵点。

其次，本文还初步验证了在宏观层面，更快速的资本周转、商业分工的深化和更良好的交通运输条件都有助于缩短流通时间。进一步而言，流通企业发挥的积极作用略弱于工业企业，这意味着宏观流通问题不仅是流通产业自身的问题，为了更好地缩短流通时间、畅通国内大循环，还应当加强各种类型的微观主体建设，激发市场主体活力，并促进生产性企业和流通企业的协调发展。而从流通业内部分工来看，过去数字化转型、商业模式创新主要集中在零售环节，未来则可重点发挥批发环节的积极作用。此外，结合其他研究成果，还应注意到流通时间与流通效率之间可能面临一定权衡，这既意味着现代流通体系建设面临的复杂情境，同时也暗示了优化的方向。当然，本文只展示了非常初步的探索，更具体的结论需要未来进一步的深入研究。

作为一种基于理论模型进行的逆向估算，本文提出的测算方法必然存在一定的局限性。和所有这类测算方法相同，对流通时间估算的准确性完全依赖于理论模型本身的正确性以及实际数据同理论的匹配程度。在现有的宏观数据条件下，人们可以通过如下方式进一步提高估算精度：（1）建立更复杂（比如包含独立的商业资本）的资本循环模型；（2）采用更好的数据，或对数据进行更精细的预处理，提高数据和理论模型的匹配程度；（3）综合实践经验和实地调查结果，改进拟合函数。总之，由于流通过程自身的复杂性和多变性，对流通时间的估算必然是通过综合分析、不断细化来推进精度的过程。

最后，本文算例中所应用的所有数据均为公开数据，可通过国家统计局网站直接获取，因此本文方法具有较强的可操作性和泛用性。我们期待后续研究能进一步应用并改进这种测算方法，丰富和推动基于马克思主义政治经济学流通理论的实证研究的发展。

## 参考文献

崔向阳.2015.流通组织创新:缩短与延长流通时间[J].中国流通经济,(2).

杜禹.1980.试论节约商品流通时间[J].中国经济问题,(4).

冯志轩,李帮喜,龙治铭,等.2020.价值生产、价值转移与积累过程:中国地区间不平衡发展的政治经济学分析[J].经济研究,(10).

冯志轩,乔晓楠.2019.基于投入产出方法的政治经济学经验研究述评[J].政治经济学评论,(6).

胡钧,王生升.2012.资本的流通过程:资本的形态变化及其循环[J].改革与战略,(11).

李帮喜,赵奕菡,冯志轩,等.2021.价值循环、经济结构与新发展格局:一个政治经济学的理论框架与国际比较[J].经济研究,(5).

裴宏,李瑞钦.2020.马克思资本循环视角下的经济增长模型——兼论资本循环模型的两种建模方法[J].政治经济学季刊,(1).

宋则.2018.零售企业放弃自营、普遍联营的经济学分析——重温卡尔·马克思商业资本学说[J].财贸经济,(6).

王锋,冯根福.2013.基于DEA窗口模型的中国省际能源与环境效率评估[J].中国工业经济,(7).

王晓东,王诗桠,2016.中国商品流通效率及其影响因素测度——基于非线性流程的DEA模型改进[J].财贸经济,(5).

王晓东,谢莉娟,2020.社会再生产中的流通职能与劳动价值论[J].中国社会科学,(6).

王雪峰,荆林波.2021.构建"双循环"新格局建设现代流通体系[J].商业经济与管理,(2).

王智波,李长洪.2015.轻资产运营对企业利润率的影响——基于中国工业企业数据的实证研究[J].中国工业经济,(6).

谢莉娟,万长松,王诗桠.2021.国有资本与流通效率:政治经济学视角的中国经验[J].世界经济,(4).

谢莉娟,王晓东.2021.马克思的流通经济理论及其中国化启示[J].经济研究,(5).

谢莉娟,张昊.2015.国内市场运行效率的互联网驱动——计量模型与案例调研的双重验证[J].经济理论与经济管理,(9).

许学武.1988.要重视和研究缩短商品流通时间[J].商业经济与管理,(1).

薛家骥,李宗金.1980.按社会主义基本经济规律的要求组织社会主义流通

［J］．经济研究，（10）．

张昊．2020．地区间生产分工与市场统一度测算："价格法"再探讨［J］．世界经济，（4）．

周丽群．2017．马克思流通理论对流通改革发展的启示［J］．马克思主义与现实，（3）．

祝合良，杨光，王春娟．2021．双循环新发展格局下现代流通体系建设思路［J］．商业经济与管理，（4）．

Basu D. 2014. Comparative growth dynamics in a discrete-time Marxian circuit of capital model［J］. *Review of Radical Political Economics*, 46（2）.

Charnes A, et al. 1985. A developmental study of data envelopment analysis in measuring the efficiency of maintenance units in the U.S. air forces［J］. *Annals of Operations Research*, 2（1）.

Faber B. 2014. Trade integration, market size, and industrialization: Evidence from China's national trunk highway system［J］. *Review of Economic Studies*, 81（3）.

Foley D K. 1986. *Understanding Capital: Marx's Economics Theory*［M］. Harvard University Press.

Matthews P. 2000. An econometric model of the circuit of capital［J］. *Metroeconomica*, 51（1）.

Santos P. 2011. Production and consumption credit in a continuous-time model of the circuit of capital［J］. *Metroeconomica*, 62（4）.

Vasudevan R. 2016. Financialization, distribution and accumulation: A circuit of capital model with a managerial class［J］. *Metroeconomica*, 67（2）.

图书在版编目(CIP)数据

马克思主义经济学的定量分析.第二卷,全劳动生产率与经济增长/孟捷,马梦挺主编.--北京:社会科学文献出版社,2025.1.--(政治经济学新连线).
ISBN 978-7-5228-4419-0

Ⅰ.F0-0

中国国家版本馆CIP数据核字第2024XY9879号

政治经济学新连线·学术研究系列
## 马克思主义经济学的定量分析（第二卷）
全劳动生产率与经济增长

| 主　　编 / | 孟　捷　马梦挺 |
|---|---|
| 出 版 人 / | 冀祥德 |
| 组稿编辑 / | 恽　薇 |
| 责任编辑 / | 田　康 |
| 责任印制 / | 王京美 |
| 出　　版 / | 社会科学文献出版社·经济与管理分社（010）59367226<br>地址：北京市北三环中路甲29号院华龙大厦　邮编：100029<br>网址：www.ssap.com.cn |
| 发　　行 / | 社会科学文献出版社（010）59367028 |
| 印　　装 / | 三河市龙林印务有限公司 |
| 规　　格 / | 开　本：787mm×1092mm　1/16<br>印　张：21　字　数：297千字 |
| 版　　次 / | 2025年1月第1版　2025年1月第1次印刷 |
| 书　　号 / | ISBN 978-7-5228-4419-0 |
| 定　　价 / | 128.00元 |

读者服务电话：4008918866

版权所有 翻印必究